Les Éditions du Boréal
4447, rue Saint-Denis
Montréal (Québec) H2J 2L2
www.editionsboreal.qc.ca

Vertes années

Tzeporah Berman
avec Mark Leiren-Young

Vertes années

ou la vie d'une écologiste
pas comme les autres

traduit de l'anglais (Canada)
par Daniel Poliquin

Boréal

© Tzeporah Berman 2011
© Les Éditions du Boréal 2012 pour la publication en langue française au Canada
Publié avec l'accord de Westwood Creative Artists Ltd.
Dépôt légal : 2ᵉ trimestre 2012
Bibliothèque et Archives nationales du Québec

Diffusion au Canada : Dimedia

L'édition originale de cet ouvrage a été publiée en 2011 par Knopf Canada
sous le titre *This Crazy Time: Living Our Environmental Challenge.*

*Catalogage avant publication de Bibliothèque et Archives nationales du Québec
et Bibliothèque et Archives Canada*
Berman, Tzeporah, 1969-
    Vertes années, ou, La vie d'une écologiste pas comme les autres
    Traduction de : This crazy time.
    Comprend des réf. bibliogr. et un index
    ISBN 978-2-7646-2152-3
    1. Berman, Tzeporah, 1969- . 2. Environnement – Protection. 3. Femmes et environne-
ment. 4. Écologistes (Défenseurs de l'environnement) – Canada – Biographies. I. Leiren-
Young, Mark. II. Titre.

GE56.B47A3   2012   333.72092   C2012-940370-9

ISBN PAPIER 978-2-7646-2152-3
ISBN PDF 978-2-7646-3152-2
ISBN ePUB 978-2-7646-4152-1

*L'optimisme est le seul choix moral valable. Évi-
demment, il faut vouloir, et rien n'est sûr. Si, le soir
venu, l'espoir vous abandonne, vous pouvez toujours vous lever le lendemain matin et le rendos-
ser, comme un vêtement. Cultivez l'espoir, entre-
tenez-le. Si on se dit « il n'y a rien à faire, le diable
est aux vaches, et je ne peux rien y faire », on
démissionne, et ça, c'est immoral. Si vous cessez
d'espérer et n'essayez même plus de remédier aux
maux, vous léguez à vos enfants — ainsi qu'aux
miens et à ceux des autres — un monde pire que
celui dont vous avez hérité. Et moi, je ne peux pas
accepter ça.*

Barbara Kingsolver, en entrevue
à *Writers and Company,* CBC Radio

Avant-propos

Je raconte dans ce livre des moments et des événements qui ont marqué ma vie mais qui s'insèrent dans des années de militantisme si denses et si riches que je ne saurais en rendre toute la complexité. D'entrée de jeu, je tiens à souligner le rôle important qu'ont joué les dirigeants amérindiens dans ce combat. Qu'il soit bien dit aussi que, quoi que je traite franchement de mes rapports avec les Premières Nations et m'efforce de porter un juste éclairage sur les enjeux relatifs aux droits humains et à la souveraineté amérindienne, je sais trop bien que je n'ai pas su rendre justice à leurs initiatives courageuses et essentielles. J'ai tâché d'être aussi rigoureuse que possible et j'ai pu compter sur la collaboration de précieux collègues, mais je n'en demeure pas moins seule responsable des erreurs de fait, des omissions et des fautes qui pourraient subsister ici.

Il n'est point de mutation sociale qui soit l'œuvre d'un seul être. Nous avons cependant du mal à l'admettre, car l'idée de héros est ancrée si profondément en nous qu'il est plus commode d'investir nos espoirs, nos déceptions et nos réussites en une seule personne. S'il est vrai qu'un être seul peut faire de grandes choses, le changement social se produit quand c'est toute la société qui bouge. Un tel mouvement nécessite l'apport d'une foule de gens, contribution qui prend des formes multiples, certaines visibles, d'autres non. Les réussites, les épiphanies et les moments charnières dans les campagnes qui composent ma chronique ont été l'œuvre de nombreuses personnes et organisations. J'en ai nommé plusieurs dans mes remerciements, mais le fait est que des milliers de femmes et d'hommes ont contribué à cet ouvrage. C'est à eux que je dédie ce livre, à eux et à vous tous qui aidez à bâtir un monde plus propre, plus équilibré et plus sain.

Tzeporah Berman
Amsterdam, juin 2011

Introduction

Au début, ils vont faire comme si vous n'existiez pas. Puis ils vont se moquer de vous. Mais s'ils passent à l'attaque, c'est signe que vous avez gagné.

MAHATMA GANDHI, paraphrasant
le discours du syndicaliste Nicolas Klein
aux travailleurs du textile en 1918

« Tu rentres à la maison bientôt ? » me demande mon fils à l'écran de l'ordinateur, à l'autre bout du monde. Il ajoute aussitôt : « As-tu sauvé les ours blancs ? »

Assise à une table en fer forgé dans un café donnant sur un canal d'Amsterdam, je m'interroge sur l'époque folle que nous vivons et sur ce qu'il faudra faire pour créer un monde où un enfant n'aura plus à s'inquiéter du sort des ours polaires, sans parler du sien.

J'achève ma première semaine de travail à titre de codirectrice du programme sur le climat et l'énergie à Greenpeace International. Tous les jours, je sors ragaillardie mais aussi un peu plus humble de cet immeuble de quatre étages aux abords d'Amsterdam. Difficile d'imaginer plus grande concentration de savoir, de conviction et d'expérience que cette ruche en effervescence constante. J'ai la chance immense d'avoir ma place parmi cette centaine d'êtres brillants, passionnés, qui travaillent à toute heure du jour, dans je ne sais combien de langues, prêts à surmonter les différences culturelles, les fuseaux horaires et les obstacles énormes qui se dressent devant eux. Tout cela afin d'imaginer des stratégies écologiques avec des milliers d'autres comme eux, qui besognent dans d'autres bureaux et d'autres organisations aux quatre coins du globe. Je crains aussi d'être étouffée par la lourdeur d'une organisation aussi gigantesque, d'être écrasée par l'ampleur des problèmes qui nous attendent et, après dix-neuf ans de militantisme, j'ai encore de ces moments où je me demande si ma vie va reprendre un jour son cours normal.

Je devrais être en route vers Bangkok où une réunion du personnel de Greenpeace Asie était prévue, mais les manifestations contre le gouvernement thaï ont paralysé la ville ; le lieu de la rencontre a donc été déplacé à Hong Kong. Puis l'avion pour Hong Kong a été interdit de décollage : j'ai donc une journée de liberté inattendue devant moi pour faire le point sur les changements récents dans ma vie, le caractère colossal des problèmes qui nous assaillent et cette nouvelle mission que j'ai (dixit mon fils) de « sauver les ours blancs ».

À des milliers de kilomètres de là, sur une île perdue de la côte ouest du Canada, Quinn attend ma réponse. Je contemple son visage anxieux sur mon écran et me surprends à remettre en question le projet de faire venir mes enfants dans cette ville complètement éclatée qui ne dort jamais, eux qui n'ont que quelques centaines de mètres à parcourir pour gagner leur petite école de six pièces à la ferme bio au haut de la colline.

Moi qui suis au bureau du matin au soir, je crains parfois de ne pas avoir ce qu'il faut pour ce nouveau travail : faciliter la coordination de centaines de militants voués aux changements climatiques et des organisateurs de dizaines de pays dont l'objectif n'est rien de moins qu'opérer une révolution énergétique. Notre mission ne consiste pas seulement à stopper le réchauffement de la planète, mais à protéger ce qui subsiste de nos espaces vierges et à faire en sorte que l'on réalise ce qu'on appelle maintenant la « justice climatique » : autrement dit, des accords équitables sur l'utilisation de l'énergie entre pays développés et en développement.

Ce qui me sidère, m'inspire et m'irrite, ce n'est pas que nous ne puissions rien faire, mais, au contraire, que nous puissions faire quelque chose et que nous ne le fassions pas. Les experts nous répètent qu'il y a moyen de s'en sortir, que nous avons la technologie qu'il faut pour combler nos besoins énergétiques. Les professeurs de Princeton Stephen Pacala et Robert Socolow ont écrit dans la revue *Science* en 2004 : « L'humanité possède déjà le savoir-faire scientifique, technique et industriel qu'il faut pour juguler le problème du carbone et du climat. Nous ne sommes pas en présence d'une lacune technologique, d'une incapacité industrielle ou d'une carence dans les facultés humaines. C'est la volonté sociale et politique qui manque à l'appel[1]. »

Voilà pourquoi, même chargée de cette mission importante et débordée de courriels et d'appels auxquels je dois répondre tous les jours de correspondants en Inde, en Chine, au Brésil, en Australie, au Canada et aux États-Unis, je crois savoir la plupart du temps ce qu'il faut faire. Point n'est besoin d'être grand clerc, ni de réinventer la roue : nous devons simplement trouver le moyen de mobiliser la société civile pour qu'elle exige de ses élus

---

1. Cité dans Robert Socolow et Stephen Pacala, « Coming to Grips with Global Warming: The PEI at Work », « President's Pages » dans *Princeton Alumni Weekly*, 25 octobre 2006.

et des grandes entreprises qu'ils mettent en place les politiques et les lois qui freineront la pollution, nous sèvreront des carburants fossiles et stimuleront l'utilisation des technologies propres dont nous disposons déjà. Après avoir œuvré dans ce domaine pendant près de vingt ans, je suis en mesure de tirer quelques leçons des combats que j'ai livrés pour prendre de bonnes décisions, donner des conseils ou concevoir des stratégies.

Puis, parfois, sans que je puisse dire pourquoi, je me sens comme à vingt ans, inexpérimentée, presque paralysée par l'énormité du changement requis et terrassée par l'idée que j'ai tout à coup un rôle à jouer dans la campagne contre les changements climatiques d'une des plus grandes organisations écologistes du monde. Mon découragement s'amplifie encore quand je songe à l'effet qu'aura cette responsabilité sur mes deux fils, avec tous ces voyages que je dois faire, tout ce temps que nous n'aurons pas à nous.

« Dans combien de jours tu rentres, maman ? » me demande Forrest quand nous reprenons contact sur Skype le soir. Il a douze ans.

Puis c'est au tour de Quinn, qui a huit ans, de venir à l'ordi. « Forrest a pleuré pendant une heure hier, mais il m'a dit de ne pas te le dire. »

M'imaginant alors Forrest en train de pleurer, je ne m'inquiète plus de savoir si je peux assurer la médiation dans le différend qui agite Greenpeace à propos de l'énergie provenant de la biomasse, ou si nous avons les moyens de contester devant les tribunaux l'ouverture d'une nouvelle centrale au charbon en République tchèque. Je m'inquiète plutôt de savoir que je ne peux pas me glisser dans le lit de mon fils le soir pour lui lire un conte où tous vivaient heureux jusqu'à la fin des temps.

Mais nous vivons justement à l'heure où le changement a enfin une chance. Aujourd'hui, le vert est à la mode, et tout plein de célébrités, de Paris Hilton à Bill Gates, disent vouloir agir contre les changements climatiques. Toutes les entreprises, Coca-Cola aussi bien que Walmart et votre épicerie du coin, cherchent à flatter la conscience sociale des consommateurs, mais pas nécessairement à diminuer leur empreinte écologique. Oui, nous vivons dans un monde où chacun prétend à tout le moins vouloir faire sa part : en recyclant davantage ou en modérant sa consommation. Les personnes, les entreprises et les gouvernements sont tous plus ouverts que jamais à l'essai de solutions, et les investissements dans les technologies propres n'ont jamais été aussi élevés.

En 2009, l'Europe a créé plus d'énergie renouvelable que celle qu'elle tire normalement du charbon, du pétrole ou du nucléaire. Pour m'être butée pendant des décennies contre l'incompréhension, voire les ricanements méchants des politiciens ou des chefs d'entreprise que je voulais sensibiliser aux enjeux écologiques, j'ai su que notre message avait été enfin compris quand le président Obama a déclaré : « Nous n'avons d'avenir sur cette planète que si nous acceptons de relever le défi que pose la pollution au carbone[2]. » Puis Jiang Bing, le président de l'Administration nationale de l'énergie nationale de la Chine, a annoncé que Beijing allait dépenser 5 billions de yuans, soit environ 738 milliards de dollars US, au cours de la prochaine décennie pour mettre au point des sources d'énergie plus propres[3].

---

2. Discours du président Obama devant l'Académie nationale des sciences, avril 2009. Texte complet en ligne : http://www.csmonitor.com/USA/Politics/The-Vote/2009/0427/obamas-teleprompter-commits-mutiny-during-major-speech

3. Eric Pooley, « Senate Inaction Cedes U.S. Energy Race to China », juillet 2010, en ligne : http://www.bloomberg.com/news/2010-07-30/senate-inaction-cedes-u-s-energy-race-to-china-commentary-by-eric-pooley.html

Nous avons fait pas mal de chemin depuis le temps où les panneaux solaires et les éoliennes n'habitaient que les rêves de quelques hippies de la côte Ouest. Les points tournants sont ces moments où les opinions et les décisions bougent rapidement et radicalement : quand les concepts nouveaux, les théories et les idées se propagent tout à coup comme des feux de prairie. Les points tournants créent un espace politique et favorisent le changement[4]. La faveur commerciale que connaît l'énergie propre et la reconnaissance par les leaders mondiaux de la nécessité de relever le défi écologique ont créé ce point tournant qui nous permet enfin de repenser le monde où nous vivons.

C'est pour cette raison que je suis retournée à Greenpeace International, moi qui avais quitté l'organisation dix ans auparavant. J'ai accepté ce poste prestigieux dans cette ville à l'autre bout de mon monde, loin de l'île Cortes, en sachant que désormais je ferais moins de cuisine, moins de jardinage, que je jouerais moins souvent avec mes enfants, que je leur lirais moins souvent des contes le soir et que j'aurais plus d'appels déchirants comme celui-là.

Quand je vois mes enfants, je suis souvent hantée par les paroles d'experts comme James Hansen, climatologue en chef démissionnaire de la NASA, qui nous a avertis que le climat de la Terre est sur le point d'atteindre un stade où les changements climatiques échapperont à toute emprise humaine. On voit déjà plus de tempêtes violentes, de sécheresses dans certaines parties du monde et d'inondations ailleurs qui font grimper le prix des aliments, raréfient l'eau, acidifient l'océan et déstabilisent l'économie[5].

---

4. Voir Malcolm Gladwell, *The Tipping Point*, New York, Back Bay Books, 2002.

5. Pour un examen succinct des études climatologiques qui parviennent à ces conclusions, voir Joe Romm, « A Stunning Year in Climate Science

Le chiffre qui doit hanter tous les parents et inspirer tous nos choix — pas seulement quand nous faisons les courses mais aussi lorsque nous votons — est 350. Ce chiffre correspond, de l'avis des scientifiques, aux parties par million de dioxyde de carbone que notre atmosphère peut traiter en toute sécurité. Nous en sommes en ce moment à près de 390 parties par million. Les études, plus terrifiantes les unes que les autres, démontrent toutes que si nous ne rabaissons pas ce chiffre à 350, nous ne serons pas en mesure d'éviter certaines conséquences apocalyptiques, par exemple, les inondations au Sri Lanka qui ont récemment déplacé un million de personnes, ou les incendies dévastateurs en Russie. Ce sont des années folles que nous vivons, et nous ne pouvons tout simplement plus continuer à nourrir la pollution atmosphérique, qui ne fait que s'accumuler au-dessus de nous et étouffer la planète. Pendant des décennies, nous avons consommé frénétiquement le charbon et le pétrole et traité l'atmosphère comme un gigantesque cendrier. Aujourd'hui, si l'on en croit l'ONU, les conséquences économiques de cet état de choses, notamment avec l'incidence sur l'eau et l'alimentation et la dislocation des communautés humaines, font des changements climatiques le plus grand défi que l'humanité ait jamais eu à relever[6].

James Hansen a écrit en 2010 (soit dit en passant, cette année-là était avec 2005 l'année la plus chaude depuis que l'humanité s'est mise à recueillir des statistiques sur la température

---

Reveals that Human Civilization is on the Precipice », 15 novembre 2010, http://climateprogress.org/2010/11/15/year-in-climate-science-climategate

6. Déclaration de Ban Ki-moon en 2009, en ligne : http://unfcccbali.org/ unfccc/news-unfccc/news-unfccc/un-chief-says-climate-change-biggest-challenge.html

de la planète, en 1880[7]) : « L'enjeu moral suprême du XXIe siècle sera, c'est presque une certitude absolue, les changements climatiques : une menace comparable au nazisme pour Winston Churchill au XXe siècle, ou à l'esclavage pour Lincoln au XIXe. Notre dépendance aux carburants fossiles, si nous ne la maîtrisons pas, menace nos enfants, nos petits-enfants et la plupart des espèces vivant sur la planète[8]. »

La situation est grave à ce point qu'en 2007, le *Bulletin of the Atomic Scientists*, les gardiens de « l'horloge de la fin du monde[9] », ont fait avancer les aiguilles de deux minutes avant minuit à cause des dangers que posent les changements climatiques[10].

Le général américain Wesley Clark nous avertit que « la sécurité énergétique est essentielle à la sécurité nationale[11] ». Nous savons déjà cela à voir toutes les guerres qu'on se livre pour le pétrole, ou à voir à quel point notre société est vulnérable lorsque les prix énergétiques flambent et que des millions de personnes ne peuvent tout simplement plus se permettre de se rendre du point A au point B ou que les prix des aliments de base comme le riz et la farine atteignent des sommets.

---

7. Justin Gillis, « Figures on Global Climate Show 2010 Tied 2005 as the Hottest Year on Record », *The New York Times,* 12 janvier 2011, A4.

8. *The Huffington Post,* 5 avril 2010. Également disponible sur Climate Science Watch : « Hansen: Obama Must Defend Climate Scientists and "Facing the Difficult Truth of Climate Science" », 5 avril 2010.

9. Jeroen van der Veer, « Two Energy Futures », discours, 25 janvier 2008, Colloque technologique sur les solutions durables pour l'Afrique à l'Université de Delft, en ligne : http://www.shell.com/home/content/media/speeches_and_webcasts/archive/2008/jvdv_t_wo_energy_futures_25012008.html

10. Molly Bentley, « Climate resets "Doomsday Clock" », BBC News, 17 janvier 2007.

11. Voir l'URL du discours de Van der Veer de 2008, note 9.

Pour sa part, l'organisation Christian Aid prédit que d'ici 2050, plus d'un milliard de personnes seront forcées à l'exil à cause des changements climatiques, un nombre de réfugiés sans précédent dans notre histoire[12].

Si la raréfaction du pétrole, les enjeux relatifs à la sécurité et la fragilité manifeste des systèmes économiques tributaires de ressources épuisables ne vous ébranlent pas, sachez que l'utilisation des carburants fossiles est tenue aujourd'hui pour responsable de toutes sortes de maux : l'intoxication au mercure, l'asthme, l'évolution des infections et des maladies propagées par les insectes et les taux de mortalité astronomiques causés par les vagues de chaleur, le manque d'eau et les menaces pesant sur la sécurité alimentaire. La commission de la santé de la revue médicale *The Lancet* sonnait l'alarme en 2009 : « Les changements climatiques sont la pire menace à la santé mondiale du XXIe siècle[13]. »

Michael McGeehin, directeur de la Division des périls environnementaux et de leur incidence sur la santé aux Centres pour le contrôle et la prévention des maladies des États-Unis, est du même avis. « Les vagues de chaleur constituent une catastrophe pour la santé publique. Elles tuent, et elles tuent les plus vulnérables de notre société. Il faut se préparer pour le jour où les changements climatiques vont augmenter le nombre et l'intensité des vagues de chaleur[14]. »

---

12. Rapport de Christian Aid, « Human Tide: the Teal Migration Crisis », Londres, mai 2007.

13. Anthony Costello (auteur principal, UCL Institute of Global Health), « Climate Change: The Biggest Global Health Threat of the 21st Century », *The Lancet* et UCL, 14 mai 2009.

14. « Climate Change Is Hazardous to Your Health, Scientists Say », Union of Concerned Scientists: Citizens and Scientists for Environmental Solutions, 8 juillet 2010, en ligne : www.ucusa.org/news/press_release/climate-change-is-hazardous-0422.html

Même Jeroen van der Veer, pdg de Royal Dutch Shell, le dit dans ses discours : « Peu importe ce qu'on décidera de faire, la situation actuelle du monde limite notre marge de manœuvre. Nous assistons à une poussée phénoménale du taux de croissance dans la demande énergétique du fait de la croissance démographique et du développement économique, et Shell estime que, passé 2015, les réserves en pétrole et en gaz aisément accessibles ne pourront plus suffire à la demande[15]. » Bien sûr, le pdg de Shell ne tient nullement à ce que nos systèmes énergétiques favorisent désormais les énergies renouvelables au détriment des carburants fossiles. Au contraire, Shell et la plupart des autres grandes pétrolières et gazières semblent plus que jamais résolues à aller littéralement jusqu'au bout du monde (l'on songe ici à l'extraction à ciel ouvert qui se pratique dans les sables bitumineux du Canada ou au forage en eaux profondes dans le fragile écosystème de l'Arctique) pour trouver ce qu'il en reste. Ce que je dis, c'est que, quels que soient les intérêts que vous défendiez, dans tous les segments de la société, on commence à reconnaître qu'il faut modifier la manière dont la société fonctionne et consomme les carburants, et qu'il faudra faire des sacrifices.

Je n'ai pas à vous convaincre que le réchauffement climatique est en cours. Ce que je veux, c'est vous convaincre que nous devons opérer des changements radicaux dans nos vies ainsi que dans les lois et politiques qui gouvernent nos sociétés si nous voulons moins dépendre des énergies polluantes et protéger les écosystèmes de la terre. Même les climato-sceptiques les plus endurcis savent que notre mode de consommation est insoutenable parce qu'il s'appuie sur des ressources polluantes, dangereuses et limitées, par exemple le charbon et le pétrole, et

---

15. Van der Veer, « Two Energy Futures ».

non sur celles dont nous savons qu'elles sont renouvelables, comme le soleil et le vent.

Point n'est besoin d'être climatologue pour se rendre compte qu'il ne subsiste pas assez de pétrole si l'on veut que l'Inde et la Chine vivent sur le même pied que l'Amérique du Nord. Que l'on admette ou non les postulats scientifiques des changements climatiques, ou les risques patents pour la santé, d'autres considérations relatives à l'économie et à la sécurité nationale devraient inquiéter même les plus sceptiques.

La nécessité d'assurer l'accès à l'énergie et l'équité dans les économies émergentes est déjà une motivation de premier ordre. L'empreinte de carbone du milliard d'habitants les plus pauvres de la planète constitue environ 3 pour cent de l'empreinte globale, cependant, ce sont ces gens-là qui souffrent le plus des changements climatiques[16].

Le dernier siècle a été une orgie de développement économique polluant. Nous en avons profité à maints égards, mais nous en voyons maintenant les conséquences. C'est comme si nous avions fait une fête monstre dans la maison de nos parents et que nous devions nettoyer le gâchis avant leur retour. Sauf que dans ce cas-ci, c'est la maison de nos petits-enfants que nous avons vandalisée de la cave au grenier.

Vues de haut, les solutions paraissent simples, et nous en voyons surgir des quatre coins du globe[17]. Nous devons réduire radicalement notre dépendance à l'égard des ressources épuisables et des carburants fossiles qui polluent. Nous devons rebâtir notre société de manière à ne plus consommer d'aliments

---

16. *The Lancet*, 14 mai 2009, 1701, col. 2.

17. Pour un tour d'horizon fascinant et totalement intelligible des solutions authentiques et inspirantes dans le monde, lire Chris Turner, *The Geography of Hope: A Tour of the World We Need*, Toronto, Random House Canada, 2007.

qui ont été cultivés sur un continent et transformés sur un autre avant d'être acheminés au bout du monde, chez le consommateur. Nous devons créer une économie durable soutenue par des ressources renouvelables où la valeur de l'air pur, de l'eau potable et de la biodiversité est prise en compte dans tous les calculs économiques et politiques.

Et si nous arrivions à changer le moteur de la société industrielle pour ensuite nous rendre compte que la NASA, le pdg de Shell, un général américain quatre étoiles, les Nations Unies et à peu près tous les scientifiques et les gouvernements de la planète s'étaient trompés à propos des changements climatiques ? Eh bien, au pire, nous nous retrouverions avec des systèmes d'énergie renouvelables, un accroissement de la production alimentaire locale, un air plus propre, des collectivités en meilleure santé, moins d'espèces en voie d'extinction, moins de victimes du cancer et des maladies respiratoires, des millions de nouveaux emplois liés à l'énergie propre et une sécurité globale accrue.

Ma bande dessinée favorite sur les changements climatiques est celle de Joel Pett de *USA Today*. Un auditoire de colloque visionne une liste PowerPoint : « indépendance énergétique, préservation des forêts pluviales, durabilité, emplois verts, villes vivables, énergies renouvelables, eau potable, air sain, enfants en santé ». À l'arrière de la salle, un type grognon demande à un collègue : « Et si tout ça n'était qu'une mystification gigantesque et que l'on créait un monde meilleur pour rien ? »

L'objet de ce livre n'est donc pas de vous convaincre des périls des changements climatiques. Consultez mes références : il existe sur ce sujet quantité d'ouvrages excellents qui vous feront trembler de peur[18]. Ce livre a plutôt pour but de vous

18. Voir, par exemple, George Monbiot, *Heat*, New York, Penguin, 2007, et Tim Flannery, *The Weathermakers*, Melbourne, Text Publishing, 2005. En

inciter à vous secouer et à secouer les autres. À commencer par les élus près de chez vous.

Dans les chapitres à venir, je vais vous raconter des histoires, parce que les histoires sont, je trouve, une efficace source d'inspiration. Je vais vous raconter comment et pourquoi je me suis engagée dans ce domaine, ce qui a marché, ce qui n'a pas marché, en espérant vous donner au passage des idées quant aux manières possibles de vous engager, à votre tour, dans les causes les plus pressantes de notre ère.

Assise dans ce café, j'ai parfaitement conscience de vivre l'un de ces moments dans notre vie personnelle et collective où les choses changent si radicalement que nous redéfinissons par la suite notre vécu entre « l'avant » et « l'après ». Quand on parle d'histoire, on dit « avant ou après Jésus-Christ » ou « avant ou après l'ère commune ». Dans l'histoire de ma vie, la naissance de mes enfants divise ma vie en chapitres. J'ai donc l'habitude de dire « avant Forrest » ou « après Quinn ».

À titre de militante écologiste, j'ai vécu plusieurs moments qui ont changé ce que je fais, comment et pourquoi je le fais. À l'été 1993, je me trouvais dans un tribunal bondé de Victoria, en Colombie-Britannique, attendant le verdict du magistrat chargé de juger les manifestants de la baie Clayoquot. Nous étions quarante-quatre inculpés assis dans la salle d'audience, dans l'attente de notre sentence, pensant être condamnés à quelques heures de services communautaires pour le crime que nous avions commis, qui consistait à empêcher les camions gru-

---

outre, l'ouvrage de James Hoggan et Richard Littlemore, *Climate Cover-Up* (Vancouver, Greystone Books, 2009), donne un compte rendu complet de la campagne de propagande qui a semé la division et l'incertitude relativement aux fondements scientifiques des changements climatiques.

miers d'entrer dans l'une des plus vieilles forêts pluviales tempérées du Canada, parfois pendant à peine une dizaine de minutes. Il y avait avec nous des adolescents, des mamans, des grands-mamans, beaucoup de grands-mamans. Nous avons compris que notre affaire ne serait pas aussi simple quand des dizaines de shérifs en uniforme sont entrés dans la salle et se sont massés le long des murs.

Les shérifs entrés, le juge a commencé à rendre ses sentences. Il nommait un nom, l'intimé se levait, et le juge décrétait le nombre de jours de prison auquel il le condamnait. Dès que la personne était nommée, un shérif s'en approchait et lui passait les menottes pour la conduire à la porte de derrière. Tout le monde s'est mis à pleurer. Une jeune mère s'est tournée vers moi et m'a dit : « Ah, mon Dieu ! Qu'est-ce que je vais faire ? Occupez-vous de ma fille ! »

Moi j'étais là à regarder tout cela, médusée, lorsque mon avocat s'est approché de moi et m'a dit : « Le procureur de la Couronne exige six ans de prison pour vous. »

Six ans ?

Le gouvernement me considérait comme l'une des âmes de la manifestation, et avait résolu d'obtenir une sentence exemplaire.

J'ai dû sortir de la salle d'audience pour retrouver mes esprits. Un autre avocat que je voyais pour la première fois est venu me rejoindre, vêtu de sa toge, et m'a dit : « Je sors de là comme vous. Savez-vous ce qui se passe dans la salle d'audience voisine ? »

Je lui ai répondu que non. J'avais déjà fort à faire pour maîtriser mon émotion et m'y retrouver dans ce chaos qui m'impartissait soudainement la responsabilité de ces personnes, de leurs enfants, de leurs biens.

L'avocat m'a dit ce qui se passait dans la salle d'audience d'à côté : il y avait là un homme qui avait été arrêté avec un fusil

à canon scié, qui avait avoué avoir rôdé dans la ville de Victoria
à la recherche de petites filles à tuer et qui s'en était sorti sans un
seul jour de prison. Alors que dans notre salle à nous, des professeurs, des gens de métier et des grands-mères qui avaient
manifesté en faveur de la paix et d'un débat public se retrouvaient menottés et jetés en prison.

J'ai téléphoné à mon amie et collègue Valerie Langer, qui
était de retour à Tofino, une petite ville aux abords de la forêt
pluviale de la baie Clayoquot. « On les fout tous en tôle ! Tous !
Les grand-mères, les mamans… »

Je balbutiais sous l'effet du choc. Valerie n'a rien arrangé
lorsqu'elle m'a dit : « La coupe à blanc a repris aujourd'hui. »

Greenpeace venait de commander un sondage qui démon-
trait que 86 pour cent des Canadiens s'opposaient à l'exploitation forestière de la baie Clayoquot[19]. Nous étions parvenus à
faire passer notre message : cette forêt pluviale ancienne de la
côte ouest de l'île de Vancouver, l'une des dernières forêts pluviales tempérées encore intactes sur la planète, avait son importance, et il fallait en interdire l'exploitation. Et maintenant, certains leaders locaux allaient aboutir en prison parce qu'ils
avaient essayé d'y mettre fin.

La démocratie était en panne. Les manifestations restaient
sans effet. La sensibilisation populaire et l'indignation ne suffi-
saient tout simplement plus. Il nous fallait une stratégie nouvelle. Nous devions nous renseigner, savoir qui achetait tout ce
bois et les en arrêter. Ce moment a changé notre lutte pour la
survie des forêts. La campagne commerciale venait de naître.

Peu après cet événement et ce qui s'est ensuivi, je me suis
jointe à Greenpeace International afin d'apprendre tout ce que
je devais savoir pour mener une campagne écologiste. J'ai été
formée par les meilleurs organisateurs du monde et, dans les dix

---

19. Sondage Angus Reid, 1994.

années qui ont suivi, je me suis efforcée de mettre en pratique ce que j'avais appris afin de sauver les forêts anciennes du Canada et de transformer le marché des produits forestiers de telle manière que les fabricants et les consommateurs exigent des produits du bois et du papier qui soient écoresponsables. Au passage, j'ai contribué à la fondation de ForestEthics, une organisation indépendante et à but non lucratif qui se charge de ce travail.

Au cours des deux dernières décennies, j'ai eu maille à partir avec des entreprises géantes et affronté des chefs d'État dans des débats télévisés. J'ai pourchassé les leaders canadiens dans le monde entier tandis qu'ils essayaient de faire passer ce désastre écologique pour du progrès économique. J'ai même côtoyé, je ne m'y attendais pas, des vedettes de cinéma, des stars du rock et des supermannequins, et j'ai discuté avec eux de l'importance du virage au vert. J'ai été vilipendée par des entreprises, courtisée par d'autres qui voulaient que je partage la scène avec elles et j'ai rassemblé des collègues de plusieurs autres organisations pour négocier « un accord historique pour la protection des forêts[20] », que d'aucuns considèrent comme une réalisation qui fera date et que d'autres qualifient de trahison dangereuse.

Ce fut un périple ardu, mais jusqu'à il y a trois ou quatre ans je pensais avoir trouvé un moyen pas mal efficace d'opérer des changements positifs. Nous arrivions enfin à persuader des entreprises de produire plus vert et les gouvernements du monde entier à protéger davantage de forêts anciennes. Bien sûr, je me préoccupais du réchauffement de la planète, mais je n'en faisais pas l'essentiel de mon action. Puis se sont mis à atterrir sur mon bureau des rapports démontrant qu'une bonne

---

20. Richard Black, « World's Biggest Forest Protection Deal for Canada », BBC News, 18 mai 2010, en ligne : www.bbc.co.uk/news/10123210

part des forêts que j'avais consacré ma vie à défendre étaient désormais dévastées par des incendies ou des infestations du dendrochtone du pin, conséquences directes du réchauffement climatique.

En 2007, j'ai été invitée aux négociations internationales sur les changements climatiques sous l'égide des Nations Unies à Bali. Je devais parler des incidences du réchauffement climatique sur nos forêts et des effets des coupes à blanc sur ce réchauffement. La conférence réunissait trente mille personnes venues de tous les pays. J'ai prononcé mon discours, puis je me suis rendue à l'inauguration des négociations. C'est là que le secrétaire général des Nations Unies Ban Ki-moon a prononcé des paroles qui ont chaviré mon monde : « La situation est grave au point que le moindre retard pourrait tout faire basculer, après quoi le coût écologique, financier et humain pourrait être insoutenable. Nous sommes à la croisée des chemins. L'un nous conduira à un accord global sur les changements climatiques, l'autre à l'anéantissement de la planète. Le choix est net. »

Prenant des notes, je me suis tournée vers la dame à côté de moi pour lui demander : « Il a bien dit "anéantissement" ? »

Hier encore, quand j'employais, en tant que militante écologiste, et surtout en tant que femme, le mot « crise », on me traitait d'« hystérique ». On m'avait aussi qualifiée d'« ennemie de l'État », d'« écoterroriste » et d'« illuminée de la nature qui prie la Lune » pour avoir tenu des propos bien moins extrêmes que ceux du secrétaire général des Nations Unies. Anéantissement ?

Puis il s'est produit quelque chose d'extraordinaire. La dame à côté de moi, qui était originaire du Bassin du Congo, s'est mise à gémir, à pleurer et à se bercer, comme dans une sorte de rite funèbre. Elle était là, toute à sa lamentation, au milieu des négociations en vue de l'accord international sur les changements climatiques, avec tous les chefs d'État du monde, et là, j'ai compris. Sa réaction tombait sous le sens. C'est à ce moment-là que j'ai cessé de nier dans le fond de mon cœur les menaces que pose le dérèglement du climat. Je me suis rendu compte que je ne saurais plus me contenter de lire des rapports scientifiques et des articles de journaux, tel ce fameux numéro de *Time* de 2006 qui titrait : « Soyez inquiets. Très inquiets. » Je ne pouvais plus laisser à d'autres le soin de guérir notre société de sa dépendance aux carburants fossiles. J'ai compris que, même si j'avais consacré jusqu'alors chaque jour de ma vie aux enjeux écologiques, j'avais eu tort de limiter mon action à la question forestière. Oui, le réchauffement planétaire déstabilisait le climat et frappait désormais nos forêts, notre eau, notre économie, mais il devait bien y avoir quelqu'un qui y verrait, non ? Non ? Répondez, quelqu'un…

Ce jour-là, j'ai compris que les réalités de l'évolution climatique nous obligent tous et chacun à repenser notre emploi du temps et notre participation dans le débat sur l'énergie. J'ai vu que je devais cesser de compter sur les autres pour régler le problème et être prête à modifier l'axe de mon action écologiste.

Ce revirement impliquait que je ne me concentrerais plus sur cette cause qui m'est si chère, la conservation des forêts. Certes, nous devons protéger ce qui reste de nos forêts et créer davantage de pratiques écoresponsables dans l'espace forestier que nous exploitons déjà. Cependant, l'acuité du problème que pose la charge de carbone dans notre atmosphère m'aiguillait à m'engager de nouveau dans un long parcours d'apprentissage.

À Bali, je me suis mise à assister à toutes les conférences scientifiques sur les effets du réchauffement planétaire. Je me suis immergée dans tout ce savoir, m'initiant aux effets tant physiques que moraux. Tous les soirs, je rentrais à mon hôtel en larmes. J'écrivais une entrée de blogue, je me mettais au lit, puis je me relevais aussitôt pour écrire encore un peu. Dans mon blogue, j'ai essayé d'exprimer ce que je ressentais, de dire le sentiment d'urgence qui m'habitait et de faire plus que déplorer nos pertes, pour explorer, nom de nom, des pistes d'action.

J'ai assisté à une table ronde sur l'énergie renouvelable. Le Groupe d'assureurs RSA, la plus grande compagnie d'assurances au monde, qui est basée au Royaume-Uni, y a dit : « En une journée, une petite région d'Afrique du Nord reçoit suffisamment d'énergie solaire pour combler les besoins énergétiques de l'humanité pendant une année. » En une journée... Une heure plus tard, à la table des maires, le maire d'un arrondissement de Nairobi affirmait pourtant : « Nous avons maintenant plus d'un million d'habitants dans les bidonvilles de Nairobi, et ce, rien qu'à cause des changements climatiques. » Donc il existe des solutions, mais elles ne sont pas mises en œuvre, et les effets de notre inaction sont on ne peut plus tangibles.

Nous devrons tous nous y mettre. Nous devrons faire tout ce que nous pouvons dans notre vie quotidienne, dans nos écoles et au travail, pour opérer les changements qui s'imposent dans le monde. Il n'y a pas de baguette magique, pas de solution unique. En fait, il faudra créer un véritable écosystème d'activités qui se renforceront les unes les autres, fortifiées par leur diversité, pour provoquer le changement massif dont nous avons besoin. Les questions que je me suis posées, et que nous devons tous nous poser, sont : Quel est mon rôle ? Que dois-je faire, moi, à cet instant critique de notre histoire ? Comment faire ma part à la maison, au bureau, dans la communauté, auprès du gouvernement ? Ce jour-là, à Bali, je me suis rendu compte que je n'avais plus le droit de m'en remettre aux autres, parce que me battre pour sauver les forêts sans m'attaquer aux changements climatiques serait comme repeindre le *Titanic* après qu'il eut heurté l'iceberg.

Nous avons tous des défis à relever, grands et petits, dans notre quotidien : ils sont de nature personnelle, comme combattre la maladie et gagner sa vie ; ou sociétale, comme relancer notre économie souffrante, ou repenser la politique militaire de notre pays. Aujourd'hui, pas moyen d'ouvrir le journal ou d'allumer la télé sans être bombardé de reportages sur la fonte des glaciers, l'extinction de certaines espèces et l'omniprésence des substances toxiques. Aussi horribles que soient les nouvelles, nous nous en détachons : les inondations et autres incendies sévissent loin de chez nous et affectent des gens qui nous sont étrangers. Ce ne sont que des images comme la télé en véhicule tant. Alors qu'est-ce que ça peut bien faire si les saisons sont à l'envers ? Si tout ce que nous consommons, du tofu à l'eau embouteillée, est contaminé ?

Lorsque j'allaitais Forrest, les journaux racontaient que le lait maternel ne serait jamais approuvé par la US Food and Drug Administration pour la consommation humaine parce qu'il est trop pollué. Nous sommes tellement déconnectés de la nature et des systèmes naturels que nous avons du mal à croire les nouvelles de ce genre, qui traitent d'effets souvent invisibles, qui paraissent irréels. On nous dit aux actualités que 80 pour cent de la forêt amazonienne aura disparu dans quarante ans. On lit dans les journaux que la majorité des espèces de la Terre sont aujourd'hui menacées d'extinction. Puis nous quittons l'ordinateur pour préparer les lunchs du lendemain et sortir les ordures — et peut-être aussi le recyclage et le compost, pour dire que nous faisons quand même *quelque chose* —, et nous reprenons le cours de nos vies programmées.

Mais nos vies si bien programmées vont bientôt être perturbées, et nous devons agir pendant que nous avons encore une chance de sauver ces forêts et ces animaux, pour que nous puissions un jour dire à nos enfants que nous avons fait davantage qu'emballer leurs sandwichs dans des contenants réutili-

sables. Les grands changements s'opèrent quand la société proteste avec suffisamment de vigueur ou que les effets d'un
problème sont tellement évidents que nos décideurs sont obligés de bouger.

Le Protocole de Montréal de 1987, qui a fait interdire à
l'échelle de la planète les substances chimiques nocives qui
trouaient la couche d'ozone, a été conclu à l'issue de campagnes
environnementales réussies, mais s'il a passé, c'est aussi parce
que, dehors, les gens brûlaient à mort. Les taux de cancer de la
peau étaient en hausse vertigineuse, et dans certains pays
comme l'Australie, on pressait les parents de garder les enfants
à la maison. Les effets étaient visibles dans notre vie quotidienne.

Cette fois-ci, nous ne pourrons pas attendre aussi longtemps. En 2001, les scientifiques ont découvert que la sécheresse
de 2010 en Amazonie avait causé la mort de milliards d'arbres,
et que la forêt qui a été longtemps considérée comme le poumon de la planète pourrait cesser d'absorber les gaz à effet de
serre. Elle pourrait, en fait, commencer à en produire[21].

Les effets dont nous sommes déjà témoins — qu'il s'agisse
des sécheresses en Amazonie et dans le Bassin du Congo ou de
la disparition d'îles vulnérables dans le Pacifique Sud, comme
Tebua Tarawa et Abanuea — sont les conséquences du gaz car-
bonique relâché dans l'atmosphère il y a vingt ans. Il y a un
hiatus entre la pollution que nous crachons dans l'air et l'effet
qui en résulte sur terre. Quand, dans le monde soi-disant développé, nous commencerons à ressentir les effets d'un climat

---

21. La désertification, les incendies et les inondations accélèrent le déclin et
la mort des forêts. Quand un arbre meurt, il cesse d'absorber du dioxyde de
carbone et libère le carbone qu'il renferme. Damian Carrington, « Mass Tree
Deaths Prompt Fears of Amazon "Climate Tipping Point" », *The Guardian*,
3 février 2011.

déréglé, il sera trop tard pour freiner le mouvement. Donc, lorsque le secrétaire général des Nations Unies déclare que le modèle économique actuel de la planète est un « pacte de suicide mondial », il faut se demander ce que nous devons faire, nous[22].

Tout changement est difficile, souvent douloureux, et c'est aussi le cas des solutions concrètes, étant donné qu'elles exigent une coopération constante et des compromis. On ne veut pas de déversement de pétrole, mais on ne veut pas non plus entendre parler d'éoliennes. On ne veut pas d'exploitation forestière, mais on veut quand même du bois pour nos besoins de tous les jours... Il m'arrive parfois d'être attaquée par des gens dont je partage les valeurs, et j'envie la force de leur résistance. Or, j'en suis venue à penser qu'il ne suffit pas de crier qu'on est contre, encore faut-il appuyer des solutions.

Je peux bloquer un chemin ou m'asseoir sur un arbre pour m'opposer à toute exploitation forestière, mais si ailleurs, au même moment, on coupe un hectare de forêt aux deux minutes, je ne fais rien avancer. Ou alors, je peux affirmer que je suis pour la protection de la forêt vierge tout en reconnaissant que les gens ont besoin de travailler, et de là, faire valoir que nous devons redéfinir le travail et repenser l'industrie de telle sorte que nous pourrons en assurer la viabilité tout en protégeant la nature, puis chercher activement le meilleur moyen de parvenir à ce résultat.

Au cours des quelques dernières années, dans les négociations avec les entreprises qui nous ont conduits à des accords qui exigeaient de part et d'autre de l'ouverture et des compro-

22. Associated Press, « Ban Ki-moon: World's Economic Model Is "Environmental Suicide" », 28 janvier 2011.

mis, je me suis aperçue que les militants qui n'ont pas l'expérience du terrain sont souvent les premiers à dénoncer ces accords. Pour ma part, je me sens plus à même de prendre position dans un dossier après avoir été sur le terrain, qu'il s'agisse d'arpenter les secteurs de coupe à blanc, de visiter les sables bitumineux ou de séjourner dans la forêt boréale. Je me compte chanceuse d'avoir eu ces contacts directs. La qualité du dialogue qui s'appuie sur l'expérience ne se fabrique pas. Une fois que j'ai acquis cette expérience, je me rends compte que la voie à suivre est toujours obscure, et que rien n'est jamais blanc ou noir. Le plus difficile consiste alors à réclamer le changement radical qui s'impose, tout en prenant en compte la complexité des problèmes et leur incidence sociale et économique, sans compromettre nos valeurs écologiques. Un véritable exercice de funambule.

Tout au long de ce périple, j'ai cherché à comprendre les rouages du changement social et à cibler ce qu'il nous faut faire, en tant que société, aujourd'hui et demain. En racontant mon parcours, j'espère éclairer le vôtre.

Aujourd'hui, nous avons tous la responsabilité et la capacité — à titre de citoyens, de groupes, de membres d'organisations et de la collectivité — de demander des comptes à nos dirigeants, de les tenir à l'œil et d'ainsi participer au changement social. Une photo prise d'un téléphone peut causer du tort à une carrière politique. Une simple vidéo sur YouTube peut faire échec à une campagne de publicité qui a coûté des millions.

Nous avons aujourd'hui davantage d'outils et de moyens de communication individuels que n'en avaient nos gouvernements il y a vingt ans. Lors de l'une de mes premières campagnes, au début des années 1990, on m'a donné un téléphone portable. Il pesait une tonne et il était si gros qu'il fallait une valise pour le transporter. Quand j'ai fait mes débuts dans ce domaine, il s'agissait surtout de rassembler du monde autour d'une table de cuisine. Aujourd'hui, sans bouger de sa cuisine, on peut entrer en contact avec des milliers de personnes, voire des centaines de milliers, et les trois quarts du temps, je n'arrive même pas à retrouver mon portable parce qu'il est si minuscule.

Quand j'ai commencé à m'intéresser aux questions environnementales, et plus particulièrement il y a vingt ans quand nous menions les grandes batailles pour la préservation des dernières forêts anciennes, le militantisme écologiste était l'affaire des amoureux de la nature. Les enjeux aujourd'hui ne sont plus strictement environnementaux, ils englobent aussi l'économie, la santé publique et les droits humains. Aussi, quand j'écoute mes nouveaux collègues de Greenpeace Afrique parler des centaines de milliers de personnes qui meurent des suites de la sécheresse ou de famine à cause des changements climatiques provoqués par la pollution que le monde développé a recrachée dans l'atmosphère au cours du dernier siècle, je constate que ces enjeux constituent le grand impératif moral de notre ère.

Voilà pourquoi je me suis crue obligée de quitter notre petite île tranquille, qui ne compte que 950 habitants, où personne ne verrouille ses portes et où tout le monde salue tout le monde dans la rue, automobilistes, cyclistes ou piétons, pour entreprendre cette vie nouvelle dans cette ville cosmopolite.

Voilà pourquoi j'ai écrit ce livre : quelles que soient les responsabilités que nous assumons au quotidien, nous pouvons trouver des moyens de participer. S'il en est qui estiment que nous avons encore amplement de temps pour agir en ce moment critique de notre histoire, c'est parce que nous n'en faisons pas encore assez. Par contre, si vous vous voyez en martyr de l'environnement, vous n'accomplirez rien de bon (et en plus vous serez insupportable). Vous devez simplement faire votre part, avant qu'il ne soit trop tard. Moi-même, je ne me suis pas toujours sentie obligée d'agir, mais l'urgence de la situation m'a persuadée d'essayer. Vous n'avez pas à donner votre vie et à sacrifier votre carrière, mais chacun de nous peut vouer une part de son ingéniosité, de ses ressources et de son temps à la cause. Et nous devons le faire. Parce qu'aujourd'hui, nous sommes tous responsables, non seulement de ce que nous faisons, mais aussi de ce que nous ne faisons pas.

Nos actions doivent être à la mesure des enjeux et des moyens d'aujourd'hui. Pour « sauver les ours blancs », comme dit mon petit Quinn, nous devrons ultimement modifier le jeu politique qui préside au développement pour faire en sorte que les pays comme la Chine, l'Inde et le Brésil évitent les erreurs que nous avons commises en Amérique du Nord et en Europe, essentiellement en contournant l'ère des carburants fossiles, et ce, tout en persuadant les pays développés de tarifer la pollution de manière à mettre fin à l'avancée de la nouvelle infrastructure énergétique tout aussi polluante, par exemple ces pipelines qui surgissent des sables bitumineux du Canada pour entretenir la dépendance des États-Unis au pétrole. Des solutions plus propres et plus viables sont possibles à condition de voir plus loin que la cupidité et d'obliger nos politiciens à montrer plus d'audace.

Pour la classe politique, tout est trop souvent une question de sous et de votes. Comme contribuables et électeurs, nous avons donc du pouvoir. Si nous voulons que nos politiciens agissent avant que la catastrophe nous anéantisse, nous devons les mandater pour prendre les décisions qui s'imposent et leur prouver que l'inaction a un prix politique.

Alors, dans ce café, avec vue sur les péniches qui glissent sur le canal et les vélos qui dévalent la rue, je regarde mon petit Quinn à l'écran de mon ordinateur et je lui dis la première pensée qui me vient.

« Non, mon chéri, on n'a pas encore sauvé les ours blancs, mais on va y arriver. »

I

BARRICADES

CHAPITRE 1

Il y a des forêts pluviales au Canada?
L'éveil d'une conscience écologique

Dans les espaces vierges réside le salut du monde.

HENRY DAVID THOREAU

Je suis née le 5 février 1969 : le jour même, un déversement
pétrolier catastrophique sur la côte de la Californie a bouché le
port de Santa Barbara et, si l'on en croit le *Los Angeles Times,*
marqué la naissance du mouvement écologiste. Le 28 janvier
précédent, il y avait eu une explosion sur la plateforme de forage
Alpha de la société Unocal.

 « Avec cette explosion, toute la nation a pris conscience de
la question écologiste », a dit Arent Schuyler, professeur émérite
en études environnementales à l'Université de la Californie à
Santa Barbara. « Les gens ont compris tout à coup que leurs
foyers pouvaient être les premières victimes des accidents
industriels. » Cet incident aurait impulsé la formation de nouveaux groupes écologistes et l'adoption de diverses lois régio-
nales et nationales, dont la Loi américaine sur la politique nationale de l'environnement, auxquelles on doit les études d'impact
environnemental obligatoires.

« À cause de ce déversement pétrolier, nombreux sont ceux qui se sont mis à douter des engagements de l'industrie et du gouvernement en matière de sécurité », selon Michael Paparian, directeur du Sierra Club Californie. Le militantisme écologiste s'est mis à gagner des adhérents partout, dit-il, et dans les deux années qui ont suivi, le Sierra Club a vu doubler le nombre de ses membres.

Greenpeace a vu le jour deux ans plus tard. Comme je rédigeais ce livre à l'époque d'un autre grand déversement pétrolier, l'explosion du *Deepwater Horizon* dans le golfe du Mexique, je me suis forcément demandé s'il y aurait lieu de profiter de cette catastrophe pour effectuer des changements de la même ampleur.

J'ai grandi dans une famille juive traditionnelle de London, en Ontario, une ville de 350 000 habitants qui a été bâtie autour d'un collège et d'une université. La famille ne se contentait pas de manger casher et de fréquenter la synagogue, mes parents étaient aussi des piliers de la communauté israélite. Propriétaire d'une petite entreprise de publicité, papa était un membre en vue du chapitre local du B'nai Brith ; il en fut même le président pendant de nombreuses années. Maman travaillait aux côtés de mon père et dirigeait une autre entreprise fabriquant des drapeaux et des fanions ; elle a présidé pour sa part la Hadassah ainsi que le B'nai Brith. Quand j'étais en première année de secondaire, j'étais présidente du chapitre de l'Union des jeunes de la synagogue. Ma famille et ma communauté étaient très unies, et, même si je ne m'en rendais pas compte alors, la vie était belle.

L'année de mes quatorze ans, mon père est mort à la suite d'un pontage. Moins de deux ans plus tard, ma mère décédait d'un cancer. Ma sœur aînée, Corinne, qui avait presque vingt et un ans, est devenue la tutrice de la famille un peu plus tard. Nous avons continué d'occuper la maison familiale et vivions de l'assurance-vie de nos parents. Nous tenions des conseils de famille pour prendre les grandes décisions domestiques. Ce fut mon initiation au travail d'équipe et à la négociation.

La mort de mes parents a ébranlé ma foi, et je me suis éloignée de la synagogue sauf pour une chose. Je tâchais d'honorer la mémoire de mes parents en me rendant à la synagogue Or Shalom deux fois par jour avec mon frère et mes sœurs pour réciter le *Kaddish,* la prière des morts, mais souvent, il n'y avait pas assez d'hommes sur place pour former le *mynian,* soit le quorum de dix hommes requis pour la récitation publique de prières. Souvent, il n'y en avait que neuf, et en dépit du fait que mes deux sœurs et moi avions fait notre *bat mitzvah,* il ne nous était toujours pas permis de réciter le Kaddish. C'est ainsi que j'ai été initiée au travail de campagne et à la prise de décision collective. Un groupe de femmes et d'hommes de notre synagogue militaient déjà pour inclure les femmes dans le *minyan.* Nous nous sommes joints à ce mouvement, faisant du porte à porte pour convaincre nos coreligionnaires du bien-fondé de cette initiative. Je crois que notre drame a aidé notre cause, et nous avons ainsi persuadé le rabbin, le cantor et le conseil d'administration de la synagogue que ce changement s'imposait.

Mon initiation au militantisme ne m'a pas détournée du but que j'avais alors : mes études secondaires terminées, je voulais être modéliste. En 1989, j'ai étudié les arts de la mode à l'Université Ryerson de Toronto : les coupes, les patrons, les styles, la construction et la composition. J'ai fini ma première année parmi les premiers. L'arbitre des élégances canadien Harry Rosen, qui était juge à notre défilé de mode de fin d'année, a dit voir en moi « une étoile de la haute couture canadienne ». Mon avenir était tout tracé. Sauf que…

J'ai grandi dans une famille à la conscience sociale aiguë. On nous enseignait à penser à la communauté, à faire du bénévolat, à nous engager, à faire don d'une partie de notre argent de poche à la *tzedakah* (les bonnes œuvres). Ainsi, lors de ce défilé de mode, pendant que je déambulais sur la piste vêtue de l'une de mes créations, j'entendais une petite voix agaçante dans ma tête qui me disait qu'elle était bien jolie cette petite bulle où je vivais, mais que ce n'était pas là ma mission.

J'ai alors décidé de m'offrir des vacances afin de réfléchir à tout cela et de passer l'été à parcourir l'Europe avec des amis. J'étais la voyageuse typique de vingt ans, armée de son exemplaire effiloché de *Let's Go Europe*, sac au dos avec l'obligatoire unifolié cousu dessus. J'avais économisé juste assez d'argent en travaillant à temps partiel comme cuisinière dans un restaurant végétalien et comme serveuse dans un restaurant pas très végétalien pour me payer un Eurailpass et loger dans des auberges de jeunesse. Après avoir vu Londres, où j'ai visité des musées et les quartiers de la grande couture, Édimbourg, Paris et Rome, je suis allée rejoindre ma sœur Wendy à Athènes. L'histoire de l'art m'avait toujours fascinée et je me mourais de voir l'Acropole. Sauf que je ne me serais jamais imaginée que j'aurais à la contempler dans un lourd nuage de smog.

Cet été-là, la Grèce a connu l'une des pires périodes de pollution atmosphérique de l'histoire moderne. L'air d'Athènes était si dense, si toxique, que des gens mouraient dans les rues. Après que nous sommes montées jusqu'à l'Acropole, j'ai été frappée, non par la majesté de son histoire, mais par la friabilité inquiétante de ses murs. Un des grands monuments de la civilisation occidentale s'émiettait au contact de l'acide présent dans l'air.

Lorsque nous sommes rentrées à notre auberge ce soir-là, j'ai craché ce qui ressemblait à un poumon plein de phlegme noir. Debout devant le miroir, j'ai passé mon doigt sur ma joue, y laissant une raie blanche. J'avais le visage noir de crasse comme une ramoneuse de métier. Je me sentais malade et sale, moi qui n'avais fait qu'explorer ce jour-là une des grandes villes du monde.

La jeune Canadienne que j'étais n'avait jamais rien vu de tel. Wendy et moi en étions malades et déprimées, et nous avons alors décidé de nous payer un bain de chlorophylle et d'aller nous balader dans la campagne quelques jours. Comme nous avions toutes les deux notre Eurailpass, nous avons choisi au hasard un lieu sur la carte, et c'est comme ça que nous avons abouti dans le massif du Harz en Allemagne. Nous disions à la blague que nous allions nous offrir une excursion en culotte de cuir et que nous descendrions tout plein de grosses chopes de bière.

Nous avons pris le train pour les montagnes du Harz, nous avons laissé nos valises à l'auberge, et nous avons passé notre premier jour dans la nature allemande à nous promener pendant des heures et des heures… dans une forêt d'arbres morts. Tout était mort. Rien de vivant. Nous avons fini par rencontrer un couple d'Autrichiens, nous leur avons demandé ce qui n'allait pas dans cette forêt, et ils nous ont montré une plaque dont ils ont traduit l'inscription : « Nous conservons cette forêt dans son état actuel pour illustrer l'effet des pluies acides. »

J'étais si horrifiée que, lorsque je suis rentrée au pays à la fin de l'été, j'ai quitté le département de mode de Ryerson pour m'inscrire en études environnementales à l'Université de Toronto. J'ai découvert alors que je me plaisais bien dans le milieu universitaire. Les cours, les longues soirées d'étude, baignant dans l'architecture surréaliste de la Bibliothèque Robarts, qui mêle béton et design organique. J'adorais ces après-midis où je discutais avec des collègues qui avaient eu comme moi la révélation de l'écologie.

Tandis que je me familiarisais avec les grandes questions environnementales, j'en suis vite venue à essayer de comprendre *pourquoi*, avec tout ce que nous savons de notre impact sur les écosystèmes, nous ne changeons toujours pas notre mode de vie.

La conscience environnementale m'a toujours fait penser un peu… à la pâte dentifrice. Quand on presse trop le tube, il n'y a pas moyen de la remettre dedans. J'ai passé maintes nuits blanches à songer aux défis que pose la préservation de nos forêts, de nos océans, de notre atmosphère, et je restais allongée dans mon lit, incapable de fermer l'œil, fixant le plafond, nostalgique du temps où je n'en savais rien. Dès qu'on adopte ce regard écologique, on se met à tout voir à travers lui, qu'on le veuille ou non. La brosse à dents à la main, je me demande : *D'où vient ce plastique ?* Je regarde le tube de pâte dentifrice et je songe : *Quand il sera vide, vais-je tout simplement jeter ce bout de métal dans la poubelle ?* Le voyage en Europe avait fait sortir tout le dentifrice du tube, et avait fait naître ma conscience environnementale. Je me suis mise à remarquer tous ces articles dans les journaux qui traitaient de l'extinction des espèces, des PCB, des toxines, des pluies acides, du trou dans la couche d'ozone. C'était comme si tous ces textes m'étaient soudainement jetés sous les yeux et que je devais trouver des réponses aux problèmes dont ils faisaient état. Comme l'a dit en termes si poignants l'un des pionniers du mouvement écologiste moderne, Aldo Leopold, dans son livre *A Sand County Almanac* : « L'un des malheurs de l'éducation écologiste, c'est qu'on vit seul dans un monde blessé. […] L'écologiste a le choix : ou bien il doit se blinder et faire comme si les conséquences scientifiques ne le regardaient pas, ou alors, il doit se poser en médecin qui voit les signes de morbidité dans un monde qui se croit en santé et qui ne veut pas entendre de diagnostic autre[1]. »

Lentement, au cours de cette année-là, je me suis mise à comprendre que tous ces problèmes avec lesquels la planète est aux prises n'avaient rien d'isolé ou de disparate. Nous vivons

---

1. Aldo Leopold, *A Sand Country Almanac,* New York, Ballantine, 1966 ; édition originale 1949.

dans un monde où nous ignorons tout des origines de ce que nous fabriquons et utilisons, et nous refusons systématiquement de savoir où vont tous les déchets de notre consommation. Un jour, m'apprêtant à jeter une poignée de piles usées, je me suis demandé où elles disparaîtraient. Et c'est alors que j'ai compris que, puisque tout est relié dans un écosystème, nos déchets ne disparaissent pas.

Je voulais savoir comment faire ma part avant qu'il ne soit trop tard. Animée par la résolution, l'engagement et, je l'avoue, le dogmatisme insupportable de la jeunesse, j'ai refusé d'acheter une voiture, je suis devenue végétarienne et, pendant une brève période, je n'ai porté que des vêtements d'occasion. Poursuivant ma quête, j'ai suivi en 1991 un cours d'écologie à l'Université de Toronto. Un jour, le professeur nous a montré des diapos de la vallée de Carmanah dans la forêt pluviale tempérée canadienne. J'ai été soufflée par la majesté de ces bois, par la taille de l'épinette de Sitka et du Douglas taxifolié, par le diamètre des vieux cèdres noueux tous parés de somptueuse mousse verte. J'avais, comme tout le monde, entendu parler des forêts pluviales du Brésil, grâce aux campagnes menées par Sting et des groupes comme le Rainforest Action Network (RAN) [Réseau d'action pour la forêt pluviale], qui avaient été les premiers à s'attaquer à des entreprises comme Burger King, mais voilà que je découvrais qu'il y avait des forêts pluviales au Canada !

J'étais gênée de me rendre compte que moi, Canadienne, écologiste convaincue, je ne savais pratiquement rien de nos forêts. Ma gêne s'est accrue quand j'ai découvert que la Colombie-Britannique recelait un quart des forêts pluviales tempérées du monde, que cet espace constituait 70 pour cent de la biodiversité canadienne, que certains de ces arbres avaient plus de mille ans, et que nous les balayions comme des allumettes.

J'ai donc refait mon sac à dos, j'ai pris un billet d'avion, et avec 200 $ dans mes poches pour tout viatique, je suis allée visiter les forêts pluviales de la Colombie-Britannique pour voir ce que je pouvais faire. Mes proches, une fois qu'ils ont cessé de penser que j'avais perdu la boule, trouvaient ça « bien ». Le consensus familial se résumait ainsi : « Ah oui, observer les hiboux, les ours, les cerfs… Sauver les forêts… C'est très bien de s'offrir une petite sabbatique pour faire ça. »

Je ne connaissais personne en Colombie-Britannique, je suis donc descendue à l'auberge de jeunesse près de Jericho Beach et, de là, j'ai repéré le bureau du Western Canada Wilderness Committee (WCWC) [Comité pour la faune de l'Ouest du Canada]. J'ai frappé, je suis entrée et j'ai dit : « Je veux faire du bénévolat dans la forêt pluviale. Je sais faire la cuisine. Où est-ce que je signe ? »

J'ai été complètement séduite par le WCWC et sa mission de sensibilisation. J'adorais sa stratégie, qui consistait à tailler des sentiers, à faire des recherches scientifiques et à emmener des politiciens, des journalistes et des gens de tous les milieux voir ces arbres millénaires. Le WCWC faisait des recherches sur le guillemot marbré, un oiseau de mer qu'on croyait être l'équivalent en Colombie-Britannique de la chouette tachetée, soit une espèce en danger qui pourrait sauver une forêt ancienne si l'on prouvait que son habitat en dépendait. Après avoir passé des jours au bureau à sceller des enveloppes et à faire les commissions de tout le monde, j'ai enfin eu ma chance. Le fondateur du WCWC, l'éternellement ébouriffé Paul George, a surgi de son bureau et beuglé : « Elle est encore ici, la fille ? Que quelqu'un l'emmène au camp ! »

Joe Foy, l'un des dirigeants du WCWC, y allait justement, et il m'a proposé de monter avec lui. Il m'a expliqué que je pourrais donner un coup de main à la cuisine et aider les équipes de recherche. Nous sommes arrivés dans la Haute-Carmanah par une nuit chaude de juillet. Une nuit sans lune — on ne voyait rien à trente centimètres devant soi —, et nous n'avions pas de lampe de poche. Il faisait chaud, la poussière nous enveloppait, et Joe a simplement dit : « Suis-moi. » Une chance qu'il portait des baskets blanches parce que c'était mon seul point de repère dans le noir, autrement je me serais sans doute perdue ou blessée.

Je suivais Joe comme je pouvais, mais je ne cessais de trébucher sur des bouts de bois pointus ou ébréchés qui me lacéraient les chevilles et les jambes. L'air était chaud, poussiéreux et sec. Puis tout à coup, l'air s'est rafraîchi et humidifié, et ça sentait étonnamment bon autour de nous. Mon premier contact avec la forêt pluviale s'est fait dans le noir.

J'ai planté ma tente dans l'obscurité, à tâtons. Lorsque je me suis réveillée le lendemain et que j'ai rampé au-dehors, j'ai découvert que j'étais au milieu d'un bosquet d'épinettes de Sitka dans la Haute-Carmanah ; certains arbres faisaient plus de quatre-vingt-dix mètres de haut, la même taille qu'un immeuble de trente étages, et avaient six ou sept cents ans. Avec mon mètre soixante-douze, je n'arrivais même pas à la hauteur des racines. Debout au milieu de ces géants magnifiques, j'étais saisie par leur beauté luxuriante et par la force qui se dégageait du lieu. J'étais émerveillée. Je me sentais paisible et comme chez moi.

Quand j'y songe maintenant, je me rends compte que c'était la première fois que j'éprouvais une sensation intense de spiritualité. Jusqu'alors, j'avais associé la spiritualité à la foi, et pour moi, la foi était, au mieux, une question d'histoire, de patrimoine, de communauté. La foi imposait certaines obligations, et dans une certaine mesure, une morale où le bien se distinguait du mal. Au pire, c'était une affaire de règles qui me paraissaient désuètes, arbitraires, ou de restrictions qui me rendaient claustrophobe, et j'y voyais une idée de supériorité et de rivalité que je trouvais offensante. Je n'oublierai jamais ce moment où j'ai rampé hors de ma tente et que je me suis sentie minuscule et insignifiante mais étonnamment vivante. C'était comme si la terre chantonnait sous mes pieds. Je n'ai rien d'une femme de foi, mais la profondeur du sentiment de spiritualité qui m'habitait alors, la conscience de faire partie de cet organisme complexe, qui vit et qui respire, allait animer mon combat pendant les décennies à venir.

Dans une certaine mesure, cette révélation, qui m'a permis de voir que nous comprenons et apprécions bien peu le monde naturel, sa complexité et sa richesse, a motivé toute mon action depuis. Pendant un moment, j'avais été en communion avec la nature de tout mon être. Je pouvais la voir dans ces fougères qui m'arrivaient à l'épaule et le tapis de mousse qui s'enfonçait sous mes pieds. Je pouvais l'entendre dans tous les bruits complexes et divers de la forêt. Je pouvais la sentir dans le feuillage. C'était la première fois que moi, la citadine, l'universitaire, je me sentais en harmonie totale avec la nature. C'est ce moment de grâce que j'ai éprouvé dans cette ancienne forêt pluviale de l'île de Vancouver, qui risquait d'être saccagée sous peu par la machine de l'homme, qui m'a conduite à m'interroger sur le fonctionnement des écosystèmes et l'impact de l'activité humaine sur eux.

Je me suis rendu compte ce jour-là que la plupart d'entre nous n'apprécient pas la nature pour ce qu'elle est. Nous voyons des arbres et nous pensons bois d'œuvre ; nous voyons des plantes et nous pensons ressource médicinale. Nous entrevoyons maintenant la valeur marchande de l'eau et du carbone. Nous voyons le potentiel des composantes de la nature, mais nous faisons abstraction de sa valeur inhérente, nous omettons de la voir dans son ensemble. C'est tout le mystère de la nature qui nous échappe. Et lorsqu'un phénomène nous échappe, nous avons tendance à le sous-estimer. Nous tarifons les arbres parce qu'il nous en faut pour fabriquer du bois d'œuvre et du papier. Faudra-t-il attendre que l'eau se raréfie pour l'inscrire au bilan comptable ? Si nous tarifons le carbone, nous pourrons peut-être valoriser davantage les écosystèmes qui emmagasinent le carbone, comme les forêts, mais allons-nous un jour valoriser la biodiversité ? Pouvons-nous vraiment tarifer une réalité dont le sens nous échappe ?

Pourquoi préserver l'existence du guillemot marbré ? Pourquoi se soucier du sort de l'ours polaire ? Pourquoi voter des lois environnementales qui vont limiter l'action industrielle et supprimer des emplois au passage ? Il faut faire tout cela parce que la science écologique nous apprend que si l'on détruit un seul élément, c'est toute la chaîne naturelle qui s'en ressent. Il faut épouser une approche plus pragmatique parce que si nous maintenons des méthodes industrielles qui sont tout simplement insoutenables, les emplois vont disparaître, et avec eux, le poisson, la forêt et le pétrole.

Je me rappelle le choc que j'ai ressenti quand j'ai appris que la santé et la taille des arbres des forêts de la Colombie-Britannique sont tributaires de la quantité de saumons qu'un ours consomme. Les biologistes peuvent mesurer la migration anadrome des saumons en se basant sur les anneaux d'un arbre parce que l'ours attrape le saumon de la rivière, le mange puis retourne dans les bois et urine, libérant ainsi de l'azote d'origine ichtyologique qui favorise la croissance des arbres ; si une migration est plus abondante qu'une autre, les anneaux seront plus épais que dans les années maigres. Quand on abat les arbres qui longent les cours d'eau, l'envasement s'ensuit et le débit d'eau se réduit : il en résulte un habitat restreint pour le saumon et moins de nourriture pour l'ours, ce qui a un impact sur les arbres et la santé de la forêt en général.

Le grand biologiste américain Walter Reid compare les diverses espèces de la terre aux rivets qui entrent dans la construction d'un avion. On ignore combien de rivets doivent se disjoindre avant que l'avion se disloque. Comme l'écrit Edward O. Wilson dans *Biophilia* : « Le processus en cours, que

nous mettrons des millions d'années à corriger, est la perte gra-
duelle de la diversité génétique à cause de la destruction des
habitats naturels. Nos descendants ne nous pardonneront
jamais cette folie[2]. »

La majorité des forêts du monde ont déjà disparu, et celles
qui restent sont tellement menacées par l'activité industrielle et
les changements climatiques que nous nous trouvons devant les
derniers espaces vierges[3]. En ces lieux encore sauvages subsistent une complexité profonde, une interdépendance, qui nourrit la vie sur terre.

Je suis retournée au camion parce que nous y avions laissé
le gros de nos choses la veille, et j'ai compris alors pourquoi l'air
était si différent. Dès que j'ai quitté la forêt pour entrer dans la
coupe à blanc, la chaleur m'est tombée dessus comme une
chape de plomb. J'avais lu que la coupe à blanc crée un nouveau
microclimat, mais je n'avais jamais pensé que c'était si palpable.
Le paysage de la coupe à blanc était pire que ce que j'avais imaginé : une terre délabrée s'étendant à perte de vue d'où surgis-
saient des souches massives et des monticules d'abattis. Je savais
qu'une partie de ces forêts était sacrifiée à la coupe, mais je n'attendais nullement cette vision apocalyptique où l'horizon
n'était que moignons et débris. À l'époque, les entreprises forestières brûlaient les abattis après avoir coupé tous les arbres, laissant derrière elles un paysage lunaire calciné et dévasté. En comparaison, le souvenir que j'avais de la forêt du Harz était l'image
de la santé même.

---

2.   Edward O. Wilson, *Biophilia*, Harvard University Press, 1984, p. 121.

3.   Dirk Bryant, Daniel Nielsen et Laura Tangley, *Last Frontier Forests: Ecosystems and Economies on the Edge*, Washington, World Resources Institute,
1997, p. 6.

À en croire la propagande du gouvernement et de l'industrie forestière, on faisait un portrait injuste de la coupe à blanc. Les brochures et les journaux assuraient aux lecteurs que ces arbres repousseraient en quelques années à peine. Mais je n'ai pas été longue à découvrir que, si les arbres allaient repousser en effet, la luxuriante forêt pluviale, avec toute sa diversité, ne reviendrait jamais, à moins qu'on la laisse en paix pendant des milliers d'années, perspective qui n'entrait guère dans les plans d'aménagement territorial. Le gouvernement et l'industrie forestière du Canada et de nombreux pays, de la Russie jusqu'au Brésil, étaient engagés dans un immense projet de conversion qui visait à transformer des écosystèmes complexes et anciens en pépinières industrielles sans âme. C'était là le mythe de la frontière en action. Les colons d'autrefois et les compagnies vouées à l'extraction des ressources avaient dévoré systématiquement des ressources qu'ils croyaient illimitées. Lorsque j'ai débarqué en Colombie-Britannique, les quarante-huit États américains avaient déjà perdu toutes leurs forêts originales sauf 1 pour cent[4]. Deux tiers de la forêt pluviale tempérée du Canada avaient déjà été coupés à blanc ou mutilés[5].

En fait, il a fallu attendre 1997 pour que l'on saisisse enfin toute l'ampleur du problème. À force de patience, les chercheurs du World Resources Institute de Washington ont réussi cette année-là à cartographier les forêts et à faire les calculs voulus pour découvrir que seulement 22 pour cent des forêts originales du monde demeuraient intactes dans des régions capables de soutenir la diversité de la vie. Soixante-dix pour cent de ces forêts se trouvaient dans seulement trois pays : le Canada, le

---

4. *Ibid.*, p. 19.

5. Ecotrust and Conservation International (CI), « Coastal Temperate Rain Forests: Ecological Characteristics, Status and Distribution Worldwide », Ecotrust, Occasional Paper Series n° 1, Portland, 1992.

Brésil et la Russie. Quatre-vingt-sept pays avaient perdu toutes leurs forêts ou presque. Il s'avérait donc que le Canada était en effet « l'Amazonie du Nord » à maints égards. La forêt boréale et les forêts pluviales tempérées du Canada revêtaient de ce fait une importance cruciale à l'échelle planétaire[6]. Ces statistiques ont imprimé un caractère urgent à mon action pendant des années et m'ont fait comprendre la nature systémique du problème, qui nous oblige à élargir notre intervention au-delà de tel ou tel champ d'action spécifique.

J'ai passé l'été 1991 dans les vallées de Carmanah et de Walbran, à faire la cuisine, à tailler des sentiers, à bâtir des trottoirs de bois et à aider les chercheurs à prouver que le secteur était l'habitat naturel du guillemot marbré. J'ai même été perchiste pour une équipe venue tourner un documentaire sur notre entreprise de conservation. Cet été-là, nous campions sous une voûte formée par des arbres qui avaient neuf cents ans, et souvent, dans la lumière du matin ou de la fin de l'après-midi, tous courbaturés après notre journée de travail, nous allions nager dans un bassin profond d'eau bleue au pied d'une cascade abrupte. J'ai alors pensé que j'avais trouvé ma vocation. J'allais devenir une scientifique, et mes recherches prouveraient qu'il fallait protéger davantage d'espaces forestiers et modifier nos pratiques d'abattage. Je savais que de rudes années de travail m'attendaient, mais ce but me paraissait simple, net et satisfaisant.

À la fin de l'été, après avoir passé des heures à faire le guet, sans bouger, à l'aube et au crépuscule, à retracer les cris des guillemots, puis à fouiller nos zones ciblées sous la voûte forestière, nous avons fini par trouver un nid de guillemots marbrés

---

6. Bryant, Nielsen et Tangley, *Last Frontier Forests*, p. 22.

sur la branche d'une épinette de Sitka ancienne. La présence de ce nid prouvait que ces forêts étaient essentielles à la survie des guillemots. Ces oiseaux étonnants parcouraient entre trente-deux et soixante-quatre kilomètres par jour, de leur nid à l'océan, où ils trouvaient leur nourriture, pour revenir nicher dans la forêt ancienne. Nous avons sauté de joie à l'idée que nos recherches scientifiques allaient peut-être sauver cette forêt. Les scientifiques de l'Université de Victoria allaient rédiger un rapport sur nos découvertes. Le WCWC allait exercer des pressions sur le gouvernement. Nous étions sûrs d'avoir sauvé la vallée. L'été avait été enchanteur, et j'étais tombée amoureuse folle de cette forêt pluviale.

De retour à l'université, je me suis demandé si je devais poursuivre mes études environnementales, enseigner, me diriger vers les sciences ou faire un diplôme de droit environnemental. D'une manière ou d'une autre, je savais que je voulais contribuer à la protection de ces forêts. À Toronto, j'ai organisé des levées de fonds pour financer d'autres recherches et réalisé des émissions de radio sur le campus pour sensibiliser les étudiants. Au cours de l'année, mes collègues du WCWC m'ont fait savoir que le gouvernement et l'industrie avaient reçu nos données. Les pratiques d'abattage allaient changer. Ils m'ont cependant prévenue que la coupe allait se poursuivre dans certains secteurs.

L'été suivant, je suis retournée sur la côte du Pacifique et j'ai contacté les chercheurs pour savoir ce que je pouvais apporter au camp. Ils m'ont dit qu'ils avaient désespérément besoin d'un camion, de vivres et de bénévoles. J'ai convaincu quelques amis de me suivre, j'ai acheté un camion avec les dons que j'avais recueillis et nous sommes partis pour le camp. Après avoir débarqué sur l'île de Vancouver, nous avons filé droit vers la vallée de la Walbran pour faire une randonnée et nous baigner à mon lieu favori avant de gagner le camp des chercheurs. Nous avons conduit pendant des heures sur les routes forestières, à chercher le sentier. J'allais y renoncer et avouer à mes amis que nous nous étions salement égarés quand le paysage a pris un aspect familier mais inquiétant. Nous avons garé le camion au bout d'une nouvelle route tracée sur une coupe à blanc récente. Il m'a fallu quelques minutes pour trouver mes repères, mais j'ai vite compris que nous étions dans le bosquet ancien de Sitka que j'avais tant fréquenté l'été précédent. J'ai retrouvé la cascade. Ce n'était plus qu'un mince filet d'eau longeant une route poussiéreuse. Horrifiée, je me suis rappelé que nous n'étions pas loin de l'endroit où nous avions trouvé le nid de guillemots. Je me suis mise à courir et presque aussitôt j'ai aperçu quelques arbres encore debout au milieu du saccage. Je voyais ce que j'allais voir des centaines de fois dans ma carrière : tout le secteur avait été coupé à ras, on n'avait laissé qu'un minuscule bout de forêt là où le nid avait été découvert. Les guillemots n'y étaient plus.

J'étais hors de moi !

Ça ne devait pas finir comme ça ! Nous avions trouvé les nids, nous avions fait notre travail, la forêt devait rester intacte !

Ce fut un tournant dans mon parcours de militante. Jusque-là, j'avais cru qu'avec une recherche bien faite, nous pourrions sauver des forêts. Je me suis rendu compte ce jour-là que la recherche scientifique, en elle-même, est souvent trop lente pour activer le changement social, et que les preuves scientifiques ne font pas toujours le poids. Réalité qui s'est illustrée cruellement des années après lorsque j'ai plaidé auprès d'un ministre de l'Environnement pour qu'il protège ces forêts pluviales et qu'il m'a dit brutalement : « Et qu'est-ce que j'y gagnerais, moi ? »

Il ne suffisait pas de prouver que la coupe à blanc aurait des répercussions graves sur l'écologie, ou même qu'elle causerait des torts irréversibles aux espèces menacées. Il fallait encore prouver que la protection des forêts présentait des avantages pour les décideurs ou, à l'inverse, que l'inaction aurait des conséquences nocives : un impact sur l'économie, voire sur les réputations et les votes. Même si nous pouvions prouver scientifiquement que tel ou tel secteur était important, nos données ne sauvaient pas les forêts. Au moment où je me trouvais au milieu de cette coupe à blanc, j'étais habitée par la peur, la colère et le sentiment d'une perte irrémédiable. J'ai alors entendu un cri, j'ai levé la tête et aperçu deux aigles qui tournoyaient et criaient. Pendant des années, le souvenir de cette scène et de ces deux aigles a hanté mes rêves. Puis, au fil des ans, j'ai appris que le jeu politique, le gain économique à court terme et la cupidité ont trop souvent raison de la science.

Le lendemain, une fourgonnette a fait irruption au camp de Carmanah, pleine de jeunes randonneurs en route pour Tofino où ils allaient se joindre aux manifestants qui avaient érigé une barricade sur la route forestière de la baie Clayoquot. Après avoir participé en vain pendant des années aux consultations relatives à l'aménagement territorial, mené des campagnes par lettres et exercé des pressions sur les gouvernements, nombre de gens de la place s'étaient dégoûtés de l'exploitation forestière massive qui se pratiquait autour d'eux et avaient décidé d'agir. Le mot se passait sur toute l'île. La campagne paraissait d'une simplicité désarmante. Tout ne serait qu'action directe. Le travail que je comptais faire m'est alors apparu dérisoire. Pourquoi tailler des sentiers d'excursion dans une forêt qui va disparaître ? Pourquoi faire d'autres études qui semblaient dénuées de valeur ? Les jeunes m'ont invitée à les suivre. J'ai pris mon sac, j'ai dit au revoir à mes collègues et je suis montée dans la fourgonnette.

Je n'avais jamais pris part à une manifestation de ma vie.

Monter sur des barricades antiforestières et risquer de me faire arrêter ne faisaient pas exactement partie de mon plan de vie. J'avais peur un peu, mais je savais qu'il fallait changer le système et que ce que j'avais fait jusqu'alors n'allait pas assez vite.

Quand je suis arrivée à la barricade de la baie Clayoquot, au pont du lac Kennedy, j'ai vu une pancarte qui m'a rassurée quelque peu quant à l'aventure dans laquelle j'allais me jeter.

> Notre attitude est ouverte, amicale et respectueuse
> envers tous les êtres qui viennent à nous.
> Nous ne recourrons pas à la violence, physique ou verbale,
> envers qui que ce soit.
> Nous n'abîmerons aucun bien et découragerons
> ceux qui s'y essaieraient.
> Nous allons instaurer une atmosphère de calme et de dignité.
> Nous n'aurons aucune arme sur nous.
> Nous n'aurons en notre possession ni ne consommerons
> aucune drogue, aucune boisson alcoolisée.

Ces gens-là étaient sérieux, organisés. Ce n'était pas quelque camp hippie habité par des têtes brûlées ou fêlées. La première personne que j'ai rencontrée était un médecin communautaire ; puis j'ai rencontré un maître d'école, un instructeur de kayak, un propriétaire de restaurant. Tous étaient venus pour prendre part à la campagne de sensibilisation. Pour essayer de mettre fin à la coupe à ras d'une des plus grandes forêts pluviales encore intactes de l'île de Vancouver et l'un des lieux les plus enchanteurs de la planète, la baie Clayoquot.

On dit de la baie Clayoquot que c'est le « bout de la route » et c'est le cas : si vous conduisez vers l'ouest sur la Transcanadienne, quand vous arrivez à l'extrémité de la rue First à Tofino, où se trouve le quai, et que vous n'avez plus devant vous que l'océan Pacifique, vous êtes arrivé à la baie Clayoquot. Prochain stop, le Japon. Le large de l'île de Vancouver est un lieu sidérant. Les tempêtes venues du Pacifique s'abattent à l'intérieur des terres, y déposant trois mètres de pluie par année : d'où les forêts pluviales. La baie Clayoquot elle-même est un labyrinthe fait d'îles, d'anses et de montagnes surgissant de la mer. Le terrain y est accidenté, difficile d'accès, et c'est pour cette raison que la forêt y est encore relativement intacte. Mais les forêts anciennes plus faciles d'accès ayant déjà été rasées, les compagnies forestières débarquaient maintenant à Tofino.

En fait, la civilisation frappait à la porte depuis déjà quelque temps. En 1984, la Première Nation Nuu-chah-nulth avait organisé la première barricade contre l'industrie forestière au Canada pour protéger l'île de Meares, dont 90 pour cent du territoire devait être rasé. Les Nuu-chah-nulths avaient déclaré la région parc tribal et obtenu une injonction judiciaire pour stopper la coupe. Les Nuu-chah-nulths et leurs alliés non autochtones avaient mené une série de batailles jusqu'en 1993, année où le gouvernement de la Colombie-Britannique avait essayé de mettre fin à la controverse en prenant l'une des pires initiatives de l'histoire environnementale du Canada : la Décision relative à l'aménagement du territoire de la baie Clayoquot protégeait un tiers de la région, ouvrant les deux autres tiers à la coupe.

Cet été-là, je suis restée dans l'ombre, tâchant de venir en aide aux militants de la barricade et d'apprendre tout ce que je pouvais. Je faisais la cuisine, j'allais leur porter de l'eau, je me portais volontaire pour aller au ravitaillement et je me suis inscrite à tous les programmes de formation que dispensaient les militants aguerris du lieu. Je ne connaissais personne à Clayoquot. L'un des randonneurs de la fourgonnette connaissait des gens qui étaient à bord du *Sea Shepherd* original — le navire anti-chasse à la baleine piloté par Paul Watson, l'un des premiers adhérents de Greenpeace —, qui mouillait à Ucluelet.

En moins de deux mois, la petite universitaire qui n'avait

jamais été à une manif de sa vie était devenue un visage familier pour les manifestants appartenant aux Amis de la baie Clayoquot (qu'on appelait seulement les Amis) et à la très militante Société de conservation du *Sea Shepherd*. Je me consacrais corps et âme à ce qu'on a appelé plus tard partout dans le monde « la guerre dans les bois ».

Toute cette période a été pour moi l'occasion d'observer comment s'organise le changement et de réfléchir au rôle que je pourrais jouer, moi. Je voulais me rendre utile. Les journaux de l'époque dépeignaient les manifestants comme une bande de hippies mécontents, mais en réalité, il y avait là des infirmières, des médecins, des enseignants et des universitaires qui avaient joué le jeu de la légalité, qui s'étaient donné du mal pour participer à tous les processus imaginables et à toutes les études qui avaient été commandées. Ils avaient écrit aux autorités politiques, aux journaux et exercé des pressions sur les gouvernements. Ils avaient fait tout ce qui doit être fait pour infléchir le cours de la politique gouvernementale. Lorsque la coupe était allée de l'avant, ils n'avaient eu d'autre choix que de pratiquer la désobéissance civile à la Gandhi. Ils ne jetaient pas de sable dans les réservoirs d'essence de la machinerie forestière, ils ne s'enchaînaient pas non plus au pont ; ils étaient là, sur la route, tout simplement, bras dessus bras dessous, s'interposant pacifiquement entre la forêt pluviale et la machine.

Un jour, quelqu'un s'est présenté à la cantine en plein air où je popotais pour nous dire que le principal groupe organisateur, les Amis, tenait une discussion stratégique en ville et que nous y étions invités. Je logeais ou bien à bord du vieux *Sea Shepherd* ou sur le site de la barricade au pont du lac Kennedy, mais je n'étais encore jamais allée à une de ces réunions. Comme j'étais curieuse de savoir comment ces gens-là s'organisaient, ce qui se passait derrière la barricade et comment les décisions se prenaient, je me suis arrangée pour me rendre à la réunion.

Une demi-heure plus tard, dans un sous-sol humide, j'ai rencontré un groupe hétéroclite dont les membres semblaient avoir peu en commun si ce n'était l'amour de la forêt pluviale et un objectif inentamable. Il y avait là le médecin et l'instructeur de kayak que j'avais rencontrés à la barricade, un enseignant du primaire, une maman, un ostréiculteur, des hippies portant des dreadlocks et jouant du tambour, et une femme qui allait devenir mon amie, ma confidente et mon mentor : Valerie Langer, une linguiste aux cheveux bouclés, vêtue d'une chemise et d'un jean impeccablement repassés. Au milieu de la réunion, je me suis mise à penser à cette histoire que j'avais entendue à la CBC où l'on disait que les habitants de la Colombie-Britannique sont tous bizarres parce qu'à l'ouest des Rocheuses, la mer attire tous les fêlés du chaudron.

La conversation faisait penser à une voiture pilotée par un enfant de trois ans. On tournait en rond autour d'un problème, et chaque fois qu'on s'approchait d'une solution, quelqu'un lançait une réflexion philosophique ou une idée qui n'avait aucun rapport avec le sujet à l'ordre du jour, et on perdait le fil. Ou pire, quelqu'un se lançait dans un discours fulminant à propos d'un secteur en particulier, et un autre en profitait pour faire entendre sa tirade à lui. La rencontre traînait en longueur depuis une heure, et juste au moment où je cherchais la sortie des yeux, Valerie est intervenue calmement. Sans avoir l'air le moins du monde de prendre la direction de la réunion, elle a demandé : « Faisons le tri dans tout ça. Quels sont les points à l'ordre du jour ? » À certains, elle disait aussi : « Vous, on ne vous a pas beaucoup entendu. Que pensez-vous de tout ça ? » Valerie fait 1 m 67 mais, pendant près de dix ans, j'étais persuadée qu'elle était plus grande moi, du fait de sa prestance, de son autorité naturelle et de sa dignité.

Valerie avait l'esprit tellement ordonné et savait si bien s'y prendre avec les gens qu'en moins d'une heure, elle nous avait fait aborder tous les sujets qui nous préoccupaient. Des décisions ont été prises, des plans tracés, pourtant, c'était comme si nous causions simplement entre nous. Elle était la diplomatie incarnée. Elle a su neutraliser la colère des gens et a transformé un ramassis d'idées informes en une stratégie cohérente. Je me suis dit alors que j'apprendrais beaucoup de cette femme.

Ce soir-là, je me suis mise à réfléchir aux divers rôles que les militants peuvent jouer. Quand on pense campagne environnementale, on s'imagine des gens se balançant du haut d'un pont, élevant des barricades sur les routes, ou aux Suzuki et Al Gore de ce monde qui font tous ces beaux discours, alors qu'en fait, il y a des milliers de gens dans les coulisses qui ont un talent fou lorsqu'il s'agit d'animer une rencontre publique, de dresser un plan stratégique, de faire la cuisine ou de recueillir des fonds. Ils contribuent tous à cette œuvre, et la moindre contribution a son importance.

Je suis rentrée chez moi à la fin de l'été inspirée par l'exemple des gens que j'avais rencontrés mais toujours perplexe quant à mon propre rôle. Je me suis inscrite à la maîtrise en études environnementales à l'Université York et j'ai accepté une charge de cours. Transmettre des connaissances me paraissait être une option sûre et efficace. Mais plus je parlais à Valerie et aux autres, cette année-là, par téléphone, de mon nid dans la tour d'ivoire universitaire, plus j'avais l'impression d'avoir été prise en chasse par un bulldozer. Et plus je faisais de recherches sur la rapidité avec laquelle nous perdions nos forêts au Canada et ailleurs dans le monde, plus le bulldozer me semblait prendre de la vitesse. Je savais que je ne pouvais pas sauver le monde entier, mais peut-être que je pourrais faire quelque chose dans mon petit coin à moi. J'ai alors décidé de faire mon mémoire de maîtrise sur la baie Clayoquot.

Je me suis mise à faire des recherches sérieuses en vue de comprendre comment on provoque le changement social, comment on gère une campagne et ce qu'il faut pour faire le travail. J'ai lu le récit de Judi Barry et du Redwood Summer [*L'été des séquoias*] en Californie, et l'épopée de Lois Gibbs dans le combat pour le canal Love. J'ai appris comment Petra Kelly a piloté le Parti vert en Allemagne du néant jusqu'au Bundestag, devenant la première députée verte du monde. Je me suis mise à lire les discours de Martin Luther King et des suffragettes pour savoir comment réussissent les mouvements sociaux. Très vite, j'ai cerné les points communs entre ces mouvements ainsi que les aspects de leurs campagnes qui avaient été essentiels à leur succès. Alors que tous ces mouvements étaient, dans une certaine mesure, impulsés par l'indignation, avec de « vrais méchants » et des décideurs ciblés, ils exprimaient aussi une vision du monde à construire : une société où tous seraient traités sur un pied d'égalité et pourraient exercer leur droit de vote, ou encore un monde où nos enfants pourraient boire l'eau du robinet sans craindre de tomber malade. Ces campagnes encourageaient la participation en proposant une vision autre, digne d'un combat. Par contraste, bon nombre des campagnes environnementales que j'observais et auxquelles je participais étaient alimentées par l'indignation mais n'articulaient à peu près jamais de vision d'avenir claire.

Vers la fin de la session, en mai 1993, Val m'a téléphoné. Elle était on ne peut plus furieuse. « Le gouvernement provincial vient d'annoncer qu'il va autoriser la coupe sur la majorité des terres de la baie Clayoquot. La plupart d'entre nous ne peuvent retourner au pont du lac Kennedy à cause des restrictions relatives à notre remise en liberté, et nous avons besoin d'aide. » Elle m'incitait à abandonner mes études et à revenir aider les manifestants. Pour éviter la prison, la plupart des manifestants avaient dû s'engager par écrit à ne jamais s'approcher à plus d'un kilomètre du pont. J'ai fait des plans pour louer une maisonnette à Tofino, faire du bénévolat auprès des Amis et tra-

vailler à mon mémoire de maîtrise. J'ai mis mes ouvrages de
référence dans trois boîtes, j'ai pris le gros de mes économies
pour m'offrir un ordinateur portable et j'ai repris le chemin de
la Colombie-Britannique.

CHAPITRE 2

Trou noir

Le camp de Clayoquot

Les meilleurs d'entre nous monteront sur les barricades cet été. Je serai de tout cœur avec eux.

CLAYTON RUBY, pénaliste et membre
de l'Ordre du Canada

Je suis arrivée à la baie Clayoquot en mai 1993 et j'ai loué une maisonnette non loin de la grand-route. Au début, j'essayais de partager mon temps entre la rédaction de mon mémoire et mon bénévolat auprès des Amis de la baie Clayoquot. Mais ça ne marchait pas très bien ni d'un côté ni de l'autre. J'avais du mal à me concentrer sur mon mémoire à cause du stress, des dissensions et du sentiment d'accablement qui pesait sur les lieux. Autour de la boulangerie Common Loaf circulaient toutes sortes de rumeurs selon lesquelles des équipes d'abattage avaient été vues dans toute la baie. Au bureau des Amis, qui était une pièce louée dans un sous-sol près du quai de First Street, régnaient le désespoir et la lassitude. Les tensions dans les rues étaient vives, et les gens discutaient ou se disputaient spontanément partout, en faisant la queue devant la banque ou dans les allées de l'unique épicerie du coin.

Au début de l'été, les Amis ont dû quitter leur petit bureau lorsque l'immeuble a été vendu. Ils ont emménagé dans la maison de Valerie, avec ses cinquante-six mètres carrés et ses deux chambres en mansarde où l'on ne pouvait se tenir debout qu'à une extrémité. Mais la maison était pourvue de la technologie de communication la plus avancée de l'époque : un télécopieur.

J'y passais de plus en plus de temps pour aider les Amis. Un jour, excédée, j'ai interpellé Valerie et lui ai demandé franchement : « Qu'est-ce que ça veut dire au juste "militer" ? Que veux-tu dire quand tu dis que tu "milites" ? Comment milites-tu pour protéger Clayoquot ? Et moi, qu'est-ce que je peux faire ? »

Valerie est une femme terre-à-terre, un esprit concret. Elle m'a regardée sans broncher et a dit : « Aimes-tu jardiner ? »

Le lendemain, alors que nous étions à sarcler et à arracher des mauvaises herbes, Valerie s'est mise à me raconter ce qu'elle et d'autres avaient fait au fil des ans pour conscientiser les gens du lieu, et elle m'a expliqué que son action consistait avant tout à ouvrir un dialogue. « On crée un dialogue au sein de la population. On amorce aussi un dialogue avec les décideurs. »

Valerie était venue en vacances à Tofino en 1988 et n'en était jamais repartie. À titre de porte-parole des Amis, elle avait pris part aux consultations sur l'aménagement territorial, elle avait exercé des pressions sur les gouvernements locaux et provincial, organisé des sit-ins, des rassemblements et des barricades. En une occasion mémorable, elle avait traîné la carcasse complète d'un ours abandonnée dans les bois par des chasseurs de trophées (écorchée, décapitée et les pattes tranchées) devant l'édifice de l'assemblée législative de Victoria et demandé à voir le ministre de l'Environnement pour faire interdire la chasse aux trophées. Elle m'a parlé des divers projets auxquels elle avait travaillé, des idées qu'elle avait eues et des manifestations auxquelles elle avait pris part. Elle avait été arrêtée je ne sais combien de fois (une fois alors qu'elle était assise sur une poutre suspendue d'un pont utilisé pour la coupe à blanc), et de ses récits se dégageait un portrait des diverses stratégies et des éléments qui entrent dans une campagne de protestation.

Valerie avait l'esprit pratique, elle était inspirante, bouillonnante d'idées et ne craignait ni Dieu ni diable. L'année précédente, une centaine de personnes étaient venues à la barricade. Le gouvernement avait décidé depuis d'autoriser l'abattage dans presque toute la forêt pluviale, et l'affaire faisait beaucoup de bruit. Plus elle parlait, plus j'étais certaine que nous n'aurions aucun mal à nous faire entendre cet été-là. Valerie en était moins sûre. L'année d'avant, m'a-t-elle raconté, elle avait communiqué avec un reporter pour lui parler des manifestations, et il lui avait répondu : « Des manifs ? Ouais, ouais… S'il y a des morts, rappelez-nous. » Elle m'expliquait combien il était difficile d'attirer l'attention des médias, et que, pour ce faire, il fallait des idées scandaleuses ou des foules de manifestants.

Peu après, j'ai assisté à l'une des premières réunions de planification stratégique en vue de l'été 1993. Nous étions peut-être six dans le salon de Val. Quelqu'un a dit : « Si nous parvenons à attirer deux cents manifestants à la baie Clayoquot, la presse va parler de nous. » Nous nous sommes mis à discuter de ce qui intéresserait les médias sans qu'il y ait mort d'homme. Il est alors devenu évident pour nous qu'à ce stade de notre action, nous devions nous mettre à réfléchir en raconteurs. Il nous fallait un cadre narratif pour encourager les gens à participer, capter leur intérêt et focaliser leur attention.

C'est devenu notre but. Nous allions attirer ces deux cents manifestants à la baie Clayoquot. Nous osions rêver en grand.

Dans le cadre des célébrations du 150ᵉ anniversaire de la province, en 2008, le Musée royal de la Colombie-Britannique a décrété que « l'été 1993 à Clayoquot » avait été l'un des événements les plus marquants de l'histoire provinciale. Ce fut la plus grande expression de désobéissance civile dans l'histoire du Canada[1] et un tournant dans la réflexion écologique au pays. La Décision relative à l'aménagement du territoire de la baie Clayoquot réservait seulement 33 pour cent des 26 000 hectares de la plus vaste forêt pluviale tempérée en basse terre sur la côte : un espace possédant une plus grande biomasse, soit plus de matière vivante, que tout autre écosystème sur terre. S'y trouvaient des cèdres rouges de mille ans et des Douglas taxifoliés de 76 mètres de haut, et des espèces aussi diverses que l'ours noir, le cougar, le loup, le pygargue à tête blanche, le guillemot marbré, l'épaulard, la baleine grise et certaines espèces de requins comptant parmi les plus rares au monde. Les terres que le gouvernement avait décidé de « protéger » étaient celles dont les entreprises forestières ne voulaient pas : essentiellement, les tronçons alpins, les rochers et les glaciers. Ne craignant nullement d'insulter aussi l'intelligence populaire, le gouvernement avait désigné certaines zones de la forêt « corridors panoramiques » et d'autres « zones de gestion spéciale ». Au fil des ans, ces corridors panoramiques se sont avérés être de minces paravents d'arbres subsistant le long des cours d'eau tandis que les flancs de montagnes sont coupés à ras, le tout pour présenter aux touristes passant en voiture ou en bateau une belle façade, à la manière d'un décor de cinéma. Les « zones de gestion spéciale » étaient synonymes de « paysages modifiés », c'est-à-dire des secteurs coupés à blanc.

Les médias avaient applaudi à la Décision relative à l'aménagement du territoire de la baie Clayoquot, y voyant un compromis heureux. Pour l'industrie, c'était une victoire

---

1. Valerie Langer, « Clayoquot Sound: Not Out of the Woods Yet ! », *Common Ground,* 1993, http://www.commonground.ca/iss/0211136/13_clayoquot.shtml

pour la coupe à blanc et rien d'autre. Avant cette compromission qu'était la Décision, l'industrie était autorisée à abattre presque 900 000 mètres cubes de forêt pluviale par an. Après la Décision, elle avait le droit de couper pour 600 000 mètres cubes par année. Cette mesure demeurait totalement insoutenable : si l'industrie avait exploité la forêt au maximum permis, il ne resterait aucune vallée intacte.

La Décision relative à l'aménagement du territoire de la baie Clayoquot est devenue l'âme du conflit aux yeux du Canada et du reste du monde. À l'automne, après que le camp des manifestants a été fermé et que je me suis jointe à Greenpeace, nous avons commandé des sondages qui démontraient que seulement 14 pour cent des Canadiens étaient d'accord avec la décision autorisant la coupe à blanc à la baie Clayoquot. Notre première annonce parue dans le *Globe and Mail*, le plus grand quotidien du Canada, disait ceci : « 14 % des Canadiens approuvent la coupe à blanc à la baie Clayoquot. 17 % croient qu'Elvis Presley est toujours vivant. »

Nous avions fait en sorte que le camp et la protestation soient aussi inclusifs que possible. Il y a place pour les actions à grand déploiement qui sont le fait des commandos écologistes, par exemple, lorsque des équipes de Greenpeace investissent une plateforme de forage pétrolier en mer ou escaladent les murs du Parlement canadien, mais cet été-là, notre but consistait à faire participer le plus grand nombre de gens possible afin de prouver au gouvernement que sa décision était intenable.

Nous nous sommes rendu compte que si nous voulions que les gens protestent avec nous, il nous fallait les éduquer et leur donner des raisons de vouloir être dans le coup. Nous avions le soutien de militants très aguerris, dont les leaders communautaires qui avaient érigé la barricade de Clayoquot l'année précédente, et d'autres qui sont venus à nous après avoir fait campagne en Californie du Nord pour protéger les forêts de séquoias. Certains avaient milité pour les droits civiques dans le Deep South au début des années 1960, et d'autres avaient manifesté contre la guerre du Viêtnam (en fait, il y a encore des conscrits réfractaires à la guerre américaine en Asie qui vivent dans des secteurs isolés de la côte du Pacifique du Canada). Nous pensions que nous attirerions plus de monde si nous organisions des séances de formation portant sur la protection de la forêt pluviale, les relations avec les médias et l'action directe non violente de ceux qui avaient déjà occupé des barricades.

Nous avons donc organisé une séance de formation sur la minuscule île de Clayoquot, que l'on peut apercevoir du quai de la rue principale de Tofino. Ma mission consistait à organiser la formation et à régler toutes les questions de logistique : par exemple, restaurer les gens, recruter les formateurs et annoncer les événements que nous organisions. Au début, je craignais que notre plan ne soit insuffisant. J'avais commencé à entrevoir les facettes multiples des enjeux en cause et j'avais un million d'idées sur la manière de mobiliser les gens. C'est Valerie qui a balisé mon entrain et qui m'a enseigné qu'une bonne organisation, c'est exécuter une tâche, une idée et un événement à la fois. Même si le principe qui consiste à concentrer ses efforts est excellent, je me rends compte maintenant que les événements ponctuels sont beaucoup plus percutants s'ils s'inscrivent dans une stratégie globale. Mais à l'époque, aucun d'entre nous ne comprenait comment la barricade de Clayoquot pouvait s'insérer dans une stratégie politique plus vaste. Tout ce que nous voulions, c'était organiser la protestation la plus massive possible afin de convaincre le gouvernement et l'industrie que la coupe était trop controversée pour se poursuivre.

Nous avons commencé par envoyer des fax aux groupes

environnementaux de la province. Nous nous attendions à ce qu'une centaine de personnes nous répondent.

Plus de 250 personnes se sont inscrites à notre formation.

Il fallait les transporter à l'île de Clayoquot et les en ramener. Comme nous n'attendions qu'une centaine de personnes, la panique s'est installée lorsque les autocars et les voitures se sont massés le long du quai. Nous avons dû improviser pour mobiliser des embarcations et trouver des vivres. La confusion n'a pas tardé à s'installer. À un moment donné, le premier jour, je me suis retrouvée sur le quai à diriger les gens comme un agent de la circulation. « Il faut que ce bateau-ci aille là-bas, et il faut que cette personne-là embarque, et si vous offrez cette formation et que vous attirez autant de gens, il faudra que vous preniez cet espace que nous avons prévu et… »

La formation a été un grand succès. Elle a motivé et équipé des centaines de personnes qui sont ensuite rentrées chez elles pour propager notre message. C'est cette formation qui a attiré des tas de gens dans ce minuscule village de villégiature perdu dans la forêt pluviale, et c'est ce qui nous a valu aussi des offres de bénévolat en grand nombre. Nous nous sommes vite rendu compte que nous pouvions profiter de cet intérêt et capter l'attention des grandes villes si nous reproduisions ailleurs la formation de Clayoquot. Aussi avons-nous organisé un atelier sur la désobéissance civile et l'écologie de la forêt pluviale au beau milieu de Vancouver, dans le célèbre parc Stanley. Cet atelier était gratuit pour le public, et nous y avons invité les caméras de la télévision. C'est ainsi que nous avons fait savoir que des militants s'organisaient pour élever une barricade et faire pièce à la décision du gouvernement. Des centaines de personnes ont assisté à l'atelier, et plusieurs nous ont offert d'organiser dans leurs communautés des navettes de militants pour appuyer nos protestations de l'été.

Pendant ce temps, à la baie Clayoquot, notre petit comité de

direction a tracé des plans pour installer un camp de protestation permanent qui offrirait de la formation tous les jours,
recruterait des bénévoles et coordonnerait les barricades contre
la coupe à blanc. Après de nombreux pourparlers, nous avons
décidé, pour des raisons de sécurité, de situer le camp à l'écart
des chemins forestiers et de la coupe comme telle et d'occuper
plutôt un espace public, ouvert. Puis quelqu'un a suggéré que,
tant qu'à ouvrir un camp, nous étions aussi bien de l'installer au
beau milieu d'une coupe à blanc afin de rappeler aux gens tous
les jours le but de leur action. C'est ainsi que le camp a abouti
dans le « trou noir » : un horrible secteur coupé à blanc et brûlé,
le long de la grand-route.

Un jour, au bureau, mon ami Garth Lenz (un surdoué de la
photographie connu dans le monde entier pour ses images
étonnantes de sanctuaires en péril) a proposé d'envoyer un fax
à toutes les entreprises de reboisement de la province pour trouver des volontaires qui occuperaient la barricade. Garth et moi
nous sommes mis à la machine, composant un à un les numé-
ros, repassant la feuille encore et encore. Nous avons ainsi
envoyé notre télécopie dans chaque camp de reboisement de la
Colombie-Britannique, invitant tous les planteurs à venir protéger la forêt pluviale. Il était écrit : « Nous promettons à tous
des repas végétariens faits d'aliments bio frais, une formation et
une expérience inoubliable. » C'était tout.

Au cours de cette même période, j'ai fait la connaissance de
Karen Mahon, une femme dans la trentaine, aux yeux gris et
doux de la taille d'une soucoupe. Un petit bout de femme au
caractère de fer et à l'intelligence de feu. Karen était responsable
des campagnes forestières de Greenpeace. Avant de faire sa
connaissance, l'image que je me faisais de Greenpeace, véhiculée
largement par les médias, était celle d'un groupe d'extrémistes
voué à l'action directe antinucléaire et probaleines. Ce qui m'a
frappée chez Karen, c'était son analyse fine des enjeux et sa

conception de la stratégie. Avant son arrivée, les Amis consacraient l'essentiel de leur temps à discuter de tactiques et de publicité. Karen nous a fait comprendre la nécessité de penser stratégique dans nos tactiques et d'utiliser intelligemment la conscience et la force du public pour interpeller les décideurs. Ce fut mon initiation à la vraie nature de Greenpeace : un groupe de penseurs très évolués, ayant à sa disposition un réseau international immense qui analyse en profondeur les problèmes écologiques, capable d'œuvrer aussi bien au sein du système qu'en dehors. Oui, Greenpeace a ces grimpeurs qui peuvent se pendre à des plateformes de forage en mer et ces militants qui s'enchaînent à des camions grumiers, mais l'organisation a aussi à son service les meilleurs stratèges et les lobbyistes gouvernementaux les plus habiles du monde.

Karen cherchait toujours à hausser la mise. Chaque fois qu'émergeait une bonne idée, comme celle qui consistait à alerter tous les camps de planteurs d'arbres de la Colombie-Britannique, elle cherchait aussitôt à la pousser encore plus loin. « Très bien, disait-elle, contactons aussi tous les groupes écologistes de la province et bâtissons une coalition. Ce n'est pas une poignée de types comme nous qui va gagner la bataille toute seule. Et on n'est pas obligés de tout faire tout seuls non plus. »

Quand nous avons eu l'idée d'organiser cette formation sur la désobéissance civile à Clayoquot, c'est Karen qui a proposé de tenir la séance au parc Stanley où les médias seraient bien obligés de venir. Elle m'a enseigné qu'on peut consacrer le même nombre d'heures à travailler sur un petit événement que sur un grand.

Comme j'allais le découvrir maintes fois dans les années à venir, les écologistes ne s'entendent pas toujours sur les tactiques et les stratégies. Alors que nous enseignions aux gens l'art de la protestation pacifique, Paul Watson a débarqué à la baie Clayoquot et déclaré que la meilleure façon de stopper la coupe était de clouter les arbres et de mettre en pièces les biens des compagnies. Un des dirigeants des Amis, Mike Mullin, était d'accord avec lui. Mike vivait à Clayoquot depuis près de vingt ans. Il avait pris part aux consultations sur l'aménagement territorial, à un processus après l'autre, aux discussions, aux débats qui avaient fait suite aux études, et pendant que tout le monde parlementait, il avait vu la forêt disparaître autour de lui.

Je dormais sur le plancher chez Val, avec le télécopieur sur le bureau au-dessus de ma tête, si bien que lorsque les fax nous parvenaient, à toutes les heures de la nuit, ils tombaient sur mon sac de couchage. Une nuit, le téléphone a sonné, et c'était Mike au bout du fil. Je pouvais entendre l'écho de sa voix dans le combiné du télécopieur, et il n'avait pas l'air d'être lui-même.

Il a dit : « Val, excuse-moi d'avoir oublié, mais je dois t'annoncer que je démissionne du conseil d'administration des Amis de la baie Clayoquot. »

Valerie s'est jetée sur le téléphone : « Mike ! T'es où, là ? »

Il a répondu : « Eh bien… C'est le seul appel auquel j'ai droit. » Et il a raccroché.

Il venait d'être arrêté pour avoir essayé de mettre le feu au pont grumier de la rivière Clayoquot. Le pont n'avait pas brûlé, mais le vigile avait mis la main au collet de Mike.

Je comprenais la colère qui avait motivé la tentative de Mike, même si elle était contraire aux principes qui animaient les Amis. Il en avait assez d'assister à la destruction qui se faisait autour de lui, chez lui. L'ampleur du problème exigeait une action extrême. Cela dit, sa tentative n'a nullement mis fin à la coupe. Je sais maintenant d'expérience que, dans un monde obsédé par les biens matériels et la consommation, toute attaque contre la propriété est considérée comme un acte de violence et vous fait perdre des appuis. Ce qui m'avait entre autres choses attirée chez les Amis, c'était leur action résolument pacifique et à la portée de tous. Même si nous n'hésitions pas à nous placer entre la forêt et les bulldozers, ou à occuper un navire foreur, nous nous étions engagés à respecter les biens d'autrui et à assurer la sécurité de tous. L'attentat raté contre le pont a mis une question en relief : poursuivre la résistance passive et non violente à la manière de Gandhi ou employer des tactiques plus musclées ? C'est devenu un sujet de discussion brûlant dans la localité : l'enjeu avait pris plus d'acuité, et nous étions mis en demeure de prouver que notre stratégie pacifique porterait fruit.

À la fin juin, quelques-uns d'entre nous ont enfin débarqué au Trou noir avec notre camionnette, armés de pelles et nourrissant des plans audacieux. Nous avons érigé une bannière baptisant le campement dans la coupe à blanc « le Camp pacifique de Clayoquot », et nous nous sommes mis à planter des tentes et à installer une cantine.

J'avais pour tâche de me poster devant la bannière et de répondre aux questions de tous ceux qui passaient devant : bénévoles, policiers, travailleurs forestiers. J'étais nerveuse et je me sentais tout à la fois défiante, fière et maladroite.

Le premier véhicule qui est apparu cet été-là avec une équipe en renfort était une fourgonnette verte toute poussiéreuse avec deux gars dedans. Le véhicule s'est arrêté à ma hauteur, et le conducteur est descendu. Je ne suis pas le genre timide et les mots ne me manquent pas souvent, mais la première fois que j'ai vu Chris Hatch, je suis restée sans voix. Il était bronzé, musclé, il avait des yeux verts lumineux et ses longs cheveux bruns flottaient sur ses épaules. Nous nous sommes présentés, et il m'a raconté une histoire drôle : alors qu'ils cherchaient le camp, ils avaient été pris en chasse par un camion grumier près du pont. Nous avons ri, nos yeux se sont rencontrés, et j'ai pu reprendre mon souffle en le couvrant d'une toux feinte. Il m'a demandé ce qu'ils pouvaient faire pour nous aider, et tout ce que j'ai trouvé à répondre, c'était qu'on avait besoin d'aide pour creuser des latrines. Des années après, Chris m'a raconté que, lorsqu'il est remonté dans la fourgonnette, son ami Peter l'a toisé et lui a dit : « Toi, tu vas épouser cette fille-là un jour. »

Un matin, l'une des premières « Raging Grannies » [Grands-mamans en colère], comme elles se nommaient elles-mêmes, Jean McLaren, a débarqué au camp avec ses bracelets cliquetants et ses yeux éclatants. Cette femme était une force de la nature maternelle. Ce premier matin-là, elle s'est assise sur une souche au milieu de la route et a attendu calmement l'arrivée des camions grumiers. Elle traitait les agents et les protestataires avec le même respect, avec bienveillance et humour. Secouant sa chevelure frisée, elle se présentait sous le nom de « Mère Terre » et nous expliquait qu'elle était venue pour veiller à ce que tous se traitent avec respect et solidarité. Ce jour-là a marqué le début d'un long périple où la parole et le geste se conjuguaient harmonieusement. C'est là que je me suis mise à saisir le pouvoir de la connaissance, du respect de soi et de la sagesse, et que j'ai vu à quel point le militantisme social et environnemental ne sont souvent qu'une seule et même chose. J'avais étudié les mouvements sociaux et la théorie féministe l'année précédente à l'université, et j'aimais l'idée selon laquelle la manière dont nous nous traitons les uns les autres et dont nous fonctionnons « en communauté » se reflète dans les résultats que nous obtenons et dans notre façon de traiter le monde naturel. Cela dit, si l'on veut bien agir, faire de bonnes recherches, apprendre la patience et le respect, pratiquer l'équité, il faut du temps, et c'est chose ardue. Je me suis souvent crue pressée d'agir sur-le-champ dans le feu de l'action, de prendre les commandes ou de tout faire moi-même plutôt que de prendre le temps de planifier et de motiver une équipe à œuvrer de concert. Je comprends aujourd'hui que la bonne

Jean, avec ses principes de majestueuse grand-mère hippie, m'initiait à la nécessité de bien penser une action et de nouer des rapports humains. Principes dont je trouverais plus tard l'écho dans des formations en gestion professionnelle. Cet été-là, au camp, la patience de Jean, son respect pour tous les acteurs dans ce drame et la résolution qu'elle avait d'écouter et de participer allaient jouer un rôle important dans la fondation d'une solide communauté protestataire. Son exemple nous a fait comprendre l'urgence d'agir par une action collective dénuée de violence.

Jean est restée quatre mois au camp, se levant tous les matins pour aller à la barricade. Elle avait été formée par les femmes du mouvement Greenham Common en Angleterre et avait pris part à la lutte pour les droits civiques aux États-Unis. Elle nous a enseigné à mener des protestations non violentes et à pratiquer la désobéissance civile. Elle organisait des séances de formation toute la journée, l'une après l'autre. Elle a dû former des milliers de personnes cet été-là. De nouvelles personnes arrivaient, et Jean les réunissait dans des ateliers où elle enseignait à maintenir la paix, à communiquer sans violence, à neutraliser des situations potentiellement violentes et à comprendre les aspects juridiques de la désobéissance civile.

À force d'accueillir de plus en plus de monde au camp, je souhaitais prendre une part plus active à la barricade elle-même. J'ai téléphoné à Greg McDade, directeur exécutif du Fonds de défense juridique du Sierra Club, je lui ai dit qui j'étais, que j'avais fait ma demande d'admission en droit pour faire une maîtrise commune à l'Université York, et que je craignais d'être arrêtée à la barricade. Il m'a avertie que si j'étais arrêtée et me retrouvais avec un casier judiciaire, je n'aurais aucune chance de devenir avocate un jour. Greg et moi avons eu une conversation passionnante sur le rôle du droit, et je me suis rendu compte que le droit, tout comme l'enseignement universitaire, n'était pas pour moi. C'était trop prenant et trop lent; l'action directe me paraissait tellement plus efficace et satisfaisante. Je ne comptais pas me faire arrêter — nous n'avions pas les moyens de faire en sorte que d'autres organisateurs se fassent arrêter et soient interdits de séjour dans le secteur (comme cela avait été le cas de Garth Lenz l'année précédente) —, j'ai donc décidé de prendre le porte-voix entre mes mains.

Quelques semaines plus tard, après que les foules se sont mises à affluer, une fourgonnette Volkswagen typique de l'ère hippie est arrivée avec un seul homme à bord. Ce soir-là, à la réunion autour du feu de camp, quelqu'un est venu me voir et m'a dit : « Le nouveau, là… Tout est neuf dans sa fourgonnette, les prix sont encore sur les objets. Même sa bouteille d'eau. » Nous ressentions tous le même malaise face à cet homme, mais on n'a pas le droit de chasser un type d'un camp de bénévoles parce qu'il a l'air bizarre et parce que son équipement est neuf. Nous nous interrogions sur la conduite à adopter le lendemain soir quand une dame est venue à nous et a dit : « Cette fourgonnette appartenait à ma mère. Je le sais parce que c'est elle qui a taillé les vieux rideaux de mon salon pour coudre les petits qu'il y a dans la lunette du véhicule. »

J'ai fait : « Ah bon ? »

Et elle a ajouté : « Ma mère l'a mise en vente il y a quelques jours, et c'est la police qui l'a achetée. »

Une petite délégation, dont Val, Chris et moi, a dû affronter la recrue suspecte. L'homme a repoussé faiblement nos accusations pendant quelques minutes, puis, l'air penaud, il est remonté dans sa fourgonnette et a disparu.

Si la police s'intéressait suffisamment à nous pour planter un espion dans notre camp, nous n'arrivions toujours pas à attirer l'attention des médias sur un nouvel été à la barricade. Puis nous avons eu l'idée d'envoyer un fax anonyme à tous les journaux, et à toutes les chaînes de radio et de télé, pour leur faire savoir qu'il se tramait quelque chose de gros. Nous avions réussi à effacer l'en-tête du télécopieur pour que personne ne sache d'où venaient les fax. Notre mot disait : « La barricade de Clayoquot s'élèvera le 1er juillet. » C'était tout. Ce soir-là, au bureau des Amis, nous avons vu le lecteur des nouvelles nationales à la CBC brandir le fax et le lire aux téléspectateurs. Le bureau a éclaté en cris de joie. Nous avions réussi à créer une ambiance dramatique. Dans les quelques jours qui ont suivi, les médias locaux bourdonnaient de conjectures sur l'identité de l'expéditeur du fax et la forme que prendraient nos protestations. Nous avions trouvé une trame narrative : le public s'intéresserait à notre histoire.

J'ai découvert des choses essentielles ce jour-là, notamment la nécessité de s'intégrer dans un dialogue déjà entamé. Leçon qui vaut pour toute campagne de mobilisation. Si vous arrivez de nulle part, que vous ne vous inscrivez dans aucun contexte, qu'on ne comprend pas où vous voulez en venir, vous ne ferez pas les nouvelles. Mais si vous partez des actualités pour les faire rebondir, vous alimentez la machine et donnez aux médias la nourriture dont ils ont besoin. La décision qu'avait prise le gouvernement d'autoriser l'abattage sur presque tout le territoire de la région avait fait l'objet de longs reportages aux actualités. Nos séances de formation avaient fait ressortir le caractère controversé de la décision. Le fax anonyme a stimulé l'intérêt pour notre enjeu. Nous étions passés ainsi de la protestation à la campagne proprement dite. Grâce aux fax, nous avions désormais des choses à dire aux médias et un suspense avait été créé.

Ce que j'ai vraiment compris cet été-là, c'est que, pour lancer une campagne, il faut avoir de l'imagination. Il faut de bonnes idées, comme l'appel aux planteurs d'arbres ou la création de réclames audacieuses. Nous remuions autant d'idées que possible, puis nous retenions celles qui étaient à la portée de nos ressources pour ensuite les articuler en démarches concrètes. Quand on réussit à conjuguer les idées les plus folles avec une évaluation réaliste de ses moyens, la priorisation se fait toute seule et on est en voiture. Il est bon aussi d'être entouré de gens en qui l'on a confiance et avec qui l'on aime travailler. L'essentiel, dans toute campagne, c'est l'audace dans le rêve et l'action qui s'ensuit, et cet été-là, l'audace ne nous faisait pas défaut, loin de là.

Le jour de la fête du Canada, nous avons inauguré la barricade avec une centaine de personnes qui se tenaient debout à l'entrée du pont, dont un député fédéral, Svend Robinson, et un député européen, Paul Staes. Les protestataires étaient pas mal motivés à l'aube, mais lorsque les camions grumiers sont apparus, la nervosité s'est propagée dans nos rangs. Je me suis donc emparée du porte-voix et je me suis mise à parler, simplement : je demandais aux gens qui ne voulaient pas risquer d'être arrêtés de dégager la route, je disais pourquoi nous étions là, quel était l'enjeu. D'instinct, j'ai entonné un chant que Jean McLaren nous avait enseigné autour du feu de camp, et tout le monde a suivi : « Je sens croître en moi l'esprit… L'esprit des espaces vierges dans mes veines… L'esprit des gens ici à côté de moi, debout sur la route, sous la pluie d'été… » Tous se sont calmés et personne n'a bougé.

Le premier jour, pas un arbre n'a été abattu. Il n'y a pas eu d'arrestations. Malheureusement, la suite des choses a été différente. Le lendemain, nous étions tous à notre poste sur la route. La police est arrivée et a arrêté plus d'une dizaine de personnes qui refusaient de laisser passer les camions grumiers. Je n'oublierai jamais ce jour-là, lorsque j'ai vu Svend Robinson, grand, maître de lui, digne, se faire arrêter. Un après l'autre, ils ont tous été emmenés. Mais tout le monde restait remarquablement poli.

Je me rappelle qu'une dame âgée, vêtue d'un ciré mat et portant à son bras un sac de cuir couleur cerise, s'est retournée vers l'agent qui l'emmenait et lui a dit : « Jeune homme, à votre place, j'aurais honte ! »

À la fin de la journée, plusieurs personnes m'ont remerciée. Le lendemain, les Amis se sont réunis et m'ont demandé d'assumer officiellement la coordination de la barricade. Inspirée par les événements du jour, j'ai dit oui, sans hésitation. J'ai passé ensuite presque tout l'été avec le porte-voix entre les mains. Tout souvenir de ma vie ancienne et de mes obligations universitaires a disparu de ma mémoire jusqu'au jour où j'ai reçu un appel de mon directeur de maîtrise : « Alors ? Tu travailles bien ? Je t'ai vue sur mon perron ce matin, en première page du *Globe and Mail*, le poing en l'air, debout sous la bannière d'une barricade. »

Dans nos rêves les plus fous, nous avions pensé que deux mille personnes viendraient au camp au cours de l'été, mais tout à coup, ils étaient des centaines qui arrivaient tous les jours. Ils arrivaient par autocars pleins, et des restaurants de Victoria nous faisaient don de gros chargements de nourriture. Au milieu de la première semaine de juillet, nous étions déjà cinq cents qui vivaient au milieu de cette coupe à blanc perdue, à des heures de la prochaine agglomération urbaine, et il venait encore du monde.

Avec le flux de monde, d'autres ont voulu nous aider, et c'est alors que nous avons reçu les dons les plus baroques. Un après-midi, un camion-remorque Mack est arrivé de Victoria transportant une cargaison de dessus de muffins, mais pas de dessous. Nous ne savions jamais ce que nous allions recevoir, mais, je ne sais trop comment, nous sommes parvenus à nourrir en moyenne cinq cents personnes par jour pendant quatre mois, et nous n'avons jamais manqué de nourriture.

Je travaillais à la barrière du Camp pacifique un après-midi

quand sont arrivées en voiture une infirmière de la Saskatchewan et sa fille de onze ans. La femme nous avait vus à la télé
et avait décidé qu'elle serait de cette campagne historique, donc
sa fille et elle avaient mis des jours à traverser le pays en auto.
C'est à ce moment-là que j'ai compris que cet événement nous
dépassait tous.

En quelques semaines, le camp est devenu un laboratoire
social, une communauté hétérogène unie par un objectif commun. Les Grands-mamans en colère, mon futur mari, des planteurs d'arbres et l'infirmière de la Saskatchewan avaient vu se
joindre à eux des gens d'affaires de Victoria et des professeurs de
l'Université de la Colombie-Britannique. Les yuppies apparais-
saient avec leurs vestes de Gore-Tex et leurs tentes qui sortaient
tout droit de Mountain Equipment Co-op. Les hippies arrivaient avec des gens et des chiens entassés dans leurs fourgonnettes comme dans une caravane de cirque. Ces Canadiens de
tous les horizons arrivaient à vivre ensemble, à s'organiser et à
partager des quarts de travail à la cantine communale. Un soir,
j'ai vu un homme d'affaires en chemise Oxford, les manches
relevées, qui faisait la vaisselle dans l'évier communal avec un
homme au corps tout percé qui fabriquait des bijoux pour
gagner sa vie et vivait dans la rue à Victoria. Lorsque je suis parvenue à leur hauteur, ils discutaient des plateformes environnementales des divers partis politiques, et je me rappelle m'être
dit : *Où d'autre verrait-on une scène pareille ?* Tous étaient unis
dans leur indignation devant l'abattage massif qui se préparait
et leur désir de protéger les forêts : l'idée de faire cause commune effaçait les différences qui les séparaient.

Notre code de non-violence faisait en sorte que tout le
monde était à l'aise. Notre règle interdisant toute consommation de drogues ou d'alcool ne plaisait pas à tous, mais elle était
essentielle. Nous vivions des moments stressants et parfois dangereux, et nous étions résolus à ouvrir la protestation à tous.

Nous n'étions pas là pour faire la fête, c'était un travail sérieux, et nous voulions que des familles, des gens d'affaires et des personnes de tous les âges puissent se joindre au mouvement. Notre sécurité, notre liberté étaient en jeu. Nous avions souvent du plaisir, mais c'était aussi un travail fastidieux, difficile, épuisant et parfois menaçant.

J'ai la conviction que notre adhésion à la non-violence et la dignité qu'affichaient les protestataires, et ce, au bénéfice des images montrées à la télé le soir, ont rendu notre cause plus accessible au citoyen moyen. C'est une chose que de voir des gens enchaînés sous un camion avec un cadenas en U, mais c'en est une autre de voir des dizaines de personnes de tout âge — des mamans qui tiennent leurs enfants par la main, des gens d'affaires, des artistes, des étudiants — debout et silencieuses, fermes et dignes dans leurs principes, le menton légèrement relevé en signe de défiance, main dans la main, tenant tête à un camion grumier. Je crois que ces images d'hommes et de femmes ordinaires accomplissant ensemble des choses extraordinaires ont contribué pour beaucoup à provoquer un engouement sans précédent dans le public et à sensibiliser la population au sort de la baie Clayoquot. Dès qu'on allumait la télé ou qu'on ouvrait le journal sur des images de Clayoquot, on retrouvait l'image d'une personne comme soi-même, sa tante ou son prof.

Au cours des quatre mois que nous avons passés au Trou noir, plus de dix mille personnes se sont jointes à nous. Avec la croissance du camp, j'ai reçu aussi pour tâche de parler aux protestataires tous les soirs. Je n'avais jamais été la porte-parole d'une cause quelconque, et je n'avais jamais prononcé de discours de ma vie. Mais là, tous les soirs, je prenais la parole devant le feu de camp : j'expliquais le pourquoi de notre action, ce qu'il fallait faire et ce à quoi l'on pouvait s'attendre à la barricade. Il y avait parfois une trentaine de personnes dans le cercle autour du feu, mais je me rappelle un cas où nous étions plus de sept cents. J'animais la discussion, j'expliquais les conséquences de notre action au regard de la loi et j'obtenais des participants qu'ils adhèrent à notre code de non-violence et de sécurité. J'esquissais les initiatives prévues pour le lendemain, je demandais qui en serait et qui était prêt à risquer l'arrestation et à bloquer la route aux grumiers. S'ils ne voulaient pas prendre ce risque, pas de problème. Je tâchais d'unir les gens autour du but commun de notre action. Et tous les jours, à la barricade, quand la situation se tendait, ou lorsqu'il y avait discussion avec les groupes qui était pour l'abattage des arbres et qui venaient protester contre notre action, ou lorsque la police arrivait et que la perspective d'un premier affrontement avec les forces de l'ordre — ou même le risque d'une arrestation — réduisait quelqu'un en larmes, je prenais la parole de nouveau pour faire comprendre à tous l'importance du moment.

C'est à Clayoquot que j'ai trouvé ma voix, et comme des milliers d'autres, j'ai été inspirée par cette expérience collective : c'est ce qui m'a fortifiée dans la résolution de poursuivre cette œuvre même après que le camp aurait fermé ses portes.

Je me plaçais sur le bord de la route tous les jours, rappelant aux protestataires la nécessité de respecter le code et assurant une sorte de liaison avec la police, lui faisant savoir ce que nous comptions faire, la rassurant sur nos intentions pacifiques. Tous les jours, je récitais le code de non-violence et rappelais aux nôtres que nous avions sur place nos propres « gardiens de la paix ». Si l'on remarquait le moindre dérèglement — insultes, bousculades ou menaces à la propriété — il fallait nous alerter pour que quelqu'un de notre équipe intervienne.

D'autres jours, je rappelais à nos gens quelle était la meilleure façon de se faire arrêter. Pour le cas où cela vous intéresserait, sachez qu'il vaut mieux être emmené sur le dos, et non ventre à terre, parce qu'autrement vous risquez de vous érafler le visage contre le sol. Si vous portez une chaîne ou un collier et qu'on vous arrête, enlevez-le et mettez-le dans votre poche pour éviter de le perdre, de l'endommager ou de vous blesser.

Parfois, je lançais le slogan du jour, par exemple : « Nous n'attendrons plus. Nous sommes plus forts qu'avant. » Je ne m'adressais pas qu'aux protestataires et aux médias. Il y avait toujours sur place des contre-protestataires aussi, qui voulaient nous empêcher de perturber l'opération d'abattage : des bûcherons, leurs femmes et des citoyens (dont les membres d'une coalition qui se nommait « Share BC » [Partageons la Colombie-Britannique]). Un des discours que j'ai prononcés s'adressait directement aux contre-manifestants. J'y abordais leurs préoccupations de front : « Beaucoup disent que cet enjeu, c'est l'emploi ou l'environnement. Faux. Nous ne sommes pas venus ici pour empêcher les gens de travailler. Nous sommes ici parce que c'est le seul moyen que nous avons d'exprimer notre dissidence, parce que la démocratie a échoué. Alors que le nombre de membres de l'Association internationale des travailleurs du bois a chuté au cours des dix dernières années, on n'a réussi à sauver que 3 pour cent des forêts de l'île de Vancouver. Trois pour cent, ça ne vaut pas dix-huit mille emplois. Ce n'est pas à cause de la protection des écosystèmes que vous perdez des emplois, c'est à cause de la mécanisation. »

Contre toute attente, au milieu de l'été, un contingent de bûcherons s'est joint aux manifestants, brandissant fièrement une bannière réclamant l'exploitation durable des forêts. Sans aller jusqu'à s'opposer à toute forme d'abattage, ils se disaient dégoûtés par le rythme de l'abattage et la coupe à blanc. Ils avaient commencé à comprendre que l'industrie saccageait plus de forêts mais employait moins de gens. Ils sont arrivés un matin sans s'être annoncés et ils ont courageusement fait face à leurs collègues de l'autre côté de la barricade. Nous avons ainsi encore fait parler de nous dans les médias nationaux, causant une onde de choc dans tout le pays et attirant des meutes de journalistes dans la forêt pluviale.

Lorsque les médias se sont mis à accorder davantage d'attention à notre protestation, Karen a dit qu'il fallait profiter de l'occasion et élargir le débat : faire parler non seulement de la coupe à ras à la baie Clayoquot mais de la pratique de la coupe à blanc partout. Elle tiendrait son pari grâce à une idée de fin de soirée chez Val en juin. Val, Karen et moi étions étendues sur le plancher, dans nos sacs de couchage, imaginant à quoi ressemblerait l'été et réfléchissant à comment obtenir l'impact le plus considérable. Valerie a dit : « J'aimerais avoir ce groupe qui chante *Beds Are Burning*. Je les veux à Clayoquot. »

Karen a dit : « Tu parles de Midnight Oil ? Leur chanteur, Peter Garrett, siège au conseil d'administration de Greenpeace. »

Valerie a dit : « Ah ouais ! Midnight Oil. Qu'on les fasse venir ! »

Karen a attendu jusqu'à trois heures du matin parce qu'elle savait que le conseil d'administration de Greenpeace International se réunissait à Amsterdam, et Peter Garrett allait y être. Je me rappelle, j'étais à moitié endormie dans mon sac de couchage, écoutant Karen murmurer au téléphone dans la salle de bains : « Est-ce que Peter Garrett est là ? »

J'ignore comment elle s'y est prise, mais elle a réussi à le convaincre de venir, et avec Midnight Oil sont venues plus de caméras que je n'en avais vu dans toute ma vie. Sans compter MuchMusic et près de cinq mille fans.

Ce fut un temps fou, et nous avons dû faire des journées de dix-huit heures. Il nous fallait bâtir des estrades. Commander des toilettes portatives. Former des centaines de personnes à la maîtrise des foules et au maintien de la paix.

La veille du concert, Valerie, Karen et moi nous sommes mises au lit vers minuit, mais nous avons été réveillées à deux heures du matin par la sonnerie du téléphone. Il y avait un embouteillage depuis Port Alberni, à une heure et demie de route de chez nous. Les responsables des Traversiers de la Colombie-Britannique se donnaient un mal fou pour organiser des départs supplémentaires parce qu'il y avait des foules qui essayaient de gagner l'île de Vancouver. On m'a dit qu'il y avait déjà près de mille personnes à la barricade.

Nous avons sauté dans notre voiture pour nous rendre à la barricade, mais les bûcherons et leurs femmes bloquaient la route. J'ai essayé de négocier avec eux, mais ils se sont mis à secouer notre voiture. Le chaos était total, jusqu'à l'arrivée de la police. Une femme à l'air défiant était debout sur le bord de la route avec son fils sur sa hanche et tenait une pancarte qui disait : « C'est votre petite fête à vous, mais c'est notre avenir. »

Lorsque nous avons réussi à nous dégager des contre-protestataires, il nous a fallu trouver un moyen de faire venir Midnight Oil et tout son matériel au site. Nous avons vite constaté que ce serait presque impossible. Nous avions un autre problème : si les chefs des Premières Nations étaient prêts à venir au concert et à y prendre la parole, ils ne viendraient pas s'il avait lieu à la barricade. Ils étaient au plus fort de leurs propres négociations délicates avec le gouvernement (bon nombre de Premières Nations de la Colombie-Britannique négocient encore des traités qui ont cent cinquante ans de retard) et ils devaient prendre en compte leurs propres réserves face à l'abattage. Donc, alors qu'il ne nous restait plus que quelques heures, nous avons décidé de maintenir la barricade au pont mais de changer l'emplacement du concert : il se ferait à notre camp, au milieu de la coupe à blanc. Ce fut une entreprise colossale que de tout réinstaller : il nous fallait déplacer des plateformes chargées de matériel acoustique, rediriger des milliers de personnes, faire transporter les toilettes portatives et bâtir une scène à partir de rien dans le Trou noir.

Le matin du concert, près de cinq mille personnes se sont présentées au pont à quatre heures et demie du matin. Même après que nous avons réussi à déménager le concert pour éviter l'affrontement avec les bûcherons, Peter tenait toujours à aller à la barricade, il a donc dû plier sa carcasse de deux mètres et quelques dans la coccinelle de Karen pour s'y rendre en douce. J'ai coordonné la manifestation à la barricade debout sur le toit de la fourgonnette de Chris avec mon porte-voix. Nous sommes parvenus à faire marcher la foule droit. (À voir les yeux rouges de plusieurs et l'atmosphère de fête, j'en ai soupçonné certains de ne pas avoir tout à fait respecté l'ordonnance de non-consommation de drogues et d'alcool.) En dépit du chaos et du fait que la plupart des gens présents étaient là pour entendre le groupe rock et non pour bloquer une route forestière, une fois qu'ils sont arrivés là, ils ont été inspirés par le motif qui avait attiré le groupe sur place. Lorsque la police et les grumiers sont arrivés, la foule était calme et sérieuse. Les responsables de la MacMillan Bloedel et les policiers n'ont eu qu'à jeter un regard sur la vague humaine qui bloquait le pont, sous l'œil de dizaines de caméras des médias, et ils ont fait demi-tour. La foule a éclaté en applaudissements.

La coupe à blanc où devait avoir lieu le concert était située à un peu plus de trois kilomètres de la barricade, donc au cours des quelques heures qui ont suivi, il nous a fallu nous débrouiller pour conserver une équipe de garde au pont chargée de maintenir la barricade et déplacer des milliers de gens vers le concert.

Lorsque Karen a sauté sur scène pour présenter Midnight Oil, elle a lancé du même élan une nouvelle campagne nationale qui aurait des répercussions sur toute l'industrie pendant les années à venir. « Aujourd'hui, nous ne réclamons pas seulement la protection de la forêt de Clayoquot, a-t-elle dit au micro, nous réclamons la fin de la coupe à blanc partout au Canada. »

Au débriefing du lendemain, lorsque nous avons lu la manchette « Greenpeace exige l'interdiction de la coupe à blanc partout au Canada », nous étions tous un peu nerveux. Nous avions tout juste réussi à gérer la campagne en faveur de Clayoquot, et voilà que Karen avait lancé une campagne nationale ciblant la pratique forestière dominante de l'une des industries les plus importantes du Canada. Aujourd'hui, réclamer l'interdiction de la coupe à blanc, c'est presque une banalité, mais dans le temps, c'était une idée très controversée. Nous nous sommes mis à recevoir un déluge d'appels au bureau de Clayoquot et à celui de Greenpeace de membres des autres groupes écologistes qui hurlaient : « Vous ne pouvez pas dire que vous êtes contre toute coupe à blanc, c'est scandaleux ! L'industrie va nous tomber dessus à pieds joints ! »

C'était pourtant la chose à dire. Parfois, il faut oser. Il faut prendre des risques. Nous avions l'attention de la population, et les problèmes qui avaient conduit à la décision de raser le gros de cette forêt pluviale n'étaient sûrement pas limités à cet endroit. Karen a lancé une discussion nationale en posant des questions : « Qu'est-ce qu'une coupe à blanc ? Comment allons-nous définir la coupe sélective ? L'industrie peut-elle prospérer en coupant moins mais mieux ? » Je crois que cette sortie publique et le débat qui en a découlé ont conduit à la création du premier Code des pratiques forestières de la Colombie-Britannique, loi qui a été un bond en avant dans la régulation de l'industrie forestière.

Le concert de Midnight Oil a été un moment extraordinaire sur plus d'un plan. Outre le fait qu'il a lancé un nouveau débat national, nous avions accru énormément l'attention que nos protestations suscitaient. Nous avions rejoint un auditoire plus jeune grâce au concert, mais nous l'avions intéressé aussi à nos enjeux. Les gens étaient si émus par la barricade et nos discours qu'ils étaient vraiment décidés à nous appuyer. Toute la journée, des gens venaient à nous pour nous remercier et nous faire des dons en argent. Ils voulaient donner, et moi, j'enfournais tout simplement les billets dans mon sac.

On a estimé la taille de la foule entre trois et cinq mille personnes le jour du concert, mais peu importe les calculs, ce fut suffisant pour interrompre la coupe ce jour-là. En dépit des passions qui s'exprimaient entre tenants et opposants, il n'y a pas eu d'arrestations ni de violence.

Le lendemain, nous avons demandé aux gens s'ils étaient prêts à rester avec nous, à se lever à quatre heures du matin et à venir à la barricade. Plus de la moitié ont accepté.

À 5 heures, un groupe bloquait déjà la route. La police est arrivée et est allée à l'avant, où l'on empêchait un camion d'avancer. Puis les agents ont regardé autour d'eux, ils se sont concertés, ils ont parlé dans leurs radios, et soudain, ils se sont retournés et ont marché vers moi en bloc.

J'étais sur le bord du chemin et je buvais un café lorsqu'un des agents s'est approché de moi. Je n'avais pas peur étant donné que j'avais déjà assuré la liaison avec la police ; je faisais savoir combien de gens il y aurait de notre côté chaque jour, je donnais l'assurance que nous ne ferions pas de dégâts. Mais cet agent-là n'avait aucune envie de discuter de nos plans pour la journée.

« Cette fois, je vous arrête. »

Je ne comprenais pas. Moi j'étais à côté de la route, je ne bloquais pas le passage des camions. Valerie lui a demandé ce que j'avais fait de mal. L'agent n'a pas répondu. J'ai gardé mon sang-froid.

« Cette arrestation est illégale », ai-je dit. J'ai tendu ma tasse de café à Valerie. « Je me suis toujours tenue en bordure de la route. Je n'ai pas fait obstacle aux opérations de coupe. »

Il m'a prise par le coude et m'a dit que j'étais en état d'arrestation et que j'avais le droit de conserver le silence. Je n'ai pas exercé ce droit. Personne d'autre n'avait été arrêté pour avoir participé à la barricade sans avoir bloqué le chemin ou le passage des camions. J'ai donc répété : « Cette arrestation est illégale. » L'agent m'a fait pivoter sur moi-même, m'a demandé de mettre mes mains derrière mon dos et m'a conduite vers un autobus scolaire stationné entre deux fourgonnettes de police.

Deux autres agents se sont joints à nous. Il y avait des caméras partout, et quand j'ai enfin compris qu'on m'arrêtait pour vrai, je me suis tournée vers l'une et j'ai crié : « Je suis fière d'être arrêtée pour la défense de Clayoquot ! » Des protestataires m'ont acclamée et applaudie, certains se sont mis à pleurer et l'un des contre-protestataires a hurlé en triomphe : « Ils tiennent Tzeporah ! Ils tiennent Tzeporah ! »

Je suis montée dans l'autobus scolaire qui tenait lieu de fourgon cellulaire et j'ai attendu qu'ils arrêtent les quinze personnes qui bloquaient la route. Puis les portières se sont refermées sur nous et nous avons pris le chemin de la prison.

CHAPITRE 3

Nager avec le ressac
La prison

S'ils s'en prennent à vous, c'est parce qu'ils vous ont enfin remarqué. Il faut alors nager avec le ressac. Ça va barder, c'est sûr, mais leurs attaques nous conduiront plus loin que nous ne serions allés avec tout notre budget.

Chris Hatch

À la fin de l'été de Clayoquot, j'ai noté dans mon journal : « Les grandes sociétés sont mises à l'amende lorsqu'elles omettent de respecter les "règlements environnementaux", mais elles considèrent que cela fait partie des "frais d'exploitation inhérents". Je suis en colère parce qu'aucun de ces hommes n'est jamais allé en prison, mais j'en ai vu des centaines se faire coffrer pour s'être dressés sur une route forestière parce qu'ils voulaient que tout le monde s'arrête et réfléchisse. Ma colère est telle que je veux bousculer les choses et voir si on peut démêler tout ça. »

J'avais le sentiment que nous avions fait tout en notre pouvoir pour démêler les choses pendant l'été 1993, mais rien n'avait changé. Nous avions travaillé nuit et jour dans la plus grande manifestation de désobéissance civile dans l'histoire du Canada à l'époque, et la coupe à blanc se poursuivait comme si de rien n'était. Plus de douze mille personnes avaient visité le Camp pacifique, près de mille personnes avaient été arrêtées à la barricade, et l'opinion publique penchait de notre côté, mais les sociétés forestières abattaient encore tous les jours des arbres millénaires.

Le jour où les premières sentences ont été rendues, Chris et moi avons compris que la seule façon d'arrêter la coupe était d'arrêter la consommation de bois et de papier. J'en ai parlé avec Karen, qui dirigeait la campagne de Greenpeace au Canada, et nous avons ourdi un plan pour savoir qui payait la compagnie forestière, la MacMillan Bloedel, pour abattre ces arbres vénérables. À l'origine, notre campagne était tout entière axée sur la préservation du lieu : les vallées vierges, les arbres majestueux. Ma compréhension des enjeux s'est approfondie quand j'ai pris conscience de ce qui animait les gens. C'est après cela que j'ai commencé à en apprendre davantage sur les produits. Nous ne savions toujours pas comment suivre la piste de l'argent, mais nous pouvions retracer le cheminement des produits. Nous savions que nous ne pourrions pas empêcher tout le monde d'acheter du bois, mais nous pouvions faire en sorte que l'achat de produits émanant des forêts anciennes devienne un acte aussi blâmable, sur le plan politique et social, qu'investir dans le tabac ou massacrer des éléphants pour leur prendre leur ivoire.

Nous n'avions aucune compétence particulière, aucun système ; nous suivions les grumiers pour savoir à quelle scierie ils allaient, puis l'un d'entre nous se faisait passer pour un étudiant, visitait la scierie et demandait sur un ton nonchalant où allait le bois. Nous fréquentions les bars de la place pour surprendre des conversations où l'on nommait les clients.

De nos jours, la recherche sur la chaîne de responsabilité relève davantage de la science que de l'espionnage. De nombreuses organisations disposent aujourd'hui de ressources humaines vouées à l'examen des données d'expédition, au suivi de la production des usines de pâtes et papiers à partir de bases de données complexes, au traçage des produits du Canada qui vont aux États-Unis, étant donné que 80 pour cent du bois d'œuvre et de la pâte aboutissent encore là. Mais en cette époque où nous nous contentions de visiter des scieries en touristes et d'espionner les conversations des buveurs, après avoir noté les noms de quelques gros clients (notamment Scott Paper UK et *BBC Wildlife Magazine*), je me procurais un billet d'avion et un tailleur dans un magasin d'aubaines, et je partais pour l'Europe pour y rencontrer les clients.

Nous avons vite découvert que les entreprises clientes étaient convaincues qu'elles n'achetaient que des produits issus de forêts de seconde venue qui avaient fait l'objet d'une coupe sélective et non de la coupe à blanc[1]. Il nous appartenait alors de démontrer à ces entreprises qu'elles étaient partiellement complices de la dévastation des forêts pluviales tempérées. Nous étions décidés à faire en sorte que les entreprises qui achetaient le bois de Clayoquot sachent qu'elles étaient sous observation, et que nous étions disposés à faire savoir à leurs clients que leur conduite était aux antipodes des valeurs contemporaines.

Avant d'en arriver là, il a d'abord fallu sortir de prison.

Revenons à la barricade. Notre première halte après notre arrestation était la prison minuscule d'Ucluelet. Il y a un petit

---

1. Alors que les brochures de relations publiques du gouvernement et de l'industrie prenaient soin de ne pas mentir de manière flagrante, les communiqués contournaient fréquemment la vérité en affirmant que les pratiques de coupe étaient de « qualité mondiale » et que « la biodiversité était protégée ». Je me suis rendu compte que les clients retenaient de cela que la coupe épargnait les forêts anciennes ou qu'il n'y avait pas de coupe à blanc. Deux hypothèses qui étaient fausses.

détachement de la GRC à Ucluelet, j'en étais donc venue à faire la connaissance de ses agents étant donné que nous nous parlions tous les jours à la barricade. L'un d'eux était venu me voir à ma cellule.

Vous avez déjà vu ce dessin animé où le chien berger et le loup pointent tous les matins au travail et se disent bonjour avant de se pourchasser l'un l'autre ? C'était comme ça entre nous.

Les agents arrivaient tous les matins et nous nous disions tous bonjour avant de reprendre les rôles qui nous étaient impartis. Je disais : « Bonjour, Frank. »

Et Frank, ou un autre, répondait : « Tiens, bonjour Tzeporah. »

J'enchaînais : « Ne vous en faites pas, tout se passe bien. Tout le monde s'est engagé à manifester pacifiquement ; il y aura aujourd'hui tant ou tant de personnes qui vont bloquer la route. »

Et l'agent de me répondre : « D'accord, merci. On dirait qu'il va pleuvoir ce soir. Vous avez creusé vos canaux ? »

C'était remarquablement normal mais parfois surréaliste. Après que j'ai été arrêtée, je n'ai donc pas été surprise de voir l'un de ces agents apparaître devant ma cellule et me dire qu'il était désolé et que ses collègues et lui s'étaient opposés à mon arrestation. Mais une fois qu'il s'est lancé, j'ai vu qu'il n'était pas si contrit que ça.

« Tu es une femme intelligente, a-t-il dit, et j'espère que tu retiendras de cette histoire que le moment est venu pour toi de changer ton fusil d'épaule. Tu ne voudrais pas que ça finisse mal. »

« Que ça finisse mal… ? »

« Tu sais exactement de quoi je parle. Vous ne pouvez pas faire obstacle au progrès. »

« Vous appelez "progrès" ce genre de dévastation ? »

Sa compassion s'est alors muée en colère. « Tu inspires les gens au point où ils veulent se faire arrêter, et tout ça ne change rien. »

« Désolée, je lui ai dit, j'ignorais que l'inspiration était un acte criminel. Et je crois que je serai un jour à même de changer les choses. »

Il a dit : « Tu sais, Tzeporah, tu commences à avoir la grosse tête, alors rappelle-toi que la flamme la plus incandescente est aussi la plus éphémère. »

« La flamme la plus incandescente est aussi la plus éphémère. » Ce n'était pas une menace, mais peu après, ces paroles se sont révélées une prophétie assez juste.

Quand je rencontre de jeunes écologistes, l'une des premières choses qu'ils me demandent, c'est comment éviter l'épuisement professionnel, le *burn-out*. Mais quand j'étais dans la mi-vingtaine, je ne pouvais même pas m'imaginer que le *burn-out* était possible. Une fois que j'ai commencé à militer, j'avais peine à imaginer une vie en dehors de ma cause. Par contre, je me voyais mal en marge de la loi. Je ne craignais pas de contester les règles, mais j'avais toujours contesté « dans le respect ». Ma sœur Wendy était devenue avocate. Dans le tréfonds de mon être, enfreindre la loi — et réclamer pour d'autres le droit de l'enfreindre — était contre ma nature.

J'ai passé bien des nuits blanches à réfléchir à cette question, mais je pensais aussi à mes héros comme Martin Luther King, Petra Kelly et Gandhi, et au fait que des lois injustes avaient été changées. En 1969, le Conseil canadien des Chrétiens et des Juifs a écrit : « La loi et l'ordre, qui sont des valeurs essentielles dans notre société, servent souvent de prétexte à l'injustice. Il ne suffit plus de réclamer l'obéissance à la loi. L'obtention de la justice doit tout primer : sans cela, la loi n'est que façade. La loi résulte d'un processus évolutif, et à ce titre, elle doit prendre en compte les grands enjeux sociaux. Et du fait de l'évolution des valeurs et des perceptions, la loi doit aussi être repensée pour refléter les réalités nouvelles[2]. » Je me nourrissais de cette pensée au moment où je me trouvais « du mauvais bord de la clôture » pour la première fois de ma vie.

Au fil de l'histoire, les conflits humains ont été le prélude nécessaire aux grandes mutations sociales. À une certaine époque, les Noirs étaient traités en esclaves et les femmes étaient considérées comme le bien de leurs maris. Pour nombre de gens qui se tenaient debout sur la route de Clayoquot, considérer la nature comme un bien que l'être humain a le droit d'exploiter en toute impunité était aussi une idée rétrograde. Avant que des millions de personnes reçoivent le droit de vote, que ce soit en Amérique du Nord, en Angleterre ou ailleurs dans le monde démocratique, il y avait eu des manifestations passionnées. À l'époque des suffragettes, des milliers de femmes avaient été emprisonnées pour avoir fait du piquetage devant les bureaux de scrutin et s'être enchaînées devant les assemblées législatives. Plus tard, aux États-Unis, au temps du mouvement en faveur des droits civiques, on s'est mis à protester devant des comptoirs-restaurants et dans les autocars dans le Sud. Pour beaucoup, au Canada, le catalyseur nécessaire à la réévaluation de notre rapport avec la nature a été l'été 1993 à Clayoquot, quand le combat contre l'injustice passait par la prison.

Les autres détenus et moi avons été conduits d'Ucluelet au Centre correctionnel de Nanaimo, et les agents nous ont fait entrer dans la prison. Moment effrayant, car il y avait dans les cellules beaucoup d'hommes ivres et en colère qui se sont mis à nous insulter et à nous menacer.

---

2. Conseil canadien des Chrétiens et des Juifs, *A Report of the International Conference of Christians and Jews*, 1969, p. 21.

Lorsque les gardiens nous ont admis, ils nous ont demandé de nous déshabiller, et c'est à ce moment que je me suis rendu compte que… mes règles avaient commencé.

Je me suis donc adressée au gardien et j'ai dit : « Heu… c'est le temps du mois… J'aurais besoin… »

Son visage a changé de couleur trois fois et d'une voix paniquée, il a répondu : « Je vais vous envoyer à l'infirmerie. Attendez là, ça va aller. »

J'étais sûre que ça irait. Ça m'arrivait tous les mois depuis des années et ça ne me faisait pas peur.

Il m'a fait entrer dans l'infirmerie, et il y avait là un téléviseur. Je n'étais pas enfermée, et j'étais seule. J'ai donc allumé la télé, et la première chose que j'ai vue, c'était moi. Je n'avais pas dormi depuis des jours, j'étais plus qu'épuisée, et j'étais là à me regarder en train de me faire arrêter. Je nageais en plein surréalisme.

Au bout d'une demi-heure, le gardien est revenu, il m'a donné une tenue de prison et un assortiment complet de tous les tampons, serviettes hygiéniques et protège-slips qu'on pouvait se procurer à la pharmacie de Nanaimo. J'ai enfilé le costume et je suis allée à l'endroit où l'on inventoriait les possessions des détenus. Quand j'ai vidé mes poches et mon sac, j'ai découvert que j'avais pour près de 5 000 $ en petites coupures, ces billets dont les gens m'avaient fait don spontanément au concert. L'agent responsable de l'inventaire a compté l'argent et m'a considérée d'un air soupçonneux, comme si j'avais été quelque trafiquante de drogue. J'ai balbutié : « C'était au concert, à la barricade, j'ai parlé, et les gens se sont mis à me donner de l'argent… », puis je me suis tue parce que je me suis rendu compte que je ne faisais qu'aggraver mon cas.

Les gardiens avaient séparé les protestataires des détenus locaux pour éviter toute violence, et j'ai été donc soulagée de me retrouver dans la section spéciale où l'on plaçait les militants arrêtés à Clayoquot. Nos cellules étaient dans le même bloc, et nous mangions ensemble. C'est à ce moment-là que j'ai fait la recontre de l'admirable Betty Krawczyk, une ancienne militante des droits civiques, une femme combative à la chevelure blanche et à l'accent du Sud américain, qui s'était mise à la tête des prisonniers de Clayoquot. Elle est devenue plus tard l'une des militantes les plus connues de la Colombie-Britannique, passant plus de temps en prison pour la protection des arbres que quiconque au Canada.

Betty était en prison depuis dix jours, ayant été arrêtée dès le premier jour. Bon nombre des protestataires étaient végétariens et refusaient la nourriture qu'offrait la prison, donc Betty a convaincu les gardiens de la laisser faire la cuisine. Comme bien d'autres, elle avait refusé d'adhérer aux conditions de remise en liberté qui interdisaient aux protestataires de retourner sur les lieux. Comme elle, je n'étais pas disposée à signer l'ordonnance de remise en liberté parce que j'estimais que c'était une infraction flagrante à notre droit d'assemblée ; je croyais donc qu'un long séjour derrière les barreaux m'attendait.

Ce jour-là, un des gardiens que je connaissais très bien est venu me voir pour me demander pardon. Il estimait qu'on agissait mal envers nous. Je lui ai demandé pourquoi on m'avait emprisonnée alors. Il m'a répondu : « Ils veulent t'écarter de la barricade. »

Qui, « ils » ?

« Ce n'est pas de notre faute, il a dit. Nos ordres viennent d'en haut. Je tiens à ce que tu le saches, la police collabore avec MacBlo pour réunir des preuves contre toi. »

Cela me paraissait être de mauvais augure.

Le lendemain, nous avons tous reçu des formulaires de demande où l'on pouvait réclamer de la pâte dentifrice et d'autres petits articles de première nécessité. Au bas du formulaire, il y avait une case intitulée « Autre ». Dans cet espace, j'ai écrit que je voulais tenir une conférence de presse. Une demi-heure plus tard, j'étais convoquée chez l'un des grands patrons de la prison, et le monsieur n'était pas content du tout.

« Je vois que vous avez demandé à tenir une conférence de presse. Je doute que cela soit possible. »

Je lui ai répondu : « J'ai droit à des visites, non ? Alors pourquoi pas une équipe de la télévision de CBC ? »

Il a dit que cela n'entrait pas dans le protocole habituel, mais il a souri et dit qu'il essaierait de faire quelque chose. Et je crois qu'il y serait arrivé si j'étais restée en prison plus longtemps.

Un peu plus tard le même jour, un gardien est venu me dire que j'avais de la visite. Je me suis rendue au parloir, et il y avait là ma sœur aînée, Corinne, qui refoulait ses larmes à grand-peine. Son mari Jeff et elle étaient venus en Colombie-Britannique pour me voir à la barricade, et ils allaient rentrer à Toronto lorsqu'ils avaient appris ce qui s'était passé. Ils avaient aussitôt annulé leur vol et pris l'avion pour Nanaimo. Nous avons causé un peu, et je lui ai dit que tout irait bien.

Corinne avait appris qu'elle pouvait m'acheter des provisions à la cantine de la prison et m'a demandé si j'avais besoin de quelque chose. J'étais à l'époque végétarienne pure et dure, et la seule nourriture que je pouvais manger à la cantine était le chocolat. Je lui ai demandé de m'en acheter une trentaine de tablettes. Elle m'a regardé comme si j'étais devenue folle : « Écoute, je lui ai dit, il sont trente avec moi ici et nous faisons tout ensemble. » Je suis donc rentrée à ma cellule avec trente tablettes de chocolat.

Chris est venu me voir le même jour. Il m'a raconté qu'il était arrivé juste au moment où ma sœur engueulait un gardien de la prison qui lui avait refusé la permission de me voir. « Est-ce que les sœurs Berman sont toutes aussi féroces ? » J'ai ri à l'idée d'une Corinne en colère jusqu'au moment où je me suis rappelé la fois où elle m'avait surprise à fumer quand j'avais quinze ans.

Le lendemain, j'étais à moitié endormie quand un gardien est venu me réveiller avec une nouvelle totalement inattendue. Mon avocat était arrivé, a-t-il dit. Je n'en revenais pas, car je n'avais pas d'avocat. Chose certaine, je n'avais pas de quoi m'en payer un. Je n'avais même pas de quoi rembourser Corinne pour les trente tablettes de chocolat.

Je me suis rendue à la petite salle où les détenus confèrent avec leur avocat, et j'ai vu entrer ce monsieur en costume Armani. « Je suis un pénaliste connu en Colombie-Britannique, et je tiens à vous représenter. Je travaille à constituer une équipe qui va vous défendre. »

Je lui ai dit la première chose qui m'est passé par la tête : « Je n'ai pas un sou, monsieur. »

Il a souri : « Ouais, c'est bien qu'on se disait aussi. »

Le lendemain, il s'est présenté devant le tribunal et a contesté les conditions de remise en liberté, sans me demander un cent. Le gouvernement provincial ne voulait rien savoir, mais mon avocat a eu gain de cause, et je n'ai pas eu à signer les conditions de remise en liberté qui m'auraient empêchée de retourner à la baie Clayoquot. Après trois jours de détention, j'ai été libérée sans chef d'accusation et sans probation, et j'ai repris aussitôt le chemin de la barricade.

De retour au camp, j'ai appris que Wendy et Karen avaient décidé de me sortir de là et de faire appel au pénaliste le plus célèbre du Canada. Elles avaient téléphoné à Clayton Ruby à Toronto, qui leur avait dit qu'il avait vu mon arrestation aux nouvelles et qu'il les aiderait volontiers. Il a téléphoné à l'un des meilleurs avocats de la Colombie-Britannique, et c'est ainsi que David Martin avait pris l'avion pour Nanaimo le soir même.

La mauvaise nouvelle — qui nous a vraiment consternés, David et moi —, c'est qu'après mon retour à la barricade, je n'ai pas été inculpée pour avoir bloqué la route comme tous les autres. Les procureurs du ministère de la Justice de la Colombie-

Britannique avaient plutôt inventé un chef d'accusation tout nouveau, taillé sur mesure exprès pour moi : j'étais inculpée de complicité avec toutes les personnes qui avaient été arrêtées à la barricade. Tout au long de l'été, toutes les deux ou trois semaines, j'étais accablée d'accusations nouvelles en fonction des arrestations qui étaient effectuées à la barricade. À la fin de l'été, j'avais été inculpée 857 fois pour complicité. À un moment donné, j'étais à la barricade et je me faisais insulter une fois de plus par des bûcherons et leurs femmes qui me disaient de me trouver « un vrai travail », quand j'ai réalisé : *Mais c'est ça, mon travail !* C'était ce que je voulais faire, ce que je devais faire. Quelques jours plus tard, Karen m'a proposé un emploi à temps plein à Greenpeace Canada.

Début août, nous avons organisé une journée entière de protestation pour la baie Clayoquot. Nous l'avions annoncée ainsi : « Protestation de masse : si vous avez déjà pensé faire quelque chose pour sauver la forêt, c'est votre chance aujourd'hui. » Les gens se sont mis à affluer vers nous.

Il était cinq heures du matin, j'étais debout sur la fourgonnette de Chris avec le porte-voix en mains quand j'ai vu arriver cinq ou six cents personnes sur le chemin forestier. Je tâchais de réunir mes pensées, de me souvenir des conseils que m'avait donnés Jean sur le maintien du calme et de la sécurité, quand Chris a tiré sur ma chemise.

« Qu'est-ce qu'il y a ? Je dois prononcer un discours, là. »

« Je voulais seulement te présenter à mes parents. »

Elle était bonne, celle-là. J'étais la nouvelle femme de sa vie : une grande gueule qui organisait des barricades contre la destruction de la forêt, qui hurlait dans un porte-voix et qui n'avait pas pris de douche depuis des jours. Son papa était professeur à l'Université de la Colombie-Britannique, sa maman, éditrice.

Le couple possédait une maison d'édition littéraire. Ils rentraient tout juste d'un congé sabbatique en Allemagne, et je ne les avais jamais rencontrés. Ils avaient décidé de venir voir dans quoi Chris s'était embarqué cette fois, et comme pour faire exprès, ils sont arrivés le jour de la protestation de masse.

Je pouvais voir la poussière s'élevant des voitures de police et des camions grumiers qui dévalaient vers nous. La panique et la colère envahissaient la foule. Le métier et l'instinct ont pris le dessus chez moi, et je me suis mise à hurler dans le porte-voix. « Si vous êtes sur la route, vous risquez d'être arrêté ! Il est important d'appuyer ceux qui prennent ce risque, mais il y a bien d'autres façons de protester et de prendre position. Si vous ne voulez pas risquer d'être arrêté, quittez la route tout de suite. »

Très peu de gens ont bougé.

« Pour rester calmes, veuillez vous asseoir. »

Comme un seul homme, la foule s'est assise sur le sol.

« Wow ! C'était cool, ça », m'a murmuré Chris à l'oreille.

La foule était si tranquille, on pouvait entendre le crissement du gravier sous les pneus des camions qui approchaient. Quelqu'un s'est mis à scander un slogan, puis des centaines de voix se sont jointes à la sienne, comme si nous avions répété ensemble : « Si nous nous assoyons tous, ils ne peuvent nous arrêter tous. »

Le slogan a fait l'objet d'un reportage aux actualités nationales. Il s'était imposé comme le moment déterminant de la manifestation, puisqu'il s'est avéré qu'ils pouvaient en effet nous arrêter tous.

La police avait réquisitionné tous les autobus scolaires du lieu, et elle a arrêté tous ceux qui sont restés sur la route.

Le père de Chris et d'autres professeurs de l'Université de la Colombie-Britannique et de l'Université Simon-Fraser étaient si indignés qu'ils se sont assis eux aussi au milieu de la route.

C'est alors que la police s'est mise à arrêter des enfants.

Il en a fallu du temps pour coffrer 309 personnes. *Sept heures*[3]! Des enseignants, des gens d'affaires, des mères, des grands-mères, des enfants, le papa de Chris et les autres professeurs, même des bûcherons qui réclamaient des pratiques forestières plus écoresponsables : tous furent emmenés dans les autobus. Un vrai cirque.

Une femme superbe, dans la quarantaine et résidante d'une petite île locale, Sally Sunshine, s'est tournée vers les caméras de la télévision lorsqu'on l'a arrêtée, et les yeux bleus luisant d'indignation, elle a exprimé toute la fougue de sa culture hippie : « Venez avec nous! » Au cours des mois qui ont suivi, j'ai rencontré des centaines de personnes qui avaient vu l'image de Sally à la télé et qui, tout de suite, ont sauté dans leur voiture ou dans un autocar pour filer à Tofino.

Chris et moi avons couru tout de suite de la barricade jusqu'à la petite prison d'Ucluelet pour négocier la libération de son père, des professeurs et des centaines d'autres, et pour savoir où la police avait emmené les enfants. Lorsque nous avons fini par rentrer au camp cinq heures plus tard, complètement vannés, nous sommes passés en voiture à côté de la mère de Chris, et celui-ci, pour plaisanter, lui a crié de la fenêtre : « Hé, Madame! C'est votre mari qui a été arrêté aujourd'hui? »

Madame ne l'a pas trouvée drôle.

Au lieu de nous en vouloir, à Chris et à moi, ses parents ont organisé parmi les professeurs tout un mouvement de protestation contre les injustices dont ils avaient été témoins ce jour-là. Ils ont même publié un livre sur la question : *Clayoquot and Dissent* [*Clayoquot et la dissidence*]. Ce n'était pas la dernière

---

3.   Andrew Ross, « Appendix 2: Clayoquot Sound Chronology », Université de Victoria, octobre 1996, http://web.uvic.ca/clayoquot/files/appendix/Appendix2.pdf

fois qu'ils nous aideraient lorsque nous nous retrouverions un
peu trop dans le bain ; ce jour-là, je n'ai pas seulement fait la
connaissance de mes futurs beaux-parents, j'ai trouvé mon filet
de sécurité.

De retour à Vancouver, je voyais régulièrement des avocats
et tâchais de réunir des fonds pour trouver la stratégie judiciaire
qui innocenterait toutes les personnes inculpées. Nous nous
efforcions aussi d'imaginer de nouvelles tactiques avec Greenpeace.

Entre-temps, presque mille personnes avaient été prises
dans les filets de la justice, et nous collaborions avec un groupe
de Victoria qui leur venait en aide.

Sur le plan émotif, ces procès étaient déchirants. Avant que
la première sentence soit rendue, personne n'avait été jeté en
prison sauf les Grands-mères en colère comme Betty qui avaient
refusé d'adhérer aux conditions de remise en liberté. Personne
même n'imaginait qu'on nous condamnerait à des peines d'em-
prisonnement. Mais désormais, la peine la plus courte que le
tribunal décernait était quarante-cinq jours de réclusion. La
plupart des inculpés n'avaient pris que quelques heures de
congé du travail ou de l'école, ou engagé une gardienne pour
l'après-midi seulement, afin d'aller à leur procès. Quand j'ai vu,
ce premier jour-là, que tous étaient conduits au centre de détention, je me suis sentie au bord du désespoir. Tous les accusés
étaient jetés en prison. Le déboisement se poursuivait. Nous
avions perdu la bataille.

Après avoir subi une mêlée de presse, j'ai quitté le tribunal
et je me suis rendue au petit bureau que nous avions ouvert à
Victoria, le Fonds de défense judiciaire de Clayoquot, pour faire
en sorte qu'on s'occupe de toutes les familles, qu'on les contacte
et qu'on aille chercher les enfants et les confie à des parents ou à

des amis qui s'en occuperaient. Bref, nous veillions à ce que tout le monde reçoive l'aide voulue.

Les premières sentences ont répandu un vent de panique parce que près de huit cents personnes attendaient encore leur procès, et tout à coup, il était évident que nous aboutirions tous derrière les barreaux. Les téléphones dans le bureau se sont mis à sonner sans arrêt. Les quelques mois qui ont suivi ont été parmi les plus longs de ma vie, et nous étions tous là à courir comme des fous, tâchant de maîtriser la situation. Je me prenais à me demander si le gouvernement n'était pas dans son droit et si tout cela était de ma faute, si ces gens allaient en prison à cause de quelque chose que j'aurais dit ou fait.

Lors d'un des procès contre les protestataires, on a cité certains de mes propos : « MacMillan Bloedel a obtenu une injonction selon laquelle personne ne peut faire obstacle physiquement aux opérations d'abattage. Ce que ça veut dire, c'est que si nous restons sur la route et que nous sommes arrêtés et écartés de la route, nous nous plaçons en situation d'outrage à la justice. Mais nous n'outrageons nullement la justice. Nous n'en avons que contre les pratiques forestières qui saccagent la baie Clayoquot. » Le procureur de la Couronne a cité cette déclaration pour prouver que j'avais induit le public en erreur et que j'avais été ainsi « complice » dans la commission d'infractions criminelles.

La seule chose qui allégeait mon sentiment de culpabilité était les appels et les lettres que je recevais de gens me disant qu'ils se sentaient enrichis et que l'expérience avait eu un effet dramatique sur leur vie. Ils signaient de leur nom suivi de leur matricule de prévenu. Tous avaient fait des choix personnels et difficiles qu'on ne pouvait attribuer à l'influence d'une seule personne.

En ce mois de septembre, ayant tout juste entrevu la nécessité de sensibiliser le marché des consommateurs, Karen et moi avons invité des directeurs exécutifs des bureaux de Greenpeace situés dans les grands marchés à venir à Clayoquot et à prendre position avec nous. C'est une des actions les plus habiles que nous ayons faites. Notre protestation avait suscité l'attention des médias et ralenti l'abattage pendant une journée, mais l'impact le plus fort s'est fait ressentir au sein de Greenpeace. Après avoir été arrêtés à la baie Clayoquot pour s'être enchaînés à un baril de ciment avec Chris, les directeurs exécutifs de Greenpeace en Allemagne, au Royaume-Uni, aux Pays-Bas et dans d'autres pays sont rentrés dans leur pays horrifiés par l'abattage et bouillant de colère contre le gouvernement canadien. En moins d'une semaine, nous avions des équipes en place dans tous les pays et la campagne commerciale a décollé.

À l'approche de mon procès, Greenpeace m'a invitée à me rendre en Europe pour suivre à la trace le premier ministre de la Colombie-Britannique, Mike Harcourt, qui allait là-bas pour corriger la mauvaise image que notre campagne donnait des produits forestiers du Canada. Le mouvement contre la coupe à blanc en Colombie-Britannique avait alors été remarqué à l'étranger, et nous en voyions les effets dans des revues comme *Time*, l'*International Herald Tribune* et *Der Spiegel*. Tout le monde commençait à avoir des doutes sur le Canada.

À mon retour, mes avocats ont demandé à me voir pour planifier notre stratégie. Le gouvernement avait désigné l'un de ses meilleurs procureurs pour mener son attaque contre moi. Je n'avais jamais entendu parler de lui, mais je me rappelle la tête qu'a faite mon avocat lorsqu'il a appris à qui il allait se mesurer. Il a dit : « Maintenant, il va falloir qu'on se démène vraiment pour t'éviter la prison. »

Plus tard, David m'a dit que je devais m'attendre à écoper de six mois à deux ans de prison. La Couronne exigeait six ans de réclusion. Il n'était pas impossible qu'une telle sentence me soit imposée. Puis il m'a fait savoir qu'une offre « discrète » me serait faite. Si je pouvais promettre qu'il n'y aurait aucune protestation au cours des Jeux du Commonwealth, qui allaient avoir lieu en Colombie-Britannique cet été-là, toutes les accusations pesant contre moi seraient retirées.

J'étais bouche bée. J'étais sûre que c'était le genre de transaction occulte qui ne se voyait qu'au cinéma. J'allais recouvrer ma liberté entière si je promettais au gouvernement qu'aucune protestation ne viendrait troubler la fête.

J'étais horrifiée : je me demandais si notre justice était à la solde du gouvernement ou des entreprises forestières, parce que l'élargissement qu'on me promettait n'avait sûrement rien à voir avec la démocratie, le droit ou la justice. Le gouvernement m'accusait de complicité avec les manifestants, et maintenant, il essayait de me graisser la patte pour mettre fin à toute dissidence publique.

Cet épisode m'a fait comprendre que les gouvernements ne comprennent vraiment rien aux mouvements sociaux. S'imaginaient-ils vraiment qu'une seule personne pouvait s'adresser à tous ces militants et leur dire : « Écoutez, je vais m'en sortir blanche comme neige si vous me promettez de garder le silence pendant cette manifestation sportive d'envergure mondiale » ? Qui peut faire ça ? Qui ferait une telle chose ?

J'en ai perdu mes dernières illusions sur la justice. Je faisais face à six ans de détention, et je savais déjà que personne ne songeait à organiser de protestations sérieuses à la faveur des Jeux du Commonwealth. J'ai bien pensé : *Pour éviter la prison, je n'ai qu'à leur dire que je vais tuer dans l'œuf des protestations qui ne sont même pas prévues.* Mais qu'ils s'imaginent qu'une seule personne pouvait commander à tout un mouvement et qu'ils n'avaient donc qu'à menacer ou à contrôler cette personne me rebutait totalement. C'était là la conception qui était à l'origine de cette accusation de complicité qui pesait contre moi.

On ne peut pas être complice d'un mouvement, pas plus qu'on ne peut être complice de désobéissance civile. Dans tous les cas, il s'agit d'un choix individuel, difficile. Ces gens-là n'avaient rien compris à ce qui se passait. Et près d'un millier de personnes avaient risqué leur liberté. Le fait que le gouvernement me croyait capable de diriger des milliers de gens et de leur dire où protester et ne pas protester me prouvait une fois de plus qu'il n'avait pas la moindre idée de ce qui se passait. Il ne comprenait rien à la volonté populaire, pas plus qu'à la structure du mouvement.

J'ai refusé, évidemment.

J'aurais vraiment préféré faire entendre mon refus publiquement, car toutes ces tractations me dégoûtaient.

Entre-temps, après le voyage où j'avais pris en chasse Mike Harcourt, mon arrestation et la barricade, j'étais devenue si connue qu'en 1994, je ne pouvais entrer dans un restaurant de Victoria sans que les gens se tournent sur mon passage pour me dévisager. L'idée que tout le monde me connaissait et avait une opinion sur moi me faisait trembler. Je grimaçais quand je voyais les yeux des gens s'allumer et que je les entendais murmurer : « Tiens, mais c'est la fille aux arbres qu'on a vue aux nouvelles ? »

À mon retour d'Europe, j'avais perdu sept kilos parce qu'il est difficile de voyager en Allemagne quand on est végétarienne, qu'on ne parle pas la langue du pays et qu'on n'a que le temps de manger sur le pouce. J'étais donc en piteux état, et avec toute cette attention médiatique, je m'étais muée en diva.

Comme dit l'Homme-Araignée, « avec la notoriété viennent de grandes responsabilités ». Et beaucoup de pression. Si vous savez conserver votre équilibre, vous savez que vous représentez en réalité des centaines, sinon des milliers de gens, et que vous-même comptez pour peu de chose là-dedans, mais il n'est pas évident de garder la tête froide dans un monde où on aime créer des héros et des adversaires sur qui concentrer l'attention, comme le font les médias. Je trouvais donc difficile de faire la part des choses entre mon ego et ma notoriété.

Un jour, Chris et Karen m'ont prise à part dans le bureau de Greenpeace. Karen a dit : « Ceci est une intervention. »

Et j'ai dit : « D'accord… Qu'est-ce qui se passe ? »

Karen n'a pas mâché ses mots : « Tu commences à faire chier… »

Ils m'ont dit que je commençais à me donner des airs, que j'avais changé sans même m'en apercevoir. J'étais devenue exigeante, autoritaire.

Karen a dit : « C'est l'objectif qui compte ici, pas toi. Tu n'es qu'un outil, tout comme Greenpeace, ses effectifs, son nom, sont aussi des outils. Toi, nous, Greenpeace, nous sommes tous des moyens qui justifient la fin, et c'est la raison pour laquelle nous faisons ce boulot. »

Je pensais comme eux, bien sûr, mais que mes amis les plus proches me trouvent insupportable a été une douche froide comme je n'en avais jamais connu. Heureusement qu'ils ont osé me secouer, car depuis ce jour, chaque fois que je me vois en train de jouer les prima donna, que j'exige certains égards et que je confonds mon travail et ma personne, je prends tout de suite du recul.

Quand on occupe une position d'autorité, surtout à la tête d'un mouvement ou d'une grande campagne, il est facile d'avoir la grosse tête et de croire tout ce que les journaux racontent sur soi. Mais le fait est qu'on n'est rien sans le concours de milliers de bras, sans la collaboration d'autres leaders qui contribuent par leurs connaissances, leurs compétences et, pour certains, dont Karen, par une longue expérience de terrain.

Cela étant dit, je demeurais le visage public de ce combat et je recevais tant de menaces de mort que mon amie Sue Danne, au bureau de Greenpeace, avait désormais pour tâche d'écouter mon répondeur tous les matins avant que j'arrive au bureau. Elle sauvegardait les menaces sur une bande distincte afin de la remettre à la police et conservait les autres messages. Normalement, la police passait prendre les bandes tous les deux ou trois jours et disait : « Eh bien, que voulez-vous qu'on fasse ? » Jusqu'au jour où nous avons reçu un message composé à partir de lettres d'imprimerie découpées dans les journaux, accompagné d'une photo de moi avec une croix gammée rouge sur le visage. Cette lettre haineuse nous était parvenue dans une enveloppe dont l'adresse dactylographiée avait l'air tout à fait normale, mais le texte disait quelque chose comme ceci : « Toi la sale petite Juive qui veux détruire la Colombie-Britannique, je t'ai à l'œil, et tu n'en as plus pour longtemps. Tu vas crever. » En tant que jeune femme juive, ça fait mal de voir ça. J'ai été cette fois-là heurtée plus profondément que par tous les messages de haine merdeux qui avaient abouti sur mon répondeur. Je me suis mise à trembler : *Qu'est-ce que je fais maintenant ?* On pouvait me repérer facilement. Je n'avais pas de garde du corps à ma disposition, tout de même. Je n'étais ni vedette ni ministre. Je rentrais souvent chez moi à pied, parfois après onze heures le soir, et j'occupais alors un appartement minable à l'angle de Commercial Drive et de la Onzième. Un soir, peu après cette histoire, j'étais en train de rédiger un rapport sur la coupe à blanc quand le téléphone a sonné. La voix rauque au bout du fil a dit : « Je suis un bûcheron de Horsefly, en Colombie-Britannique. »

Là, j'ai su que je ne tiendrais pas le coup.

« Je vous ai vue à la télé. »

J'étais terrifiée, j'étais fatiguée, je n'étais pas sûre de pouvoir encaisser la colère d'une autre personne qui me hurlerait après parce qu'elle avait perdu son travail. Comme je m'apprêtais à raccrocher, il a dit : « Je veux vous remercier pour tout ce que vous avez fait. »

Ma première pensée a été : *Quoi, il ne hurle pas ?*

« Ça fait vingt ans que je bûche dans le bois. J'ai vécu le long du Fraser pendant trente-trois ans, à côté du plus grand lit de frai pour le saumon en Colombie-Britannique. Le saumon ne reviendra pas cette année. J'ai été mis à pied il y a deux ans de ça parce qu'il ne restait plus d'arbres à couper par ici. Ils ont coupé la forêt à ras, et à cause de ça, mon travail et le saumon ont disparu. Je sais pas vraiment pourquoi je vous appelle, peut-être juste pour vous dire merci. Je peux pas faire grand-chose par ici. J'ai commencé à protester l'an passé, alors ils sont venus et ils ont tiré sur ma cabane pendant la nuit. Je suis allé au Yukon pendant un an. Là, je suis revenu, mais j'ai peur. J'ai noté les changements que j'ai vus dans le fleuve et les montagnes au cours des trente-trois dernières années et, si ça peut vous aider, je peux vous envoyer mes notes. »

Je ne savais que dire. Je pouvais à peine parler. « Oui, ai-je fini par lui dire. Merci. Ça nous aiderait. J'écris un rapport en ce moment sur les effets de la coupe à blanc sur le saumon. Pouvez-vous me faxer votre document ? »

Il n'a rien dit pendant un moment. « Vous voulez dire par la ligne téléphonique ? Je crois pas. Je vous appelle d'une cabine payante, et on n'a pas l'électricité dans ma cabane. Est-ce que je peux vous le poster ? »

« Ce serait génial, lui ai-je dit. Génial ! »

Quelques jours plus tard, Chris et moi prenions le traversier pour aller à Victoria rencontrer des gens du gouvernement, et j'avais à peine fermé l'œil la nuit précédente, prise que j'étais par mes préparatifs pour ces entretiens. Je suis montée sur le pont prendre un café avec Chris. Nous faisions la queue quand une femme que je n'avais jamais vue est venue à moi et m'a embrassée. « Ah, mon Dieu ! Tzeporah Berman ! Vous avez changé ma vie ! Clayoquot a changé ma vie ! » Je me rappelle avoir essayé de me déprendre d'elle, avoir pensé que j'étais crevée et que tout ce que je voulais, c'était un bon café. « Merci, lui ai-je dit, contente de vous avoir rencontrée. »

Mais là, tout le monde me regardait. Un type patibulaire, coiffé d'une casquette de base-ball et vêtu d'une chemise à carreaux, qui attendait comme moi son café, a dit : « C'est bien vous. » Il m'a toisée, il s'est penché vers moi, et là, il m'a craché au visage de toutes ses forces. Puis il s'est mis à hurler que je me foutais des gens, que je n'en avais que pour les arbres. Ça faisait des mois que j'entendais ce genre d'insultes, et j'ai normalement la couenne dure, mais là, j'étais épuisée et j'avais les nerfs en boule. J'ai éclaté en sanglots. Chris m'a emmenée en bas, vers la voiture, où j'ai essayé de me ressaisir.

À ce moment-là, l'essentiel de notre recherche traitait du fait que l'industrie forestière de la Colombie-Britannique se condamnait elle-même à court terme. La province exportait des grumes, ou du bois qui avait été traité au minimum, ce qui voulait dire que nos riches forêts créaient moins d'emplois par arbre coupé que dans tous les autres pays du monde. On pourrait créer bien plus d'emplois à traiter notre bois qu'à couper nos arbres. Quand je rencontrais des bûcherons ou des travailleurs des scieries et que nous discutions suffisamment longtemps, ils finissaient par admettre que oui, leurs emplois s'étaient mis à disparaître bien avant que les campagnes environnementales ne commencent, mais que leurs localités n'en dépendaient pas moins des compagnies forestières. Ils étaient inquiets et avaient besoin de blâmer quelqu'un d'autre ; les cadres des forestières n'étaient que trop heureux de jeter de l'huile sur le feu et de laisser les travailleurs lutter contre les campagnes environnementales.

Le traversier a accosté à Swartz Bay et nous nous sommes rendus au bureau que nous avions emprunté pour la journée. Je devais appeler les médias et imprimer des documents en vue d'une rencontre. À notre arrivée, on faisait déjà la queue pour me parler, et il y avait une caméra de télé dans le hall. L'agence Reuters attendait sur la première ligne. Quelqu'un a dit : « Prenez ce bureau-ci. » Je suis entrée, j'ai fermé la porte derrière moi, et je me suis mise à trembler. Chris est entré et m'a demandé si ça allait. Il m'a dit que je devais me ressaisir, et je lui ai dit que j'en étais incapable. Je pleurais à chaudes larmes.

Pendant presque une année, j'avais encaissé tous les coups que j'avais vus venir. Mais dans ce moment d'épuisement total, j'étais totalement démunie. Le rythme d'activité était épuisant, mais plus épuisante encore était la pression des entrevues constantes et le fait d'avoir à composer avec ma réputation nouvelle et celle de Greenpeace, sachant que le gouvernement et l'industrie disséqueraient mes moindres paroles. Je devais représenter des milliers d'adhérents et de bénévoles. Jack Munro, le patron du Syndicat International des Travailleurs du Bois d'Amérique, m'avait traitée de « menace pour la société », et, en l'entendant, je m'étais demandé : *Mais de qui parle-t-il?*

J'avais l'impression de m'être perdue totalement dans l'image que les médias projetaient de moi. Que ce fût à titre personnel ou professionnel, je ne m'appartenais plus. J'étais trop visible, et ma vie était déréglée. Tous me considéraient comme une experte, mais tout au long de la campagne pour Clayoquot, je n'avais fait qu'improviser au fur et à mesure. Et j'avais du mal à accepter que je ne pouvais plus sortir de chez moi sans que des gens se jettent à mon cou ou me crachent dessus.

Chris m'a demandé : « Qu'est-ce qu'il te faut? Que veux-tu faire? » J'étais incapable de lui répondre parce que je m'étais oubliée tout ce temps. Je me questionnais sur ce que je devais faire dans tel ou tel dossier ou j'essayais de prévoir nos prochains bons coups. Mais quant à savoir ce que je voulais, moi, ou ce dont j'avais besoin? Pas la moindre idée.

Je ne suis pas bien sûre de ce qui s'est passé le reste de la journée, mais Chris s'est occupé de moi. Il a annulé tous mes rendez-vous et dit : « Viens, on s'en va. » Il a tout de suite réservé des billets pour le Guatemala.

Avant ce jour-là, je refusais de quitter le bureau plus tôt que neuf ou dix heures du soir. Je n'avais pas pris une journée de congé depuis au moins une année. Une fois que j'eus repris mes esprits, j'étais toujours d'accord pour le Guatemala, mais j'avais une chose à faire avant de partir. Greenpeace International organisait un séminaire d'une semaine en Californie avec tous les militants des forêts du monde. Cette réunion stratégique avait lieu tous les ans, et je ne voulais pas manquer la première à laquelle j'étais invitée. Des amis m'avaient dit que c'était un événement de premier ordre. J'allais y rencontrer l'organisateur du Brésil, celui du Japon, échanger avec eux des anecdotes et discuter stratégie. Il y avait longtemps que j'attendais ce moment et je n'allais pas le rater. En plus, la rencontre aurait lieu dans un ranch, perspective agréable. J'ai dit à Chris : « J'irai te rejoindre après la rencontre. »

Il a dit : « Comme tu voudras. Mais je crois que tu devrais partir tout de suite pour le Guatemala avec moi. »

Nous sommes rentrés à notre appartement, notre premier nid, et nous avons fait nos valises. Chris est parti pour le Guatemala et moi pour la Californie. Le séminaire a dépassé mes attentes. J'ai appris énormément, et j'ai vu tout ce qui me restait à apprendre. Tout marchait sur des roulettes jusqu'au moment où, au beau milieu d'une réunion, le responsable du ranch m'a tendu un fax. L'homme était aussi pâle que la feuille qu'il tenait. J'ai alors vu les mots rédigés avec un feutre noir : « Votre appartement a été incendié. La police dit qu'il s'agit d'un incendie criminel. Appelez Peter. »

Peter, c'était notre coloc.

Je me suis demandé si je devais rentrer à Vancouver, mais je savais que Chris m'attendait déjà au Guatemala. J'ai téléphoné à Peter et lui ai dit : « Si tu peux réchapper quoi que ce soit, tant mieux. Je vais téléphoner aux parents de Chris et leur demander de passer prendre ce que tu auras trouvé. De ton côté, trouve-toi un autre appart et, pour ta propre sécurité, sans nous. »

Chris et moi avons séjourné un mois au Guatemala. Nous nous étions fixé pour seule règle de ne pas parler de ce que nous avions laissé derrière. J'étais sûre que nous ne pourrions pas respecter notre règle parce que nous ne parlions jamais d'autre chose auparavant. Mais non, nous n'en avons pas parlé, et ce fut un voyage absolument fabuleux. Nous nous sommes immergés dans la culture locale et sommes allés partout où nous avions envie d'aller. Nous avons visité des ruines mayas. Nous avons fait des excursions dans la forêt pluviale. Nous avons poursuivi vers le Belize et nous nous la sommes coulée douce pendant une semaine sur une plage de sable blanc. Séjour magnifique et revivifiant.

Je pense que si Chris ne m'avait pas ordonné de faire ce voyage et si je ne l'avais pas suivi, je n'aurais pas duré très longtemps dans le mouvement. J'étais encore tourmentée par l'obligation que je me faisais de retourner à l'université pour y faire mon doctorat, devenir professeur adjoint et gagner ma vie sérieusement. N'était-ce pas la chose à faire, pour ma santé, mon moral ? Rentrer chez moi. Rentrer à Toronto. Me rapprocher de ma famille. Reprendre la vie universitaire. Mais non, je ne suis pas partie parce que le travail que j'accomplissais me semblait des plus utiles et des plus urgents.

Quand je suis rentrée à Vancouver et me suis remise à mon travail à Greenpeace, je me suis rendu compte que je n'étais pas indispensable. Ce fut une bonne leçon pour moi parce que lorsqu'on est engagé dans une campagne jusqu'au cou, on a le sentiment que si l'on s'absente le moindrement, tout va s'écrouler. Il faisait bon d'admettre que personne n'est irremplaçable. Je me suis mise à réfléchir au recrutement de nouveaux militants ainsi qu'à la formation et à la création de capacités. J'ai appris à mesurer mon effort et à reconnaître qu'il faut avoir une vie à soi en dehors du mouvement. Personne ne m'avait appris ces choses-là.

En fait, on avait essayé de me prévenir, mais je n'avais pas compris le message.

Les fondateurs de Hollyhock, un centre de retraite (semblable à Esalen en Californie et à l'Institut Omega de New York) situé sur l'île Cortes, une localité isolée près de l'extrémité nord de l'île de Vancouver, voulaient encourager certains militants de la Colombie-Britannique dans leur action en faveur des forêts pluviales. J'avais reçu d'eux une invitation qui se lisait ainsi : « Nous savons ce que vous faites pour la baie Clayoquot. Nous aimerions vous aider, vous et d'autres dans le mouvement écologiste. Nous vous invitons donc, vous et dix autres leaders, à venir passer une semaine chez nous : une semaine de repos et de détente. Vous vous détendrez dans nos cuves thermales, vous aurez droit à des massages et pourrez faire du yoga. Venez vous reposer et refaire vos forces chez nous. »

Me reposer et refaire mes forces ? Je n'avais de temps ni pour l'un ni pour l'autre. Nous étions au milieu de notre combat pour sauver Clayoquot et nous cherchions à savoir où auraient lieu les prochaines opérations d'abattage. Je travaillais vingt heures par jour et dormais sous mon bureau dans un sac de couchage. Un jour, j'ai noté dans mon journal : « Je cours tellement vite que j'en oublie de respirer. » J'ai lu l'invitation et me suis dit : *Ces gens-là sont fous ou quoi ? Nous n'avons pas le temps d'aller méditer sur une île pour hippies, cuves thermales ou pas.*

J'ai appris plus tard que certains militants plus aguerris y étaient allés. Ils avaient assez de métier pour savoir que la vie qu'ils menaient et le travail qu'ils accomplissaient les obligeaient à prendre du repos afin de tenir le coup. Je prévoyais alors qu'une fois que nous aurions remporté la bataille de Clayoquot, j'allais reprendre ma vie d'autrefois. Je n'avais pas encore compris que c'était devenu *ma* vie.

Selon le dictionnaire, *grand procès* est une expression des années 1930 qui décrivait les procès que Staline faisait instruire contre ses ennemis. *Grand procès* signifie généralement que l'issue des procédures judiciaires est connue d'avance. Il ne serait donc pas juste de dire que j'ai été la victime d'un grand procès stalinien, mais c'était tout de même le genre de procédures où le spectacle comptait plus que l'idée de justice. Et dire que j'ai failli rater le spectacle…

La veille de mon procès, les contractions de Karen ont commencé. Elle allait donner naissance chez elle, et j'étais censée être à ses côtés, à Vancouver, pour l'assister. Quand le travail commence, le monde extérieur cesse d'exister et seules comptent la respiration et les larmes. Je faisais tout avec elle, je l'accompagnais jusque dans la baignoire, décidées que nous étions à faire sortir le bébé. Tout à coup est apparue ma sœur devant moi, en costume de ville, pour me dire qu'il fallait y aller.

Je lui ai dit : « Moi, je reste ici avec Karen, pour le bébé. »

Corinne m'a répondu : « Ton procès commence demain matin. Il est vingt heures, et nous devons prendre le dernier traversier. Il faut que tu viennes avec nous à Victoria. »

J'ai refusé net.

Elle et Chris ont dû me traîner de force hors de la maison de Karen et m'ont fait monter sans ménagement dans la fourgonnette de Chris ; ils m'ont conduite à Victoria et m'ont jetée dans un lit. Je n'avais pas dormi depuis vingt-quatre heures. À mon réveil, ils m'ont tendu une tenue de ville et un café. Nous sommes partis du gîte à pied, j'étais totalement hagarde. Au loin, j'entendais de grands bruits et des slogans. Toutes mes pensées étaient toutefois avec Karen. Accrochée à mon portable, je parlais à des amies qui étaient à ses côtés et je demandais des nouvelles du bébé.

Lorsque nous nous sommes approchés du tribunal, les bruits se sont faits plus intenses, et nous avons fini par apercevoir des centaines de gens. Quand ils m'ont vue, ils se sont tus, puis ils ont commencé à m'applaudir. Plusieurs tenaient des pancartes qui disaient : « Sauvez Tzeporah ! »

Je n'avais pas la moindre idée de pourquoi ils étaient là ni de ce que je devais dire.

J'ai dû me frayer un chemin parmi la foule pour entrer dans le palais de justice. Dès que je suis entrée, mon avocat m'a demandé si j'avais répété mon témoignage. Je lui ai dit : « Non, mais je vais aller me réfugier aux toilettes et rédiger quelque chose. »

Visiblement, mon avocat ne prisait guère mon impréparation. Le premier soir, mes sœurs et moi sommes allées le retrouver dans sa luxueuse suite, et il m'a engueulée copieusement.

David Martin fait peur quand il est en colère. Il était calme, trop calme même, avec ses yeux d'acier et son expression lugubre. « Je pense que tu ne comprends pas. Moi. Je. Ne. Perds. Jamais. Je suis l'un des meilleurs pénalistes de la province. Je te défends gratis, et toi, tu as la tête ailleurs. Je ne veux pas perdre. Retrouve tes esprits. »

Puis Karen m'a téléphoné et m'a dit qu'elle allait bien. Elle avait enfin donné naissance à son bébé. Aedan Magee Mahon était au monde, et ils se portaient bien tous les deux.

Je ne devais plus penser qu'à une chose : éviter la prison. Karen avait déjà fait sa part pour m'aider. Juste avant que le procès commence, alors qu'elle n'était plus qu'à quelques jours de son accouchement, elle avait composé avec Chris une lettre publique au procureur général de la Colombie-Britannique qui avait été publiée dans le *Globe and Mail.* Elle exigeait que la Couronne m'accorde le non-lieu. J'ai trouvé quelque peu intimidant de lire la lettre et de voir que de grands noms l'avaient signée, dont certains comptaient parmi mes héros : les écrivains Margaret Atwood, June Callwood, William Deverell, Jane Jacobs, Farley Mowat et Michael Ondaatje ; le compositeur Bruce Cockburn ; le cinéaste Norman Jewison ; et le militant américain Robert Kennedy fils. Le procureur général n'a tenu aucun compte de la lettre et des prestigieuses signatures, mais le juge n'a sûrement pas manqué de noter l'attention que suscitait le procès dans les médias et auprès du grand public.

Ce soir-là, et les autres soirs à venir, David, Chris, mes sœurs et moi avons passé en revue pendant des heures les faits saillants du procès et le témoignage que j'allais rendre. Nous nous sommes donné beaucoup de mal pour rien. Ce que nous ignorions au moment où nous nous préparions, c'était que le procureur étoile de la Couronne, un adversaire formidable pour David, n'ouvrirait pas la bouche pendant tout le procès et laisserait à un jeune avocat le soin de faire tout le travail.

À un moment donné, le procureur de la Couronne a montré une vidéo où j'entonnais un chant de protestation et dit solennellement : « Votre Honneur, on voit ici Tzeporah qui chante une chanson qui, manifestement, se veut une marque de soutien à ceux qui sont arrêtés. »

Je me suis tournée vers David pour lui souffler : « Je vais aller en prison pour avoir chanté ? »

Assise dans le fauteuil réservé à l'accusé, écoutant tous ces gens qui parlaient de moi sans m'adresser la parole, souvent sans même me regarder, m'appelant par mon prénom alors qu'ils nommaient les messieurs par leur nom de famille, je me suis sentie comme… désincarnée. Comme si cela n'était pas suffisamment injurieux, la Couronne a tracé une analogie avec le viol collectif pour faire valoir que j'avais encouragé les protestataires à commettre leurs crimes ou que j'avais essayé de mettre fin à la coupe à ras de nos forêts anciennes.

Je me suis imaginée embaumée et fixée comme un trophée sur le mur du tribunal. J'ai alors commencé à prendre des notes dans mon journal sur ce que je comptais dire au juge dans mon témoignage de clôture.

> Il fut un temps où la femme était considérée comme le bien de l'homme, et les Noirs appartenaient en propre à leurs maîtres. Les arbres ont-ils une existence propre ? Le droit environnemental dans notre pays en est encore au stade embryonnaire. Je ne demande pas, Votre Honneur, que l'on reconnaisse l'existence propre des arbres, ce que je dis, c'est qu'étant donné que l'environnement naturel ne peut comparaître devant le tribunal, et qu'étant donné que nous tous, sans exception, avons besoin de boire de l'eau et de respirer l'air qui nous entoure, les initiatives que je crois avoir le droit de prendre et les paroles que je crois avoir le droit de prononcer conformément à mes droits en vertu de la Constitution devraient être jugées dans ce contexte.

Je n'ai pas eu à prononcer ce discours devant le juge. On ne m'a même pas donné la parole. Avec le recul, je dirais que le procès a viré à mon avantage lorsque le procureur de la Couronne a montré une vidéo où je parlais à un enfant sur la route et affirmé que j'encourageais même les enfants à enfreindre la loi. Je me rappelais ce moment-là avec exactitude, et j'ai demandé à mon avocat de faire rejouer la vidéo et de hausser le volume. La seconde fois qu'on l'a montrée, on pouvait entendre qu'en fait, je disais à l'enfant et à ses parents qu'à mon avis, ils devaient dégager la route, sans quoi ils risquaient tous d'être arrêtés. Le cinquième jour du procès, après que mon avocat a plaidé ma cause (avec des arguments que ma sœur Wendy l'avait aidé à formuler), il a été établi que l'accusation de complicité ne reposait sur aucune notion de droit. Le juge a fait remarquer brutalement qu'il aurait adoré me faire coffrer mais qu'il n'existait pas de motif en droit pour ce faire. J'étais donc libre.

L'été de la protestation de Clayoquot, en 1993, a eu un impact colossal sur la politique environnementale au Canada et sur l'avenir de l'industrie forestière, ainsi qu'une incidence directe sur des milliers de vies. À Clayoquot, nous avons compris l'importance de faire abstraction de la carrière et du costume de chacun et de trouver un terrain d'entente pour tous. Nous avons saisi la nécessité, et les affres, de l'action collective et avons pris conscience du ressac inévitable qui survient quand on conteste le statu quo.

Le gouvernement et l'industrie ont condamné les protestations en traitant les écologistes d'« hystériques » et pire encore. Ils avaient dit la même chose de ceux qui les avaient avertis que les stocks de morue dans le Canada atlantique disparaissaient à un rythme inquiétant, et ce, des années avant que les stocks de poisson ne disparaissent complètement. De même, pendant des années, la Dupont avait traité les écologistes d'« hystériques » parce qu'ils avançaient que les CFC rongeaient la couche d'ozone. En fait, chaque fois que j'ai milité contre le statu quo, nous avons dû passer par cette première phase où nous étions attaqués et vilipendés. Il n'est pas inhabituel d'être félicités, des années plus tard, par les mêmes politiciens qui nous ont condamnés au début. Le changement peut être menaçant pour certains, et nous exigions non seulement des changements importants dans les lois et les activités industrielles, mais aussi dans le système social de valeurs.

Ce qui était remarquable, à force de travailler dans ces dossiers, c'était de voir que notre société est ainsi faite qu'elle protège le droit de gagner de l'argent avant les écosystèmes qui assurent notre survie. Debout devant la barricade, je me suis rendu compte que le défi consistait à inverser le fardeau de la preuve. Pourquoi n'appartenait-il pas aux entreprises et aux gouvernements de prouver que leurs pratiques étaient écoresponsables, surtout dès lors qu'il s'agissait de terres publiques et de la santé de la population ?

L'été 1993 a été un moment important dans l'histoire du Canada, car, pour la première fois, des citoyens ordinaires ont fait entendre leur voix pour poser des questions gênantes sur le vrai coût de l'activité industrielle. Les protestations et les procès qui ont suivi ont lancé des débats importants qui ont eu des conséquences inimaginables auparavant dans tout le pays. Des années plus tard, j'allais rencontrer des cadres de l'industrie qui me parleraient de leurs pratiques modifiées, ou des responsables gouvernementaux qui me parleraient de zones qu'ils avaient protégées afin d'éviter « un autre Clayoquot ». Au fil des ans, j'ai été contactée par des centaines d'étudiants et de professeurs qui rédigeaient des articles sur les conflits entourant la baie Clayoquot, dont plusieurs affirmaient que l'été 1993 avait fait voir au Canada les arbres dans la forêt.

J'aimerais dire que l'été 1993 a marqué un tournant au Canada dans la mesure où cela nous a conduits vers des changements fondamentaux dans une économie fondée sur l'extraction des ressources naturelles et leur prompte exportation. Malheureusement, même si les événements ont eu un impact considérable sur l'évolution de nos pratiques forestières et la protection d'un grand nombre de lieux dans le pays, ce qui se passe aujourd'hui avec les sables bitumineux de l'Alberta montre que l'histoire se rejoue, et malheureusement, nos pratiques forestières sont encore loin d'être viables. La morue a disparu, la forêt coûte de plus en plus cher à exploiter dans une économie mondiale qui s'alimente dans les pépinières plus prospères du Sud, nous nous tournons donc vers les sables bitumineux. Parmi les militants avec qui j'ai fait mes débuts sur la route de Clayoquot et avec qui j'ai par la suite collaboré à la campagne commerciale contre le bois canadien, plusieurs mènent aujourd'hui la lutte contre les sables bitumineux. Ils tirent leur détermination de l'expérience de Clayoquot : ils savent qu'ils peuvent provoquer de vrais changements dans les politiques et les zones protégées, mais aussi faire bouger les mentalités et transformer des vies.

Clayoquot a certainement transformé ma vie. Le fait d'avoir pris part à l'une des plus imposantes manifestations de la dissidence publique en matière environnementale au Canada m'a changée pour toujours. Je me suis mise à comprendre comment l'on peut canaliser la colère et le désespoir que j'avais ressentis à voir de mes yeux un lieu familier être détruit. J'ai pris conscience des rouages du changement social et des campagnes de sensibilisation et découvert de quelle façon je pouvais y contribuer au quotidien. J'ai commencé à comprendre que les questions environnementales sont analysées selon différentes perspectives — qu'il s'agisse d'apprendre des Premières Nations qui vivent dans la région ou d'autres gens qui vivent sur place — et qu'il faut conjuguer tout ce savoir avec les connaissances scientifiques et la compréhension des systèmes économiques et politiques derrière les décisions relatives à l'aménagement du territoire et au développement industriel. Dans mes multiples rencontres avec les Premières Nations, les responsables de l'industrie ou les travailleurs forestiers cet été-là, je n'étais pas toujours d'accord avec ce que j'entendais, mais toutes ces conversations m'ont aidée à mieux comprendre ce qu'il fallait faire pour trouver des solutions.

À l'époque, bâtir une coalition, un camp d'alliés, était en fait mal vu par certains militants de Greenpeace. Bâtir une coalition demeure l'une des choses les plus difficiles qui soient. Nombre d'organisations sont tributaires de leur image de marque pour collecter des fonds et, par conséquent, pour survivre. Partager le travail, c'est aussi partager le mérite. Cela veut dire aussi s'entendre sur des positions, des politiques, partager des informations et céder une part du contrôle des dossiers. Étapes difficiles mais essentielles. Le nombre fortifie, c'est sûr, mais plus que cela, on trouve souvent aussi de meilleures idées et des stratégies plus diverses ainsi. Le fait d'œuvrer avec d'autres groupes écologistes, les Premières Nations et les syndicats nous a forcés à réfléchir à ce que nous défendions, au-delà de ce que nous dénoncions. Cela nous a contraints à procéder à une certaine introspection et à accepter des compromis, mais ultimement aussi à conclure des alliances suffisamment fortes pour forger des solutions.

L'héritage de Clayoquot m'a appris que ce n'était pas une affaire de droite ou de gauche, ou de hippies contre gens d'affaires, mais une question de valeurs communes. Nous nous sommes employés à trouver un terrain d'entente avec les syndicats et les Premières Nations, et j'ai vu des gens d'affaires et des hippies faire la vaisselle ensemble : telles sont les images qui m'ont donné le courage de tendre la main à d'autres et d'entreprendre le dialogue avec les pdg des compagnies forestières. Tous les jours, pendant quatre mois, j'ai vu des gens défier l'idée que l'on se faisait d'eux.

Notre approche de l'engagement concerté a eu un impact qui a dépassé de loin ce moment et ce lieu. Deux décennies après, je rencontre encore des gens qui me disent que leur vie a changé du tout au tout à la baie Clayoquot. Certains qui n'y avaient passé que trois jours m'ont écrit pour me dire qu'ils avaient, à cause de cela, changé de champ d'études, de gagne-pain, ainsi que leur vision du monde. Une protestataire, qui était infirmière de métier, Marlene Cummings, est rentrée en Ontario après cette expérience avec la conviction qu'elle devait consacrer davantage de temps à ce genre de travail. Plusieurs années et quelques diplômes universitaires plus tard, elle s'est installée à Vancouver pour diriger les actions qui concernent les forêts et les changements climatiques à ForestEthics. Des histoires pareilles, j'en ai entendu des centaines.

Quant à moi, l'été de Clayoquot m'a initiée au militantisme et à la vraie politique. C'est là également que j'ai découvert ma vocation et rencontré mon compagnon de route. À la fin de l'été, j'avais décidé que j'allais finir mes études supérieures à distance, mais que ce ne serait pas en sciences ou en droit. J'allais continuer d'explorer le monde du militantisme et réfléchir, à la lumière de l'aventure Clayoquot, aux moyens de protéger davantage de forêts anciennes et d'instaurer des pratiques forestières plus durables.

CHAPITRE 4

La force morale
Collaborer avec les Premières Nations

Toi, Tzeporah Berman [...] *tu auras un jour sur les mains le sang de nos enfants qui se seront suicidés!*

SIMON LUCAS, chef de la Première Nation Hesquiaht

C'était en 1994, l'année qui a suivi toutes les grandes protestations, et MacBlo ravageait encore la baie Clayoquot. Dans mon nouveau rôle à titre de directrice de la campagne pro-forêts de Greenpeace, j'avais obtenu qu'on dépêche un navire dans la baie pour faire obstacle à l'abattage prévu à Bulson Creek. De nombreux chefs autochtones ne voulaient pas voir Greenpeace s'en prendre à la forestière parce que celle-ci leur avait offert des emplois et de l'argent, et justement, ils en avaient besoin. Je le dis bien sûr pour simplifier un contentieux souvent déchirant. Les Premières Nations s'efforçaient de régler des litiges plusieurs fois centenaires et d'arracher leurs communautés à la pauvreté. De nombreux chefs avaient contesté la Décision relative à l'aménagement du territoire de la baie Clayoquot, certains allant même jusqu'à aller à Washington pour y rencontrer

Bobby Kennedy fils et le *Natural Resources Defense Council*
(NRDC) [Conseil pour la défense des ressources naturelles]
afin de coordonner leurs efforts et de faire connaître leurs vues.
Cependant, à ce stade-ci de la campagne, ces chefs ne voulaient
pas que Greenpeace gêne leurs pourparlers avec la compagnie.

Un avertissement des Nuu-chah-nulths est parvenu au
navire de Greenpeace : j'avais ordre de me présenter à une rencontre réunissant tous les chefs à Port Alberni cet après-midi-là,
sans quoi ils annonceraient officiellement qu'ils allaient monter
dans leurs canots de guerre et contraindre physiquement
Greenpeace à quitter la baie Clayoquot. Le comité exécutif de
Greenpeace était terrifié. Qu'on imagine la manchette : « Les
canots de guerre des Premières Nations chassent Greenpeace
hors de la forêt pluviale. »

Tous m'ont dit : « Il faut que tu y ailles ! »

J'avais vingt-quatre ans, et je tremblais de peur. C'était non
seulement mon emploi qui était en jeu mais la réputation de
Greenpeace au Canada et peut-être ailleurs dans le monde.

J'ai sauté dans un véhicule de location, et après avoir roulé
pendant plusieurs heures sur la route sinueuse de l'île qui
conduit à Port Alberni, je suis entrée dans la salle où m'attendaient treize chefs et leaders — tous des hommes — des Premières Nations. De pied ferme, je précise. J'avais déjà entendu
l'expression « la fumée leur sortait par les oreilles », mais là, je
voyais le phénomène de mes yeux. Alors qu'ils s'employaient à
négocier la trêve avec les forestières, le navire de Greenpeace et
notre opposition déclarée à l'extraction forestière semaient la
zizanie au sein de leurs communautés et mettaient les cadres de
l'industrie hors d'eux.

J'avais à peine pris place qu'ils se sont mis à me crier après.
Chaque chef a eu son tour de parole, et un à un, ils se sont levés
et m'ont engueulée. Du fait qu'ils avaient toujours été laissés
pour compte et qu'ils avaient vu leurs communautés souffrir,

les chefs exhalaient ainsi des années de frustration et de colère. Dans leur rage perçait la crainte de perdre ce que la compagnie leur offrait. Après que le premier chef a terminé, j'ai tenté d'expliquer pourquoi nous nous opposions à l'exploitation des forêts et comment, ensemble, nous pourrions fortifier leur position. Je n'ai pas pu aller bien loin. « Tu es ici pour écouter », a hurlé un chef que je ne connaissais pas. Après la première heure, je retenais mes larmes. Après la deuxième heure, je pleurais à chaudes larmes. Après la troisième heure, j'ai demandé la permission de quitter la salle un petit moment pour me ressaisir et aller aux toilettes, et quelqu'un a crié : « Tu vas rester ici jusqu'à ce qu'on ait fini ! »

Puis le dixième ou onzième chef, un colosse à l'abondante chevelure blanche — Simon Lucas de la Première Nation Hesquiaht —, s'est levé et a dit : « Toi, Tzeporah Berman, si tu nous empêches d'avancer, tu auras un jour sur les mains le sang de nos enfants qui se seront suicidés ! »

Quand tout a été terminé, je suis repartie tout de suite. J'étais si ébranlée que j'avais du mal à conduire. Je me suis donc arrêtée à un téléphone payant pour raconter à Chris et à Valerie ce qui s'était passé. « C'était affreux. Je ne sais pas quoi faire. »

Les deux m'ont dit de revenir au navire, et de là, nous aviserions.

Je suis remontée dans mon véhicule et j'ai repris la route de la baie Clayoquot à la noirceur. Juste après le carrefour entre Tofino et Ucluelet, j'ai vu une camionnette rouge qui fonçait dans ma direction. Mon regard a croisé celui du conducteur. Je l'avais déjà vu à la barricade : c'était un des bûcherons, et je voyais bien qu'il me reconnaissait. Le regard méchant, il a dirigé son camion directement sur mon véhicule. Il voulait jouer au plus brave, et il arrivait droit sur moi.

J'ai dû quitter la route. La voiture s'est renversée et a fait un tonneau complet, mais elle est retombée sur ses roues, je ne sais trop comment. Secouée, je me suis penchée sur le volant dans le noir pour contrôler ma respiration et reprendre mes esprits. J'étais terrifiée et seule le long de la route. Le bûcheron avait disparu. J'ai remis la voiture en marche. Le moteur a toussé, puis il a repris, et j'ai réussi à remonter petit à petit sur la grand-route.

Il était 22 h lorsque j'ai fini par regagner le navire, moulue, épuisée, vidée. Dans quelques heures, les Nuu-chah-nulths allaient nous attaquer à bord de leurs canots de guerre. J'étais sûre, sûre et certaine, d'avoir discrédité Greenpeace à jamais.

Après avoir été confrontée à la réalité des Premières Nations, j'ai dû réviser ma position. La première remarque que j'ai faite dans mon journal à ce sujet a été : « La force morale qui m'habitait s'érode aussi sûrement que les flancs de montagnes coupés à blanc. » Je venais de rencontrer des anciens dont les familles vivaient sur ces terres, dans ces localités isolées, depuis des milliers d'années. C'était là qu'on trouvait les taux de suicide les plus élevés et les taux de pauvreté et de chômage également les plus élevés au pays. Et moi, la petite Juive de Toronto aux cheveux bouclés, j'étais là à hurler : « Préservez la forêt à tout prix ! »

Après avoir rencontré les chefs, après avoir entendu leurs témoignages, j'ai compris que le moment était venu de mettre fin à mon opposition aveugle à la coupe et de préciser la cause que je défendais. Il est tellement plus facile d'être contre que pour, car il n'existe pas de situation dans la vraie vie où les choix sont clairs comme de l'eau de roche. Mais si l'on doit militer, protester, élever des barricades et recourir à l'action directe, il faut être disposé à parler à tous les acteurs et à trouver des solutions. Autrement, on ne milite plus, on gueule, c'est tout.

Quand j'ai milité pour la baie Clayoquot, et plus tard pour

la forêt pluviale du Grand Ours, j'ai collaboré étroitement avec de nombreux leaders autochtones et créé des liens durables et profonds avec eux. Notre collaboration n'en était pas moins parsemée de difficultés et de complications. J'ai appris à la dure qu'il n'existe pas de solution unique quand on doit prendre en compte d'un seul coup le respect des droits des autochtones, le risque écologique et l'impact économique.

Un chef fort avisé, Moses Martin des Tla-o-qui-ahts, m'a dit lors de l'un de nos premiers entretiens : « Il faut que tu comprennes : tu te soucies des arbres et de la faune, et nous sommes nombreux à penser comme toi, mais nous avons, nous, le taux de suicide le plus élevé au Canada, le taux de chômage le plus élevé aussi, et nos gens se battent pour vivre alors que notre culture et notre langue se meurent. » La réalité, pour la nation nuu-chah-nulth, qui regroupe les Tla-o-qui-ahts et les Hesquiahts, est qu'elle n'a jamais cédé ses territoires aux Blancs et qu'elle occupe la région depuis des milliers d'années. Ces gens comptent pour 40 pour cent de la population de la Colombie-Britannique, mais ils n'occupent que 0,4 pour cent de la masse territoriale. Leur taux de chômage est de 70 pour cent[1]. Et la réalité, dans la forêt pluviale, était que l'abattage massif des arbres allait de l'avant, ce qui dévastait la région et, du coup, une des beautés écologiques du pays, mais en contrepartie procurait les emplois tant convoités. À la baie Clayoquot, il n'y avait pas que les Premières Nations qui ébranlaient ma force morale. L'image de la femme avec le petit garçon soudé à sa hanche et la pancarte qui disait : « C'est votre petite fête à vous, mais c'est notre avenir » hantait mes rêves. C'est en la voyant que j'ai commencé à redéfinir la notion de réussite.

---

1. *Kahtou News*, 5 mai 1993. Tzeporah Berman, « Standing for Our Lives: A Feminist Journey to Clayoquot Sound », mémoire de maîtrise, Université York, 1995, p. 24.

Dans mes recherches, j'en suis venue à voir que ce n'était pas
« mon camp » à moi qui tuait les bourgades forestières, mais
plutôt la mécanisation des compagnies de coupe. Ces localités
perdaient lentement leurs emplois même si l'abattage s'accélé-
rait tous les ans. D'après un rapport qui avait été publié, nous
produisions au Canada moins d'emplois par arbre coupé que
presque tous les autres pays du monde. J'ai appris, en discutant
avec Herb Hammond, qui, quelques années auparavant, avait
écrit un livre phare sur l'écoforesterie intitulé *Seeing the Forest
Among the Trees* [Voir la forêt entre les arbres], qu'en pratiquant
la coupe sélective, nous allions créer plus d'emplois par arbre
abattu. Il fallait penser au-delà de la création de parcs et envisa-
ger des changements systémiques pour stimuler le développement économique. Oui, il fallait protéger davantage de forêts,
mais nous pouvions aussi créer davantage d'emplois. L'un
n'empêchait pas l'autre.

Les Premières Nations occupaient le territoire depuis des
milliers d'années. Puis ils avaient été décimés au contact
des Européens, leurs enfants avaient été enlevés et, en vertu de
décrets d'État, ils avaient été « christianisés » et assimilés pour
être mieux dépossédés de leurs terres. Les enfants avaient
ainsi été emmenés dans des pensionnats, parfois à des centaines de kilomètres de chez eux. Maintenant, les gouvernements et même nos organisations leur disaient : « Vous habitez
désormais un parc et il vous est interdit d'abattre des arbres
même si votre arrière-grand-père et votre grand-père vous ont
précédé ici. » Ce n'est pas du tout l'idée qu'on se fait d'une victoire. Si nous arrivions à préserver la forêt pluviale et que les
bourgades forestières devenaient des villages fantômes, si
les Premières Nations ne pouvaient plus habiter sur leurs terres
ancestrales parce que nous avions créé un parc au milieu d'un
territoire rasé par la machine, pourrait-on vraiment parler de
réussite ? Mais si nous faisions marche arrière et admettions

que l'exploitation forestière devait se poursuivre parce que ces communautés avaient besoin d'un gagne-pain, subsisterait-il encore des emplois dans cinq ou dix ans quand il n'y aurait plus de bois ancien ou que l'on irait plus au nord pour en trouver? Le modèle d'exploitation qui visait à extraire au plus vite des ressources naturelles abondantes et à les exporter encore plus vite est apparu vers la fin de ma génération. Dans les médias et dans les localités comme Clayoquot, on présentait la chose comme s'il s'agissait simplement de choisir entre les emplois et les arbres. On nous sommait de choisir entre les gens ou la nature.

Cet été-là, à la barricade, face aux femmes des bûcherons qui arrivaient avec leurs enfants sur la hanche, les yeux luisants de haine, et autour d'une table avec des chefs autochtones las d'attendre justice et respect après des centaines d'années, je me suis mise à réfléchir sérieusement à la forme que pourrait prendre une vraie « solution ». Chose certaine, la coupe à blanc ne créerait pas d'emplois pendant encore bien longtemps. Les bourgades forestières fermaient les unes après les autres dans toute la province parce que dans un pays aussi froid que le Canada, les arbres ne repoussent pas aussi vite qu'on les abat. Il nous fallait un plan de diversification économique à long terme pour venir en aide aux communautés isolées. Entre-temps, il nous fallait admettre une certaine forme d'exploitation forestière et trouver le moyen d'augmenter le nombre d'emplois, en optimisant le rapport de chaque arbre abattu. Pour bon nombre d'écologistes, de tels propos tenaient de l'hérésie.

Après la rencontre désastreuse avec les leaders autochtones et l'attentat sur la grand-route, Valerie m'a calmée. Elle a dit : « Je sais qu'il y a moyen de trouver un compromis. Moses et moi, on se connaît depuis longtemps. Je vais lui téléphoner. »

Valerie a joint le chef Moses Martin des Tal-o-qui-ahts par téléphone radio. Je pense qu'il éprouvait des remords quant à la façon dont j'avais été traitée. Il a accepté de réunir les chefs de nouveau une fois que tous se seraient calmés un peu, et il a proposé une rencontre le lendemain matin. Il obtiendrait d'eux qu'ils retiennent les canots de guerre et retardent la publication de leur communiqué de presse. Donc, le lendemain, nous sommes montées dans le zodiac au lever du soleil. J'étais à ramasser à la petite cuiller, et Valerie pilotait. Nous filions sur les vagues de la baie Clayoquot quand Valerie s'est mise à chantonner l'air du *Lone Ranger* et s'est interrompue pour crier : « Qui aurait pensé ça ? La lesbienne et la Juive fonçant ensemble pour sauver la mise et faire la paix avec les Indiens ! » Puis elle est retournée à sa chanson. J'ai tellement ri que j'ai failli tomber de l'embarcation. L'humour de Val et son courage m'ont remise d'aplomb. Nous étions dans son monde à elle. Elle faisait ce travail depuis bien plus longtemps que moi. Si elle était assez calme pour plaisanter, c'était signe que tout irait bien.

Cette fois, tout le monde était plus calme. Nous avons accepté de retirer discrètement notre navire mais avons affirmé que Greenpeace ne quitterait pas totalement la baie Clayoquot. Nous avons accepté de revenir la semaine suivante pour nous pencher ensemble sur les préoccupations des chefs concernant le contrôle de leurs terres. Ils nous ont expliqué que le gouvernement provincial leur avait offert un arrangement, mais seulement s'ils approuvaient l'exploitation forestière. Nous avons alors compris que le gouvernement se servait d'eux pour nous bloquer nous. Et ce ne serait pas la dernière fois que le gouvernement de la Colombie-Britannique jouerait cette carte. Nous avons abouti à un accommodement qui a fait place à des discussions plus calmes.

Après des mois de discussions lors desquelles se sont tissés

des liens de confiance, notre coalition de groupes écologistes[2]
est parvenue à un accord avec les Nuu-chah-nulths aux termes
duquel les zones encore vierges demeureraient telles : personne
n'y toucherait, y compris les Premières Nations. C'est alors que
nous avons constaté que les zones que nous avions ciblées
comme étant les plus importantes pour la protection de l'eau et
de la biodiversité étaient précisément celles que les Premières
Nations jugeaient être d'une importance primordiale sur le plan
spirituel. Ils les appelaient *Eehmiss,* et ils avaient hésité à nous
en révéler les emplacements sur notre carte. Nous nous sommes
également engagés à faire des pressions pour le compte des
Nuu-chah-nulths afin qu'ils contrôlent davantage leurs territoires traditionnels, et qu'ils puissent en assurer aussi la protection écologique. Enfin, nous leur avons promis que nous ne
nous opposerions pas à la coupe sélective dans les secteurs en
marge des vallées vierges. Nous avions ébauché une solution
que les dirigeants autochtones pouvaient avaliser et qui menaçait sérieusement les plans du gouvernement et de l'industrie
pour la région. Quant à moi, je venais de me faire mes premiers
ennemis dans le mouvement écologiste.

   La première fois que vos amis vous traitent de vendue, ça
fait mal en diable. Certains ténors du mouvement vert pèchent
par pharisianisme : eux, ils sont les purs et durs, et toute mesure
progressive ou tout compromis est à leurs yeux trahison ou faiblesse. Cela dit, ces mêmes extrémistes pour qui abattre un
arbre est un crime contre l'humanité se font aussi une idée
romantique des Premières Nations, qu'ils prétendent défendre
au nom de la justice sociale. Quand certaines Premières Nations

---

2.   Les Amis de la baie Clayoquot, Greenpeace, le NRDC, le Sierra Club et le
WCWC.

admettent l'abattage industriel, ces « radicaux » répondent qu'il faut alors venir en aide aux « bonnes » Premières Nations, comme si on avait le droit de dire quels leaders autochtones sont fidèles à leur patrimoine et lesquels sont instrumentalisés par l'État. Manifestement, la solidarité avec les Premières Nations et les revendications environnementales ne vont pas toujours de pair.

Après avoir passé de longues soirées à discuter de ces enjeux avec Val, Karen, Chris et d'autres, j'ai compris que le défi que posaient les rapports avec les Premières Nations et les autres communautés locales consistait à trouver un certain équilibre et, si possible, un terrain d'entente. Cette recherche de l'équilibre a été incroyablement ardue par moments, tant pour moi que pour les écologistes de manière générale. La plupart d'entre eux, je crois, comprennent la nécessité où se trouve notre société de corriger les injustices d'autrefois, de reconnaître le tracé des territoires traditionnels et de faire tout ce que nous pouvons pour encourager la survie des cultures autochtones et le droit à l'autodétermination des Premières Nations. Mais comme toutes les autres communautés, les Premières Nations sont diverses. Parfois, leurs dirigeants sont résolument écologistes, parfois non. De même, il nous est apparu évident, à force de discuter avec les Nuu-chah-nulths, qu'ils voulaient être traités sur le même pied qu'un gouvernement, une nation.

Je me suis rendu compte, dès mes débuts, qu'il fallait en effet traiter les Premières Nations comme des gouvernements, des nations, mais que celles-ci, comme tout gouvernement, devaient être comptables de leurs décisions, surtout de celles qui causeraient des torts irréversibles aux écosystèmes. Cette position controversée nous a conduits à de nombreux affrontements avec les dirigeants autochtones qui s'imaginaient que nous n'opposerions pas de résistance si elles se rangeaient derrière l'avis des forestières.

Trouver un terrain d'entente avec les dirigeants autochtones était notre préoccupation quotidienne. Nous avons découvert qu'ils étaient nombreux, au début, à refuser toute forme d'abattage, mais qu'ils avaient également d'autres soucis. Ils croyaient que Greenpeace s'opposait au développement économique de leurs communautés, et c'était pour cette raison qu'ils m'avaient tant malmenée lors de notre première rencontre. Nous avons eu des mois de discussions pénibles avant de nous entendre sur une formule où nous réclamerions pour elles un rôle décisionnel accru dans leur développement économique et où nous appuierions ce qu'on s'est mis à appeler l'Entente sur les mesures provisoires (EMS) avec le gouvernement de la Colombie-Britannique, une sorte de traité préalable aux règlements définitifs des revendications foncières.

Et nous avons honoré notre engagement. Après avoir négocié l'EMS pendant plusieurs mois avec Bobby Kennedy, Liz Barratt-Brown et d'autres avocats du National Resources Defense Council (NRDC), les chefs ont demandé à nous voir, moi et plusieurs autres écologistes — dont Adriane Carr du WCWC (et plus tard chef adjoint du Parti vert du Canada) et Vicki Husband du Sierra Club — pour nous dire qu'ils allaient avoir bientôt une rencontre importante à l'Assemblée législative à Victoria. Ils voulaient savoir si nous allions nous joindre à eux. Ils n'allaient pas prévenir le gouvernement de notre venue. Ils ne voulaient pas nous voir prendre la parole, seulement nous avoir derrière eux dans la salle.

Les portes se sont ouvertes, et nous sommes tous entrés pour nous placer derrière les fauteuils réservés aux chefs. Les chefs ont dit : « Nos amis sont ici seulement à titre d'observateurs. Ils appuient l'Entente sur les mesures provisoires que nous réclamons. » Les négociateurs du gouvernement avaient l'air totalement démonté, et certains se sont mis à suer sang et eau. La rencontre a été un succès colossal et a marqué un tournant dans les pourparlers entourant la baie Clayoquot. Par après, le gouvernement a admis la création d'un régime décisionnel entièrement nouveau à la baie Clayoquot qui aurait pour nom le Conseil régional central, où les Premières Nations auraient 51 pour cent des voix, et le gouvernement provincial les autres. Le gouvernement a créé également un comité scientifique qui étudierait les pratiques forestières dans la région.

Quelques années plus tard, les Nuu-chah-nulths ont fondé Isaak, une entreprise que gérait MacBlo à 50 pour cent et que possédaient à 50 pour cent les Nuu-chah-nulths. Isaak avait pour mandat de pratiquer la coupe sélective et l'écoforesterie et de laisser intactes les vallées vierges. Aujourd'hui, les Premières Nations sont propriétaires à part entière d'Isaak, et si les différends relatifs aux revendications foncières ne sont toujours pas réglés, au moins, les vallées sont restées intactes.

Plus tard dans l'année, Greenpeace a été contactée par certains chefs héréditaires de la Première Nation Nuxalk de Bella Coola, qui occupe une vallée côtière au nord de l'île de Vancouver. À cause de la coupe à blanc, le saumon, le gibier et les herbes médicinales se raréfiaient. Ils voulaient nous rencontrer pour voir, juste voir, s'il y avait moyen de collaborer. Chris était aussi à l'emploi de Greenpeace désormais, et lui et moi avons pris un avion dix places à destination de Bella Coola. Nous avons ainsi survolé le fleuve Fraser, où flottaient tout entassés des billots. Nous avons vu la ville disparaître derrière la chaîne Côtière aux sommets enneigés. Souvent, lorsque nous longions une montagne, le paysage luxuriant s'effaçait pour faire place à des routes croches, toutes en zigzags, et à des coupes à blanc. Tandis que je tenais la caméra, j'ai perdu toute force dans mes mains : je ne voulais pas voir ces images, je voulais plutôt les effacer.

À notre arrivée, Chris et moi avons été logés dans un petit hôtel minable, où j'ai fait les rêves les plus bizarres et sûrement passé la pire nuit de ma vie. Le lendemain, je n'étais plus qu'une loque. Chris était de mauvais poil, ayant lui aussi très mal dormi. Nous avons donc rencontré les chefs dans cet état, et le chef Lawrence Pootlass, qui avait près de soixante-dix ans, nous a accueillis en nous demandant si nous avions bien dormi.

« Non, lui ai-je dit, j'ai l'impression d'avoir dormi dans un train qui déraillait. »

Il a ri. « Ouais, ils ont bâti cet hôtel directement au-dessus de notre cimetière. »

Je lui ai demandé pourquoi on nous avait fait descendre là.

Il a dit : « Juste pour voir. » Puis il a éclaté de rire de nouveau. Nous venions de passer notre première épreuve.

La nation de Bella Coola était divisée sur la question de l'extraction forestière. Le frère du chef Pootlass était le chef élu, et il transigeait avec la forestière Interfor. Lawrence et Ed Moody (qu'on appelait K'watsinas), les chefs héréditaires, et tout le conseil des chefs héréditaires s'opposaient à l'abattage des forêts. Un véritable cauchemar.

Nous avons fait des recherches et vu qu'il fallait les aider à empêcher Interfor (International Forest Products, une société de Vancouver) de s'introduire dans certains secteurs qui revêtaient une grande importance pour les Nuxalks. Il subsistait si peu de zones intactes que nous avons décidé d'adresser un message à Interfor et de sensibiliser le public à ce secteur éloigné de la baie Clayoquot. C'était la première fois qu'on lançait une grande campagne contre la coupe forestière sur la côte de la Colombie-Britannique ailleurs qu'à la baie Clayoquot.

Nous avons fait venir le navire de Greenpeace *Arctic Sunrise* à Bella Coola. Les chefs voulaient qu'on les aide à préserver le secteur des sources thermales de Tallheo, qu'Interfor avait déjà balisé de ruban jaune en vue d'une coupe imminente. Franchement, nous n'étions pas bien sûrs de ce que nous allions faire une fois rendus là, mais nous savions que l'apparition d'un grand navire de Greenpeace dans cette localité forestière éloignée de la côte ne manquerait pas d'interpeller Interfor; pour la suite, nous improviserions.

L'anse de Bella Coola est d'une beauté à couper le souffle, avec des montagnes élevées et des eaux d'une pureté sans égale. Les flancs de montagnes sont couverts de forêts noires, défigurés par intermittence par des routes forestières. Nous sommes allés jusqu'au bout de l'anse à bord du navire. Les chefs nous attendaient sur le quai avec des tambourineurs en costumes de cérémonie, et la moitié de la communauté est venue souhaiter la bienvenue au navire. Je n'étais pas sûre du protocole qu'il fallait observer en une occasion aussi importante. Je me suis tournée vers Lawrence lorsque le navire a accosté, et je lui ai demandé à voix basse : « Bon, qu'est-ce que je fais maintenant ? »

Il a dit : « Vous et le capitaine, descendez sur le quai. Emmenez vos chefs, nous avons les nôtres. Allez, descendez. »

Les chefs nous ont présenté une coiffure en plumes d'aigle d'une grande beauté ainsi qu'une pagaie magnifiquement sculptée. Nous avons eu droit à la cérémonie de bienvenue et avons été présentés à William Tallheo, un ancien au port de tête royal, aux cheveux poivre et sel, qui devait avoir quatre-vingt dix ans, et dont le nom avait été donné aux sources thermales du lieu. Nous nous sommes entendus ce soir-là pour emmener des gens de la communauté aux sources thermales de Tallheo, où certains chefs voulaient tenir une cérémonie de protection. Nous avions des caméras avec nous et nous allions nous filmer en train de retirer tous les rubans qu'Interfor avait posés pour baliser la coupe.

C'était à environ une heure et demie de bateau, et je n'avais jamais vu paysage plus beau : des montagnes glaciaires, des torrents, des anses profondes, une forêt dense et verte. Seuls les espaces rasés défigurés par des glissements de terrain et les cicatrices laissées par les vieilles routes forestières gâchaient la beauté des lieux. Lorsque nous sommes arrivés aux sources thermales, William était assis sur une chaise sur le pont, et j'ai vu les larmes qui coulaient sur son visage. Je me suis approchée de lui et il m'a dit : « Je suis né ici. Je ne suis pas revenu ici depuis mon enfance. »

Je lui ai demandé : « Pourquoi ? Ce n'est pas si loin. »

Il a répondu : « C'est que nous n'avons pas de bateaux. »

Ces gens n'avaient rien, et voilà pourquoi il était si important de montrer les sources thermales à ces cinquante ou soixante anciens.

La cérémonie de protection était majestueuse. Vers la fin, nous avons vu un navire d'Interfor chargé d'employés qui venait vers nous. Ils étaient étonnés de nous trouver là et, manifestement, ils ne savaient pas comment réagir. Le chef Ed Moody s'est mis à notre tête et a crié : « C'est notre territoire et nous le réclamons ! Vous ne pouvez pas abattre d'arbres ici ! » Le navire d'Interfor ne s'est pas approché de nous. Nous avons retiré les rubans jaunes, nous avons fait un excellent déjeuner à bord du navire et nous sommes rentrés au village. Notre enthousiasme était tel que le lendemain, nous sommes allés ensemble aux bureaux d'Interfor et en avons fait le siège avec nos tambourineurs et nos chanteurs. Cette année-là, nous avons stoppé la coupe aux sources thermales, mais les débats au sein de la communauté se sont poursuivis avec une âpreté nouvelle. Greenpeace et bien d'autres groupes écologistes ont collaboré à quelques reprises au fil des ans avec les Nuxalks et ont continué de protester chez eux et à l'étranger.

Il est désolant de voir comment le gouvernement canadien traite les Premières Nations : il fait semblant de « consulter », il ne témoigne aucun respect envers les structures traditionnelles et les chefs héréditaires, et il collabore avec l'industrie pour soudoyer impunément les dirigeants autochtones.

Dans de nombreux cas, des communautés désespérées se trouvent contraintes de choisir entre résister au gouvernement et à l'industrie, ou accepter une aide financière à court terme pour bâtir de nouvelles écoles ou de nouveaux logements et d'autres installations dont elles ont un besoin criant. J'admirais leur courage quand ils disaient : « Non, c'est mal, il n'y aura pas de coupe. » J'ai vu des chefs et des communautés résister ainsi, seulement pour se retrouver plus tard avec des offres encore plus insultantes et une forêt disparue.

J'ai parlé avec des anciens dans les localités où la coupe avait déjà été faite, opération qu'ils avaient combattue au début mais qu'ils avaient été plus tard obligés d'accepter. Dans certains cas, la coupe s'était faite sans leur consentement, et ils avaient vu alors les années de vaches maigres succéder aux années de vaches grasses. Tout à coup, ils étaient inondés d'infrastructures, d'emplois et d'argent, mais dans la plupart des cas, ça ne durait pas plus qu'une génération. Puis les compagnies déménageaient leurs pénates, et les communautés se retrouvaient avec un paysage dévasté et le souvenir de quelques années d'abondance. L'économie soufflait le chaud et le froid : une infusion d'argent frais suivie par la famine.

Ecotrust Canada [Écofiducie Canada], une organisation sans but lucratif vouée à l'économie de conservation, a publié à la fin des années 1990 un atlas qui retraçait le recul de la forêt le long de la côte ouest de l'Amérique du Nord, de la Californie à l'Alaska, ainsi que l'effacement des langues autochtones. On y voit clairement que la disparition du couvert forestier est aussitôt suivie de la désagrégation des langues et des cultures amérindiennes. Cette illustration saisissante du lien intime unissant les autochtones et la terre nous convainc que la coupe déraisonnée ne comporte pas que des pertes économiques.

Il y a toujours friction quand les enjeux sociaux se heurtent à ce qu'on appelle les « enjeux environnementaux ». Je pense que, pour le milieu écologiste, qui loge surtout à gauche, il est toujours difficile de collaborer avec les Premières Nations dans les dossiers qui ont trait à la foresterie et à l'aménagement territorial. Notre société a toujours fait fi des Premières Nations, soit en les oubliant, soit en s'en faisant une image romantique. Les tenants de la gauche tout particulièrement tendent à croire dur comme fer que les Premières Nations ne peuvent qu'avoir raison s'il est question de la nature, étant donné l'importance de celle-ci dans leur histoire et leur culture. Mais c'est verser dans le ridicule et la condescendance que de croire quelque communauté unanime. Dans toutes les communautés, il y a des intérêts divers et parfois rivaux.

Dans les débats sur les forêts des années 1990, on avait tendance à écarter les Premières Nations. Les écologistes se contentaient d'organiser des rencontres à l'occasion et de faire semblant de les consulter. Quant à elles, les forestières jetaient un chèque sur la table du conseil tribal et refusaient toute autre forme de négociation. Cédant à leur culpabilité de Blancs bien-pensants, certains militants écologistes de ma connaissance, qui appartiennent traditionnellement à la gauche politique, étaient disposés à reculer et à dire que si les Premières Nations acceptaient la coupe à blanc, soit. Ce n'est pas mieux comme attitude.

Oui, nous devons respecter les Premières Nations, discuter avec elles et accepter de nous mettre à leur école, mais au bout du compte, il faut les traiter comme des nations. Elles ont le droit de prendre leurs décisions à elles quand il s'agit de leurs territoires traditionnels, mais, en démocratie, tout le monde a le droit de protester si une décision semble mauvaise. Nous

sommes tous comptables de notre action écologique sur la planète. J'admets que les États-Unis forment une nation distincte
de la mienne, mais cela ne veut pas dire que je n'ai pas le droit
d'avoir une opinion si l'on autorise à nouveau le forage pétrolier
en eaux profondes dans le golfe du Mexique.

II

BOYCOTTS

CHAPITRE 5

L'effet du lit d'eau
Premières campagnes commerciales

> *Si vous vous croyez trop petit pour changer les choses, c'est que vous n'avez jamais partagé votre lit avec un moustique.*

> Proverbe africain

La barricade de la baie Clayoquot avait été, à maints égards, une réussite formidable. Elle avait donné à notre combat une publicité nationale et internationale. Elle avait donné naissance à une nouvelle conscience écologiste et inspiré des milliers de personnes. Mais la coupe s'était poursuivie quand même. Les écologistes étaient en pourparlers avec les Premières Nations, et le gouvernement se démenait pour créer un protocole d'intendance forestière plus rigoureux, mais il n'était pas encore disposé à freiner l'extraction ni à protéger ce qui restait des bois anciens.

Avec la défense de la baie Clayoquot, nous avions essayé d'opérer un changement politique. Pendant des décennies, les groupes locaux avaient participé au processus décisionnel présidant à l'aménagement territorial rien que pour voir les gouvernements successifs faire fi de leurs recommandations et offrir les bois aux forestières sur un plateau d'argent. Mais nous leur avions bloqué la route. Nous avions risqué notre liberté en le faisant. Les sondages prouvaient que l'opinion était de notre côté mais le gouvernement refusait de bouger. Nous avons alors fini par comprendre que les forestières détenaient toutes les cartes du jeu, et que si nous ne pouvions pas contraindre le gouvernement à changer, il serait impuissant à faire quoi que ce fût. C'était là, évidemment, un échec colossal pour la démocratie ; c'était aussi, sur plus d'un plan, une approche problématique pour un mouvement qui se méfiait intrinsèquement des grandes entreprises, mais il nous fallait avoir de notre côté la force de l'industrie si l'on voulait faire bouger le gouvernement. En outre, Clayoquot n'était que la pointe de l'iceberg, car la coupe à blanc se répandait sur toute la côte Ouest et dans le pays, essentiellement afin d'alimenter les exportations canadiennes.

Après mon procès, Greenpeace International m'a engagée pour lancer une nouvelle campagne internationale pour la protection des forêts. J'avais essayé de mettre en œuvre des solutions en menant des recherches universitaires, en lançant des campagnes de sensibilisation publique, en bâtissant des alliances avec les Premières Nations et en exerçant des pressions sur le gouvernement. L'heure était venue de faire enquête sur les jeux d'argent et de déterminer qui achetait le bois et le papier provenant de ces arbres.

Au début de 1994, le bureau de Greenpeace au Royaume-Uni a découvert que Scott Paper achetait de MacBlo des produits récoltés à la baie Clayoquot. Ainsi, l'on fabriquait du papier hygiénique avec du bois millénaire. À notre première rencontre à Londres avec les représentants de Scott, nous leur avons dit ce que nous savions de leur source d'approvisionnement. Ils nous ont fait une réponse que nous allions entendre de bien d'autres entreprises cette année-là : « Ah non, notre papier ne provient pas de l'ancienne forêt pluviale coupée à blanc. Le nôtre provient de forêts durables. Et nous n'achetons jamais de produits provenant de la forêt ancienne.» Les machines à relations publiques du gouvernement et de l'industrie tournaient alors à plein régime. Était-ce par déni ou à cause des mensonges flagrants dont on les nourrissait, peu importe, bon nombre des clients étrangers que nous rencontrions affirmaient mordicus que nous nous trompions sur la source de leurs produits. Jusqu'à ce que nous leur montrions des images et nos recherches sur la traçabilité du bois. Généralement, la pagaille suivait aussitôt. Les directeurs d'entreprise étaient choqués d'apprendre qu'ils fabriquaient du papier hygiénique, des revues ou des journaux avec de la matière provenant d'écosystèmes rares résultant de dix mille années d'activité postglaciaire. Que certains de ces arbres avaient plus de mille ans. Que ces forêts étaient l'habitat de l'ours noir, du loup et de nombreuses espèces qui ne peuvent vivre ailleurs sur terre. Lors de notre deuxième rencontre, Scott Paper et d'autres ont emprunté une autre ligne d'attaque : « Tout le bois que nous achetons a été récolté dans le respect de lois sévères. Ce n'est pas vraiment notre problème à nous. Adressez-vous à votre gouvernement. C'est à lui de réglementer l'exportation et de la superviser. »

Dans le cas de Scott Paper, la réponse de Greenpeace était bien simple : « Le gouvernement s'est montré intransigeant dans cette affaire. Ce problème est le vôtre aussi dans la mesure où vous achetez ces produits. Vous pouvez vous approvisionner ailleurs. Vous avez le choix. » Et c'est à ce moment que nous avons montré aux représentants de Scott les parodies d'annonces où un mignon petit chiot très semblable à celui de leur annonce dévalait l'escalier avec des rouleaux de papier de toilette soyeux. Dans notre annonce, cependant, il y avait une bulle sortant de la gueule du chiot qui disait : « J'ai détruit la forêt pluviale pour faire du papier de toilette. »

Notre responsable pour le Royaume-Uni a alors dit : « Nous aurons une armée de gens qui vont envahir les grandes surfaces et placer cette bulle sur tous les paquets de papier de toilette, sur tous les rayons de tous les grands magasins parce que nous croyons que vos clients ont le droit de savoir d'où provient votre papier. Vous avez le choix. Nous vous donnons trente jours. »

Puis, tandis que le vice-président tentait de se ressaisir, nous sommes sortis.

Scott Paper a été la première compagnie à annuler son contrat pour l'achat de pâte à papier provenant de la forêt ancienne exploitée par MacBlo. Un contrat d'une valeur de plusieurs millions de dollars. Ce fut le début de la « campagne commerciale » visant à mettre fin au saccage de la baie Clayoquot.

Une fois que nous avons remporté la bataille avec Scott Paper, nous avons affiné notre approche. Nous avons fondé la Coalition pour la protection de la forêt pluviale de Clayoquot : le RAN, Greenpeace, le Centre pour l'environnement et les ressources du Pacifique et le NRDC ont uni leurs forces pour lancer la première campagne commerciale aux États-Unis et au Canada.

Liz Barratt-Brown, du NRDC, s'est mise à rencontrer des responsables du *New York Times,* de la revue *Time* et d'autres acheteurs. Chris, qui travaillait alors pour le RAN, a organisé notre première grande campagne américaine. Il avait ciblé la compagnie téléphonique Pacific Bell parce que ses annuaires étaient faits de pâte provenant de la forêt pluviale. Ses collaborateurs avaient produit un autocollant qu'on mettait sur les cabines téléphoniques (pour ceux qui se souviennent que ça existait…) et sur lequel on pouvait lire *Let your fingers do the chopping* [Ce bottin coûte un arbre]. Lors de l'assemblée générale des actionnaires de la Pacific Bell cette année-là, des militants écologistes ont installé devant l'immeuble de la compagnie un téléphone de deux mètres qui sonnait toutes les soixante secondes, soit le temps qu'il fallait pour couper à ras un demi-hectare de la forêt pluviale. La sonnerie était si forte qu'elle perturbait les travaux de l'assemblée. Mon ami Mark Evans s'était enchaîné à l'intérieur du téléphone géant, si bien que la police était incapable de l'enlever de là. Deux personnes ont gravi un immeuble à côté du pont sur la baie de San Francisco et ont suspendu une bannière géante. La bannière disait : *Let your fingers do the chopping. Pacific Bell Stop Destroying Rainforests* [Les bottins coûtent des arbres. Pacific Bell : cessez de détruire les forêts pluviales]. À l'intérieur de la salle, des représentants de l'Église Unie qui avaient acheté des actions se sont lancés dans un plaidoyer œcuménique pour convaincre Pacific Bell de ne plus se faire complice d'un crime écologique.

Le lendemain, Linda Coady, de MacBlo, m'a téléphoné au bureau de Greenpeace à San Francisco. « Il faut que ça cesse, a-t-elle dit. Nous n'arrivons plus à vendre. Nos clients en perdent la boule, et maintenant, avec cette histoire de Pacific Bell… Que voulez-vous qu'on fasse ? »

Ma réponse : « Cessez de raser la forêt de Clayoquot. »

Elle a dit : « D'accord. Nous allons fermer toute cette division. Mais il faut qu'on se parle. »

J'étais bouche bée.

Je me suis mise à danser de joie dans le bureau. Nous avions réussi à mettre fin à la coupe à blanc à la baie Clayoquot[1]. Un

---

1. Quand je dis « nous », il faut prendre ce pronom dans un sens très large. Il ne fait aucun doute dans mon esprit que la campagne visant Pacific Bell a marqué un tournant, et Linda l'a confirmé depuis dans les discussions que j'ai eues avec elle. Cependant, une bonne part de l'activité forestière de Mac-Blo a été stoppée à la baie Clayoquot dans les années 1990 grâce aux décennies de militantisme communautaire, aux efforts de dizaines de groupes environnementaux et de milliers de personnes.

accord d'une telle ampleur n'avait jamais été conclu en Colombie-Britannique auparavant. Nous avions sauvé des forêts, mais jamais contre une compagnie qui avait dépensé des millions de dollars à y bâtir des réseaux routiers. Nous avions littéralement stoppé les bulldozers, les obligeant à faire demi-tour et à quitter la région. J'ai appelé mes amis du RAN qui avaient joué un rôle décisif dans le lancement de la campagne et leur ai dit : « Ça y est ! On a gagné ! Ils vont quitter la baie Clayoquot ! » Chris a téléphoné à Atossa Soltani, le directeur de la campagne, et à Randy Hayes, le fondateur du RAN. Randy a refroidi mon enthousiasme.

« C'est formidable. Qu'est-ce que Pacific Bell va prendre maintenant pour fabriquer ses bottins ? »

Je n'en savais rien, et je m'en moquais pas mal. La compagnie allait quitter la baie Clayoquot. Nous avions gagné !

Mais le RAN n'avait encore rien gagné. Il harcelait Pacific Bell pour qu'elle cesse d'utiliser le bois ancien pour fabriquer ses bottins à pages jaunes, mais pas seulement le bois de Clayoquot. Nous avions donc sauvé une forêt mais sans plan précis pour sauver les autres arbres. Dans notre enthousiasme fondateur autour de la coalition américaine, nous n'avions pas pris le temps de nous entendre sur notre but ultime.

Après plusieurs engueulades mémorables, et quelques longues réunions qui se sont terminées au petit matin, les autres groupes ont accepté à contrecœur de mettre fin à la campagne publique contre Pacific Bell afin de sauver la baie Clayoquot. C'était généreux de leur part. Mais ils allaient continuer de taper sur Pacific Bell pour qu'elle modifie ses pratiques d'achat en la menaçant d'une nouvelle campagne.

Si nous avions réussi à trouver une solution d'avenir, cette expérience a inauguré un débat beaucoup plus large sur l'efficacité des campagnes commerciales et nous a forcés à nous poser une question importante : Est-ce suffisant de sauver un petit coin de la terre si les grandes entreprises vont tout simplement acheter ailleurs ?

Nous étions sur la piste de l'argent, mais aussi sur celle du gouvernement. Nous avons fait les recherches permises par la Loi sur l'accès à l'information et découvert que l'aspect le mieux géré de l'administration des forêts en Colombie-Britannique était le marketing. Le gouvernement dépensait des millions de dollars par année en opérations de relations publiques afin de convaincre les acheteurs que les produits forestiers de la province étaient respectueux de l'environnement. À l'époque, je crois que le budget total de tous les mouvements écologistes en lutte contre la province atteignait les 100 000 dollars au maximum. C'était David contre Goliath. Le mieux que nous pouvions faire, c'était observer ce qu'ils faisaient, profiter de leur posture défensive — et des événements qu'ils organisaient, par exemple les rencontres avec les clients, la publication de rapports ou les initiatives publicitaires — pour mousser nos campagnes. Quand vous profitez des événements organisés par l'adversaire, c'est lui qui offre une plateforme, mais c'est vous qui suscitez la controverse et, du coup, attirez l'attention. C'est le judo des relations publiques : se servir de la force de son adversaire contre lui.

J'ai décroché ma ceinture noire quand un indiscret nous a appris que le premier ministre de la Colombie-Britannique, Mike Harcourt, allait faire l'article en Europe pour le compte de l'industrie forestière. Harcourt est sans conteste l'un des premiers ministres provinciaux les plus verts que le Canada ait eus, et il l'a certainement prouvé depuis qu'il a quitté le pouvoir en se faisant l'avocat des villes durables sur la place mondiale. Cependant, à l'époque, il avait pris la décision désastreuse d'autoriser la coupe à la baie Clayoquot.

Greenpeace a décidé que si Harcourt allait en Europe, nous l'accompagnerions partout où il irait pour faire en sorte que les clients, les médias et le public entendent notre point de vue. J'ai donc pris moi aussi le chemin de l'Europe, bravant les épreuves. J'avais vingt-quatre ans et ma mission était de gêner le premier ministre et de lui voler la vedette. Ce n'est qu'en débarquant à Hambourg que j'ai appris que le service de recherche de Greenpeace Allemagne m'avait fait prendre le même avion que Harcourt. Quand je me suis rendu compte qu'il allait descendre de l'avion en même temps que moi, j'ai hésité sur la conduite à adopter. Puis j'ai vu une dizaine de personnes qui attendaient debout en silence dans la salle d'accueil, toisant le premier ministre, les bras croisés. Ils portaient tous des t-shirts avec sa tête dessus, et en dessous, en anglais et en allemand, il y avait les mots « Monsieur Coupe à blanc ». Le premier ministre et sa suite de journalistes ont dû défiler devant ce comité d'accueil insolite. Je leur ai emboîté le pas, et arrivée au bout de la queue, j'ai murmuré : « C'est moi, Tzeporah. »

Ils m'ont menée à une voiture et m'ont immédiatement remis des papiers. « Voici votre itinéraire. Vous allez prononcer un discours ici, nous allons manifester là… » À notre arrivée à l'hôtel, le chef de l'équipe allemande m'a dit : « Ah oui, vous descendez au même hôtel que le premier ministre, vous avez des places sur les mêmes avions, et nous allons faire sept villes dans les onze jours à venir. »

Je suis entrée dans le hall de l'hôtel avec ma valise, assommée par le décalage horaire, et il y avait là Harcourt et sa meute de journalistes. Ils ne savaient pas que je me trouvais là, jusqu'au moment où quelqu'un m'a aperçue, et un instant plus tard, tout le hall est devenu silencieux comme dans les westerns classiques. Le premier ministre s'est retourné vers moi et m'a regardée. Je me suis avancée vers lui et lui ai dit bonjour. Il avait l'air décontenancé : mon geste spontané l'avait désarmé.

Le lendemain, Harcourt devait prendre part à un débat à l'Université de Hambourg. Il croyait qu'il aurait à débattre avec des écologistes de Greenpeace Allemagne ou d'autres groupes, et il était sûr d'avoir aisément le dessus. Mais ce n'était pas Greenpeace Allemagne qui l'attendait, c'était moi. Cependant, il me réservait une surprise lui aussi. Quand je suis arrivée au débat, ce n'était pas le premier ministre qui était sur scène mais George Watts, le chef d'une Première Nation de l'île de Vancouver qui était pour la coupe à blanc.

En Europe, les Premières Nations font l'objet de fantasmes romantiques au même titre que les arbres millénaires, sinon davantage, et c'était donc une manœuvre brillante de la part du gouvernement provincial. Dès que Watts a traité Greenpeace « d'éco-impérialistes qui cherchent à saboter la sécurité économique des Premières Nations », il a gagné la guerre des manchettes. Un cauchemar pour Greenpeace Allemagne. Le stratège en chef allemand et le chef de l'équipe voulaient que je leur « trouve un Indien ». Je n'allais pas téléphoner à nos partisans autochtones et les mettre dans une telle situation. Nous sommes restés debout tard dans la nuit à discuter stratégie. Qu'allions-nous faire ? Et qu'allaient faire nos adversaires ?

Nous avons finalement décidé de nous en tenir à notre message écologiste, de dire la vérité, d'être aussi clairs que possible, de parler aussi fort que possible. Les Allemands ont organisé un camion avec seize personnes qui jouaient l'hymne national du Canada avec des tronçonneuses, en se servant de haut-parleurs aux décibels super élevés, et ce camion se rendait tous les soirs là où le premier ministre Harcourt allait prendre la parole. Dès que le camion arrivait, quelqu'un enchaînait le chauffeur au volant pour empêcher la police de déplacer le véhicule. Si le premier ministre allait rencontrer le consul du Canada à Zurich, le camion et son orchestre de tronçonneuses étaient là aussi.

Je parcourais donc l'Europe avec le camion aux scies méca-
niques, donnant des entrevues, rencontrant des clients et débattant avec le premier ministre. De leur côté, les médias canadiens
envoyaient leurs reportages chez nous. Tous les soirs, je donnais
des entrevues pendant plusieurs heures avant d'aller au lit, je me
levais à quatre heures du matin et je rencontrais l'équipe pour
avoir une idée de la journée qui nous attendait. Je ne m'étais
jamais autant dépensée de toute ma vie.

Nous avons réussi notre campagne de sensibilisation en
Europe, mais l'étiquette d'« éco-impérialistes » nous a nui. Chez
nous, au Canada, on resserrait les rangs autour du premier
ministre Harcourt, même si la majorité de la population s'opposait à la coupe. Les Canadiens sont polis et réservés, ils n'ont
pas aimé que Greenpeace s'en prenne personnellement à Harcourt et qu'elle étale les frasques canadiennes à l'étranger. Nous
avons retenu la leçon : plus jamais nous n'avons attaqué de per-
sonnalité publique canadienne dans nos campagnes.

Lors du voyage subséquent du premier ministre en Europe,
Greenpeace Royaume-Uni lui a volé la vedette avec une des
actions les plus novatrices que j'aie vues de ma vie. Au beau
milieu des cérémonies d'inauguration de la Maison de la
Colombie-Britannique — la délégation commerciale luxueuse
de la Colombie-Britannique au cœur de Londres —, des agents
de la GRC tirés à quatre épingles sont entrés et se sont placés à
côté des autres agents en tunique écarlate. Puis les dignitaires se
sont mis à arriver, et c'est à ce moment-là que *nos* agents à nous
ont sorti de leurs poches les pans d'une bannière qui disait
« Greenpeace ». Ils ont accroché la bannière sur leur poitrine et
ont commencé à lire des déclarations aux personnes de marque
qui faisaient leur entrée : « Nous inaugurons la Maison de la
Colombie-Britannique et affirmons que notre nation a honte
de la coupe à blanc qu'on y pratique… » Le premier ministre du
Canada et son homologue provincial sont arrivés et ont dû défi-

ler devant eux. Puis, au moment où l'on arrêtait les agents de Greenpeace, une bannière s'est déroulée sur la colonne Nelson juste en face du square Trafalgar : « Que Dieu protège la forêt pluviale du Canada ».

Au fil des ans, nous avons appris à faire les recherches voulues sur la traçabilité des produits forestiers. Nous avons appris à passer à la loupe les données sur les expéditions, à nous y retrouver dans les bases de données, à interpeller les usines de pâtes et papiers et à interpréter les rapports des gouvernements et de l'industrie. Nous avons découvert ainsi que le *New York Times*, la revue *Time* et le *Los Angeles Times* utilisaient tous de la pâte provenant de la forêt pluviale. En fait, nous avons appris que plus de la moitié des arbres abattus au Canada chaque année servaient à fabriquer des pâtes et du papier, aboutissant ainsi dans des catalogues, des journaux et des prospectus. Si certains de ces produits étaient envoyés en Europe et en Asie, la vaste majorité de tous les arbres abattus au Canada prenait cependant la route du marché américain[2].

Nous nous sommes mis à comprendre qu'étant donné que 90 pour cent des forêts anciennes aux États-Unis avaient déjà été détruites, les produits ligneux du Canada étaient vendus

---

2. Voir les rapports de Greenpeace, *Chain of Destruction: The United States Market and Canadian Rainforests*, 1999, et *Consuming Canada's Boreal Forest*, 2007, ainsi que le rapport de ForestEthics, *Bringing Down the Boreal*, 1999. Au cours des dix dernières années, les exportations de produits forestiers ont chuté de 45 milliards de dollars à 25 milliards. Le gros des exportations prend toujours la route des États-Unis, la plupart des exportations sont constituées de pâtes et papiers, et l'essentiel de la coupe s'opère dans les forêts anciennes. Ressources naturelles Canada, *L'État des forêts au Canada*, 2010.

partout sur le marché américain[3]. Nous avons résolu alors de
passer à une approche plus audacieuse et globale. Notre coalition a écrit aux cinq cents plus grands consommateurs de bois
et de papier en Amérique du Nord, les informant que leurs produits étaient « contaminés », dans la mesure où ils avaient été
obtenus par la destruction des forêts pluviales anciennes, et
qu'ils devaient agir sans tarder. Rien ne fait bouger une grande
entreprise comme une menace à son image de marque. Dans les
jours qui ont suivi, nous avons reçu des réponses de centaines
d'entre elles. La première vague de réactions nous est venue de
compagnies qui avaient vérifié leurs sources et voulaient nous
assurer qu'elles ne s'approvisionnaient pas dans notre région.
La seconde vague provenait de celles qui achetaient bel et bien
des pâtes et papiers faits de bois ancien et qui voulaient savoir
quoi faire. Le silence des autres nous a révélé quelles étaient les
grandes compagnies à cibler, celles qui seraient les plus sensibles
aux pressions des médias et du public. Nous nous sommes mis
alors à faire des appels et à organiser des rencontres.

Nous avons contacté Home Depot, Staples [Bureau en
Gros], Office Depot et Office Max. Parfois, les compagnies
acceptaient de collaborer. Plus souvent qu'autrement, elles
répondaient : « Ce n'est pas notre problème. Nous n'achetons
que des produits en règle, et ça, c'est le problème du gouvernement. » Nous organisions alors des manifestations devant leurs
magasins, nous placions des annonces controversées dans les
grands journaux, nous publiions des rapports démontrant la
traçabilité des produits, ce qu'on avait acheté et où, et nous
organisions des visites dans la forêt pluviale et les coupes à
blanc.

---

3.   Les estimations varient mais selon le USDA, en 2000, seulement 7 pour
cent du couvert forestier aux États-Unis pouvait être considéré comme des
forêts centenaires.

Lorsqu'ils ont vu ce que nous faisions, les chefs de Bella Coola ont eu l'idée de se joindre à notre campagne commerciale afin de « reprendre leur bois », qu'ils estimaient avoir été volé sur leurs terres. Il s'est ensuivi une série de protestations hilarantes mais sérieuses comme la mort dans les magasins de Home Depot aux États-Unis et en Europe, où les anciens des Premières Nations entraient en tenue de cérémonie complète, ramassaient des madriers et ressortaient aussitôt. Les agents de sécurité les arrêtaient et la police venait les coffrer, et alors, les chefs se tournaient vers les caméras de télévision et disaient : « C'est à nous, ça. C'est notre forêt pluviale, et on nous l'a volée. » Greenpeace Allemagne aurait adoré.

Dans la foulée de la controverse que nous avions suscitée, Larry Pedersen, le forestier en chef de la Colombie-Britannique, et des responsables d'entreprises ont été invités à Hambourg pour y rencontrer les grands acheteurs allemands. Pour profiter du moment au maximum, nous avons commandé un ours gonflable de près de vingt mètres que nous avons baptisé Sparky. Chaque fois que nous étions mis au courant d'une rencontre de ce genre, nous gonflions l'ours devant l'immeuble où elle se déroulait et tenions une conférence de presse accompagnés de Sparky. À l'une de ces rencontres, deux choses inattendues se sont produites, et je m'en souviens comme d'une journée magique.

La première, c'est que le chef Ed Moody et plusieurs autres des Nuxalks sont venus protester avec nous. Lorsque les représentants de l'industrie sont arrivés à leur rencontre, ils ont dû défiler devant des autochtones en tenue cérémonielle, debout dehors, manifestant avec les militants de Greenpeace. Pendant la rencontre, nous avons fait gonfler Sparky, mais cette fois, par erreur, il avait été placé de dos. Plutôt que de faire face à la rue comme il se devait, notre ours présentait le derrière aux médias, aux caméras de télé et aux photographes.

Ce n'est que beaucoup plus tard, en lisant un article dans le *Spiegel,* que nous avons su ce qui s'était passé à l'intérieur de l'immeuble. Les acheteurs allemands y racontaient que lorsqu'ils regardaient dehors, ils avaient le mauvais œil de l'ours géant sous le nez.

Quelques semaines plus tard, je suis allée à une rencontre avec *BBC Wildlife Magazine* et me suis trouvée de nouveau devant le forestier en chef de la Colombie-Britannique, qui avait été invité à débattre de ces enjeux avec moi. Ironiquement, *BBC Wildlife* venait de faire un reportage important sur l'ours Kermode (qu'on appelle aussi l'ours Esprit) dans les forêts pluviales de la Colombie-Britannique. Je suis arrivée à la réunion et ai dit aux responsables que leur revue était publiée au détriment de l'habitat de l'ours Kermode. Ils étaient furieux parce qu'on leur avait dit que leur papier provenait de forêts gérées dans une perspective de développement durable. Ils ont annulé leur contrat.

Une rencontre avec les représentants de l'industrie du papier belge fut toutefois le véritable tournant. Lors de la tournée européenne de M. Harcourt, nous étions toujours sur la défensive. Nous marquions des points importants, mais la plupart du temps, le camp adverse nous écrasait avec ses ressources immenses. Le camp de Harcourt nous décrivait comme des « éco-impérialistes qui tenaient l'économie en otage ». Il publiait de belles réclames sur papier glacé et organisait des tournées monstres. Mais notre message commençait à passer parce que nous avions les données et les images qu'il fallait, et les images ne mentaient pas.

Nous rencontrions des clients du marché depuis quelques

années lorsque j'ai reçu un appel de Greenpeace Belgique m'informant que l'industrie du papier belge voulait nous rencontrer, nous, le ministère provincial des Forêts et le gouvernement. Donc, un jour, à Bruxelles, Larry Pedersen, le forestier en chef de la Colombie-Britannique, Linda Coady, de MacBlo, Bill Dumont, de Western Forest Products, et moi avons fait des exposés à l'industrie belge du papier. Les Belges en avaient soupé des informations contradictoires qu'ils recevaient. Le gouvernement et l'industrie prétendaient que la Colombie-Britannique avait les lois parmi les plus rigoureuses au monde et des pratiques forestières viables. Je leur ai montré des images de la coupe à blanc, leur ai expliqué comment l'on procédait à une conversion massive d'un écosystème complexe et ancien en une simple pépinière, et j'ai étayé mon argumentaire de pétitions signées par des centaines de scientifiques réclamant la protection de la région.

Les Belges sont allés droit au but. « Êtes-vous en train de nous dire qu'elle ne dit pas la vérité ? »

L'air mal à l'aise, Ric Slaco, d'International Forest Products, a répondu : « Eh bien, non, elle dit vrai, mais… »

« Je ne veux pas entendre de "mais". Est-ce la vérité ? Rasez-vous des forêts millénaires pour en faire du papier ? S'agit-il de bois ancien ou non ? Est-il vrai que vous n'en avez protégé que 10 pour cent ? Est-ce qu'on peut au moins s'entendre sur les faits essentiels ? »

L'industrie et le gouvernement ont dû admettre les faits. Puis ces messieurs de l'industrie belge ont annoncé qu'ils allaient faire une pause et qu'ils reviendraient bientôt avec leur réponse. Ils avaient tous quitté la salle avant que nous ayons pu reprendre notre souffle.

Le forestier en chef s'est tourné vers l'un des patrons de l'industrie : « Que veulent-ils dire par "leur réponse" ? »

Une demi-heure plus tard, le représentant de l'industrie

belge est revenu avec une déclaration à la main : « Nous, de l'industrie belge du papier, recommandons à nos quatre membres de ne plus s'approvisionner en Colombie-Britannique. »

La salle a explosé.

Nos adversaires hurlaient : « Mais vous ne pouvez pas faire ça ! »

Ces contrats valaient des millions et des millions de dollars.

Le représentant n'a pas bronché. La Belgique n'achèterait pas de pâte à papier de la Colombie-Britannique tant et aussi longtemps que la controverse subsisterait.

Nous avons réédité cet exploit au Canada avec l'Association des éditeurs allemands. Le forestier en chef, le ministre des Forêts et les représentants des compagnies y étaient encore, et cette fois-là, Valerie m'accompagnait.

Je devais quitter la rencontre toutes les deux heures parce que j'allaitais mon premier-né, Forrest. J'étais donc là, à cette rencontre, avec cette grande tablée d'hommes, et à quelques reprises, je devais sortir dans le couloir à la hâte, où Sue, ma meilleure amie et assistante, m'attendait avec le bébé en faisant les cent pas dans le hall de l'un des grands hôtels de Vancouver. Puis j'allais aux toilettes, je donnais le sein et retournais ensuite en vitesse à la réunion. Dans le milieu de l'après-midi, peu après une séance d'allaitement, Sue est entrée pour me faire signe de venir la voir. Je me suis dit : « Ah non, le petit a encore besoin de moi. Mais je viens de l'allaiter pourtant ! » Lorsque je suis sortie, elle m'a dit : « Non, c'est pas ça. Chris vient d'appeler : regarde ça. » Elle m'a remis une note disant que Home Depot venait d'annoncer publiquement qu'elle éliminerait graduellement tous les produits provenant de zones en péril, dont les forêts pluviales de la Colombie-Britannique.

C'était avant le iPhone et le Blackberry, donc personne d'autre n'était au courant dans la salle. Je suis retournée à la réunion et j'ai annoncé aux représentants de l'industrie allemande de l'édition, au ministre des Forêts, au forestier en chef et aux représentants de toutes les forestières que le plus grand consommateur de bois d'œuvre au monde venait de tourner le dos au bois des forêts anciennes. Puis je me suis adressée au représentant des éditeurs allemands : « Donc, comme vous pouvez le voir, un certain nombre de clients ont des valeurs écologiques solides, et ils sont très inquiets de ce qui se passe en Colombie-Britannique. À vous de décider si vous voulez ou non recommander ces produits controversés en Allemagne. »

Les représentants du gouvernement et de l'industrie dans la salle ont pâli, et l'industrie allemande de l'édition a demandé qu'on fasse une pause, tout comme les Belges la fois d'avant. Et tout comme les Belges, les Allemands sont revenus pour nous annoncer qu'ils ne s'approvisionneraient plus en Colombie-Britannique tant que la coupe ne serait pas plus écoresponsable. Je me suis inclinée vers Valerie et lui ai remis une note qui disait : « J'avais rêvé de rencontres comme celles-ci. »

Elle a éclaté de rire. Dix ans plus tard, elle a toujours cette note épinglée au-dessus de son bureau parce qu'elle croit que c'est ce jour-là que la force a changé de côté. Le gouvernement et l'industrie ne pouvaient plus nous traiter de fous et d'hystériques, ou refuser de prendre en compte nos objections. C'est une chose que de combattre une bande de hippies qui bloquent un chemin forestier ou de faire comme s'ils n'existaient pas ; c'en est une tout autre lorsque ces mêmes hippies ont l'appui des plus grandes entreprises du monde.

Dès que les campagnes commerciales se sont mises à connaître du succès, des clients ont commencé à demander : « Si je ne peux acheter ce produit, qu'est-ce que je peux acheter ? » Bien sûr, nous nous posons tous la même question aujourd'hui lorsque nous avons besoin de papier, de bois d'œuvre ou même d'une boîte de thon. Les campagnes environnementales excellent pour dire quoi ne pas faire, mais pas pour proposer des solutions de rechange.

Nos premiers entretiens avec des entreprises comme le *New York Times* et Home Depot nous ont ouvert les portes des conseils d'administration de certains des plus grands consommateurs de bois et de papier du monde. Quand nous leur demandions d'éviter la baie Clayoquot, ils se retournaient vers une autre forêt en péril qui ne faisait l'objet d'aucune campagne. Quand nous leur reprochions leurs achats, ils nous demandaient où ils devraient acheter désormais, où ils ne le devraient pas et quelles compagnies faisaient les choses correctement. Nous nous étions battus pour sauver la forêt pluviale de la Colombie-Britannique et maintenant, avec nos réseaux et les groupes avec lesquels nous avions collaboré, comme le RAN, le NRDC et Greenpeace International, nous voyions que nous pourrions avoir une influence positive ou négative sur la coupe ailleurs dans le monde. Mais si nous recommandions de ne pas acheter de bois, ferions-nous insidieusement la promotion de l'acier? Qu'en était-il des mines? Qu'en était-il de l'impact environnemental du béton? Le bois est-il durable ultimement? Où les entreprises devraient-elles se procurer leur pâte, leur papier, leur bois d'œuvre?

Tout à coup, c'était à nous qu'on demandait où l'on devait pratiquer la coupe et comment. Question très complexe à laquelle nous avions peu réfléchi. Y répondre, c'est dire qu'on est d'accord avec le principe de la consommation de masse, mais aussi qu'on approuve un certain degré de coupe. On ne peut pas simplement dire : « N'achetez que du recyclé ou n'achetez pas de bois du tout. » On ne peut non plus se contenter de dire : « N'achetez pas de la baie Clayoquot. » Certaines compagnies que nous avions convaincues de ne pas acheter de cèdre rouge de la Colombie-Britannique passaient tout simplement à l'acajou du Brésil. Nous sauvions ainsi nos forêts au détriment d'autres pays.

Nous avons baptisé cette réaction « l'effet du lit d'eau ». Les bonnes décisions d'une compagnie dans un domaine — comme celle de ne pas s'approvisionner dans les forêts pluviales de la Colombie-Britannique — faisaient augmenter la demande et, par conséquent, les dégâts, dans une autre région du monde, ici l'Amazonie. Comme lorsqu'on s'assoit sur un lit d'eau, l'eau ne disparaît pas, elle ne fait que se déplacer. Pour compenser l'effet du lit d'eau, nous nous sommes mis à développer des critères et des règles pour déterminer quelles forêts étaient en péril.

Nous avons commencé à réfléchir à la certification et aux moyens de définir et de différencier les pratiques forestières afin de déterminer ce que serait une coupe écoresponsable. Il nous fallait dépasser l'opposition à la coupe et inventer une classification pour le bois acceptable.

Cela nous a conduits à des débats épiques sur le genre de coupe qui serait bonne, ou du moins acceptable. Greenpeace International a recruté le forestier en chef de la Colombie-Britannique, Herb Hammond, et avec son concours, nous avons produit le *Guide to Ecologically Responsible Forest Practices* [Guide des pratiques forestières écoresponsables], qui est devenu la base de nos négociations dans le processus qui a mené à la fondation du Forest Stewardship Council (FSC) [Conseil pour l'intendance forestière]. Le FSC est aujourd'hui l'instance primordiale pour la certification internationale et jouit de l'appui des Premières Nations, de l'industrie et d'environnementalistes de partout. Comment obtenir l'approbation des écologistes et s'assurer que Greenpeace ne viendra pas gêner la séance de votre conseil d'administration ? C'est là où la certification intervient. Bien sûr, après que nous avons mis au point les normes FSC, l'industrie a produit aussitôt ses propres systèmes de certification, dont l'Initiative de foresterie durable, l'Association des normes canadiennes et bien d'autres. Il en résulte une véritable bataille de sigles, qui a, malheureusement et intentionnellement, semé encore plus de confusion parmi les consommateurs. Au moment où j'écris ces lignes, cependant, le FSC semble sur le point de l'emporter. Il y a de plus en plus de boisés certifiés maintenant, et les compagnies du monde entier ont compris que si elles veulent se donner la peine d'obtenir une certification, ou exprimer une préférence pour un produit certifié, aussi bien choisir le système qui a l'aval de la majorité des groupes écologistes et des peuples autochtones. Le FSC a aussi des normes plus rigoureuses pour la protection de la diversité biologique, des espèces en péril, des populations autochtones, des droits des travailleurs et des forêts à haute valeur de conservation que tout autre système soi-disant comparable. De toute manière, que peut-on attendre de systèmes dont la création a été financée par l'industrie forestière ? Autant demander à Wall Street de réguler la bourse.

L'un des plus grands défis dans la création de normes était de faire valoir que les critères de certification ne reposeraient pas uniquement sur les techniques d'abattage. Même si les compagnies pratiquaient la meilleure coupe sélective qui fût et ne retombaient pas dans la coupe à blanc, nous ne voulions pas les admettre dans des zones comme la baie Clayoquot. Nous pensions que certains secteurs devaient rester intacts parce qu'ils sont rares, ou extrêmement importants pour la biodiversité. Cette constatation nous a conduits au Protocole de la rivière Wye, ainsi nommé parce que la première rencontre s'est tenue sur la rivière Wye, près de la baie de Chesapeake. Nous avions réuni des biologistes et des groupes de conservation de partout, notamment du World Resources Institute (WRI) [Institut mondial pour la conservation des ressources], Conservation International, le NRDC et Greenpeace. C'est là que nous avons défini la notion de forêt en péril et les critères pour la protection de forêts qui sont d'une telle importance que toute incursion industrielle doit y être interdite. Ce furent des discussions complexes, et nous avons mis plusieurs mois à nous entendre. Une fois le consensus atteint, nous avons cartographié ces valeurs avec le concours de Global Forest Watch [Surveillance mondiale des forêts].

En 1997, le WRI a publié un rapport intitulé *The Last Frontier Forests* [Les forêts de la dernière frontière]. On y montrait que plus de la moitié du couvert forestier de la planète avait disparu, ou alors qu'il avait beaucoup souffert et s'était dégradé au cours des trente dernières années. Seulement 22 pour cent des forêts de la planète se trouvaient encore dans des zones suffisamment grandes pour survivre à long terme et maintenir la biodiversité dont nous avons tous besoin.

On y prouvait que soixante-seize pays avaient déjà perdu toutes leurs forêts frontières, que les forêts qui subsistent renferment plus de carbone — 433 milliards de tonnes — qu'on ne pourra en libérer avec la consommation de carburants fossiles et la fabrication de ciment au cours des soixante-neuf prochaines années avec les taux actuels d'émission. La plus grande menace pour ces forêts? L'exploitation commerciale. Plus du quart des forêts intactes qui restent dans le monde se trouvent au Canada. Et le Canada rasait encore environ un hectare de forêt la minute. Cet ouvrage du WRI a bien défini le défi qui nous attendait.

En 2002, l'Université Columbia a produit deux nouvelles études intitulées *Human Footprint* et *Last of the Wild* [L'empreinte humaine et Les derniers espaces vierges] qui ont affiné les constatations du WRI. Ces études démontraient qu'entre 50 et 90 pour cent des espèces terrestres du monde habitent dans les forêts et que bon nombre d'entre elles sont menacées d'extinction à cause de la disparition de leur habitat. Encore là, on mentionnait que l'abattage massif était l'un des principaux facteurs de destruction. Nous faisions du chemin, les compagnies commençaient à nous écouter, mais au bout du compte, nous n'avancions pas assez vite. L'abattage se faisait trop rapidement, pas seulement chez nous mais partout ailleurs dans le monde. Il nous fallait trouver un moyen d'accélérer les choses de notre côté.

CHAPITRE 6

Passes d'armes

Comment monter une campagne

L'action de Greenpeace, sur tous les plans, que celle-ci s'exprime par l'affrontement ou la coopération avec les gouvernements, est inspirante. Ce mélange de pragmatisme et de passion donne des résultats tangibles et effectue d'authentiques changements partout dans le monde. Je crois que Greenpeace est l'un des atouts les plus importants de la communauté mondiale et contribue puissamment à renverser la tendance suicidaire de la planète.

KUMI NAIDOO, boursier Rhodes
et ancien secrétaire général de CIVICUS,
à l'occasion de sa nomination au poste
de directeur exécutif de Greenpeace International

Je suis descendue du vol de nuit pour Amsterdam avec ma valise, j'ai pris le train jusqu'à la gare centrale, puis j'ai sauté dans le tramway. Désorientée, l'air égaré, j'ai vu se dresser devant moi l'un des sites les plus anciens et les plus chargés d'histoire d'Amsterdam. Avec ses huit étages, cet édifice de marbre est l'un des plus grands du quartier, et sa tour à horloge spectaculaire sur le devant fait le bonheur des touristes preneurs de photos. Je suis restée dehors quelques instants à contempler cette horloge gigantesque et à me dire : *Ça ne peut pas être ici…* Puis j'ai vu le mot « Greenpeace » gravé sur la porte de verre à l'entrée.

Le bureau de Greenpeace à Vancouver se composait de quatre pièces minables au premier étage d'un immeuble non moins minable sur la promenade Commercial, dans le quartier des gauchistes, des gays et des goûteurs de latte. Les murs étaient couverts d'affiches de nos campagnes, avec des bébés et des chiens qui circulaient en toute liberté. Notre effectif comptait douze personnes (onze femmes et un homme, Chris) et trois chiens.

À Amsterdam, la réception en mezzanine toute en marbre était occupée par trois téléphonistes assises à un bureau très élevé, chacune avec son petit casque d'écoute sur la tête, toutes capables de dire dans au moins trois langues « Bonjour, vous êtes chez Greenpeace. Ne quittez pas. »

Je suis restée plantée là un moment, fascinée par le spectacle, jusqu'au moment où l'une d'entre elles a retiré son casque d'écoute et m'a demandé : « Pour votre service, madame ? » dans cet anglais impeccable que seuls parlent les Scandinaves.

« Bonjour, je suis la nouvelle responsable de la campagne pour les forêts. Je commence aujourd'hui et… »

Elle m'a demandé mon nom, puis elle m'a dirigée vers l'annexe.

J'ai gravi l'escalier au centre de l'édifice, croisant des personnes en tenue de ville à tous les détours. Je me suis dit : *Mais dans quoi me suis-je embarquée ? Moi qui, hier encore, campais au milieu d'une coupe à blanc, mangeant du thon à même la boîte… Et me voici ici ?*

La radio jouait de la musique folk lorsque j'ai pénétré dans la soupente de l'annexe. J'ai franchi un de ces rideaux de billes de bois pour découvrir mon vieil ami et nouveau patron, Patrick Anderson. Sa longue chevelure brune était nouée en queue de cheval, ses pieds nus reposaient sur son bureau, et comme il rentrait d'Indonésie, il était vêtu d'un sarong. Il prenait part à un appel conférence. Il m'a fait un clin d'œil et j'ai poussé un soupir de soulagement. Le bureau des forêts ressemblait à une petite oasis dans cet immeuble imposant. J'étais rassurée.

Je n'avais jamais envisagé de faire le métier d'écologiste militante. Je n'étais pas formée à cela et je savais que j'avais beaucoup à apprendre. Ainsi, lorsque Greenpeace International m'a offert un emploi, j'ai sauté sur la chance qui m'était offerte de me mettre à la meilleure école du monde.

J'avais aussi mes idées à moi. Après la campagne de Clayoquot, Greenpeace International avait décidé que c'en était « fini » du Canada. Mes collègues de Greenpeace estimaient avoir consacré assez de temps, d'argent et de ressources à la baie Clayoquot. Il y avait d'autres pays auxquels ils voulaient vouer leurs énergies et leurs ressources. Je comprenais leur point de vue, mais j'avais la ferme conviction qu'il nous fallait profiter de l'élan que nous avions créé. Chose certaine, un changement durable ne s'inscrit que dans la durée, et trop souvent, les groupes écologistes changent vite de cause, omettant d'exploiter tangiblement le dialogue qu'ils ont lancé. Les gens du siège social me disaient que le Canada avait cessé d'être une priorité. L'heure était venue de défendre l'Amazonie, ou l'Indonésie.

Je savais dans mon for intérieur qu'ils se trompaient. Le Canada mutilait ses forêts plus vite que tout autre pays dans le monde, et ce n'était pas pour rien qu'on parlait désormais du « Brésil du Nord » par allusion au déboisement de l'Amazonie. Une comparaison datant de 1993 entre le Canada et le Brésil montrait qu'on brûlait ou déboisait au Brésil la moitié d'un hectare de forêt toutes les neuf secondes, alors qu'au Canada, le rythme était de trente secondes pour la même superficie. Le Canada rasait environ 1 million d'hectares par année, dont 90 pour cent provenait des forêts anciennes ou « primaires[1] ». Et jusqu'alors, nous n'avions réussi à sauver qu'une petite région de l'île de Vancouver. J'espérais qu'une fois à l'intérieur des murs, je pourrais faire en sorte que le Canada reste dans le champ de vision de Greenpeace International. Je participais à la coordination de l'équipe internationale chargée des forêts et, ce faisant, je voulais que l'exemple de Clayoquot fasse des émules dans d'autres pays. Au Canada comme tel, nous avions aussi l'élan voulu pour protéger peut-être des millions d'hectares si nous poursuivions notre effort.

Le complexe de Greenpeace abrite un pub au sous-sol, et l'on peut y trouver tous les jours de la semaine des gens de vingt ou trente pays, selon les navires qui mouillent dans le port. Chaque fois que j'en avais l'occasion, j'allais y faire un tour pour échanger quelques mots avec le directeur exécutif. Ou alors, l'équipe allemande se trouvait en ville et je m'assurais d'aller au pub ce soir-là. C'était ma campagne à l'interne, si l'on veut. L'aide de Patrick m'a permis — avec le concours du bureau de Vancouver — de vendre à Greenpeace l'idée d'un retour au Canada.

---

1. « Living Landscapes », Musée royal de la Colombie-Britannique, en ligne : www.livinglandscapes.bc.ca/thomp-ok/env-changes/land/ch.2.html ; « Canada's Forests at a Crossroads: An Assessment in the Year 2000 », Global Forest Watch, une initiative du World Resources Institute, en ligne : www.globalforestwatch.org/common/Canada/report.pdf ; en 2000, le Canada a abattu 1 003 807 hectares de forêt, soit 2 750 hectares par jour, ou 115 par heure.

Ma première mission officielle consistait à collaborer avec Greenpeace Royaume-Uni à la campagne internationale contre la surpêche. J'avais pour moi l'expérience des campagnes commerciales, et nos collègues britanniques cherchaient à faire comprendre ces enjeux à leurs compatriotes. J'ai pris part à une réunion stratégique avec des hommes qui étaient des héros pour moi, John Sauven et Chris Rose, les mêmes gars qui avaient lancé la campagne *Brent Spar,* où Greenpeace avait investi un entrepôt pétrolier en mer au large de la côte d'Écosse et empêché Shell de jeter ses déchets dans la mer. Ces types étaient à l'emploi de Greenpeace depuis plus de dix ans.

Nous avons fait un remue-méninges sur la campagne des pêches et avons tâché de trouver une manière d'apitoyer les gens sur la créature la plus laide au monde : le lançon. J'étais passée des arbres majestueux et millénaires au lançon, un poisson moche et minuscule. Mais le pauvre poisson était aux abois à cause du chalutage massif auquel on se livrait pour le prendre et en faire de l'huile. Or, cette huile de poisson entre dans la composition de tout ce qui se fabrique au Royaume-Uni, de la margarine aux biscuits McVitie. Le lançon n'est peut-être pas très joli à regarder, mais il constitue un lien vital dans la chaîne alimentaire, et il était en train de disparaître. Les chalutiers procédaient essentiellement à une sorte d'extraction minière à ciel ouvert dans les océans ou à l'équivalent marin de la coupe à blanc. Leurs filets géants attrapaient tout ce qui nageait, et leurs prises étaient telles qu'il ne subsistait qu'un désastre écologique après leur passage.

Notre campagne allait donc porter sur l'intégrité écologique des océans, mais il fallait se concentrer sur le prélèvement massif du lançon et persuader des entreprises monstres, comme Unilever, de pratiquer la pêche dans une optique de développement durable. Nous avons fini par accoucher d'une stratégie qui était identique à celle qui nous avait guidés pour les forêts. Nous avons retracé l'emploi du lançon — qui entrait dans la confection de tous les produits imaginables — et nous nous sommes mis en quête de l'équivalent de l'ours Esprit pour la campagne du lançon. Nous l'avons trouvé : le macareux.

Les Britanniques adorent les macareux. Ce sont des oiseaux magnifiques, adorables : des pingouins en tenue de plage. Ils étaient également menacés par la surpêche du fait qu'ils se nourrissent principalement de lançons.

Nous avons organisé une protestation de masse mettant en scène 150 personnes déguisées en macareux qui ont défilé devant la biscuiterie McVitie. Nous étions dans toutes les manchettes, avec de superbes photos en première page des journaux. La campagne pour le lançon nous a montré comment populariser un enjeu et toucher directement le consommateur. Tout le monde se moquait bien de savoir qui était Unilever ou ce qu'elle faisait, mais tous les Anglais ont un rapport intime avec le biscuit : c'est l'aliment qui accompagne principalement le thé de quatre heures.

Les compagnies comme Unilever n'ont pas les moyens de voir leur image de marque ternie. La concurrence entre fabricants de biscuits est simplement trop acharnée. Pas une compagnie ne veut que le public conteste ses pratiques. Et je ne connais pas de gouvernement qui veut être accusé de maltraiter le sympathique macareux.

Ayant participé à la conception de la campagne mettant en vedette le lançon, le macareux et le biscuit, j'ai entrevu une réalité qui hantait ma conscience depuis la barricade de la baie Clayoquot. Au bout du compte, les forces motrices dans la plupart des décisions des gouvernements et de l'industrie sont l'argent ou les votes. J'ai toutefois rencontré des décideurs industriels et gouvernementaux qui défendent des valeurs personnelles et qui veulent faire le bien. J'ai rencontré des exceptions à la règle argent-votes : comme ces gens de Williams Sonoma qui ont approché ForestEthics parce qu'ils voulaient vraiment savoir comment acheter vert (et qui ont compris plus tard que cela leur valait une bonne presse et leur faisait même réaliser des économies) ; ou Barry Penner, le ministre de l'Environnement de la Colombie-Britannique, qui a accepté de piloter un dossier qui aurait pu torpiller sa carrière politique parce qu'il était sincèrement attaché aux forêts et aux rivières de la province et voulait les protéger. Il reste que toutes ces bonnes personnes et des millions d'autres sont handicapées dans leurs efforts du fait de devoir faire des profits ou obtenir l'approbation des stratèges électoraux.

Au fil des ans, chaque fois que je me sentais impuissante et coincée, je cédais malgré moi à ce bon vieux sophisme de militant : « Si je pouvais seulement expliquer le problème et les conséquences, ils seraient sûrement d'accord avec moi ». Eh bien, non. Je sais maintenant d'expérience que ce n'est pas une affaire d'éducation. Bien sûr, il faut maîtriser les faits, mais ça va plus loin. Je me souviendrai toujours de ce ministre de l'Environnement qui, au moment où nous nous efforcions de sauver la baie Clayoquot de la coupe à blanc, m'avait demandé : « Et qu'est-ce que j'y gagne, moi ? » Maintenant, quand je planifie une campagne, je me demande à toutes les étapes l'effet que celle-ci pourrait avoir sur les finances ou les votes. Si j'étais décideur (Barack Obama, le pdg de BP ou le premier ministre), qu'est-ce que je gagnerais à faire droit aux revendications que j'entends ?

Plus tard cette année-là, j'ai été détachée à la campagne visant le génie génétique, industrie qui commençait à prendre son envol. Nous avions envoyé une équipe d'action de Greenpeace à l'un des premiers champs où l'on trouvait une récolte d'aliments génétiquement modifiés : une ferme-usine de Monsanto en Illinois. L'équipe avait saupoudré tout le champ de farine mais sélectivement : les parties épargnées traçaient un X géant vu des airs. Nous avons envoyé un hélicoptère prendre des photos, et nos clichés ont fait le tour du monde. On y montrait des personnes en combinaisons de protection contre les matières dangereuses, debout dans un champ avec un gros X dessus. Dans nos communiqués de presse, nous appelions les récoltes contaminées et génétiquement modifiées les aliments « Frankenstein ». Le remue-méninges qui a conduit à cette campagne et son lancement ont été des expériences formatrices pour moi : c'est ainsi que j'ai compris comment l'on définit un enjeu et lance un débat.

Nous avons employé d'autres images aussi, comme cette fraise qui se changeait en poisson. Pour la campagne contre les aliments transgéniques, nous avons convaincu les compagnies de l'Union européenne de s'opposer à l'importation du soja transgénique des États-Unis. Encore une fois, nous nous sommes servis des leviers du commerce pour contrer les entreprises nord-américaines.

La campagne anti-OGM m'a fait vivre, après celle de l'*Arctic Sunrise,* une nouvelle expérience à bord d'un navire de Greenpeace. Le *Greenpeace* qui mouillait au port de la Nouvelle-Orléans devait attirer l'attention sur les pratiques de Monsanto, qui créait des aliments génétiquement modifiés ainsi que les herbicides et les pesticides dont ces cultures dépendaient. Il y avait des gens du monde entier à bord. Nous discutions jusque tard dans la nuit des actions à entreprendre, guettant les activités de l'usine qui produisait et expédiait les fèves de soja transgéniques. Nous avons fini par bloquer l'entrée de cette usine dans le port avec notre navire pour l'empêcher d'exporter les fèves de soja. Au même moment, des fourgonnettes pleines de militants en costumes blancs Tyvek avec le mot « Greenpeace » écrit dessus ont débarqué devant l'usine ; ils y sont entrés et se sont enchaînés à la machinerie. Ce fut un moment palpitant, et cela m'a appris énormément sur les méthodes de Greenpeace et sur la coordination d'un navire à nous.

Au moment où nous faisions campagne en Europe pour que soit interdite la vente de fèves de soja modifiées, le président Bill Clinton était embrouillé dans le scandale Monica Lewinsky, et il devait se rendre en Angleterre pour y rencontrer le premier ministre Tony Blair. Greenpeace a envoyé un camion devant le Parlement et fait déverser quatre tonnes de fèves transgéniques sur la pelouse. Puis on a déroulé une immense bannière disant : « Tony, n'avale pas la semence de Bill ».

Cet événement compte parmi les nombreux moments où j'ai saisi la valeur de l'humour dans toute campagne. Parfois, dans notre zèle, nous oublions que nous parlons à des gens qui ont une existence bien chargée, et que si nous sommes trop sérieux, nous sommes non seulement ennuyeux comme la pluie, nous devenons également insupportables. Ce sont des enjeux difficiles à saisir, devant lesquels les gens se sentent impuissants, coupables, mais l'humour aide à les rallier.

Le jour où une annonce de Greenpeace dans le journal a comparé les tenants de la coupe à blanc de la baie Clayoquot à ceux qui croient Elvis encore vivant (14 pour cent des Canadiens étaient favorables à la Décision relative à l'aménagement du territoire de la baie Clayoquot ; 17 pour cent croient encore qu'Elvis Presley est toujours de ce monde), j'ai reçu des appels de plusieurs journalistes et même d'une personne du cabinet du premier ministre qui trouvaient l'annonce brillante. La référence à Elvis nous a permis d'obtenir l'attention du public ; les gens riaient, et ils montraient l'annonce à d'autres. L'annonce a fait évoluer la réflexion des décideurs. L'humour capte aisément l'attention des gens et leur fait entrevoir l'importance de l'enjeu sans les mettre mal à l'aise.

Dans le même ordre d'idées, après que ForestEthics a mené la campagne qui a incité Staples à augmenter radicalement la quantité de papier recyclé qu'elle vendait et à cesser de s'approvisionner dans les grandes forêts en péril, nous avons publié une annonce disant ceci : « Par le passé, Greenpeace a traité Staples de tous les noms. Nous ne pensions jamais la traiter un jour d'écolo. » Non seulement cette annonce a beaucoup fait jaser, elle a démontré aussi que nous étions disposés à attribuer de bonnes notes aux bons élèves, chose rare dans le mouvement écologiste. En 2008, Staples a annoncé que le papier FSC deviendrait « la norme pour la copie en haute vitesse en noir et blanc et les commandes d'impression[2] ».

C'est dans le cadre de mon travail chez Greenpeace que j'ai appris la notion de cheminement critique : se situer et définir son but afin de comprendre ce qu'il faut faire pour l'atteindre. L'essentiel de cette démarche consiste à cartographier le jeu politique en cours : on détermine ainsi qui peut prendre la décision qui s'impose. On doit savoir qui ou quoi influence cette personne et ce qu'elle sait déjà de l'enjeu en cause. On doit aussi savoir quels sont les événements ou les délais qui vont peser sur ces décisions : rendez-vous électoraux, actualité mondiale, congrès politiques.

J'ai été étonnée de voir au fil des ans combien de gens se lancent en campagne sans avoir la moindre stratégie. Ils savent ce qu'ils veulent accomplir, mais ils ne savent pas comment

---

2. « Staples Inc. Now Offering FSC-Certified Paper: Staples Makes FSC the Standard Offering in All Copy & Print Centers », Forest Stewardship Council, États-Unis, avril 2008, en ligne : www.fscus.org/news/archive. php ?article=519&

atteindre leur but, et ils ignorent qui décidera ultimement s'ils auront gain de cause ou non.

Voici un petit aperçu qui devrait vous donner matière à réflexion, qu'il s'agisse de modifier la politique de recyclage dans votre école ou dans votre bureau, ou de mettre fin au forage pétrolier en eaux internationales. Vous devez avoir une idée nette de votre but ultime, énoncer des objectifs clairs et comprendre qui dispose du pouvoir nécessaire pour opérer le changement que vous voulez, et savoir ce qui influence ces personnes. Vous devez ensuite procéder à un remue-méninges sur les événements en cours, réunir des rapports et utiliser les autres tactiques qui vous aideront à capter l'attention des responsables, en gardant en tête une appréciation claire et réaliste de vos ressources : combien de personnes vous avez avec vous, quelles sont vos compétences et de combien d'argent vous disposez. C'est tout. C'est la formule que j'ai appris à maîtriser lors de ma première année chez Greenpeace, et elle m'a bien servie depuis.

1. Fixer son but : Que voulez-vous faire au juste ?

Fixer son but est souvent en soi d'une difficulté surprenante. Récemment, chez Greenpeace International, je me suis trouvée à arbitrer un débat entre des bureaux nationaux concernant notre réaction au déversement pétrolier du *Deepwater Horizon* dans le golfe du Mexique. Plusieurs bureaux voulaient qu'on déclenche sans tarder un boycott de BP. On peut tirer une certaine satisfaction d'un boycott de BP, ou d'une manifestation devant des postes d'essence, mais ultimement, que veut-on obtenir de BP ? Ce sont nos gouvernements nationaux qui doivent réguler l'industrie pétrolière et réduire notre dépendance à l'égard des carburants fossiles. Donc, en boycottant BP, on se trompe de cible, et on offre au consommateur un faux choix. Vaut-il vraiment mieux faire le plein chez Exxon ? Le but de l'action dans ce cas-ci est de profiter de l'émoi que suscite le déversement afin d'illustrer la menace et les risques que pose tout forage pétrolier en mer et d'exiger une solution législative de la part des gouvernements. Toute action doit à tout moment être impulsée par un but net et des objectifs temporels encore plus clairs. En langage de planification stratégique, un bon objectif doit être stratégique, mesurable, réalisable, réaliste et opportun. Votre but peut être vaste et d'une grande portée, comme l'était le nôtre dans le cas de l'action antipétrolière, s'il établit une orientation claire. Cependant, vos objectifs doivent désigner les jalons qui détermineront les tactiques que vous emploierez et le moment opportun pour les utiliser. Dans notre action visant les forêts, à nos débuts, nous avons ciblé deux grandes compagnies connues pour les obliger à annuler leurs contrats et à déclarer publiquement leur appui à la protection de la forêt pluviale. Cette réalisation en soi n'allait pas protéger la forêt, mais c'était un pas de plus dans la consolidation de notre assise.

2. La dynamique des pouvoirs

En travaillant dans les campagnes internationales, je me suis rendu compte que, peu importe l'enjeu qui vous préoccupe, vous devez analyser la dynamique des pouvoirs qui pèse sur les gens que vous essayez d'influencer. Vous devez définir ce que le public et les décideurs savent de cet enjeu afin de déterminer ce que vous allez en dire. Vous devez ensuite trouver des moyens imaginatifs de présenter votre propos afin de capter l'attention des médias. Qu'il s'agisse de fèves de soja transgéniques, d'arbres anciens ou de lançons tout moches, c'est toujours la même chose. Dans votre compréhension de la dynamique des pouvoirs, il faut absolument savoir qui peut opérer le change-ment que vous désirez et qui (ou qu'est-ce qui) influence ces

personnes. Par exemple, dans le cas de Clayoquot, c'était ultimement le gouvernement provincial qui pouvait adopter les
lois voulues et les politiques qui allaient protéger la région.
Nous avons appris à la dure que le gouvernement n'était pas
influencé par la société civile (à l'époque, le parti au pouvoir
détenait 51 des 68 sièges à l'Assemblée législative et en avait
pour encore trois ans avant la prochaine échéance électorale),
mais l'était par les consommateurs des produits forestiers de la
Colombie-Britannique.

Le cheminement critique et la cartographie du jeu politique
vous obligent tout simplement à prendre le temps qu'il faut
pour réfléchir, à mobiliser le capital intellectuel et le savoir qu'il
faut pour comprendre où vous vous situez et où vous voulez
aller. Il y a une certaine beauté et une énergie créatrice dans le
remue-méninges, et il faut réserver une place à ce genre de
moments où fusent toutes les idées imaginables parce qu'on ne
maîtrise jamais tous les enjeux. Mais chez Greenpeace, on n'ap-
prouvera aucune de vos idées, et on ne vous financera pas, si
vous n'arrivez pas à proposer un programme qui comporte une
cartographie de l'échiquier politique, une analyse critique et un
cheminement également critique. C'est un peu la même formule dans le monde de la grande entreprise, où il faut un plan
d'affaires solide pour obtenir des crédits de démarrage. Vous
devez être en mesure de démontrer comment vos efforts vont
vous rapprocher de votre but.

Tracer un cheminement critique, c'est définir chaque étape,
événement ou initiative et prédire aussi quelle réaction vous
allez susciter pour éviter d'être surpris par l'effet de votre action
ou par les réactions qu'elle suscitera. Par exemple, si nous avions
publié un rapport illustrant le lien entre Staples et la coupe des
forêts anciennes, la compagnie aurait nié les faits et lancé
quelque initiative environnementale sans rapport avec l'enjeu.

Qu'aurions-nous pu faire alors ? Une bonne campagne anticipe les suites et y pare en affectant au mieux ses ressources et ses compétences.

Karen m'avait expliqué la notion de cheminement critique, mais avant de travailler chez Greenpeace International, mon approche en matière de campagne était beaucoup plus organique et chaotique. « C'est une idée formidable ! Faisons ça ! Ça va les enrager ! » Mon approche était totalement différente de celle où l'on procède d'abord à une analyse de la dynamique des pouvoirs et où l'on détermine qui peut accomplir quoi avant même de discuter tactiques et événements.

Il était également nécessaire d'apprendre comment naviguer dans la structure politique de l'organisation et plaider une cause au sein de Greenpeace. Patrick est devenu mon mentor sur ce point. Cet Australien passionné et adorable avait pris une part très active à la fondation du mouvement de protection forestière en Australie dans les années 1980. C'était un hippie dans la pure tradition du « retour à la forêt » qui avait fait son chemin au sein de Greenpeace mais sans perdre ses vrais liens avec la terre et les gens. Il m'a enseigné comment manœuvrer à l'intérieur de la machine tout en restant fidèle à mes origines. Patrick avait collaboré avec des groupes populaires en Australie et en Indonésie, et il pouvait circuler avec aisance dans les deux mondes. Il possédait aussi une connaissance des enjeux forestiers internationaux qui s'est avérée précieuse pour moi. Patrick comprenait le genre de militantisme populaire et communautaire dont j'avais été témoin à la baie Clayoquot et que je jugeais essentiel à l'édification d'authentiques mouvements sociaux. Il était également passé maître dans le genre de campagne perfectionnée et à grand déploiement que pratiquait Greenpeace.

Quand j'ai fait mes débuts chez Greenpeace, on comprenait moins de manière générale l'organisation communautaire, les coalitions et les mouvements sociaux que maintenant. Nous

étions beaucoup plus insulaires. Greenpeace devait son renom
à des actes héroïques commis par des personnes ou des grou-
puscules. Ce passé, combiné avec la nécessité de protéger notre
marque de commerce qu'avait imposée le service de levée de
fonds, avait donné naissance, semblait-il, à une organisation
plus apte à tailler son propre espace et son identité qu'à bâtir des
coalitions. Dans les années 1990, je disais : « J'aimerais qu'on
travaille avec les gens sur place ; si nous œuvrons au sein d'une
coalition, nous n'en serons que plus forts. » Mes auditeurs me
regardaient alors sans comprendre. Aujourd'hui, il existe une
culture différente chez Greenpeace, en grande partie grâce au
succès des coalitions dans l'action pour les forêts, aux campagnes antitoxines menées par Greenpeace États-Unis et au
changement culturel provoqué par l'ouverture de nouveaux
bureaux en Chine, en Inde, en Afrique du Sud et dans d'autres
pays où l'on préconise la sensibilisation sur le terrain. On admet
aussi de plus en plus que nous devons collaborer avec les regroupements populaires, et même catalyser leur travail, et développer de grands mouvements sociaux si nous voulons opérer des
changements systématiques en matière de politique énergétique. Dans le temps, on avait le sentiment que les rencontres
avec les gens de la place étaient une perte de temps et qu'il fallait
plutôt s'adresser au gouvernement en place et lui dire : « Greenpeace vous ordonne de faire ceci ou cela. »

Quand j'étais chez Greenpeace International, en plus de
bâtir la prochaine phase de la campagne pour sauver la forêt
pluviale canadienne et de faire mes gammes comme militante
dans les dossiers du lançon et des aliments transgéniques, j'ai
participé à la formulation de la politique forestière en vue des
campagnes que nous allions mener ailleurs dans le monde. Il y
a des experts en la matière qui sont consultés à diverses étapes
du processus afin de développer des idées, mais une bonne part
des décisions sont simplement arrêtées par des personnes très

passionnées et aguerries. Lorsque nous discutions des Premières Nations et des idées des peuples autochtones, nous en venions parfois presque aux coups. Certains pensaient qu'il fallait soutenir les Premières Nations sans égard pour l'utilisation qu'elles voulaient faire du territoire. Et d'autres, surtout à notre bureau de l'Alaska, ne voulaient nullement faire le mort alors que les autochtones de leur région — qui possédaient les scieries — pratiquaient la coupe à blanc. Le combat autour de la notion de coupe acceptable qui nous a menés à la création de la norme FSC fut une autre bataille épique. Comment définir la coupe écoresponsable?

Il nous a fallu beaucoup de temps pour comprendre que nous étions en présence, non seulement de différences culturelles entre des pays des hémisphères nord et sud, mais aussi de différences écologiques majeures, propres aux forêts elles-mêmes, en ce qui a trait notamment au potentiel de régénération. Comment définir des principes qui pourraient être mis en pratique par une compagnie qui s'approvisionnait à l'échelle mondiale, dans la forêt tropicale aussi bien que tempérée? À certains égards, nos débats reflétaient le microcosme de la société, et nous nous familiarisions avec les enjeux en en débattant. Ces débats nous ont bien servis dans les années qui ont suivi lorsque nous sommes entrés en pourparlers avec les gouvernements et les grandes entreprises. Cette année, de retour chez Greenpeace après dix ans d'absence, j'ai pu mesurer la longue portée de notre travail.

CHAPITRE 7

Nouveaux paradigmes
La forêt pluviale du Grand Ours

> *Personne n'achèterait de papier fait de carcasses*
> *d'ours, de loutres, de saumons, d'oiseaux. Ou pour*
> *lequel on aurait assassiné des cultures autochtones,*
> *des espèces entières ou des vies humaines. On ne*
> *voudrait pas non plus de papier provenant de forêts*
> *anciennes réduites à quelques souches trônant*
> *dans la boue. Pourtant, c'est bien ce qu'on achète*
> *quand on s'approvisionne en papier provenant de*
> *forêts anciennes coupées à blanc.*
>
> MARGARET ATWOOD[1]

Pour devenir stratège, il fallait d'abord me mouiller, et c'est ainsi qu'à l'hiver 1995, je me suis retrouvée enchaînée à un chaland de grumes dans le port de Vancouver.

Si la campagne commerciale captait l'attention des décideurs et des médias, elle offrait aussi au gouvernement et à l'industrie une magnifique occasion d'enfoncer un coin entre nous,

---

1. Déclaration à Canopy (anciennement l'Initiative des marchés).

les syndicats et les Premières Nations. Parce que la dernière chose que voulaient le gouvernement ou l'industrie, c'était bien une alliance efficace entre des alliés inattendus réclamant tous un changement. En conséquence, dans les premiers jours des campagnes commerciales au Canada, nous devions bâtir des alliances avec les travailleurs pour leur montrer que nous n'étions pas contre l'emploi. Après plusieurs rencontres, nous avons trouvé un terrain d'entente avec les Travailleurs des pâtes, des papiers et du bois du Canada (TPPBC) pour faire savoir au grand public pourquoi la Colombie-Britannique créait moins d'emplois par arbre abattu que presque tous les autres pays du monde. Nous avons publié une annonce pleine page, en quatrième de couverture d'une revue s'adressant aux camionneurs grumiers, qui disait : « Greenpeace veut votre emploi ». Et en dessous, en gros caractères, on avait ajouté : « Pour qu'il soit encore là dans dix ans. » Cependant, même avec cette annonce, sans parler des rapports que nous publiions et des pressions que nous exercions sur les responsables gouvernementaux, nous n'arrivions pas à retenir l'attention des médias et à faire avancer nos idées. Nous avons alors décidé de lancer une action qui ferait parler d'elle et illustrerait notre point de vue.

Je me suis retrouvée enchaînée à ce chaland de billes.

J'étais très fébrile. J'avais déjà participé à maintes actions, mais toujours à titre d'animatrice, de porte-parole ou d'organisatrice. Cette fois-là, j'ai décidé qu'étant donné que tous les membres d'une équipe doivent s'initier à toutes les fonctions, le temps était venu pour moi de pratiquer la désobéissance civile.

Nous avons contacté quelques amis et des gens qui travaillaient pour Greenpeace et leur avons demandé d'aller aux quais, de rencontrer les médias et d'appuyer notre action. Puis nous sommes allés à Jericho Beach et avons pris place à bord des zodiacs. C'était un jour froid et humide. Il y avait quatre personnes dans chaque équipe, et nous étions tous vêtus de la combinaison blanche Tyvek avec l'inscription « Greenpeace » au dos. Précisément au moment où nous atteignions le port de Vancouver, le moteur d'une des embarcations nous a lâchés. Nous avons donc erré dans le port, espérant que la police portuaire ne nous repérerait pas malgré nos costumes reconnaissables, et nous avons essayé de faire redémarrer le moteur. De son côté, sur les quais, l'un des anciens de Greenpeace, Janos Mate, a vu que notre action allait être retardée. Les journalistes s'impatientaient, parlaient de s'en aller, et le chaland de grumes était presque plein et prêt à larguer les amarres.

Janos a paniqué : il a ôté son pantalon, a sauté dans l'eau glacée, nagé jusqu'au chaland et grimpé sur les grumes pendant que les débardeurs chargeaient le chaland. Naturellement, ils ont cessé. Puis Janos s'est rendu compte qu'il n'avait pas de pancarte. Alors il a sauté à l'eau de nouveau, a nagé jusqu'au quai, s'est procuré une pancarte, a regagné le chaland et s'est hissé de nouveau sur le chargement de billes. Nous, nous n'en savions rien, car nous étions toujours à bord des canots pneumatiques, à essayer de relancer le moteur.

Alors que les médias filmaient Janos, nous avons enfin foncé vers le chaland dans nos zodiacs, nous nous sommes hissés à bord, enchaînés aux grumes et levés triomphalement. Puis nous avons regardé à l'autre extrémité du chaland… Si je ne pouvais pas très bien distinguer ce que je voyais, en tout cas, ça ressemblait étrangement à un gars en caleçon mouillé.

La police portuaire est arrivée et nous a arrêtés pour intrusion criminelle. Ce soir-là, à la prison, nous avons entendu les policiers qui riaient à s'en péter les côtes. Puis un agent est venu nous rejoindre en essuyant ses larmes de rire, et il a dit : « On vient d'enregistrer l'émission. Voulez-vous regarder les nouvelles ? » Il nous a enfermés dans une salle de détention où il y avait un téléviseur, il a introduit la bande dans le magnétoscope et tout de suite nous est apparu le lecteur de nouvelles qui disait :

« Aujourd'hui, un militant de Greenpeace agissant en solitaire a protesté contre la coupe en sous-vêtements. » On a vu alors une image de Janos en caleçon qui tremblotait avec sa petite pancarte.

Quand les gens disent : un jour, vous en rirez vous aussi, ils n'ont pas tort, mais sur le coup, ce soir-là à la prison, nous ne trouvions pas qu'il y avait là de quoi rire, ni dans les semaines qui ont suivi, lors desquelles la protestation en caleçon est devenue tristement célèbre.

Quelque temps après ce fiasco, nous avons reçu au bureau la visite d'Ian McAllister et de son papa, Peter. Ils étaient tout excités à l'idée d'étendre notre campagne à la forêt continentale.

« Hé, ils nous ont dit, on adore ce que vous avez réussi à faire à Clayoquot, mais la forêt pluviale sur le continent est vingt fois plus grosse, et elle disparaît à vue d'œil. » Peter était un écologiste américain établi au Canada qui avait retracé des chalands regorgeant d'arbres immenses sur le centre de la côte et avait été choqué d'y découvrir… le paradis sur terre. Il avait ensuite fondé la Raincoast Conservation Society (RCS) [Société pour la conservation de la forêt pluviale côtière]. Son fils, Ian, vit aujourd'hui sur la côte centrale et dirige Pacific Wild, une organisation vouée à la protection de sa région adoptive par la biologie de la conservation et par des projets de sensibilisation.

Je n'oublierai jamais ma première rencontre avec Ian et Peter. Ils nous ont demandé de mettre au mur une carte de la Colombie-Britannique et d'y indiquer les lieux où nous avions milité, après quoi ils nous ont demandé quel était notre prochain projet. Voulions-nous faire campagne pour sauver la vallée Johnson ou l'île Princess Royal, l'habitat de l'ours Esprit ? Ou devions-nous porter notre regard sur l'île King, près de Bella Coola ? Toutes ces opérations demanderaient trois ou cinq ans d'efforts. Ils nous ont montré une carte de toute la côte ouest du Canada révélant que des 359 vallées originales abritant des forêts pluviales sur la côte, il n'en subsistait plus que 69[2], dans lesquelles on prévoyait creuser des routes et pratiquer la coupe d'ici cinq à dix ans. Cette région est l'extrémité nord de l'étroite bande de forêts pluviales tempérées qui s'étend des forêts de séquoias de Californie jusqu'aux cèdres rouges du Canada et de là jusqu'en Alaska. C'est une région sauvage toute en fjords qui n'est accessible que par bateau.

Les McAllister nous ont expliqué que nous pouvions militer pour une ou deux vallées, mais que nous perdrions toute la côte si nous attendions. Chris, Karen et moi avons pris un gros feutre vert et avons encerclé tout ce qui restait. C'était une région qui partait du centre de la province et s'étendait jusqu'en Alaska. On l'appelait à l'époque la « réserve de bois d'œuvre de la côte centrale ».

Plusieurs mois plus tard, Valerie, Karen, Ian et moi étions à San Francisco pour y rencontrer des groupes américains. Nous dînions un soir dans un restaurant italien bon marché autour d'une bouteille de vin fin, à imaginer des noms pour la région : « côte forestière... zone faunique... grande forêt pluviale... grand ours... ». Sachant d'expérience que le macareux était mille fois plus populaire que le lançon, je savais qu'il nous fallait un nom qui aurait une valeur iconique et créerait une image dans l'esprit des gens. Il nous fallait un nom qui définirait immédiatement la région. Nous voulions que ce fût la prochaine Amazonie. Nous voulions que rien qu'en entendant le nom de cette forêt, les gens soient furieux d'apprendre qu'on allait la transformer en papier cul.

Ian est un scientifique, il connaît la région et il insistait : « Il

---

2. Ecotrust, The Rainforests of Home: An Atlas of People and Place, 1995, en ligne : www.ecotrust.org/publications/rain_forests_atlas.html

faut avoir le mot *ours* dans le nom. C'est le dernier bastion des grands mammifères, de l'ours grizzli et de l'ours Kermode. » Ian nous a bien expliqué qu'il ne s'agissait pas seulement de sauver la forêt mais de lancer une conversation populaire sur la manière dont nous interagissons avec les zones fauniques les plus importantes subsistant sur la planète. Nous nous sommes alors entendus pour faire de l'ours Esprit le symbole de notre campagne. Nous avons baptisé la région « la forêt pluviale du Grand Ours ».

Ce baptême a peut-être été le plus grand coup de maître de toutes les campagnes auxquelles j'ai collaboré. « La forêt pluviale du Grand Ours », c'est un bon nom pour un bien collectif que les gens auraient à cœur de protéger. Parce qu'entre vous et moi, la « réserve de bois d'œuvre de la côte centrale », ça faisait plutôt nom de rangée chez Home Depot.

Nous avons décidé de faire campagne simultanément pour les soixante-neuf bassins versants, soit des centaines et des centaines de vallées. On nous a traités de « malades » et d'« irréalistes », et ça, c'était nos amis qui parlaient ainsi. Lorsque nous avons inauguré la campagne, plusieurs collègues nous ont reproché de vouloir mettre sur la paille tout le mouvement écologiste parce que nous étions trop gourmands. Il y avait déjà eu des campagnes pour certaines vallées : la Stein, la Carmanah, la Walbran. Puis nous nous étions battus pour la baie Clayoquot, où nous avions haussé la mise : au lieu de nous en tenir à une seule vallée, nous avions revendiqué la protection de toute une baie et de plusieurs bassins versants. La forêt pluviale du Grand Ours était un objectif encore plus immense. Nous voulions protéger toutes les vallées boisées intactes sur la côte ouest du Canada. Toutes.

Nous avons commencé à esquisser notre vision. Nous devions d'abord définir le monde dans lequel nous voulions vivre dans dix ou vingt ans. Quelle serait la solution de rêve ?

Nous avons marqué quelques jalons, et nous nous sommes assurés que chacun nous aide à maintenir notre élan, ce sentiment que l'histoire bougeait, parce que cet élan ne manquerait pas de retenir l'attention des décideurs de l'industrie forestière. Sans cet élan, il n'y avait pas de dialogue possible avec eux.

Un certain nombre de groupes en Colombie-Britannique s'efforçaient de protéger la région que nous visions (par exemple, la Société faunique de la Valhalla), mais ils piétinaient. Nous pouvions tabler sur leur action et leur faire franchir un pas de plus parce que nous avions à notre disposition des organisations plus puissantes comme le RAN, le NRDC et Greenpeace.

Lorsque nous avons lancé la campagne du Grand Ours, nous avons demandé aux clients de ne plus s'approvisionner auprès des trois grandes forestières de la Colombie-Britannique (il s'agissait essentiellement d'un boycott, mais nombre d'entre nous estimaient que nous ne pouvions employer ce terme pour des raisons d'ordre juridique). Le premier ministre de la Colombie-Britannique, Glen Clark, nous a alors traités d'ennemis de l'État. Les forestières achetaient des pages de publicité entières dans les journaux pour nous traiter d'« écoterroristes », et le journal *The Province* a publié une édition dont toute la première page était occupée par une seule manchette en gros caractères : « Greenpeace va-t-elle ruiner la Colombie-Britannique ? » Notre conseil d'administration avait la frousse. Des membres de Greenpeace en grand nombre déchiraient leur carte d'adhésion, et nous recevions tous les jours des menaces de mort au bureau, ce qui était assez terrifiant, merci.

Mais quelques militants aguerris nous ont rassurés. « Votre heure est venue. D'abord, ils vont faire comme si vous n'existiez pas ; ça, nous connaissons. Ensuite, ils vont vous ridiculiser. Et vous allez finir par gagner. » Nous nous sommes donc efforcés de rediriger l'attention du public et de poursuivre notre action.

Au début de la campagne, je collaborais avec Greenpeace à la coordination des barricades dans la forêt pluviale du Grand Ours. Nous allions faire quelque chose de si controversé que les médias seraient obligés d'en parler, et la coupe dans la région serait dénoncée. Nous avons dépêché deux navires de Greenpeace vers la forêt pluviale avec un hélicoptère à bord, le *Tweety*, dont nous nous sommes servis pour repérer la coupe. Nous avons survolé la côte pendant des mois pour évaluer les dégâts et essayer de deviner vers où progresserait le chantier.

La plupart des gens dans la région étaient à l'emploi des forestières ou appartenaient aux petites communautés des Premières Nations. Tout le pays et une partie du monde connaissaient la baie Clayoquot grâce à nos campagnes, mais il s'agissait ici d'une région beaucoup plus vaste, qui abritait de nombreux écosystèmes névralgiques et des arbres millénaires, et personne ne savait qu'on y pratiquait la coupe à blanc. C'était si loin de Vancouver qu'on pouvait difficilement y faire venir des journalistes. Ce n'était pas comme à Tofino, une pointe d'île accessible par la route, où les gens pouvaient voir les arbres d'eux-mêmes, il nous fallait donc une controverse monstre afin de défoncer les portes. Si nous ne pouvions emmener les gens à la forêt, nous devions emmener la forêt aux gens.

Nous savions que les bûcherons étaient au courant de notre présence sur la côte parce que nous surveillions leurs communications radio. Ils essayaient de savoir où nous étions, et nous en faisions autant avec eux. Pendant des mois, nous avons joué au chat et à la souris. Un jeu stressant. Nous avions un téléphone satellite dont l'utilisation nous coûtait des milliers de dollars, et ce, quand il voulait bien fonctionner, et nous étions en pleine brousse, entourés de gens qui nous détestaient viscéralement. S'il nous avait fallu retirer quelqu'un du navire, nous n'aurions pas pu le faire voyager par avion, car les lignes aériennes locales ne voulaient pas de notre clientèle. À l'entrée de Campbell River et de Port Hardy, un écriteau disait : « Zone inoccupée par Greenpeace ». Dans les villages, on refusait de nous vendre de l'essence et des vivres. Parfois, nous envoyions des gens au port à bord de zodiacs non identifiés, et ils laissaient leurs t-shirts de Greenpeace sur le bateau pour se faire passer pour de simples plaisanciers venus se ravitailler.

Nous avons finalement décidé d'installer notre première barricade à l'île Roderick parce que c'était l'habitat de l'ours Esprit et que l'exploitation qui s'y faisait était dévastatrice : de vastes coupes à blanc et, au-delà du carnage, quelques survivants, des arbres parmi les plus anciens et les plus élevés que j'avais vus de ma vie. L'île Roderick appartient au territoire de la Première Nation Kitasoo. Nous avons donc téléphoné au bureau de la bande et avons demandé à rencontrer ses chefs. Nous avons pris la route de Klemtu. Il nous a fallu traverser le village à pied pour gagner le bureau de la bande, et les gens sortaient de leurs maisons pour nous regarder, se demandant ce que nous faisions là. Nous avons pris place dans le bureau avec huit personnes, surtout des hommes, qui avaient leur idée faite sur Greenpeace. Avant même que la conversation commence, ils se sont mis à nous hurler après à propos de la chasse aux phoques et à nous reprocher notre manque de respect à l'égard des droits des Premières Nations.

Puis, quand nous avons pu parler, je leur ai demandé : « Êtes-vous contents de ce qui advient de vos terres ? »

La teneur de l'entretien a changé du tout au tout.

Un des chefs a dit : « La forêt, c'est toute notre vie. Vous pensez qu'on est contents ? Non. Nous ne sommes pas des bûcherons. Par tradition, nous sommes pêcheurs et cueilleurs. Nous n'abattions des arbres que pour bâtir nos canots, et maintenant, nous voyons les compagnies dévaster le pays. Mais c'est la seule source de revenu que nous ayons ici. C'est ce qui paye notre nouvelle école. »

Ils ne pouvaient gagner notre camp sans risquer de perdre le soutien financier du gouvernement, mais nous étions certainement mal à l'aise à l'idée d'aller de l'avant s'ils devaient s'opposer publiquement à nos activités. Nous avons fini par nous entendre : ils n'appuieraient pas notre action, mais ils ne s'opposeraient pas non plus à notre présence sur leurs terres.

Puis nous sommes remontés à bord du navire et avons organisé la barricade.

À deux heures du matin, le navire de Greenpeace a jeté l'ancre dans une anse éloignée du côté est de l'île Roderick, et une équipe des nôtres a traversé l'île sans bruit jusqu'au camp forestier. Nous nous sommes cachés dans l'abattis jusqu'à ce que les bûcherons arrivent et fassent redémarrer leurs machines. Au signal donné par le coordonnateur de l'action, nous nous sommes mis à courir et des personnes désignées se sont mis à faire des signes aux bûcherons pour qu'ils éteignent les machines. Nous leur avons expliqué qui nous étions et ce que nous faisions pendant que nos vidéastes filmaient les autres qui grimpaient sur les treuils de téléphérage à grappin pour s'enchaîner aux machines. Les quelques jours qui ont suivi ont été comme une sorte de brouillard où il nous fallait faire tout plein de choses à la fois : organiser la venue des médias par avion, maintenir des équipes de sécurité vingt-quatre heures sur vingt-quatre, filtrer l'eau des ruisseaux, aller chercher des vivres sur le navire et négocier avec la forestière. Nous mettions nos bandes Beta sur un hydravion qui allait les porter aux bureaux de la CBC de Vancouver pour montrer au public ce qui se passait à la barricade.

Un après-midi, nous avons vu un nuage de poussière s'élever sur les routes en bas (le signal nous avertissant de la venue de quelqu'un) et nous avons couru pour nous enchaîner aux machines. Lorsque la poussière s'est dissipée, nous avons vu qu'il y avait *beaucoup* de camions. La première personne à descendre du premier camion avait une caméra vidéo à la main. Ce n'était donc pas une visite de routine. Un photographe est descendu aussi, et avec lui une bande de gars dont nous savions qu'ils étaient avec Western Forest Products (WFP). Je me suis dit : ça y est, ils vont nous faire arrêter. J'ai pensé que les autres attendaient que les agents descendent de leurs véhicules.

C'est alors que le chef Percy Starr, de la nation Kitasoo, est descendu d'une des voitures. On ne rate pas Percy : il a les cheveux blancs, qui flottent sur ses épaules, et il a tous les airs d'un ancien majestueux. Mon cerveau s'est mis à tourner à cent à l'heure : *Oh... C'est la compagnie... C'est Percy...*

J'ai alors remarqué qu'ils étaient tous coiffés de casquettes de baseball neuves. Il y avait écrit dessus : « Western Forest Products. Première Nation Kitasoo. La main dans la main, pour un avenir durable. » Ils étaient également vêtus de t-shirts concordants. Percy n'a pas eu besoin d'ouvrir la bouche pour que je me rende compte que j'étais dans le pétrin.

Il a dit : « Toi, Tzeporah Berman, il faut que je te parle. »

« Bien sûr, Percy. » Nous sommes allés nous asseoir sur des souches.

Puis la caméra s'est mise à tourner, et Percy s'en est pris à Greenpeace pour s'être introduite sans permission sur leur territoire et la propriété de leur entreprise. Devant la caméra, Percy nous a traités d'« éco-impérialistes ».

J'étais bouche bée. Que répondre à cela ? Lors de notre rencontre toute récente, nous avions échangé des notes et trouvé un terrain d'entente, et les Premières Nations avaient paru d'accord avec nos plans.

Puis les représentants de la compagnie et leurs caméras sont repartis, et j'ai pensé tout de suite que la bande allait être remise à la CBC et que je serais congédiée. Il était 14 heures, et le film passerait aux actualités de 18 heures. Je devais trouver un moyen de m'en sortir. J'ai dû téléphoner à mes chefs et leur dire ce qui s'était passé.

Entre-temps, le camp était devenu fou. Il y avait là quatorze militants qui ne vivaient que pour cet enjeu, enchaînés à des machines dans une situation totalement tendue, et un chef autochtone venait de leur dire qu'ils étaient le mal incarné. Nombre de ces militants avaient une vue idéalisée des Premières Nations, et jusqu'à quelques minutes auparavant, ils croyaient qu'ils étaient les bons. Tout à coup, ils n'étaient *plus* les bons ?

La dispute s'est installée entre nous. Certains disaient : « Il faut ficher le camp d'ici ! » Et les autres répondaient : « Qu'ils soient autochtones ou non, s'ils abattent les arbres, moi je reste ! »

J'ai vu que je pouvais être coincée tout à coup avec une bande de réfractaires sur les bras qui resteraient enchaînés à leurs machines quoi qu'il advînt. J'ai donc dû m'interposer en médiatrice et trouver une solution qui contenterait tout le monde. J'ai demandé à l'équipage du navire de nous mettre en communication radio avec notre équipe au bureau de Greenpeace à Vancouver et avec le capitaine. Le coordonnateur de l'action à Vancouver nous a dit : « Je viens de repérer l'immeuble de Western Forest Products à Vancouver, et on peut aisément l'investir. Pourquoi ne pas déplacer tout simplement notre protestation devant leur siège social ? » Nous avions compris que WFP instrumentalisait les autochtones contre nous, mais étant donné que c'était la forestière que nous combattions, nous devions nous en prendre à elle.

Quand on protège une forêt, il est toujours très difficile de quitter volontairement un lieu où l'abattage va reprendre dès que vous serez parti. Nous avons finalement fait nos valises, nous avons démonté nos tentes, réuni notre matériel et filé pour Vancouver en hydravion, à toute vitesse, afin d'arriver au plus vite. Nous sommes arrivés vers 23 heures et avons passé la nuit à nous organiser. Le lendemain, vers huit heures, nous avons érigé une barricade devant le siège social de WFP. Quelques minutes plus tard, la police et les caméras de télévision nous cernaient. En moins d'une heure, tous les militants ont été arrêtés, et moi je donnais des entrevues dans lesquelles je résumais la situation tout en me préoccupant d'engager des avocats pour nous défendre. Après avoir passé quatorze jours sur une barricade dans les bois, l'expérience me paraissait surréaliste ; tout s'était passé si vite, et on aurait dit que nous avions manqué notre coup. C'est une chose que de s'enchaîner à un treuil de téléphérage au beau milieu d'une forêt vierge, et c'en est une tout autre que d'être arrêtée enchaînée à une plante en pot dans un hall sans caractère, en ville. La compagnie avait eu le dessus, elle nous avait mis sur la défensive et neutralisé une action qui allait faire les manchettes nationales.

Un de nos plus grands défis à l'époque consistait à susciter un intérêt à l'échelle nationale et internationale. L'accord de la baie Clayoquot avec MacBlo avait donné à croire aux médias, aux clients et au public que le dossier était clos : la Colombie-Britannique était un pays vert et les forestières respectaient désormais la forêt pluviale. Alors qu'en vérité, la Colombie-Britannique rasait encore un demi-hectare de forêt pluviale toutes les soixante secondes.

Physiquement, il nous était impossible de faire venir beaucoup de gens dans ces régions isolées, notre plan stratégique consistait donc à amener la forêt aux gens. Nous montions des exposés avec diapositives ainsi que des événements et mettions au point du matériel pour nos rencontres avec les clients. Nous savions aussi qu'il nous fallait susciter des conflits afin d'attirer l'attention des médias et de faire savoir au monde que l'on détruisait encore les forêts pluviales anciennes du Canada. Les barricades sur les coupes et les arrestations devant les sièges sociaux nous avaient aidés, mais il nous fallait encore exercer davantage de pression pour que le gouvernement et l'industrie nous prennent au sérieux.

Le gros de la pression venait des rencontres avec les clients, des manifestations publiques et des protestations visant les acheteurs en Europe, aux États-Unis et au Japon. Nous avons rencontré des centaines de compagnies, par exemple *Time* et *BBC Wildlife Magazine*, à Londres et à New York. En 1998, en conséquence de ces rencontres, l'Association des éditeurs allemands et l'Association belge du papier ont annulé leurs contrats avec les entreprises canadiennes qui exploitaient la forêt pluviale. À l'époque, nous estimions qu'il en avait coûté à l'industrie au moins trente millions de dollars, et ce montant ne comprenait que les contrats dont nous savions qu'ils avaient été annulés.

Inutile de le dire : les forestières ne nous portaient pas dans leur cœur.

Je n'étais pas censée travailler sur la campagne pour la forêt du Grand Ours au Canada. Je vivais alors à San Francisco avec Chris, qui était à l'emploi du RAN. Pour ma part, je coordonnais les campagnes commerciales de Greenpeace aux États-Unis. Un moment donné, avec mon bébé de six mois, Forrest, je suis retournée à Vancouver pour discuter stratégie avec plusieurs groupes écologistes. Une fois la rencontre de Vancouver terminée, mon amie Sue m'a offert de me conduire avec sa voiture au poste frontalier américain de Bellingham, étant donné que la réunion s'était déroulée non loin de là. C'était en 1999, juste avant le congrès de l'Organisation mondiale du commerce (OMC), qui a débouché sur la fameuse « bataille de Seattle ».

Il faisait nuit et tout à coup, devant la voiture, aussi clair que le jour, j'ai vu un mur de briques se dresser sur l'autoroute. J'ai hurlé : « Arrête ! » J'étais sûre que Sue fonçait droit dans le mur, et elle s'est arrêtée en effet, puis elle m'a regardée comme si j'étais folle et m'a demandé ce que j'avais. C'est alors que je me suis rendu compte que j'avais eu une hallucination.

Je me suis dit : *Oh, mon Dieu, je dois manquer de sommeil. Qu'est-ce que j'ai ?*

Puis nous sommes arrivées au poste frontalier. Le garde-frontière a scanné mon passeport et m'a demandé où je travaillais.

J'ai répondu « Greenpeace ». J'avais un permis de travail mais il était échu et je n'avais pas reçu les formulaires de renouvellement avant mon départ pour le Canada. Je devais donc entrer aux États-Unis à titre de visiteur. Je savais que j'étais dans mon tort et que c'était un peu risqué, mais j'étais une nouvelle maman, j'étais fatiguée et je voulais seulement rentrer chez moi. Au bout du compte, il s'est avéré que le garde-frontière se moquait pas mal de savoir si mon permis de travail allait être renouvelé ou si je voulais entrer comme visiteur. Il m'a demandé d'entrer dans son bureau et m'a interrogée pendant plusieurs heures alors que je tenais Forrest serré contre moi. Des revues d'armes à feu traînaient sur son bureau et un calendrier de femmes nues était affiché sur le mur. Il m'a demandé plus d'une fois si j'allais protester devant l'OMC. Et chaque fois que je répondais que non, il disait que je mentais. À minuit, il a estampillé dans mon passeport la mention « s'est vu refuser l'entrée pour cause de fraude » et il a confisqué la voiture de Sue. Elle et moi étions donc coincées sur le côté canadien de la frontière, sans voiture, avec un bébé qui pleurait.

Ma belle-mère est venue nous chercher. J'ai contacté nos avocats, et ils m'ont répondu qu'étant donné que mon permis de travail avait en effet été renouvelé, nous devrions pouvoir régler l'affaire en quelques jours. Quand les jours se sont mués en semaines, des amis se sont mis à me téléphoner pour me demander si je pouvais donner un coup de main avec les négociations sur la forêt du Grand Ours, et j'ai fini par dire oui. Au bout d'un mois, Forrest et moi campions toujours chez mes beaux-parents et Chris prenait l'avion tous les week-ends pour venir nous rejoindre.

Lorsqu'il est devenu évident que tout cela allait prendre beaucoup plus que quelques jours ou même quelques semaines, Sue et moi avons loué une maison sur l'île Bowen. Sue travaillait pour moi à mi-temps à titre d'adjointe exécutive et à mi-temps comme gouvernante. Chris nous manquait, mais il avait un emploi de rêve à titre de directeur de campagne au RAN. C'était un groupe de gens incroyables, une organisation sans pareille. Il faisait un travail important qu'il adorait. En outre, toutes les fois que je parlais aux avocats, ils m'assuraient qu'on m'autoriserait à rentrer aux États-Unis le « mois prochain ».

C'en est venu au point où chaque fois qu'un avion passait au-dessus de nous, Forrest le pointait du doigt en criant « Dada ! ».

Entre-temps, je m'étais engagée dans des négociations des plus intenses. Les forestières étaient outrées par les campagnes commerciales, et elles ne digéraient pas d'avoir à négocier avec nous. Le milieu écologiste était divisé à l'idée de transiger avec « l'ennemi ». D'ailleurs, je me rappelle m'être dit à cette époque que je n'étais pas bien sûre de savoir ce qui était pire : discuter avec les compagnies ou avec les membres de la coalition.

Une année et demie après qu'on m'eut refusé l'entrée aux États-Unis, Chris et moi étions démoralisés par notre éloignement, et je n'avais pas la moindre idée du moment auquel je serais réautorisée à franchir la frontière. Chris faisait l'aller-retour par avion Vancouver-San Francisco tous les trois ou quatre jours. Il nous était tout simplement impossible de continuer comme ça, dans deux pays différents, et la situation ne semblait pas vouloir s'améliorer. Donc, un week-end, après de longues discussions difficiles, Chris a décidé qu'il retournerait à San Francisco pour offrir sa démission.

Au cours de ce week-end, alors que Chris et moi discutions de notre avenir, une brouille a éclaté au RAN et son directeur exécutif a démissionné. Chris est arrivé là-bas le lundi pour assister à une séance spéciale du conseil d'administration, et avant qu'il ne puisse annoncer sa démission, on lui a offert le poste de directeur exécutif, qui était à notre point de vue le meilleur emploi sur terre. Il avait donc quitté Bowen avec l'intention de résigner ses fonctions et il est revenu pour m'annoncer qu'il était devenu directeur exécutif. Ce n'était pas exactement ce que nous avions planifié.

Coup de chance, cette même semaine, j'ai reçu un appel m'informant que le conseil des ministres avait approuvé l'Entente sur la forêt pluviale du Grand Ours. C'était la décision la plus importante jamais prise en Amérique du Nord sur le plan de la conservation naturelle. L'entente avait pour effet de doubler l'espace forestier protégé dans la région et préservait l'île de l'ours Esprit (autrement appelée l'île Princess Royal) en plus de différer l'abattage dans cent grandes vallées intactes[3]. L'entente obligeait aussi le gouvernement provincial à négocier avec les travailleurs, les élus communautaires et d'autres dans le cadre des processus multipartites relatifs à la Planification de la gestion des terres et des ressources. En échange, les groupes écologistes acceptaient de suspendre leurs campagnes commerciales.

---

3. George Hoberg, Scott Morishita et Adam Paulsen, « The Great Bear Rainforest: Peace in the Woods? », *Forest Policy Resources,* Département de gestion des ressources forestières, Faculté de génie forestier, Université de la Colombie-Britannique, 5 mars 2004.

Deux heures plus tard, j'ai reçu un appel complètement étranger à tout cela de mes avocats qui m'annonçaient que j'étais réadmise aux États-Unis. Chose étrange, le bras de fer bureaucratique et l'épuisante négociation qui divisaient notre famille ont pris fin à quelques heures l'un de l'autre.

Nous avons décidé de célébrer l'Entente de 2001 en organisant une visite spéciale de la forêt du Grand Ours avec certains de nos donateurs les plus généreux et d'autres donateurs potentiels. Nous avons loué un voilier pouvant emmener douze personnes, *The Maple Leaf,* pour une tournée de plusieurs jours. Nous étions censés faire voile le 12 septembre.

Le 11 septembre 2001, je me suis levée tôt, me plaignant de cette horrible habitude qu'ont les cadres d'entreprises de petit-déjeuner à l'heure des poules, et je me suis rendue au siège social de MacBlo, rue Granville. Dans l'autobus, on discutait avec animation d'avions et de New York, mais je n'arrivais pas à saisir de quoi il s'agissait. Tout le monde à la réunion avait l'air déboussolé aussi. Nous avons essayé d'amorcer la discussion, mais à cause des nouvelles qui entraient, nous avons renoncé à discuter et avons fait installer un téléviseur dans la salle. C'est ainsi que, entourée des hauts cadres des plus grandes entreprises forestières du Canada, j'ai vu l'histoire se faire sous mes yeux, ces images horribles de gens qui sautaient d'immeubles en train d'exploser. Après une brève pause où chacun a essayé de contacter famille et amis, nous sommes revenus à la salle de réunion. Désorientée comme je l'étais, j'ignorais comment nous pourrions aller de l'avant avec cette rencontre qui semblait désormais futile (parce que, bien sûr, à ce moment-là, tout semblait futile) lorsque la seule autre femme présente a pris une initiative pour laquelle je lui serai éternellement reconnaissante. Avec un tremblement dans la voix, Linda Coady, de MacBlo, a proposé que nous observions une minute de silence, après quoi nous avons simplement annulé la réunion.

Plus tard ce jour-là, j'ai reçu un appel du capitaine du *Maple Leaf* m'informant qu'il était désolé mais que le navire avait été nolisé et qu'il était obligé de nous facturer, que nous fassions le voyage ou non. Tous les vols en provenance des États-Unis étaient annulés, nous n'aurions donc personne de l'extérieur de la Colombie-Britannique pour faire le voyage. Nous avions à notre disposition ce voilier déjà affrété et la rare chance de voir les forêts pluviales éloignées à la défense desquelles nous venions de consacrer huit ans de nos vies. Alors nous avons rassemblé notre équipe de campagne, et nous avons pris avec nous ma belle-mère, mon fils Forrest et James MacKinnon, reporter au *Monday Magazine,* un hebdomadaire de Victoria, et plus tard le coauteur de ce livre formidable, *The 100-Mile Diet.*

Nous nous sommes envolés pour Prince Rupert, et pendant quatre jours, enveloppés dans la bruine et la brume, nous avons longé toute la côte de la forêt pluviale du Grand Ours. Ce fut l'une des expériences les plus magiques de ma vie. Nous avions non seulement la chance de pénétrer dans des forêts qui allaient rester intactes grâce à notre action, mais aussi le rare privilège de faire le point sur les horreurs du 11 septembre 2001 dans des lieux luxuriants, sauvages et vierges. À un moment donné, le capitaine a jeté l'ancre dans un estuaire d'une beauté à couper le souffle, et nous avons gravi ensemble le flanc d'une chute de trente mètres parmi des arbres millénaires. Je me rappelle avoir vu un vieux cèdre de plus de cent mètres de haut, large comme une maison.

Alors que nous cheminions vers le sommet de cette chute splendide, notre guide nous a dit de nous arrêter et de nous cacher parce que nous approchions d'un endroit où l'un de ces rares ours Esprits venait se nourrir régulièrement de saumon. Les ruisseaux regorgeaient de saumon, et le sol était jonché de carcasses de poissons. Nous sommes donc restés là à bavarder jusqu'au moment où nous avons entendu un fracas dans le bois devant nous. J'ai levé la tête et je l'ai vu. L'ours semblait mesurer près de trois mètres. C'est là que j'ai vu ce que c'était que la nature pure et sauvage, avec l'ours qui fonçait tout droit de la forêt et se jetait dans un bassin de la rivière pour saisir un saumon massif et le casser en deux. Le sang giclait sur sa fourrure blanche. Et il s'est mis à dévorer sa proie.

Je me suis déplacée quelque peu, et l'ours a levé la tête pour me regarder, droit dans les yeux. Il avait un air si intelligent et si… las. Puis il a achevé son repas, il a fait demi-tour et est rentré tranquillement dans la forêt.

Il a fallu encore des années pour que l'entente soit finalisée. Nous avons annoncé que nous allions créer une nouvelle économie basée sur la conservation qui soutiendrait les communautés locales, et qui ne serait pas définie selon ce que l'on pourrait prendre de la terre mais par ce qu'il faudrait y laisser. Nous nous sommes engagés à réunir ensemble 120 millions de dollars pour encourager le développement économique local.

Depuis que nous avions lancé la campagne pour sauver la forêt pluviale du Grand Ours, des centaines de compagnies — dans certains cas de leur propre chef parce qu'il y avait des gens à l'intérieur de ces entreprises qui partageaient nos valeurs, et dans d'autres cas, avec un peu d'encouragement de notre part… — avaient déclaré qu'elles n'achèteraient pas de produits fabriqués avec les dernières forêts en péril de la terre.

En février 2006, Greenpeace, le Sierra Club et ForestEthics étaient sur scène avec les représentants des Premières Nations côtières, le gouvernement, l'industrie forestière et les syndicats, pour annoncer la protection de 5 millions d'acres de forêt pluviale sur la côte ouest du Canada. En 2009, les détails ont été arrêtés, et nous avions sauvé 2 millions d'hectares, soit la moitié de la taille de la Suisse. Nous avions aussi créé un fonds de 120 millions de dollars pour aider les communautés locales à faire démarrer une nouvelle économie axée sur la conservation et créer un nouveau système de coupe allégée fondé sur la gestion écosystémique[4]. Les négociations avaient été un succès incontestable.

4. « The Model for New Environmentalism », ForestEthics, en ligne : www. forestethics.org/great-bear-rainforest

III

CONSEILS D'ADMINISTRATION

CHAPITRE 8

Serrer la main de l'ennemi
Voir l'humain derrière la fonction

Écouter est un art.
Épictète, philosophe stoïcien
(v. 55-135 apr. J.-C.)

Karen est entrée un jour dans le bureau de Greenpeace Vancouver et a dit : « Vous n'allez pas me croire ! »

Karen venait de donner naissance à Aedan. Elle se promenait dans la rue un certain après-midi à Kitsilano et a rencontré par hasard une femme qui se baladait avec la même poussette à pois bleus et un bébé du même âge : Linda Coady, de MacBlo. Linda était accompagnée de son mari et elle lui a présenté Karen : « Chéri, voici mon ennemie jurée, Karen Mahon, de Greenpeace. Karen, mon mari. »

Elles ont décidé de se revoir pour prendre le café. Entre mamans, de femme à femme. Pour la première fois, chacune découvrait la personne chez l'autre.

Quelque temps après, Karen a dit : « Il faut la revoir et débloquer l'impasse. » Nous avions alors réussi à stopper Mac-Blo, qui ne pouvait presque plus rien à la baie Clayoquot, mais nous avions étendu notre campagne à la forêt du Grand Ours.

MacBlo était active dans cette région, donc nos différends ne faisaient que s'aviver.

Karen et moi avons revu Linda, et il nous est venu une idée. Si nous pouvions réunir quelques-uns de nos militants les plus engagés, et si elle pouvait obtenir de son entreprise que quelques-uns de ses cadres nous rencontrent hors de la Colombie-Britannique… en secret… et que chacun essayait de comprendre la position de l'autre, peut-être, et c'était un gros peut-être, que nous arriverions à nous entendre sur une nouvelle voie d'avenir.

J'aimerais maintenant prendre un peu de recul et méditer à voix haute sur l'une des grandes leçons que j'ai retenues de toutes ces années de militantisme avec les Amis de Clayoquot, Greenpeace, ForestEthics et PowerUp Canada. Je suis parvenue, à force de tâtonnements, à passer outre au tumulte des gesticulations et des discours péremptoires pour enfin voir et écouter sincèrement les êtres humains en chair et en os qui représentaient les gouvernements et l'industrie. Au risque de paraître naïve, je sais maintenant d'expérience que nous sommes trop prompts à diaboliser nos opposants (laquais de l'entreprise privée, marionnette du gouvernement, écologiste hippie). Tout cet étiquetage fausse notre compréhension et fait parfois même obstacle aux solutions que nous n'avons pas su imaginer nous-mêmes. Si vous n'êtes pas voué corps et âme au mouvement écologiste, cette révélation peut vous sembler loufoque, mais quand j'étais dans la vingtaine, dans les cercles où j'évoluais, c'était loufoque pour d'autres raisons. La tolérance fleurait alors l'hérésie.

J'ai rencontré Linda Coady pour la première fois en 1994, à l'époque où elle était au service des relations publiques de Mac-

Blo. Dans le temps, les seules personnes de la compagnie à qui nous avions affaire étaient aux relations publiques. Il n'y avait jamais moyen de rencontrer les hauts cadres. Ils nous prenaient tous pour des écervelés et ne daignaient pas nous adresser la parole, nous rencontrer en personne encore moins.

Linda a peut-être été la première personne dans l'industrie forestière au Canada à avoir pour mission de traiter des enjeux environnementaux. MacBlo en avait fait le visage humain de l'entreprise. Elle est vite devenue son porte-parole en matière environnementale, et elle était à mon avis la seule personne dans cette industrie à parler des vrais enjeux au lieu d'ânonner le credo idéologique de la maison.

Karen ayant gagné la confiance de Linda, nous avons commencé à avoir ces conversations sincères à huis clos que nous n'avions jamais eues avec quiconque dans l'industrie. Elle disait : « D'accord. Qu'attendez-vous de moi ? Notre modèle d'affaires est fondé sur la quantité de bois qu'on abat, et vous nous dites, au sujet de la coupe à blanc, que non seulement nous devons mettre fin à la coupe à la baie Clayoquot, qui est très rentable pour nous, mais que nous devons cesser toute coupe à blanc. Cela signifie que notre production va chuter entre 30 et 70 pour cent, mais d'une manière ou d'une autre, nous devons faire fonctionner notre modèle d'affaires. Vous dites qu'il nous faut tout simplement fermer nos portes ? Vous connaissez déjà ma réponse à cela. Je n'ai donc d'autre choix que de vous combattre bec et ongles. »

Ce fut une conversation fascinante parce que, pour bon nombre d'entre nous, la réponse automatique était : « Oui, c'est ça, fermez boutique. » Puis nous rentrions au bureau de Greenpeace et les questions commençaient. Qu'est-ce qu'on veut vraiment faire ? Est-ce qu'on s'imagine qu'on est assez fort pour faire tomber la compagnie ? Est-ce qu'on croit vraiment que le gouvernement va intervenir et réguler l'industrie de telle sorte que nous n'aurons pas à conclure de pacte avec le diable? Comme on peut le penser, ce furent des conversations ardues et tumultueuses au sein de Greenpeace. Beaucoup parmi nous étaient d'avis qu'il ne fallait jamais dialoguer avec la compagnie. Linda nous disait à ce propos qu'ils étaient nombreux au sein de l'entreprise à penser la même chose de Greenpeace. Les deux camps ne bougeaient pas. Même lorsque nous avons commencé à jeter des ponts en direction de la compagnie, ils étaient si nombreux de part et d'autre à s'opposer à tout dialogue que ne nous ne pouvions même pas annoncer la tenue de nos réunions. Il fallait nous rencontrer en terrain neutre et louer des salles de réunion dans des hôtels pour nous parler. MacBlo retenait les services d'un médiateur professionnel pour faire en sorte que des leaders des deux équipes discutent du développement d'un cheminement critique pour le long terme.

Y avait-il moyen pour MacBlo et Greenpeace de s'entendre? Ou allions-nous nous battre jusqu'à la fin des temps? Chose certaine, notre antagonisme nous paraissait immuable à l'époque. Dans une flambée d'enthousiasme parental (ou hormonal), Chris et moi avions baptisé notre fils aîné Forrest. La même année, quelqu'un chez Interfor avait nommé son fils Timber [bois d'œuvre]. Il nous arrivait, à Chris et moi, de faire des cauchemars dans lesquels, trente ans plus tard, Forrest et Timber se disputeraient comme nous avec MacBlo.

À l'époque, nous avions conclu l'accord de Clayoquot et n'avions pas encore lancé la campagne pour sauver la forêt du Grand Ours. Linda et plusieurs autres chez MacBlo ont accepté de rencontrer un groupe de « notre camp », dont Adriane Carr du WCWC, Liz Barratt-Brown du NRDC, Merran Smith, qui était alors avec le Sierra Club, Karen, Chris et moi, pour un remue-méninges de deux jours qui n'engagerait cependant personne. Accompagnés d'universitaires et de médiateurs réputés, nous sommes allés dans un lieu de retraite non loin de San

Francisco, au milieu des séquoias. Dans la salle à dîner, les deux
« camps » mangeaient à des tables séparées et ne s'adressaient
pas la parole. Nous avions un facilitateur professionnel (Gifford
Pinchot de l'Institut Bainbridge, une école d'administration de
Seattle vouée à l'entreprise durable) et profitions des conseils
de Paul Hawken (écologiste, auteur et entrepreneur), qui animait un atelier sur le capitalisme naturel et l'économie verte.

Nous sommes tous arrivés à la première séance le vendredi
soir sans trop savoir à quoi nous attendre. Gifford nous a regar-
dés, Bill Cafferata, de MacBlo, et moi, et nous a dit : « Je veux que
vous vous enfermiez dans une pièce tous les deux, seuls. J'y ai
laissé quelques bières froides au cas où vous en auriez besoin.
Tzeporah, tu vas jouer le rôle de Bill. Tu t'es lancée dans ce
métier parce que tu aimes la forêt, et tu veux faire le bien, mais
ton travail consiste à protéger ton modèle d'affaires. Bill, ton
travail à toi est de protéger la biodiversité, les espèces en péril et
la forêt ancienne. Vous savez tous les deux que vous devez parvenir à un accord qui satisfera vos clientèles. Partez maintenant,
et revenez dans deux heures. »

Moi, j'étais censée incarner Bill Cafferata ?

Bill Cafferata, le forestier en chef de MacBlo, était pour moi,
et je vais rester polie, l'Antéchrist. Un colosse de près de deux
mètres, un homme qui fait peur. Grand, énorme, très bourru, il
représentait tout ce contre quoi je me battais, et il était sans
doute le seul homme du camp adverse qui pouvait me faire taire
d'un regard. Il était entré au service de sa compagnie un an
avant ma naissance. Entre nous, on l'appelait Frankenstein.

Bill et moi n'avions jamais échangé une seule politesse.
Jamais. Au début, le malaise entre nous était palpable, mais vers
les onze heures du soir, nous avions débouché des bouteilles de
bière et hurlions de rire avec nos idées folles. Il s'était avéré que
Frankenstein n'était pas le monstre que je croyais.

Mais j'avais déjà été à son école.

Au début de la campagne de Clayoquot, j'étais à Nanaimo où je devais rencontrer des chefs autochtones, et Bill y était pour les convaincre que MacBlo planifiait une coupe écoresponsable. Il avait une maîtrise totale de son dossier, faits et chiffres à l'appui. Pour ma part, j'avais fait mes recherches, je savais de quoi je parlais, mais je n'avais jamais mis les pieds dans le secteur dont il parlait.

À un moment donné, alors que je répliquais, il s'était tourné vers moi, bouillant de colère. Il avait toujours une voix très calme, basse, mais qui était devenue une sorte de grognement. Il avait dit : « Écoutez, mademoiselle, le jour où vous aurez de la boue sur vos bottes, vous comprendrez de quoi je parle. »

Peu de gens savaient me couper le sifflet comme lui. Autant j'étais en désaccord avec les plans de coupe qu'il défendait, autant ce moment fut pour moi une épiphanie dans la mesure où j'ai été contrainte de penser : *Ouais, il n'a pas tort.* À compter de ce moment, je m'étais fait un point d'honneur de toujours savoir de quoi je parlais, d'avoir « de la boue sur mes bottes ».

Ce week-end de retraite près de San Francisco a lancé le débat avec MacBlo à propos de la coupe à blanc. Je persiste à croire que ces conversations ne seraient pas allées bien loin si MacBlo n'avait pas recruté un nouveau pdg de l'extérieur du Canada, qui ignorait tout de nos luttes. Tom Stephens avait la réputation d'être coulant. C'était largement grâce à lui si nous étions allés en retraite fermée parce que, lorsqu'on lui avait offert l'emploi cette année-là, il avait fait le point sur le capital réputation de la compagnie et dit : « Nom de Dieu, mais qu'est-ce que vous avez foutu là ? »

À notre retour de Californie, nous avons rencontré Tom et lui avons présenté les stratégies que nous avions mises au point : un modèle où MacBlo s'engageait publiquement à reconnaître le caractère vital de la forêt ancienne, à protéger les espèces en péril et à adhérer à de nouvelles pratiques forestières qui protégeraient la biodiversité et seraient respectueuses des systèmes et des structures de la nature.

La coupe à ras dans une forêt pluviale tempérée offense la nature. Dans nombre d'autres écosystèmes forestiers, comme la forêt boréale, de grandes clairières s'ouvrent naturellement avec le feu, mais dans la forêt pluviale tempérée, les ouvertures ne dépassent jamais la largeur de trois ou quatre arbres. Elles sont trop humides. Les pépinières ne sauront jamais reproduire cette structure naturelle. Nous avons demandé à MacBlo d'utiliser les dernières méthodes scientifiques et d'œuvrer de concert avec Greenpeace pour voir s'il s'agissait d'un modèle d'affaires viable. Le concept du FSC n'avait pas encore pris racine, mais Tom a essentiellement dit : « Ça me plaît, Bill. Allez-y. »

Encore là, ils auraient été nombreux au sein de la compagnie ou du milieu écologiste à pousser des cris d'orfraie s'ils avaient appris que nous collaborions. Dans les mois qui ont suivi, nous avons travaillé en coulisses avec les forestiers et les biologistes de MacBlo. À quoi la situation ressemblerait-elle si MacBlo établissait des zones réservées à la forêt ancienne où il n'y aurait « pas de prélèvement » ? Combien cela soustrairait-il des revenus annuels de l'entreprise ? Qu'adviendrait-il si Mac-Blo repensait la coupe à blanc ? Les patrons de l'entreprise étaient si convaincus que ces pourparlers étaient une perte de temps qu'ils avaient, à notre insu, baptisé ce processus à l'interne le « projet Snark », du nom d'un poème de Lewis Carroll sur une nef de fous engagés dans la recherche d'un trésor qui n'existe peut-être pas[1].

La compagnie a consacré plus de 600 000 dollars au projet

---

1. Robert Matas et Patricia Lusch, « How a Forestry Giant Went Green: When MacMillan Bloedel Stopped Thinking in Absolutes, It Rethought Clearcut Logging. Its Adversary Greenpeace Toasted the Firm in Champagne », *The Globe and Mail,* Toronto, 15 juin 1998, A1, A6.

Snark, et à la grande surprise de tous, elle a produit un modèle basé sur la durée de ses baux. Le système des baux en Colombie-Britannique offrait autrefois des droits gratuits sur les terres, et MacBlo disposait d'un territoire immense, donc la coupe durable était financièrement viable pour elle. Si elle pouvait étendre sa coupe sur une zone plus grande, protéger les zones clés pour les forêts anciennes et pratiquer la coupe sélective dans d'autres secteurs tout en creusant moins de routes, qui étaient coûteuses et dommageables pour l'environnement, elle créerait un modèle nouveau pour la protection et la coupe écoresponsable.

Nous avons soumis son modèle à des experts indépendants et leur avons demandé s'il allait protéger suffisamment la biodiversité. Tous ont confirmé que le modèle protégerait non seulement la biodiversité mais qu'il secouerait l'industrie forestière dans le monde entier. Une annonce internationale de la compagnie où elle dirait qu'elle protégerait davantage la forêt ancienne et mettrait fin à la coupe à blanc aurait des répercussions à l'échelle mondiale.

Personne ne le croirait d'ailleurs.

Nous sommes retournés voir MacBlo et avons accepté d'appuyer l'entreprise et de la féliciter, mais nous l'avons prévenue que nous comptions quand même lancer une campagne pour la protection complète de certaines zones intactes le long de la côte, ce qu'on a appelé plus tard la forêt pluviale du Grand Ours. C'est alors que la compagnie a accepté d'écrire une page d'histoire. On aurait juré que la publicité sortait de nos rêves les plus audacieux : « MacBlo mettra fin à la coupe à blanc dans les forêts anciennes[2] ». La nouvelle a fait les manchettes dans tout le pays et a connu des échos dans le monde entier. Le *Wall Street*

---

2. Justine Hunter, « MacBlo to End Clearcutting in Old-Growth Coast Forests », *The Vancouver Sun*, 10 juin 1998, A1.

Journal, le *New York Times,* le *International Herald Tribune* : tous les grands quotidiens en ont parlé. À la conférence de presse, qui a été diffusée aux actualités nationales, Karen a fait cadeau à Tom Stephens d'une bouteille de champagne.

Ce fut un tournant marquant pour la coupe à blanc en Amérique du Nord. Tout aussi marquant avait été le moment où nous nous sommes mis à entrevoir les visages humains dans le camp d'en face. Dans ce processus, j'ai appris qu'il y a de braves gens partout qui sont bien intentionnés. Il s'agit alors de capter l'attention des grands décideurs et de les convaincre de donner à leur personnel le mandat de réfléchir avec créativité.

Tom Stephens, qui est toujours dans l'industrie forestière, a dit de son passage chez MacBlo qu'il a été « un des grands moments de [sa] vie ». Dans une entrevue accordée à la revue *Forest News Watch* plus de dix ans après, il a déclaré : « Nous avons créé une équipe de professionnels chargée d'examiner les options de coupe dans les forêts uniques de la Colombie-Britannique. Chose étonnante, la solution économique et la solution écologique coïncidaient. [...] Une fois que nous avons maîtrisé tous les faits et que l'équipe a donné sa recommandation, ça a été l'une des décisions les plus faciles que j'ai eu à prendre de toute ma carrière[3]. »

Grâce à l'écoute de MacBlo — et au goût commun de Karen et de Linda pour les poussettes —, nous étions tout à coup assis à la même table que les forestières. Linda et moi, avec quelques autres, avons plus tard contribué à créer le Projet des solutions communes : le Sierra Club, Greenpeace et ForestEthics rejoignant Western Forest Products, Interfor et MacBlo pour discuter de ce qui allait devenir l'Entente sur la forêt du Grand Ours. Linda est devenue une force motrice et l'une des premières négociatrices du côté de l'industrie. Après que nous avons

---

3. Tom Stephens, entrevue accordée à *Forest News Watch,* vers 2003.

conclu l'Entente, elle a quitté l'industrie forestière pour entrer au service du World Wildlife Fund et plus tard prendre en charge le dossier environnemental aux Jeux olympiques d'hiver de 2010 à Vancouver.

Le soir de l'annonce de MacBlo, Greenpeace a offert un dîner à la compagnie. Nous savions que si elle comptait vraiment mettre en œuvre sa nouvelle orientation, elle devait en donner les moyens à son personnel. Il appartenait bien sûr au conseil d'administration et au pdg de faire cette grande annonce, mais si les employés résistaient, rien ne changerait sur le terrain.

Nous avons invité des membres du personnel de tous les services afin de les remercier pour leur collaboration au projet et les avons régalés dans un restaurant du centre-ville de Vancouver. Au début, l'ambiance était insolite. Nous étions assis à une longue table, les gens de Greenpeace d'un côté et ceux de MacBlo en face. Quelqu'un a porté un toast pour marquer la grande annonce et les bienfaits de notre collaboration et le vin s'est mis à couler. Puis un forestier a dit quelque chose que je n'oublierai jamais : « Je tiens à vous remercier. Je suis forestier depuis vingt ans, et pendant tout ce temps, la seule technique qu'on autorisait était la coupe à blanc. J'ai maintenant le droit de penser à mon affaire et d'utiliser mon savoir et ma formation comme on ne me l'a jamais permis. Cela a donné un sens tout autre à mon travail. »

Ce fut un moment magique. Nous saisissions tout à coup les ramifications profondes du changement qui venait de s'opérer dans l'idéologie forestière au Canada, et nous voyions dans quelle mesure la décision de vivre en harmonie avec la nature ou non touchait les acteurs de cette industrie. Comme je m'étais toujours concentrée sur mon objectif de protéger les forêts et la biodiversité, je n'avais pas, avant ce dîner, mesuré l'ampleur réelle du changement culturel et idéologique que nous avions effectué. Il n'était plus question d'antagonisme entre nous : il s'agissait désormais de faire en sorte que nous trouvions ensemble, en tant que société, une manière différente de vivre sur la planète.

Au milieu du dîner, toutes sortes d'histoires drôles se sont mises à sortir. Des gens me disaient : « Vous me donniez la frousse. Nous étions terrifiés à l'idée de vous rencontrer. » Puis Bill m'a dit : « Les choses seront beaucoup plus faciles désormais à la maison. Ma fille ne m'adressait presque plus la parole. Elle a une photo de vous sur son mur. »

Je ne savais même pas qu'il était papa.

Je me suis mise à rire, et comme il avalait une gorgée d'eau, j'ai dit : « Ah oui, et vous devriez savoir que nous vous avions baptisé Frankenstein. »

L'Antéchrist en a craché sa gorgée d'eau à l'autre bout de la table.

Malheureusement, il n'y a pas eu de *happy end* écologique parce que peu après l'annonce, Weyerhaeuser a acheté MacBlo. Weyerhaeuser a été notoirement intransigeante dans ces dossiers et n'a pas donné suite au nouveau plan. L'annonce a néanmoins secoué toute l'industrie forestière au pays et ailleurs dans le monde. Jusqu'à ce jour, les cadres et autres représentants avaient toujours eu pour réflexe de dire que les groupes qui militaient pour la préservation des forêts anciennes étaient au mieux naïfs et au pire des écoterroristes. Ils faisaient valoir que ces hippies ivres de chlorophylle ne savaient pas de quoi ils parlaient, alors qu'eux, ils avaient une approche scientifique. Et voilà qu'une des plus grandes sociétés forestières du Canada disait : « Il faut faire les choses différemment. »

Même si nous avions formé de bons liens avec MacBlo, les négociations qui ont suivi, qui faisaient intervenir cinq forestières actives dans la forêt pluviale du Grand Ours, semblaient nous avoir ramenés à la « guerre dans les bois ».

Pendant un bon six mois, nous nous sommes heurtés de front. Ils gesticulaient, nous aussi. Nous nous tourmentions mutuellement et malmenions le médiateur des nuits durant. Les rencontres le jour n'allaient nulle part. Nous voulions négocier dans le détail quelles vallées seraient exemptées de la coupe ou non. C'était une rude bataille, vallée après vallée. La dernière chose que nous voulions, tous, c'était de nous revoir.

Puis le médiateur nous a annoncé qu'il avait des billets pour le concert d'Elton John et tenait à ce que nous l'accompagnions tous. Nous l'avons regardé comme s'il avait perdu la boule, mais c'était lui qui régalait ; nous y sommes donc allés.

Nous avons pris place dans la petite loge privée au concert, et il y avait là plusieurs chefs autochtones, Bill Dumont, le forestier en chef de Western Forest Products et Patrick Armstrong, un conseiller que l'industrie avait recruté pour suivre ma trace partout en Europe pour savoir ce que je faisais, un homme qu'on appelait « le maître d'œuvre des basses besognes de l'industrie ». Il y avait aussi Catherine Stewart, de Greenpeace, Jody Holmes, biologiste spécialisée en conservation qui représentait tous les groupes écologistes, et Merran Smith, du Sierra Club. Assise parmi ces gens, je me disais que c'était là une des expériences les plus singulières de ma vie. Nous avions devant nous Elton John, avec l'industrie forestière d'un côté et des chefs autochtones de l'autre.

Patrick s'est tourné vers Jody et lui a dit : « Tu veux danser ? »

Elle l'a toisé et lui a répondu du tac au tac : « T'es devenu fou ou quoi ? »

Il a dit : « Je vais te donner une vallée en échange. »

Elle a riposté : « Laquelle ? »

Tous avaient assisté à la conversation dans le plus grand

silence. Nous qui étions habitués à nous hurler après, la réponse flegmatique de Jody nous a tous fait éclater de rire. Quelques instants plus tard, nous dansions tous au son de la musique d'Elton John.

J'étais vêtue d'une veste et d'une jupe de soie. Comme nous avons eu chaud à force de danser, j'ai retiré ma veste et l'ai oubliée là. Le lendemain matin, quand je suis arrivée à la négociation, Bill Dumont a sorti ma veste de son porte-documents et dit : « Tzeporah, tu as oublié ça hier soir. » Nous n'étions pas tous allés au concert, et j'ai figé, je l'avoue. Tout le monde a éclaté de rire.

Le médiateur avait eu raison. À force de vivre ensemble ces expériences bizarres et de se voir les uns les autres comme des êtres humains, la teneur des discussions a évolué. Nous n'avons pas modifié nos positions sur les grands enjeux, mais nous étions disposés à écouter davantage. Nous avons commencé à entrevoir les êtres humains en face de nous et à écouter d'une manière nouvelle.

L'autre grande expérience formatrice pour le mouvement écologiste en Colombie-Britannique a été l'apprentissage structuré du leadership sous la houlette de Robert Gass à Hollyhock. Étant à l'emploi de l'Institut Rockwood de San Francisco, Robert s'était adjoint les services de Bill Ury, chef du Projet de négociation de Harvard, pour nous former à la négociation. Il nous a enseigné son analyse, qui consiste à mener avec le cœur. Il nous a mis au défi de nous souvenir, en tout temps, que peu importe à qui l'on s'adresse, chacun veut faire le bien, quelle que soit sa position ; c'est seulement que tous sont coincés dans un système mauvais. Il disait que si l'on s'ouvre aux gens et que l'on suscite une conversation, ils seront davantage disposés à imaginer conjointement des solutions. En revanche, si on les forçait à adhérer à une idée, aucune entente ne pourrait durer.

Une bonne part de notre formation tournait autour de ce que nous appelions à la blague la « stratégie d'amour de Robert ». Il nous a initiés à la méditation et à sa théorie selon laquelle des gens qui sont en santé, qui ont les deux pieds sur terre, sont bien plus efficaces. À l'époque, aucun d'entre nous ne pouvait se vanter d'être en santé ou d'avoir les pieds sur terre. Nous dormions dans des sacs de couchage sous nos bureaux la nuit. Nous vivions de pizza et de scotch bon marché. Nous étions constamment sur le pied de guerre. Robert nous incitait à faire des exercices de respiration au lieu de fumer et à nous lever tôt pour faire du yoga au lieu de passer la nuit debout à nous faire du mouron et à boire. Il disait toujours : « Vous allez tous brûler la chandelle par les deux bouts. Vous devez être entiers, et vous devez voir les représentants du gouvernement et de l'industrie comme des êtres entiers. »

Peu après ma formation avec Robert, j'ai assisté à une rencontre à la Tour MacBlo en face de l'Hôtel Vancouver. Le camp environnemental se composait exclusivement de femmes. Karen s'est tournée vers Jody, Merran et moi dans l'ascenseur et a dit : « Rappelez-vous la stratégie de l'amour. » Nous avons toutes éclaté de rire en entrant dans la salle et en pensant : *Ouais, c'est ça, aimons nos prochains.* Ce fut une rencontre tendue, et plusieurs fois, nous nous sommes regardées du coin de l'œil pour nous rappeler d'écouter au lieu de gueuler. Les représentants de l'industrie étaient totalement désarçonnés. La teneur de la conversation s'est mise à changer, et nous avons accompli beaucoup de choses ce jour-là.

Après la rencontre, j'ai dit à Bill Dumont : « Je cherche à comprendre pourquoi vous pensez que vous ne pouvez pas faire ça. Quels sont vos obstacles ? Je t'écoute. »

Il a répondu : « Si tu dis vrai, viens me voir demain. J'aurai quelques-uns de mes gars avec moi, qui vont citer des chiffres. Ils vont te dire combien de personnes vont perdre leur emploi, et tu pourras m'expliquer comment leur annoncer ça. »

Je me suis rendue aux bureaux de Western Forest Products le lendemain et j'y ai rencontré Bill et des membres de son personnel. Il a fait le tour des chiffres et des employés. « Ils sont quatre chez ce gars-là. Il a déjà été mis à pied trois fois cette année parce que nous avons entrepris de creuser telle route et nous avons dû arrêter trois fois. Si nous acceptons votre proposition, plus de travail pour lui. Et si nous fermons tel projet, tel sous-traitant va nous poursuivre en justice, et ça va nous coûter tant. » Je voyais là les conséquences tangibles des mesures que nous réclamions.

Nous nous sommes mis à prendre ces enjeux en considération, à songer aux endroits où l'abattage aurait un impact écologique moindre et à concevoir une certaine transition vers une stratégie à long terme pour la compagnie et ces travailleurs. Nous sommes passés ainsi à la résolution de problèmes tangibles qui requéraient des compromis de la part de toutes les parties. Nous nous sommes entendus sur une approche graduée : un abattage sélectif et une gestion écosystémique qui s'étaleraient sur une période de quatre à huit ans.

J'ai vécu une épiphanie lorsque je me suis engagée dans cette voie avec Bill Dumont. J'entrevoyais désormais les difficultés de l'entreprise, et je me rendais compte que je pouvais aisément accepter des compromis par rapport à mes valeurs écologiques. Une fois que je me suis mise à éprouver de l'empathie pour les « méchants », c'était difficile de rester sincère, ouverte, claire tout en maintenant ma position. Je constatais fois après fois que si réclamer le changement n'est jamais facile, et certainement pas un moyen de se faire des amis, tant et aussi longtemps que l'on articule son point de vue avec intégrité, clarté et compassion, on gagne le respect des gens d'en face. Oui, nous devions trouver un compromis afin de parvenir à des solutions fonctionnelles, mais nous devions également défendre nos valeurs écologiques et protéger pour toujours la majorité des rares vallées de forêts pluviales de l'abattage industriel.

Pour nous assurer de rester sur la bonne voie, nous gardions constamment contact avec les autres groupes écologistes, et avons décidé qu'il n'y aurait pas de compromis sur l'intégrité des vallées. Nous n'accepterions rien de moins que l'interdiction de toute coupe dans toutes ces vallées. Toute autre forme d'abattage hors des vallées serait fondée sur la gestion écosystémique. Nous négocierions seulement l'espace de temps que cela nécessiterait. Une fois cette décision prise, nous sommes allés de l'avant et avons obtenu un accord.

Quelques semaines plus tard, lors d'une réunion tendue à laquelle assistaient le gouvernement provincial, les Premières Nations et les forestières, l'entreprise d'abattage a déposé sur la table une proposition qui n'était pas celle dont il avait été question lors de la séance précédente. Elle nous poussait à l'écart, sous les yeux du gouvernement et des Premières Nations. La tension était palpable, et il était évident que nous allions perdre un grand nombre de vallées à l'abattage. Puis Merran m'a glissé un note qui disait : « Respire. » J'ai pris une respiration profonde et alors, au lieu de laisser libre cours à ma colère, j'ai dit : « Je crois que nous devrions faire une pause, puis revenir et reprendre tout cela à partir d'un angle différent. »

Nous avons tous fait une pause. Merran et moi avons respiré profondément et nous avons abordé la conversation d'une manière toute différente. Au lieu de disperser notre énergie tout autour de nous, nous sommes restées calmes et confiantes. Nous sommes revenues prêtes à trouver une solution. Les Premières Nations, qui connaissent et respectent cette culture de la conversation, ont alors pris le relais de la réunion.

La discussion s'est poursuivie jusque tard dans la nuit, et

À l'époque de la barricade de Clayoquot, à l'été 1993, l'abattage industriel à grande échelle était la norme dans la forêt ancienne du Canada. Cette image d'un secteur de la baie Clayoquot coupé à ras illustre la dévastation qui s'y pratiquait.

Lors d'une des toutes premières protestations à la baie Clayoquot, vers la fin des années 1980, Valerie Langer bloque la coupe en se juchant sur une poutre suspendue sur le pont du lac Kennedy.

À la mi-juillet 1993, des centaines de personnes convergeaient tous les jours vers le Camp pacifique de la baie Clayoquot. Des enseignants, des étudiants, des gens d'affaires et des hippies se sont retroussé les manches et ont créé une communauté insolite et magnifique au beau milieu d'une coupe à blanc. Tous les après-midi, nous offrions des ateliers d'initiation au maintien de la paix et à la désobéissance civile. Tous les soirs, il y avait une réunion où nous expliquions ce que nous allions faire le lendemain et les risques que cela comportait sur le plan pénal.

À l'été 1993, les Amis de Clayoquot ont invité le groupe rock australien Midnight Oil à venir jouer à la barricade. Le chanteur, Peter Garrett, qui est devenu plus tard ministre de l'environnement, du patrimoine et des arts de l'Australie, siégeait à l'époque au conseil d'administration de Greenpeace. Le concert a attiré entre trois et cinq mille spectateurs.

Le lendemain de l'inauguration de la barricade, un journal me montrait en première page, brandissant le poing. Les membres de ma famille ont aussitôt traversé le pays en avion pour s'assurer que j'allais bien. Émus par le spectacle atroce de la coupe à blanc, ma sœur et son mari (ci-dessus à droite) ont décidé de se joindre à la barricade. Je craignais tellement de les voir coffrés par la police que je les ai suppliés de quitter le pont pour que je puisse faire mon travail tranquille !

L'homme qui allait bientôt devenir mon mari, Chris Hatch, a été arrêté à Clayoquot pour avoir bloqué la route avec des responsables de Greenpeace venus du Royaume-Uni, d'Allemagne, des Pays-Bas et des États-Unis. Ces arrestations ont valu à notre cause une couverture médiatique accrue dans le monde entier. Je me rappelle Thilo Bode, le directeur de Greenpeace Allemagne et plus tard directeur de Greenpeace International, déclarant à sa sortie de prison : « Le goufernement kanadien et les forestièères font nous payer ça ! »

Les protestations de la baie Clayoquot comptent parmi les plus grands actes de déso-béissance civile de l'histoire du Canada. Dix mille personnes de toutes les couches de la société se sont jointes aux manifestations en 1993, et près d'un millier d'entre elles ont été arrêtées.

Nos avocats nous avaient prévenus que nous écoperions peut-être de travaux communautaires si nous étions arrêtés pour entrave à la circulation. Personne n'avait pensé que les tribunaux condamneraient des centaines de personnes à plusieurs mois de prison, dont certaines qui n'avaient bloqué la coupe qu'à peine dix minutes.

Je proteste contre la poursuite de la coupe à la baie Clayoquot devant le ministère des Forêts en 1993, en compagnie de Garth Lenz, Val Langer et Karen Mahon.

Lorsque la coupe a repris à Clayoquot en 1994, après les barricades monstres, des centaines de personnes ont été traduites devant les tribunaux pour aboutir en prison. J'ai compris ce jour-là qu'il n'était plus question pour moi de prendre un congé de ma « vraie vie » pour contribuer à sauver la forêt pluviale : cette cause était *devenue* ma vraie vie.

LETTRE OUVERTE

L'honorable Colin Gabelmann
Procureur général de la Colombie-Britannique

Monsieur le Ministre,

Le lundi 20 juin, la militante écologiste Tzeporah Berman sera jugée à Victoria pour avoir protesté contre la coupe à blanc à la baie Clayoquot. Nous croyons savoir que Mme Berman n'avait pour motif que de maintenir l'ordre et qu'elle n'a enfreint nulle loi, nulle ordonnance judiciaire. Elle a été néanmoins inculpée au criminel et risque une lourde peine de prison parce qu'elle aurait été « complice » de ces

manifestants qui ont bloqué les routes forestières pour marquer leur opposition à la coupe à ras des forêts de la baie Clayoquot. Nous nous inscrivons en faux contre ces procédures.

Les accusations qui pèsent contre Mme Berman attentent clairement au droit de manifester. Elles entravent aussi le droit qu'elle a d'encadrer des personnes participant librement à un acte de désobéissance civile exempt de toute violence. Arrêter uniquement l'organisatrice d'une protestation est un acte d'intimidation et de harcèlement. Enfin, nous craignons que ces accusations n'enfreignent le droit de parole de Mme Berman.

La coupe à ras de la forêt ancienne de la baie Clayoquot est un enjeu sérieux : il convient donc de respecter le droit qu'ont les gens d'exprimer leur opinion et de s'organiser pacifiquement pour ce faire sans craindre d'être arrêtés et d'être condamnés à de longues peines de réclusion. Nous vous prions en conséquence d'ordonner à vos procureurs de réétudier les éléments de preuve dont ils disposent et de retirer leurs accusations immédiatement.

Nous vous prions d'agréer, Monsieur le Ministre, l'expression de nos sentiments distingués.

Saul Arbess, anthropologue

Margaret Atwood, écrivaine

Maude Barlow, présidente du Conseil des Canadiens

Diana Barrington, comédienne

Peter Blyer, Conseil des Canadiens

Meg Buckley-Potter

June Callwood, écrivaine

Joan Candioo

Bruce Cockburn, musicien

Paul Copeland, avocat

Nita Daniels-Levine

William Deverell, écrivain

Jan Eastman

Bristol Foster, biologiste

Ursula Franklin, professeure

Peter Garret, chanteur, Midnight Oil

Anton Gross

Donna Gross

Josh Gross

Richard Gross

Mavis Gilly

Angela Hryniuk, artiste

Mel Hurtig

Jane Jacobs, écrivaine

Norman Jewison

Robert Kennedy jr.

Dr Crystal Kleiman

Valerie Langer

Jack Layton, homme politique

Hart Levine

Greg McDade, avocat

Jim McFarlane

Kathy McGregor

Maureen McPherson

Alice McQuade

Mel Morlliet

Farley Mowat, écrivain

Elsie Murphy

Susan Musgrave

Michael Ondaatje, écrivain

Robert Osleeb, ébéniste

Stuart Parker

Eric Peterson, comédien

Ken Pogue

Stephen Reid

Svend Robinson, député fédéral

Peter Ronald

Rick Salutin, journaliste

Robin Skelton

Roger Smeeth, architecte

David Suzuki

Karen Title

Ray Travers, forestier

Rick Turner

Judy Tyabji

Myra Waller

Tom Westwater

Carrol Whitwell

Michael C. Williams, homme d'affaires

Florence Wilson

Jane Woodland

Ross Woodland

Ray Worley

Répondre à l'adresse suivante : a/s 1726, Commercial Drive, Vancouver, C.-B., V5N 4A3 — Téléphone : 253-7701

J'étais inculpée de 857 chefs d'accusation pour complicité criminelle à cause de mon travail de coordination à la barricade de la baie Clayoquot. Au terme du procès, qui a duré cinq jours, le juge a dit qu'il m'aurait volontiers jetée en prison, mais que les accusations étaient à son avis infondées. Chris et moi quittons le palais de justice heureux de savoir que je ne passerai pas les six prochaines années de ma vie en prison.

J'ai eu à quelques reprises le privilège de voir le rare ours Esprit dans la Forêt pluviale du Grand Ours. L'expression « ours Esprit » provient de la tradition autochtone, selon laquelle l'ours Kermode (dont le pelage est normalement brun mais qui est porteur d'un gène récessif) doit être vénéré et protégé.

L'annonce pleine page de ForestEthics dans le *New York Times* était si contro-versée qu'elle a été reproduite dans tous les médias américains et canadiens, donnant à notre achat publicitaire de 30 000 dollars un impact évalué à plu-sieurs millions. À l'époque, Victoria's Secret produisait *un million* de catalogues par jour, essentiellement sur du papier provenant des forêts boréales du Canada.

La première barricade érigée par Greenpeace dans la forêt pluviale du Grand Ours (son nouveau nom) sur la côte nord-ouest du Canada, en mai 1997. Nous avons vécu quatorze jours dans cette coupe à blanc et avons organisé des protestations simultanées devant les ambassades du Canada en Europe et aux États-Unis.

En 1995, nous avons commencé à collaborer avec les Nuxalks dans la Forêt pluviale du Grand Ours du Canada. Feu le chef Ed Moody (K'watsinas) prend part à une action contre le navire *Grebe Arrow* en Belgique, qui transportait du papier fait du bois des forêts pluviales du Canada. Moody a participé à plusieurs « actions visant à recouvrer des biens volés » montées par le Rainforest Action Network et par Greenpeace : lui et d'autres membres de la Première Nation Nuxalk entraient dans des magasins Home Depot et, sous l'œil des caméras, en ressortaient avec du bois d'œuvre qu'ils déclaraient avoir été volé sur leur territoire traditionnel.

Mon premier téléphone portable avait la taille d'une brique, et il fallait une mallette pour le transporter. Ici, en 1996, nous occupons l'un des plus grands chalands de billes du monde, le *Haida Brave*, près de Squamish (C.-B.).

Un manifestant de Greenpeace accroché à une chaîne d'ancre est repoussé à l'aide d'un boyau d'incendie.

Dans les années 1990, nous avons organisé des protestations dans le monde entier pour bloquer les exportations de bois et de papier provenant des forêts pluviales de la Colombie-Britannique. Ce sont des manifestations comme celles-ci qui ont obligé les représentants de l'industrie et du gouvernement à négocier avec les organisations écologistes. Les écologistes de la Colombie-Britannique ont réussi à susciter un débat sur la protection insuffisante des forêts pluviales anciennes du Canada.

La campagne de Greenpeace Royaume-Uni pour mettre fin à l'importation en Europe de fèves de soja génétiquement modifiées, en 1999, a été l'une des protestations les plus amusantes dont j'ai été témoin. C'était dans la foulée du scandale mettant en vedette le président américain Bill Clinton et Monica Lewinsky.

Les cinq minutes que m'a consacrées Paris Hilton lors de la première du film *The 11th Hour* à Los Angeles ont peut-être été les minutes de campagne les plus surréalistes mais les plus fructueuses de ma vie. Cette photo a été reproduite dans plus de cent journaux dans treize pays et a donné à ForestEthics une plateforme mondiale dans sa campagne pour la protection des forêts anciennes du Canada. *Merci, Paris!*

L'actrice oscarisée Marlee Matlin a signé une carte postale, lors de la première du film *The 11th Hour,* invitant le gouvernement de la Colombie-Britannique à protéger l'habitat du caribou dans la forêt pluviale tempérée de l'intérieur. La photo s'est retrouvée en première page du *Vancouver Sun*. Un an plus tard, le gouvernement de la Colombie-Britannique s'est engagé à protéger l'habitat du caribou sur un territoire de 2,2 millions d'hectares.

En 2009, j'ai accepté d'être l'un des nombreux porteurs du flambeau olympique pour les Jeux de Vancouver. J'ai transporté le flambeau (qui brûlait du carburant) montée sur un scooter électrique afin de populariser les moyens alternatifs de transport à émission zéro.

Le déversement pétrolier de la plateforme de forage *Deepwater Horizon* dans le golfe du Mexique est assurément l'un des pires sinistres écologiques de notre époque. Nous avons dépêché sur place une équipe scientifique ainsi qu'un navire pour nous enquérir des dommages environnementaux dans le golfe. Passant outre à cette catastrophe, le président Obama a ré-autorisé, en 2011, le forage en eaux profondes dans le golfe et d'autres régions.

En novembre 2009, le *Reader's Digest* a relaté à ses 5,9 millions de lecteurs mensuels l'histoire de la barricade de la baie Clayoquot et les autres grands moments des vingt dernières années de militantisme écologique.

Lorsque le déversement pétrolier de Dalian, en Chine, s'est produit en 2010, l'un des courageux pompiers, Zhang Liang, a été tué. L'équipe d'intervention rapide de Greenpeace était sur place dans les vingt-quatre heures. Le photographe Lu Guang, qui a capté cette image horrible, a remporté un prix World Press Photo.

Après le déversement pétrolier du *Deepwater Horizon* dans le golfe du Mexique en avril 2010, notre équipe de Greenpeace International a décidé de profiter de la catastrophe pour illustrer le danger du forage dans l'un des écosystèmes les plus fragiles et les plus importants de la planète : l'Arctique. Nous avons dépêché notre navire *Esperanza* dans l'Arctique et investi la plateforme de forage sous le nez de la marine danoise. Nous avons réussi à ralentir le forage — mais pas encore à y mettre fin — et à sensibiliser le monde.

Les sables bitumineux du Canada gisent sous la forêt boréale, l'une des dernières grandes forêts du monde. En 2008, Greenpeace a investi ce site de Syncrude et bloqué le boyau qui déverse de la boue toxique dans des fosses à ciel ouvert. Tous les jours, l'exploitation des sables bitumineux a pour effet de déverser 1,8 milliard de litres d'eau toxique dans ces fosses ouvertes et non chemisées.

La campagne de Greenpeace visant à obliger Facebook à utiliser de l'énergie renouvelable au lieu du charbon et du nucléaire regroupe plus de 700 000 membres dans le monde entier et a suscité des protestations dans plusieurs pays. L'empreinte de carbone des TI, secteur qui connaît une expansion rapide, va s'élargir encore, à moins qu'on ne privilégie l'électricité renouvelable. En fait, si l'Internet était un pays, ce serait le cinquième consommateur d'électricité du monde. Me voici à Dublin, en 2011, protestant devant l'un des quartiers généraux de Facebook.

cette rencontre a été le prélude à l'accord législatif que nous avons fini par obtenir en 2001 et qui a eu pour effet de 2,1 millions d'hectares de forêt pluviale. Jamais nous n'aurions réussi sans la formation au leadership que nous avions acquise et la volonté que nous avions de voir des êtres humains devant nous et non des ennemis. C'est ainsi que nous nous sommes mis à chercher sincèrement des solutions et à prendre conscience des défis que devait surmonter l'industrie. Des deux côtés de la table, nous nous sommes mis à travailler de concert, à chercher un terrain d'entente et à investir nos ressources dans la résolution de problèmes.

Il y a eu des moments, oui, où nous avons eu le sentiment que ces solutions inspirées sortaient tout droit de notre matelas de yoga ou de notre oreiller de méditation, mais, chose certaine, sans l'action directe et les campagnes commerciales intenses, jamais nous n'aurions été admis à la table de négociations. L'empathie n'est qu'un atout parmi d'autres.

CHAPITRE 9

Une main de fer dans un gant de velours

La création de ForestEthics

> *Dans la bataille pour les forêts, les écologistes nous*
> *torchent à tous les coups. Ça force le respect.*
>
> DAVID EMERSON, alors pdg de Canfor,
> au congrès annuel de l'Association
> des camionneurs grumiers

En 2000, la coalition américaine que nous avions lancée pour protéger les forêts de la Colombie-Britannique (la Coastal Rainforest Coalition, ou CRC [Coalition pour la forêt pluviale côtière]) avait manifestement débordé son cadre fondateur. Le personnel a alors eu l'idée de créer un groupe écologiste strictement voué à l'action commerciale. La CRC deviendrait ainsi une organisation indépendante dont les leviers financiers et politiques protégeraient les forêts en danger. Ayant récemment donné naissance à Forrest, je ne pouvais plus me déplacer aussi souvent pour le compte de Greenpeace. Devenue maman, j'avais moins d'heures à moi pour le travail, et je n'en pouvais plus d'attendre aussi longtemps à l'interne pour qu'on décide des mots d'ordre, des plans de campagne et des directives. J'ai décidé ainsi de quitter Greenpeace et de me joindre au personnel de la CRC.

Plus tard cette année-là, tous les membres de la CRC en Colombie-Britannique se sont réunis en retraite stratégique pour déterminer ce que nous allions faire, comment nous allions mener nos campagnes et quel nom nous prendrions. Nous discutions justement du nom depuis longtemps déjà. Certains tenaient absolument à conserver la Coalition pour la forêt pluviale côtière étant donné que nous l'utilisions depuis plusieurs années. D'autres voulaient en changer. Nous avons sondé divers groupes témoins pendant des mois, puis nous avons recruté une grande agence de communication pour nous aider. Nous n'arrivions pas à trouver un nom qui reçoive l'aval de tous. Nous voulions quelque chose de « percutant » mais aussi un nom qui serait pris au sérieux par les compagnies avec lesquelles nous ferions affaire. Un jour, lors d'une excursion dans la vallée Elaho, quelqu'un a dit : « Il nous faut le mot "forêt" dedans. » Un autre a ajouté : « Que diriez-vous si l'on combinait forêt et éthique ? Parce que c'est ce que nous voulons : nous voulons que les gens aient un rapport éthique avec la nature. » Et ça s'est passé comme dans ces vieilles réclames où le chocolat se mêlait au beurre d'arachides. Après des mois de discussion, nous avons tous compris en même temps que notre nouveau nom serait ForestEthics.

ForestEthics met le pouvoir de l'argent au service de nos majestueuses forêts. Nous avons eu entre autres pour devises : « Inflexibles sur les enjeux, flexibles envers les gens » et « Nous collaborons avec les compagnies mais nous n'admettons pas qu'on nous dise non ». Notre mandat était d'orienter la demande du marché vers les produits écoresponsables et de catalyser la diversification économique dans les communautés qui vivent de la forêt. Il s'agissait pour nous d'exercer des pressions sur les entreprises — et de nous servir de leur pouvoir d'achat — pour encourager la consommation de produits écoresponsables et ainsi protéger les forêts en péril. Depuis notre fondation en 2000, plus d'une centaine d'entreprises ont signé des déclarations par lesquelles elles s'engagent à acquérir des produits certifiés FSC et à ne pas acheter de produits émanant des forêts anciennes. Ces accords ont stimulé la demande pour les produits certifiés autant chez les consommateurs qu'au sein de l'industrie et prouvé aux grandes forestières que la certification est un objectif rentable. Ces compagnies s'engageaient à ne pas acheter des sources les plus nocives, ce qui nous a donné l'influence qu'il nous fallait dans les négociations entourant la forêt du Grand Ours et bien d'autres régions.

Environ deux semaines après la fondation de ForestEthics, un groupe d'organisations chiliennes nous a demandé ce que nous avions fait dans le dossier de la forêt du Grand Ours étant donné qu'elles avaient elles aussi dans leur pays des forêts tempérées que l'on voulait abattre pour en faire des pépinières à croissance rapide. C'est ainsi qu'est né ForestEthics Chili. Nous avons analysé les produits chiliens et rendu visite aux entreprises qui achetaient le pin Radiata du Chili. Nous avons découvert un produit de remplacement : le pin Radiata de seconde venue certifié FSC de Nouvelle-Zélande. Nous avons démontré aux compagnies qu'elles pouvaient se procurer cet autre produit ailleurs et ainsi contribuer à la préservation de la forêt indigène du Chili. Nous nous sommes ensuite adressés à Home Depot, avec qui nous avions des rapports suivis après des années de négociation, et avons obtenu de l'entreprise qu'elle serve de médiateur dans une discussion entre plusieurs groupes de conservation et deux entreprises — Arauco et Mininco — qui comptent pour 80 pour cent de l'abattage au Chili. Au bout du compte, nous avons réussi à préserver 400 000 hectares de forêts au Chili, et il existe encore aujourd'hui un accord paritaire entre les groupes écologistes et les forestières qui protège les forêts originales du Chili. Nous avions ainsi exporté le modèle de la forêt du Grand Ours au Chili.

L'équipe originale de ForestEthics se composait de Liz Butler, une organisatrice écologiste bien connue aux États-Unis qui siégeait au conseil d'administration fondateur de la CRC. Liz est une végétalienne amoureuse de sa moto Harley, aux longs cheveux noirs et au Rolodex encyclopédique. Elle connaît tout le monde, parle à une vitesse hallucinante et peut vous organiser en une demi-heure une manifestation avec une dizaine de personnes dans quelque trou perdu n'importe où aux États-Unis. Nous avions déjà d'excellents rapports du fait que nous nous comprenions instinctivement et que notre travail était complémentaire. Liz est brillante pour mobiliser les regroupements populaires au profit de campagnes commerciales. Une fois le mouvement lancé, je savais pour ma part comment articuler les stratégies, faire aboutir les négociations et m'occuper du démarchage. C'est grâce à Liz et à son équipe que nous avons pu influencer des géants comme Staples. Nous portions notre regard sur une entreprise cible et elle disait : « Ça ne va pas. Où les gens vont-ils protester ? Il n'y a pas assez de magasins. Comment allons-nous faire participer les gens ? Personne ne connaît cette marque. Cette compagnie est inaccessible, on ne peut rien faire ici. » Elle sait toujours ce qui va marcher et ne marchera pas. Nous avions travaillé la main dans la main pendant plus de dix ans, surtout dans le cadre des campagnes américaines. Liz est aujourd'hui la directrice de campagne de 350.org, l'un des plus grands réseaux voués aux changements climatiques dans le monde.

L'équipe comprenait également Kristi Chester Vance, la directrice des communications : femme énergique et brillante, capable de réflexions des plus hardies et des plus créatives. Elle avait le don de rendre le travail plaisant parce qu'elle avait souvent de ces idées légèrement farfelues qui saisissent l'imagination. C'est une communicatrice très motivée, très limpide, et c'est elle qui m'a vraiment enseigné le b.a.-ba des relations publiques : il ne s'agit pas d'avoir un rapport ou une barricade dont on voudrait que la presse parle, mais plutôt d'avoir une histoire qui capte l'imagination, que la presse pourra suivre, avec des bons et des méchants, des princes et des dragons, David et Goliath. Construire un récit, raconter une histoire et avoir à sa disposition des rapports, des événements à relater, des déclarations et des actions afin de « nourrir la bête médiatique » est un art que peu maîtrisent. Chez ForestEthics, nous avons remporté plusieurs batailles (contre Staples, Office Depot, Victoria's Secret) grâce à cette combinaison impressionnante de savoir-faire médiatique et de mobilisation populaire.

Todd Paglia en est le directeur exécutif. Cet homme, avocat de son métier, met à mal presque toutes les idées reçues qui circulent sur le mouvement écologiste. C'est un homme plus à l'aise vêtu d'une chemise impeccablement repassée et boutonnée que d'une chemise de chanvre décontractée. Lorsqu'il est venu me rendre visite sur l'île Cortes, il est descendu du taxi nautique des chaussures vernics aux pieds. J'ai éclaté de rire et lui ai conseillé de les enlever, car nous allions à la plage. Il avait travaillé dans le temps pour le compte de Ralph Nader à Washington, et nous l'avons persuadé de se joindre à notre groupe à titre d'organisateur de campagnes juste avant que nous ne devenions ForestEthics. C'était lui, l'âme de la campagne contre Staples, et il est devenu notre directeur exécutif au bout de quelques années.

La campagne pour la forêt pluviale du Grand Ours avait commencé avant la fondation de ForestEthics, mais bon nombre d'entre nous y avaient déjà travaillé à titre individuel : c'est donc devenu notre première grande campagne. Une opération qui mobilisait tous nos moyens, des gens formidables et bien d'autres organisations. Pendant des années, nous avons eu l'impression de vivre dans une fournaise, tâchant de produire assez d'énergie pour freiner l'abattage avant qu'il ne soit trop tard. Une fois que nous sommes parvenus à une entente pour mettre fin à la coupe dans les soixante-neuf vallées encore intactes, nous avons tous accepté de mettre fin à notre publicité bruyante et à nos boycotts. Le problème ici tenait au fait que ces campagnes faisaient toute notre force. Nous tenions désormais une « entente » dont tous les détails n'étaient pas encore arrêtés, mais nous n'avions pas de loi permanente ou de filet de sécurité. Si les entreprises décidaient d'aller de l'avant et d'abattre ces forêts, nous aurions à relancer nos campagnes, chose très ardue. Les campagnes mettent longtemps à conscientiser la population et à susciter l'intérêt. On ne peut les stopper et les relancer du jour au lendemain. Dilemme que connaissent bien sûr toutes les organisations sociales ou environnementales parce qu'aucune solution n'est parfaite au départ et que toute négociation exige un acte de foi et des compromis difficiles.

Nous avons tous passé des nuits blanches à nous demander si nous avions réalisé des gains suffisants pour renoncer à la campagne. Le problème, c'était que si nous ne parvenions pas à une entente, les forestières perceraient des routes dans les vallées intactes. En 2000, les compagnies ont accepté de ne pas y toucher si nous cessions de nous attaquer à leur image de marque. Il a fallu une autre année pour que le gouvernement accepte un processus de planification et de décision qui inclurait les Premières Nations à titre de partenaires égaux et prendrait en compte les problèmes liés au développement économique à long terme et à l'emploi.

L'entente a tenu. Après la trêve de 2001, il a fallu persévérer cinq ans pour annoncer l'entente au sujet de la forêt du Grand Ours, et encore trois ans pour déterminer comment elle serait mise en œuvre, bâtir une économie nouvelle, financer la diversification économique et négocier avec le gouvernement et l'in-

dustrie pour créer une législation habilitante pour l'écoforesterie, chose qui n'avait jamais été faite. Nous avons créé des
groupes de travail avec le gouvernement, l'industrie, les groupes
écologistes, les Premières Nations et les syndicats, et avons
recruté des économistes et des scientifiques indépendants. Il
nous fallait faire en sorte que les compagnies soient informées
afin de maintenir la pression sur le processus, mais au même
moment nous devions aussi réorienter le gros de nos efforts
pour trouver d'autres solutions économiques dans la région
sans en menacer la stabilité écologique. Travail épuisant, tout en
détails, pour lequel je ne suis pas faite. Donc, après que l'entente
initiale a été conclue en 2001, je me suis retirée du dossier et j'ai
accepté le poste de directrice des campagnes à ForestEthics :
j'étais chargée d'un nouveau projet visant la forêt pluviale intérieure, où nous nous efforcerions de protéger le caribou des
montagnes en Colombie-Britannique, ainsi que d'une autre
campagne pour la forêt boréale.

CHAPITRE 10

Toutes les soixante secondes

Sauver la forêt boréale canadienne

> *Il est amplement démontré que les utilisations et les pratiques de gestion actuelles de la forêt détruisent notre patrimoine, que nous abattons trop d'arbres sur de trop grandes superficies et que nos politiques forestières ont été mauvaises. Pourtant, sur papier, le Canada mène une politique inspirée de l'aménagement durable.*
>
> *Réalités concurrentes : la forêt boréale en danger.*
> Sous-comité de la forêt boréale du Sénat canadien, 1999

À l'été 2002, je suis allée rendre visite à ma grand-mère. Elle vit dans la forêt boréale, dans le nord de l'Ontario. Avec Forrest, j'ai pris l'avion pour International Falls, au Minnesota, petite ville à cheval sur la frontière canado-américaine, parce que c'était le billet d'avion le moins cher qu'il y avait avec départ de San Francisco, et de là, j'ai loué une voiture.

À la tombée de la nuit, j'étais sur un chemin qui conduisait vers une scierie monstre, illuminée comme un sapin de Noël au milieu de la nuit. Cette bête industrielle géante avalait de la fumée et du bois et recrachait des copeaux de bois. Je roulais en direction de l'usine, tâchant de repérer la frontière, jusqu'au moment où je me suis rendu compte que la frontière passait par la scierie. Pour traverser, il faut en effet pénétrer dans la scierie de Boise Cascade à International Falls et suivre le pont qui mène à l'autre scierie, celle de Fort Frances, au Canada.

Il y avait de la boue qui coulait d'un côté de l'usine et des copeaux qui pleuvaient de l'autre. Le pont qui lie le Canada et les États-Unis est essentiellement une usine de pâtes et papier. J'ai traversé à toute vitesse le ventre de ce monstre industriel comme si j'avais les diables de l'enfer à mes trousses. La taille de l'usine et son odeur m'écrasaient littéralement. Une fois l'usine franchie, j'ai filé tout droit sur la route jusqu'à ce que je voie une immense forme noire devant moi. Je me suis arrêtée. Un ours noir colossal était assis au beau milieu de la route. Il s'est relevé, les pattes de devant croisées sur sa poitrine, et il m'a regardée.

Cette rencontre ayant mis fin à ma course, j'ai vu où j'étais rendue : je me trouvais dans un secteur de la forêt boréale d'une beauté sans pareille. Pendant un très long moment, j'ai observé l'ours, tâchant de trouver un moyen de le contourner. Il s'est mis à marcher lentement sur la route, et je l'ai simplement suivi. On aurait dit qu'il me demandait de ralentir, de songer au lieu où j'étais et à ce que je venais de voir. L'ours a fini par filer dans le bois, et moi je conduisais toujours aussi doucement, avec des images de la forêt et de la scierie dans la tête, me demandant si j'étais capable de consacrer trois ou cinq ans de ma vie à une campagne qui voyait aussi grand : la protection de la forêt boréale.

La forêt boréale couvre tout le Canada, d'un océan à l'autre, et s'étend jusqu'à un cercle (certains disent une auréole ou une couronne) qui embrasse le haut de la terre et se prolonge jusqu'en Sibérie. Rien qu'au Canada, elle chevauche douze juridictions politiques, abrite des centaines de Premières Nations et est exploitée par vingt entreprises forestières. C'est un joyau éco-logique, un refuge faunique unique. Environ deux tiers de ce pays sont sauvages, les routes et l'industrie y sont inconnues. La forêt boréale du Canada contient 25 pour cent de la forêt encore intacte du monde et est, avec l'Amazonie et la taïga russe, l'un des trois lieux sur la planète où il y a encore de vastes forêts intactes.

La forêt boréale a également une valeur incalculable du fait qu'elle est l'habitat d'une foule d'espèces comme l'ours grizzli, le loup et le caribou. Elle est d'une importance primordiale pour les oiseaux migrateurs, un grand nombre d'espèces méga-fauniques comme la martre américaine, le carcajou et l'orignal, ainsi qu'une microfaune et une microflore diverses comme les insectes, les lichens et les champignons[1]. La forêt boréale est l'œuvre de dix mille ans d'évolution postglaciaire qui a produit une mosaïque gigantesque de terres humides, de forêts, de rivières et de lacs.

Avec ses près de 700 millions d'hectares, la forêt boréale fait treize fois la Californie ; c'est la deuxième plus grande forêt du monde, et c'est sans le moindre doute une occasion en or pour l'Amérique du Nord d'encourager la conservation. La forêt boréale du Canada renferme plus d'eau douce sous forme de terres humides, de lacs et de rivières que tout autre endroit au monde. Elle constitue aussi l'entrepôt de carbone le plus vaste de la Terre, ce qui en fait l'une des lignes de défense les plus importantes contre le réchauffement de la planète.

Au volant de ma voiture, même si je reconnaissais la beauté et l'importance de la forêt boréale, j'énumérais toutes les bonnes raisons pour lesquelles je ne devais pas me lancer dans une autre

---

1. Dirk Bryant et coll., *The Last Frontier Forests: Ecosystems and Economies on the Edge*, Washington, World Resources Institute, 1997, et A. Komonen, « Hotspots of Insect Diversity in Boreal Forests », *Conservation Biology*, vol. 17, n° 4, août 2003.

bataille sans fin pour la protection de la forêt. Puis j'ai remarqué une lueur étrange, et il y avait aussi un crépitement bizarre dans l'air. J'ai arrêté la voiture, je suis descendue et je me suis rendu compte que j'étais devant une aurore boréale qui dansait dans le ciel avec des sillons verts et bleus.

J'ai réveillé Forrest, qui avait deux ans, et j'ai placé une couverture sur le toit de la voiture. Nous y avons pris place pour observer les lumières magiques éclater et crépiter au-dessus de nous. Enfin, nous sommes rentrés dans la voiture et avons roulé dans la nuit jusqu'au lac des Bois. Le lendemain, j'ai téléphoné à Chris et lui ai raconté notre voyage dans la forêt boréale. Puis je lui ai dit : « Chéri, je crois bien que c'est reparti pour nous. »

Il a ri et dit : « Ah non, pas encore… Est-ce qu'on ne pourrait pas avoir une vie normale, des fois ? »

C'est peu après la conclusion de l'Entente sur la forêt pluviale du Grand Ours que nous nous sommes mis à réfléchir aux autres forêts du Canada et à faire des recherches sur les coupes qui se pratiquaient ailleurs au pays. Étant donné la couverture médiatique que nous valait l'Entente, je recevais des appels de compagnies comme Home Depot qui me demandaient si elles pouvaient de nouveau acheter des produits de la forêt canadienne. Les forêts pluviales tempérées du Canada sont un élément important de la biodiversité du pays, mais elles comptent pour moins de 2 pour cent de la masse territoriale. La majorité des forêts du pays étaient rasées à un rythme d'un hectare toutes les soixante secondes[2]. Nous avons commencé à réfléchir à la

---

2. En 2000, le Canada a rasé 1 003 807 hectares, soit 2 750 hectares par jour ou 115 hectares l'heure. Pour des statistiques complètes sur les forêts canadiennes et leur exploitation, voir Ressources naturelles Canada, rapports annuels, *L'État des forêts au Canada,* en ligne : http://scf.rncan.gc.ca/

forêt boréale, à faire des recherches sur l'abattage qui s'y pratiquait, sur la proportion qu'on protégeait et sur ceux qui en
achetaient les produits. Il y avait beaucoup de résistance à l'idée
de lancer une nouvelle campagne, surtout du fait que les autres
combats n'étaient pas vraiment terminés. Oui, nous avions
décrété une trêve, et nous étions d'accord pour collaborer, mais
même une décennie plus tard, nous n'en avions pas terminé
avec l'entente sur la forêt du Grand Ours ; il nous restait encore
à nous entendre sur toutes les zones protégées et les stratégies
de diversification économique. La trêve n'était que le début d'un
long processus. Plus l'on faisait de recherches, cependant, plus
il était évident que l'heure était venue de hausser la mise.

Contrairement à la plupart des autres pays, le Canada dispose encore d'assez de forêts intactes et d'espaces sauvages pour
relever le défi formidable d'assurer la protection des ressources
naturelles, la gestion durable des forêts et la fabrication de produits forestiers écologiques. Même si les sondages démontrent
constamment que la majorité des Canadiens se préoccupe du
recul de la forêt et aimerait que l'on protège mieux les espaces
sauvages, la plupart des forestières du Canada n'écoutent pas ce
que dit cette majorité.

Nous avons les ressources, le savoir et la créativité qu'il faut
pour protéger ce qui reste des forêts primaires de la terre, mais
pour y arriver, il faut montrer de l'audace, faire preuve de finesse
et conserver un regard critique. Nous devons hausser notre jeu
d'un cran et exiger des comptes des entreprises. Aussi devons-
nous nous interroger notamment sur ce que vous tenez entre
vos mains à cet instant précis, si tant est que vous lisiez le livre
en version papier.

C'est la fabrication de papier qui consomme le plus d'arbres
partout dans le monde. La forêt boréale fournit pour environ
20 pour cent des produits relatifs aux pâtes et papiers du monde
entier. Quarante-six pour cent des imprimés aux États-Unis

apparaissent sur du papier fait des arbres de la forêt boréale. ForestEthics a amorcé son travail sur la forêt boréale en repérant les acheteurs de papier. Nous avons alors découvert que des compagnies comme Victoria's Secret produisaient un million de catalogues par jour, imprimés essentiellement sur de la matière ligneuse provenant des forêts boréales canadiennes.

Le papier est également l'élément le plus important des déchets solides, comptant pour plus de 30 pour cent des déchets qui aboutissent dans les dépotoirs et les incinérateurs après recyclage. Si toute l'industrie du catalogue, qui utilise 3,6 milliards de tonnes par an, passait au papier contenant ne serait-ce que 10 pour cent de matière recyclée, on économiserait assez de bois pour bâtir une clôture de deux mètres de haut faisant sept fois la largeur du Canada, et on réduirait les émissions de gaz à effet de serre de plus d'un demi-million de tonnes. Ce serait comme retirer de la circulation 91 000 voitures par année. Le courrier publicitaire rien qu'en Amérique — sa fabrication, son expédition — est responsable d'émissions équivalentes à celles provenant de dix millions de voitures par an. Étant donné que le courrier publicitaire aux États-Unis consomme 100 millions d'arbres par année, réduire cette production de seulement 25 pour cent serait comme retirer un million de voitures de nos routes. Les États-Unis produisent annuellement 100 milliards de prospectus de toutes sortes, que 90 pour cent des gens ne veulent pas et ne lisent jamais.

Vous avez entendu parler de la « comptabilité » du carbone, des crédits de carbone et de la contrepartie de la fixation du carbone ? Nous trouvons tous ridicule, chez ForestEthics, que tout le cycle de vie des forêts anciennes boréales serve à fabriquer des catalogues et du courrier-déchet. Outre les conséquences environnementales, ForestEthics a mis la main sur des études démontrant qu'au cours d'une vie, les habitants des villes nord-américaines passent *huit mois* à trier et à recycler leur courrier-déchet. Nous avons lancé une campagne pour faire adopter une loi interdisant la mise à la poste de tel courrier aux États-Unis du fait qu'il s'agit d'un cauchemar environnemental, et parce que nous avons le droit d'ouvrir notre boîte postale tous les jours sans avoir à y trouver ce courrier inutile.

Plusieurs organisations ont coordonné leurs efforts pour exercer des pressions sur les compagnies qui exploitaient la forêt boréale et pour modifier la fabrication de papier en Amérique du Nord. Au bout de quelques années, une étude de l'industrie a révélé que les niveaux de recyclage en Amérique du Nord avaient atteint un volume sans précédent. L'étude précisait clairement que c'était attribuable à la demande accrue pour les matériaux recyclés d'Office Depot et de Staples, qui avaient été la cible des deux premières croisades de ForestEthics.

Deux campagnes ont joué un rôle essentiel : celle du NRDC et de Greenpeace contre Kimberley-Clark, qui visait la pratique consistant à abattre des forêts anciennes pour fabriquer du papier hygiénique et des mouchoirs jetables, et la lutte de ForestEthics contre Victoria's Secret, qui est expliquée en détail dans le prochain chapitre. Greenpeace a déroulé des bannières et érigé des barricades devant les usines et les immeubles de Kimberley-Clark et dénoncé ses marques de commerce célèbres dans le monde entier. Ce fut un effort combiné visant expressément à bouter les compagnies hors de la forêt boréale. Nous avons aussi marqué un point magique avec Harry Potter. Nicole Rycroft et son organisation, Canopy (anciennement l'Initiative des marchés), se sont attaqués à l'industrie des journaux, des revues et de l'édition de livres et l'ont virée sens dessus dessous. Avec le soutien de J. K. Rowling, Canopy a fait en sorte que les derniers romans mettant en vedette Harry Potter soient imprimés sur du papier recyclé ou certifié FSC.

Ainsi, grâce à l'enfant magicien, à la campagne visant le papier hygiénique et à la publicité pour dessous féminins, l'in-

dustrie a accepté de négocier en 2008. Nous voulions convaincre
d'abord toutes les forestières canadiennes de respecter l'ensemble des habitats de caribous — il y en avait pour 30 millions
d'hectares au pays —, au moment où les scieries fermaient leurs
portes à cause du ralentissement de l'économie. Tout le monde
disait que c'était impossible.

C'était qu'on ne connaissait pas encore Avrim Lazar.

Avrim Lazar incarne mieux que quiconque la nécessité de
voir l'humain en face de nous. Nommé président et pdg de l'Association des produits forestiers du Canada (APFC) en 2002, il
avait essentiellement pour responsabilité de représenter les
forestières. Lorsque j'ai rencontré Avrim, j'avais plutôt l'habitude de traiter avec des hommes comme Jack Munro, du Syndicat international des travailleurs du bois d'Amérique, un bûcheron de près de deux mètres qui épiçait ses propos de gros mots.

Avrim est un monsieur dans la soixantaine, énergique,
détenteur d'un doctorat. J'ai fait sa connaissance à la radio parce
qu'il était souvent mon adversaire dans les débats sur nos
enjeux. Je le trouvais dangereux. Je disais : « Il faut mettre fin à
la coupe dans telle ou telle région » ou « nous devons opérer
certains changements dans l'industrie ». Normalement, quand
je lançais de telles choses, le représentant de l'industrie passait
tout de suite à l'attaque et expliquait pourquoi il ne fallait surtout rien changer à ce qu'on avait toujours fait. Avrim, pour sa
part, se disait toujours d'accord avec mes idées, ce qui donnait
à l'industrie un vernis écoresponsable. Le problème, c'était que
l'industrie ne faisait rien pour changer ses méthodes, et il était
le premier à le savoir.

Au milieu de la campagne pour la forêt boréale, le médiateur, Dan Johnston, a dit : « Il faut que tu rencontres Avrim.
Vous parlez tous les deux de créer une industrie qui sera fondée
sur la qualité et non la quantité, une industrie qui aura la réputation d'être responsable sur le plan écologique. »

Lorsque nous nous sommes rencontrés, j'ai été renversée de voir qu'Avrim était un homme très croyant, à la conscience sociale imparable, qui aimait parler de la synagogue progressiste qu'il fréquentait à Ottawa, où la pratique de la justice sociale était à l'honneur. Lorsque nous avons commandé le dîner, j'ai découvert qu'il était un végétarien convaincu depuis l'adolescence, qu'il était en fait très zélé à ce propos et qu'il pouvait converser avec aisance de l'empreinte de carbone du bétail. Pas du tout le genre d'adversaire que j'attendais.

Au cours des quelques mois qui ont suivi, nous nous sommes rencontrés plusieurs fois et avons remué des idées sur la forme que prendrait un avenir authentiquement « vert » pour l'industrie forestière boréale. Je pouvais parler franchement avec Avrim du scepticisme du milieu écologiste à l'égard des intentions de l'industrie. Nous savions qu'elle voulait nous voir cesser nos protestations et nos campagnes commerciales, mais tenait-elle vraiment à changer ? Était-elle sincèrement prête à pratiquer la coupe différemment ? Allait-elle laisser de vastes espaces de forêts intacts et protéger les espèces en péril ? Avrim croyait que c'était possible, si nous étions nous-mêmes prêts à traiter des questions économiques et à collaborer avec l'industrie afin que celle-ci visualise les profits qu'elle retirerait des sacrifices qu'elle ferait. Nous nous sommes mis d'accord pour parler à notre monde tous les deux, pour tout mettre sur la table et lancer un projet conjoint où le milieu écologiste et l'industrie réimagineraient ensemble l'avenir de la coupe dans l'une des plus grandes forêts du monde.

Il subsistait des interrogations des deux côtés. Si les compagnies acceptaient de laisser intacts les habitats des caribous, est-ce que des scieries seraient obligées de fermer ? À quoi ressemblerait la prospérité verte ? Est-ce que le bois resterait le principal produit d'exportation de l'industrie forestière ? Si les pétrolières changeaient un jour d'optique et se lançaient dans une production diversifiée axée sur l'énergie solaire et éolienne, quel serait l'avenir d'une compagnie forestière ? Cesserait-elle de se voir comme une société fabricante de produits forestiers ?

À quoi ressemblera l'industrie forestière dans vingt ou trente ans ? Aura-t-elle épuisé ses forêts anciennes et sera-t-elle contrainte de se diversifier, ou pouvons-nous accélérer le processus de diversification, créer une industrie durable aujourd'hui et protéger davantage de forêts ?

Pendant des années, les forestières se sont servies de la pâte ligneuse pour fabriquer des tissus et des adhésifs. La recherche la plus fascinante dont j'ai eu connaissance sur les produits forestiers aujourd'hui vient d'entreprises qui séparent les composantes de l'arbre et utilisent cette structure chimique pour fabriquer de la mousse et des plastiques qui sont naturels, non toxiques et biodégradables. On dépose la pâte dans une cuve et on en isole les sucres, les amidons et les composantes chimiques. Puis l'on se sert de ces éléments pour fabriquer du plastique comme on le ferait si l'on se servait de la pétrochimie.

Si les sociétés tributaires des ressources veulent survivre à l'heure où la matière première se raréfie et où le climat est incertain, elles doivent se redéfinir. Les forestières doivent créer davantage d'emplois et tirer une plus grande valeur de chaque arbre et ainsi passer du simple abattage des arbres au traitement ingénieux du bois, aux nouvelles technologies et aux nouveaux services.

Après ces conversations initiales, Avrim a tenu parole. Il a dit : « Je vais aller voir toutes les compagnies du Canada et leur demander si elles veulent s'engager à conserver davantage afin de protéger les espèces en péril et d'avoir des forêts viables. » Et c'est ce qu'il a fait.

Au cours des années suivantes, une douzaine de cadres supérieurs des deux côtés se sont réunis tous les mois. Nous avons tous dû admettre que tous ensemble nous en savions plus que n'importe qui au pays mais que nos expériences étaient totalement différentes, tout comme nos valeurs et nos objectifs. Étant donné que personne ne voulait faire de compromis sur ses valeurs, nous nous sommes aperçus que si nous œuvrions de concert, nous pourrions peut-être trouver une solution authentiquement nouvelle.

C'est précisément ce que nous avons fait.

En 2010, la BBC a dit de l'Entente sur la forêt boréale canadienne qui a résulté de nos efforts que c'était un accord sans précédent dans l'histoire pour la protection des forêts et que nous pourrions ainsi sauver un secteur de la taille de la Nouvelle-Zélande[3]. Mais seule l'histoire en sera juge.

L'Entente sur la forêt boréale canadienne a exigé vingt-quatre mois de réunions éprouvantes, et même si nous n'avons certes pas redéfini à quoi ressemblera une compagnie forestière au XXIe siècle, l'industrie a accepté de mettre en œuvre de nouvelles pratiques forestières partout au pays et de différer la coupe sur plus de 30 millions d'hectares, là où se trouve l'habitat du caribou, pendant que des études scientifiques conjointes seront menées et de nouvelles zones de protection permanente tracées. Certains, des écologistes, des autochtones, nous en veulent amèrement d'avoir pactisé avec l'industrie forestière, mais cet accord peut protéger des millions d'hectares qui sont l'habitat du caribou et qui étaient destinés à l'abattage.

Notre dernière réunion avant la conclusion de l'entente s'est déroulée dans un lieu de retraite à Toronto. Nous avions mis deux ans à rédiger un document de plus de cent pages, et nous

---

3. « ForestEthics and the Canadian Boreal Forest Agreement: A Historic Opportunity », 18 mai 2010, en ligne : www.forestethics.org/boreal-forest-agreement-media-kit; Bertrand Marotte, « Forum to Keep Forest Industry Accountable », *The Globe and Mail,* Toronto, 18 avril 2011; « Keeping Tab on the Keepers of the Forest », 19 avril 2011, B6.

en étions alors à la cinquante-sixième ébauche. Nous étions passés d'une nouvelle guerre dans les bois à une redéfinition du
rapport entre l'industrie forestière et la nature, une première
mondiale. Ce qu'il y a de drôle, c'est que ce n'est pas la bataille
autour du bois d'œuvre qui a sauvé la forêt boréale, mais une
bataille autour de la lingerie féminine…

CHAPITRE 11

Le petit secret de Victoria
Du bois d'œuvre à la lingerie

> *À moins que vous ne protégiez davantage la forêt
> — et que votre coupe ne mette pas en péril l'habitat
> d'espèces en péril —, je n'achèterai pas votre papier.
> Je ne peux sûrement pas acheter de papier de vous si
> vous traînez des protestataires derrière vous.*
>
> Le pdg de Victoria's Secret, Tom Katzenmeyer,
> lors d'une rencontre avec le gouvernement de l'Ontario

L'Entente sur la forêt boréale n'aurait pas vu le jour sans la campagne mettant en vedette le Petit secret cochon de Victoria. Il est sûr qu'Avrim a joué un rôle névralgique dans le déroulement des négociations, mais la plupart des forestières à la table tenaient surtout à éviter une autre campagne très médiatisée contre l'un de leurs clients.

Une fois que ForestEthics a lancé sa campagne pour la forêt boréale, nous avons fait une enquête de traçabilité pour savoir qui achetait le plus de bois d'œuvre de la forêt boréale et quels produits on en tirait. Nous avons joint les résultats de ces recherches à des cartes des régions les plus importantes à protéger. Les régions les plus vitales sur le plan écologique se situaient dans les contreforts des Rocheuses, qui font le pont entre les écosystèmes montagneux et les écosystèmes de la forêt boréale. Le Canada protège déjà de grands espaces (on pense à Jasper et à Banff), mais ces secteurs ne sont pas reliés par des corridors, si bien que le caribou et d'autres espèces ne peuvent pas circuler à leur guise dans leurs habitats.

Nous avons décidé au départ de nous en tenir à la forêt boréale du piémont des Rocheuses. Nos recherches démontraient que la scierie de Hinton, en Alberta, produisait une forte quantité de papier qui aboutissait dans des catalogues. En fouillant un peu plus, nous avons découvert que les six grands cataloguistes américains s'approvisionnaient dans la forêt boréale, et que tous leurs catalogues contenaient moins de 10 pour cent de matière recyclée.

Nous avons contacté toutes ces compagnies et avons rencontré les représentants de quelques-unes d'entre elles pour leur demander d'utiliser du papier recyclé, de réduire le nombre de catalogues produits et de ne plus acheter de pâte provenant de la forêt boréale. Nous avons également préparé des notes d'information et des analyses sur chaque fabricant. Afin de sensibiliser l'industrie du catalogue au tort qu'elle faisait aux forêts et de protéger la forêt boréale, il nous fallait une campagne de haute visibilité. Nous avons donc organisé une réunion stratégique de deux jours où nous déciderions à quelle compagnie nous allions nous attaquer. Celle que nous choisirions ferait l'objet de notre battage publicitaire et mobiliserait tous nos efforts.

Nous avons couvert les murs de matrices montrant quelle compagnie avait le plus de magasins devant lesquels nous pourrions protester, laquelle avait le pire dossier en matière de protection environnementale, la pire politique d'achat en papier, et enfin, laquelle achetait le plus de papier.

Tout le monde au bureau avait son cataloguiste préféré. L'un d'entre nous s'est battu bec et ongles pour qu'on s'en prenne à L.L. Bean, étant donné que la compagnie se piquait d'être écologiste alors qu'elle se servait du bois de forêts anciennes pour fabriquer son catalogue. Un autre préférait le catalogue de Sears, vénérable ancêtre de l'industrie.

Et ainsi de suite.

Après cette première soirée à tourner en rond, j'ai proposé qu'on marque une pause, qu'on aille dîner et qu'on cesse de causer forêts et catalogues. Nous sommes revenus le lendemain matin, et j'ai fait un tour de table : « Quelle compagnie vous tente vraiment ? Quelle cible va nous permettre de marquer le plus de points ? »

Tous se sont écriés : « Victoria's Secret ». Parce que l'idée de harceler un fabricant de lingerie était tout simplement irrésistible.

Parfois, on donne trop de place à l'intellect et on oublie que la tête doit écouter le cœur si l'on veut réussir. Mener une campagne n'est pas facile, aussi vaut-il mieux faire concorder l'objectif, la passion et les valeurs, parce que, ce qu'on y gagne, ce n'est certainement pas une bonne paye, Dieu m'en est témoin. Si l'on s'impose constamment des contraintes, on s'épuise. Si vous faites un travail qui vous assure un joli revenu, une sécurité certaine et les avantages sociaux dont votre famille a besoin, c'est une tout autre chose. Mais ce n'est pas la raison pour laquelle on fait ce genre de boulot, même si l'on est rémunéré pour le faire. On fait ce travail parce qu'on veut changer le monde et parce qu'on veut être d'une grande aventure. Peu importe ce que vous pensez de tel ou tel enjeu, si vous n'êtes pas passionné, si ça ne vous empêche pas de fermer l'œil la nuit, vous ne donnerez pas le meilleur de vous-même. Avant de choisir une campagne, il est toujours important de trouver le ressort de votre action : qu'est-ce qui vous motive au juste ? Il s'agit simplement de répondre honnêtement à la question : à quoi ai-je envie de consacrer les prochaines années de ma vie ?

Victoria's Secret produisait un million de catalogues par jour : oui, vous avez bien lu, *un million de catalogues par jour*. Elle postait environ 400 millions de catalogues par année, et le gros de son papier provenait des forêts anciennes du Canada[1]. Nous l'avons approchée et lui avons dit ce que notre recherche nous avait appris, puis nous lui avons offert de l'aider à écologiser son catalogue. Réaction : silence radio...

Pour contrer notre offensive dans la forêt boréale, l'industrie forestière et le gouvernement de la Colombie-Britannique avaient organisé une visite de la région pour tous les cataloguistes. Certains de nos amis à l'intérieur des compagnies ont refusé d'en être si ForestEthics n'était pas de la partie. Donc, par un froid piquant lors d'un week-end automnal, je me suis trouvée dans cette situation surréaliste où je visitais des forêts et des opérations de coupe en Alberta avec certains des plus grands cataloguistes du monde. À l'époque, je venais d'avoir mon deuxième enfant et j'essayais de l'allaiter tout en faisant les voyages que ma fonction m'imposait. Lors de ce week-end, non seulement je pénétrais dans le sanctuaire de ces messieurs (dans ces tournées industrielles, j'étais souvent la seule femme présente), mais j'avais un bébé de six mois et ma belle-mère avec moi.

Je savais que la journée allait virer au désastre lorsque nous sommes montés à bord de l'autocar luxueux et que le relationniste d'International Paper nous a remis avec le sourire un nou-

---

1. Jeremy Caplan, « Paper War », *Time*, 11 décembre 2005. Victoria's Secret poste environ 395 millions de catalogues par année, selon le Plunkett's Retail Industry Almanac de 2008.

veau programme nous annonçant sommairement que quelques haltes seraient supprimées afin de gagner du temps et d'arriver à l'hôtel à temps pour l'apéro. Tout le monde était content, et chacun s'extasiait devant la beauté des Rocheuses, mais moi, j'avais le cœur dans les talons. Il y avait des semaines que je négociais l'itinéraire avec la compagnie et voilà qu'elle en éliminait les secteurs les plus dévastés. Au bout du compte, elle a fait exactement ce que je craignais : International Paper a amené les acheteurs seulement dans les zones protégées, puis dans les secteurs à coupe sélective, et leur a dit : « Voici la voie de l'avenir. N'est-ce pas une opération de coupe ravissante ? » Et tout le monde d'opiner du bonnet. Ayant visité la région de nombreuses fois pour y faire des recherches et discuter des enjeux avec les gens de la place, je savais que nous nous trouvions dans le secteur d'une rare opération de coupe expérimentale et écoresponsable et qu'à moins de quelques kilomètres de là, derrière le rideau d'arbres qui bordait la route, la coupe à blanc s'étendait à perte de vue dans toute son horreur.

J'ai demandé : « Quelle proportion de la coupe aujourd'hui est sélective, et quelle est la proportion de coupe à blanc ? » La réponse, dans la région, était 90 pour cent de coupe à blanc, mais il m'a fallu poser la question maintes fois pour que le relationniste d'International Paper l'admette devant les clients. Plus tard ce jour-là, après que j'eus menacé discrètement les organisateurs de la visite de « piquer une sainte colère au beau milieu de leur tournée de merde », l'autocar s'est finalement arrêté dans une coupe à blanc que nous traversions. La vue du paysage mutilé n'a pas eu l'heur d'émouvoir les clients, qui étaient surtout agacés à l'idée d'arriver en retard à l'hôtel et à l'apéritif.

Je bouillais de colère : mes compagnons de voyage, qui détenaient un pouvoir d'achat valant des millions de dollars, ne demandaient pas mieux que d'avaler tout rond les arguments bidons des forestières avant d'aller enfourner leur steak à leur retraite luxueuse du Parc national de Banff. Les entreprises de coupe et les fabricants de papier avaient réussi à créer une ambiance de vacances telle que toute question pointue ou critique aurait paru déplacée. Il est impoli de mordre la main qui vous nourrit, et cette main-là nous gavait de foutaise enrobée de foie gras. Avec du recul, je pense que la visite m'a offert une belle occasion d'apprivoiser la bête, mais ce fut tout de même l'un des premiers ratés de notre campagne. Étant l'une des seules femmes à bord (au bord de l'épuisement en plus, étant donné que le petit Quinn avait l'habitude de se réveiller toutes les deux heures) et l'une des rares voix dissidentes, je me sentais comme une intruse dans une fête entre confrères.

À la fin de la visite, Victoria's Secret a renouvelé son contrat de deux ans avec International Paper et la scierie Hinton : elle s'approvisionnerait ainsi en papier provenant de la coupe à ras qui menaçait l'habitat du caribou, essentiellement parce que le papier était bon marché et parce que la compagnie trouvait commode de choyer son fournisseur. Le cataloguiste pensait également que ForestEthics était une ONG bien trop petite pour influencer ses décisions.

Erreur.

De retour au bureau, j'ai digéré mon échec et sondé mes collègues sur la manière de reprendre le dessus. Ce retournement de situation a bientôt pris la forme d'un mannequin vêtu de lingerie bon marché et brandissant une tronçonneuse.

L'idée d'attaquer la marque de commerce de Victoria's Secret par une réclame parodique nous est venue lors d'une réunion stratégique où nous analysions l'entreprise et les facteurs susceptibles de l'influencer. Nous avions compris que Victoria's Secret investissait lourdement dans son image, une image fleurant le sexe et l'avenir, qu'elle avait répandue dans l'esprit de millions de femmes. Notre action la plus porteuse consisterait à saboter cette image. La marque de commerce est souvent le bien le plus précieux d'une entreprise. La perception qu'en ont les clients influence les profits. Nous savions que si nous compromettions l'image de marque de Victoria's Secret, la compagnie ne manquerait pas de réagir.

Nous avons trouvé un mannequin sur Craigslist. Au début, les féministes parmi nous étaient horrifiées. Nous avons même essayé de faire la photo en faisant appel à des travestis pour éviter d'objectiver la femme et de glorifier une image largement inaccessible du corps féminin. Le jeu était amusant, mais les annonces qui en résultaient étaient sans effet parce que personne ne pouvait les confondre avec la réclame de Victoria's Secret. Au bout du compte, nous avons décidé de nous rapprocher le plus possible de la marque sans nous faire poursuivre en justice et de nous assurer que notre mannequin, quoique jolie, ne soit pas « aguichante » au point de passer pour un mannequin de Victoria's Secret (on nous a dit plus tard que c'était l'une des choses qui avaient le plus dérangé le cataloguiste).

La légende se lisait ainsi : « Le petit secret cochon de Victoria ».

J'ai paniqué cependant à la dernière minute quand je me suis mise à craindre qu'à titre de féministe, je ne puisse admettre une réclame mettant en scène une femme en lingerie fine brandissant une tronçonneuse. J'ai envoyé la photo par courrier électronique à deux héroïnes à moi : Gloria Steinem et Judy Rebick. Les deux m'ont répondu qu'à leur avis, l'attaque contre la marque de commerce était tellement évidente qu'il n'y avait là aucune réification de la femme ; c'était bien une parodie de la publicité de Victoria's Secret à tous les égards. Nous avons donc acheté une page entière de publicité dans le *New York Times*. Au départ, le journal a refusé de publier l'annonce parce qu'il la jugeait trop suggestive et même violente (nous avons pensé pour notre part que son opposition était davantage attribuable au fait que Victoria's Secret est un gros acheteur de publicité).

Nous avons fait valoir que les annonces de Victoria's Secret paraissaient tous les jours et que plusieurs de leurs annonces au cinéma montraient des femmes court vêtues armées de M16. Le journal a fini par accepter notre projet mais non sans questionner au préalable toutes nos données, pour lesquelles nous disposions de références abondantes.

Rien que cette annonce, qui a paru une seule fois, dévorait la moitié de notre budget : 30 000 dollars.

Stratégie classique pour les ONG à petit budget : publier des annonces si controversées que cela vous vaut une grande visibilité. Une tempête médiatique a éclaté, et des journaux comme *USA Today* ont fait état de la controverse et reproduit l'annonce. Les estimations varient, mais avec un seul achat dans le *New York Times,* nous avons obtenu l'équivalent de 1,5 million de dollars en publicité.

Cette action a été suivie d'une mobilisation sérieuse de notre base partout aux États-Unis. Les gens qui s'intéressaient à la question sont allés sur le site web de ForestEthics et ont envoyé plus de dix mille lettres au pdg de Victoria's Secret. Nous avons mis en scène 852 protestations devant les vitrines de Victoria's Secret dans les vingt-quatre mois qui ont suivi. En novembre 2005, nous avons organisé une manifestation en marge de son défilé de mode annuel à New York. Ce Noël-là, nous avons publié une carte de vœux avec une photo du pdg de Victoria's Secret, Leslie Wexner, avec un démon au-dessus d'une épaule et un ange au-dessus de l'autre et en dessous, la légende : « Vous pouvez changer les choses. Protégez nos forêts. » Les cartes de vœux devaient lui être adressées personnellement. Nous avons engagé des organisateurs dans la ville qu'habitait le pdg pour faire du porte-à-porte avec notre documentation et distribuer des tracts devant son siège social.

Six mois après le début de la campagne, Victoria's Secret a baissé les bras : « Est-ce qu'on peut se parler ? »

Les hauts cadres que nous rencontrions se rendaient compte que leur compagnie avait commis une erreur en renouvelant son contrat d'achat de papier de la forêt boréale, mais il s'agissait d'une entente irrévocable de deux ans. En outre, la compagnie consommait tant de papier qu'il lui serait difficile, voire impossible, de commander un catalogue plus écologique. Dans l'industrie, on cherchait à savoir qui pourrait produire un papier d'une composition plus élevée en matière recyclée ou en fibre FSC. Tom Katzenmeyer, de la société mère de Victoria's Secret, Limited Brands, nous a demandé, en coulisses, de l'aider à définir des lignes directrices régissant l'achat afin de négocier avec les fournisseurs. Ceux-ci semblaient en effet résolus à embrouiller les enjeux pour éviter de changer leurs méthodes. Les dix-huit mois qui ont suivi se sont avérés très difficiles, car nous collaborions intimement avec la compagnie tout en organisant des protestations très médiatisées devant ses magasins. Dans toute négociation larvée, cette stratégie dehors-dedans est essentielle. Si la pression s'allège, l'impulsion du changement s'évanouit au moment où la compagnie ou le gouvernement comprend le vrai travail qu'il y a à faire pour opérer les changements débouchant sur une véritable entente. Si l'on entrevoit tout le chemin qu'il y a encore à faire au moment où la pression faiblit, la négociation peut avorter avant que l'on parvienne à une entente.

Je me rappelle un jour qui a été particulièrement difficile à l'époque où la campagne était fort avancée. Heureusement, Tom Katzenmeyer, Todd Paglia et moi-même avons fini par en rire des années après. Tom avait pris l'avion pour San Francisco pour venir nous rencontrer, Todd, plusieurs autres cadres et moi. La réunion durait depuis une heure quand le Blackberry de Todd s'est mis à bourdonner. Il n'a même pas eu le temps de le trouver pour l'éteindre que le mien a sonné. Deux secondes plus tard, c'était au tour de celui de Tom. Nous avons tous échangé des regards et avons convenu que le temps était venu de prendre une petite pause. Alors que nous étions là à discuter d'un train de solutions, des bénévoles à nous avaient organisé une manifestation devant la boutique de Victoria's Secret dans le grand magasin Macy's de New York, la plus grande de toutes, qui avait un chiffre d'affaires de 40 millions de dollars par an. Reconnaissons à Tom le mérite d'avoir compris pourquoi nous insistions pour poursuivre notre campagne tant et aussi longtemps qu'une entente ne serait pas conclue, et d'avoir fait des acrobaties à l'intérieur de la compagnie pour obtenir qu'elle continue de négocier pendant que notre campagne faisait rage hors de ses bureaux.

Le 6 décembre 2006, lors d'une conférence de presse commune, Tom et moi avons annoncé à la presse nord-américaine réunie (à laquelle s'étaient joints discrètement via téléconférence de nombreux fonctionnaires des gouvernements et des hauts cadres des entreprises de papeterie et de coupe, comme nous l'avons appris du rapport en ligne) que Victoria's Secret/ Limited Brands et ForestEthics avaient conclu une entente historique pour transformer la fabrication du papier pour catalogues en Amérique du Nord. Victoria's Secret n'achèterait plus de la scierie de Hinton. En fait, elle ne ferait plus affaire avec aucune compagnie exploitant des forêts en péril ou les habitats des caribous dans la forêt boréale. La société s'engageait aussi à augmenter substantiellement la part de fibres recyclées dans la production de ses catalogues et à accorder sa préférence à la fibre FSC. De plus, elle s'engageait à investir un million de dollars dans la recherche visant à protéger la forêt boréale et à militer avec nous pour une protection accrue des forêts. Les représentants de l'industrie forestière étaient... verts. Cela semblait trop beau pour être vrai, mais pour une fois, ce n'était pas le cas.

Victoria's Secret/Limited Brands a tenu parole. Au cours des deux années qui ont suivi, Tom Katzenmeyer est allé en avion

avec moi en Ontario, en Alberta et en Colombie-Britannique
pour obtenir des gouvernements qu'ils protègent mieux les
forêts et les avertir qu'ils devaient écologiser les techniques de
coupe s'ils voulaient conserver leurs clients.

Lors d'une rencontre mémorable un certain jour de prin-
temps en Ontario, Tom et moi nous sommes trouvés avec des
fonctionnaires du ministère des Ressources naturelles et du
cabinet du premier ministre provincial. Comme d'habitude, la
réunion s'est ouverte avec un exposé d'un haut fonctionnaire
qui nous a expliqué pourquoi la coupe dans la province était
« durable », voire « sans égale dans le monde ». À un moment
donné, il a même dit : « Nombre d'études à nous prouvent que
les caribous préfèrent en fait les coupes à blanc. » Pour une fois,
je n'ai pas eu à lui répondre en lui opposant étude pour étude.
Avant même que je puisse ouvrir la bouche, Tom s'est penché
vers l'avant et a dit : « Vous ne comprenez pas. Je suis ici parce
que votre réglementation forestière me pose des problèmes, et
c'est moi le client. J'achète pour 100 millions de dollars de
papier tous les deux ans, et je veux m'approvisionner au Canada,
mais je n'en ferai rien si vous ne pouvez pas me fournir davantage de fibre recyclée et davantage de fibre FSC. À moins que
vous ne protégiez davantage la forêt — et que votre coupe ne
mette pas en péril l'habitat d'espèces en péril —, je n'achèterai
pas votre papier. Je ne peux sûrement pas acheter de papier de
vous si vous traînez des protestataires derrière vous. Bref, tant
que madame ici présente ne sera pas contente, je ne serai pas
content non plus. » Et Tom m'a fait un beau sourire.

On aurait pu entendre une mouche voler.

Je me suis rendu compte alors que notre collaboration avec
l'industrie nous avait permis de recruter un allié formidable.
C'est toute une sensation d'ailleurs que d'avoir derrière soi la
puissance financière du marché quand on a à traiter avec les
politiciens.

Fin 2007, début 2008, il y a eu une passe difficile pour l'économie américaine. Le chiffre d'affaires de Victoria's Secret était
de 5,6 milliards de dollars aux États-Unis ; 3,7 milliards provenaient des ventes en magasin et 1,4 milliard de la vente par catalogue et sur le site web. La compagnie avait 60 millions de
clients. Comme disait Tom, elle achetait beaucoup de papier[2].

Le gouvernement pouvait jouer au plus brave tant qu'il
voulait avec les groupes écologistes, mais il ne pouvait se permettre de tourner le dos à un client ayant un pouvoir d'achat
comme celui de Tom. L'année suivante, le gouvernement de
l'Ontario a annoncé qu'il allait protéger en permanence 25 millions d'hectares de forêts, soit un espace équivalant à la moitié
de la Californie.

Bien sûr, une décision aussi marquante ne résultait pas
d'une seule campagne ou même de l'action d'une seule organisation. C'était l'œuvre d'un grand nombre de militants, étalée
sur des années et des années. Cela dit, le résultat n'en était pas
moins impressionnant. Des gens du gouvernement et de l'industrie m'ont confié que la campagne ciblant Victoria's Secret
et les pressions qui se sont ensuivies ont eu un impact manifeste
sur la protection de la forêt boréale.

En 2008, Tom et moi avons partagé la scène lors d'un événement à Hollyhock qui s'intitulait « Strange Bedfellows : Cor-
porate and Environmental Alliances for Powerful Change »
[Des alliés inattendus : l'industrie et le milieu écologiste unissent leurs forces pour opérer un changement historique]. Ce
soir-là, chacun a raconté des anecdotes que l'autre ne connaissait pas.

Tom a eu la surprise d'apprendre comment et pourquoi
nous avions ciblé Victoria's Secret, mais il a compris notre

----

2.   Statistiques produites par Tom Katzenmeyer dans sa déclaration au gouvernement de l'Ontario, Toronto, 2007.

démarche. Comme il a dit : « Ils auraient pu s'en prendre aussi bien à l'industrie forestière, au gouvernement canadien ou à International Paper, notre fournisseur de pâte ligneuse, mais cela n'avait rien de très excitant, et qui va aller manifester contre International Paper ? Je ne sais même pas qui c'est, où est son siège social et ce qu'elle fait ; ce n'est qu'une entreprise anonyme comme tant d'autres. Il était donc très, très astucieux de votre part de vous attaquer à une marque connue du grand public. »

Tom a expliqué pourquoi il a initialement refusé de dialoguer avec nous : c'était parce que la compagnie n'était pas « en mode d'écoute ». Il a rappelé qu'avant notre campagne Victoria's Secret se targuait d'être « verte ». « L'environnement nous préoccupe, et nous avons toutes sortes d'initiatives relatives au recyclage et à la diminution des déchets, à l'éclairage dans les magasins, tout le bazar, mais pour des raisons que je ne m'explique pas, nous avions tout simplement décidé de renouveler notre contrat. » La leçon pour lui : une entreprise doit toujours être à l'écoute. « Notre entreprise a des valeurs. [...] Cela conditionne notre action. » Et il a signalé que c'était important pour la compagnie, mais aussi pour les clients et pour les actionnaires.

La participation aux assemblées d'actionnaires a été une autre tactique fructueuse pour nous. Todd, notre directeur exécutif, s'est mis à assister à ces assemblées, accompagné de militants locaux pour la défense de la forêt boréale, et à y livrer des discours passionnés en faveur de la forêt. « C'était une démonstration très, très émouvante, a rappelé Tom. Une des dames présentes s'est mise à pleurer parce que c'était justement si émouvant, et tout le monde avait été touché. C'est d'ailleurs arrivé deux années de suite. »

« ForestEthics était également très active sur les campus universitaires, a poursuivi Tom, ce qui était s'en prendre directement à notre clientèle. [...] Ils ont obtenu que l'un de nos actionnaires, Domini Social Investments, une entreprise de

courtage qui se veut socialement responsable, propose une résolution sur cette question à une assemblée d'actionnaires. C'est
comme ça qu'on fout la trouille à une entreprise. »

« Voilà ce qui se faisait en coulisses. La campagne a été lancée, et nous nous sommes mis à discuter. Et lorsque nous avons
entrepris ces pourparlers, nous savions qu'ils ne relâcheraient
pas la pression sur nous, même si la négociation avait commencé. Nous n'étions donc pas en mesure de dire : "Ça suffit,
cessez vos petits jeux, et après on discutera". Leur campagne était
déjà très avancée, très médiatisée. Cela les avantageait dans tous
leurs autres dossiers. La campagne allait très bien pour eux, ils
n'allaient pas reculer comme ça. Et pourquoi nous auraient-
ils fait confiance d'ailleurs ? Après tout, nous ne les avions pas
écoutés la première fois. Il nous fallait donc regagner notre crédit auprès d'eux. »

Il a expliqué ensuite comment nous avons œuvré de concert
pour raffiner le processus d'acquisition de la compagnie et
demander les informations dont elle se servait pour choisir les
fabricants de papier. « Une fois que nous avons obtenu les sou-
missions, nous ne leur avons pas communiqué les détails financiers des propositions, a dit Tom, mais nous leur avons montré
les réponses que les compagnies avaient données aux questions
sur l'environnement. […] Nous avons appris énormément de
choses, même si nous avions avec nous des experts du papier
et des gens qui savent comment acheter le papier partout dans
le monde. Ce fut une véritable révélation pour nous : de voir
qu'un organisme extérieur, une ONG, disposait d'une telle
expertise. Donc, nous avons appris beaucoup, et je crois que
nous nous en portons mieux aujourd'hui. »

Depuis que Victoria's Secret nous permet de prendre part à
son processus d'acquisition, ForestEthics a été invitée à
conseiller d'autres groupes industriels comme Dell, Seventh
Generation et Estée Lauder.

Comme nous parlions de l'entente, quelqu'un dans l'auditoire a demandé si nous avions accepté de l'argent de Victoria's Secret.

J'ai répondu que non.

En fait, Victoria's Secret nous a offert de l'argent. C'est pratique courante pour la plupart des compagnies. Je me suis souvent sentie déchirée sur ce point parce qu'il y a en effet des moments où l'on se dit : *pourquoi ne pas tout simplement accepter leur argent et l'investir dans de bonnes causes ? On pourrait augmenter l'effectif chargé des campagnes, ou aider des Premières Nations.* C'est d'ailleurs ce que décident de faire bien des organisations.

Greenpeace et ForestEthics n'ont jamais accepté de fonds d'entreprises qu'elles pourraient cibler parce que si on contracte des obligations financières envers une entreprise, on peut difficilement maintenir son objectivité et son intégrité. Mais lors de la campagne contre Victoria's Secret, nous avons trouvé, je crois, un moyen très habile d'utiliser son argent sans y toucher. Nous l'avons encouragée, dans le cadre de l'entente que nous avons conclue avec elle, à investir un million de dollars dans des activités liées à la défense de la forêt, à la recherche scientifique et à la cartographie pour assurer une meilleure protection de la forêt. Pour décider de l'usage de cet argent, nous avons créé un conseil d'administration, auquel je siégeais. J'ai communiqué avec une série d'organisations dont je savais qu'elles avaient besoin d'argent — comme Global Forest Watch —, mais ForestEthics n'a pas touché un sou, et notre indépendance n'a pas été compromise.

La relation que j'ai avec Tom peut paraître trop belle pour être vraie, mais c'est ce genre de relation qui permet de faire des avancées dans le monde de l'entreprise.

1. Il faut interpeller la haute direction.

Si vous n'arrivez pas à l'atteindre, elle n'investira pas les ressources qu'il faut pour s'écologiser. Elle se dotera peut-être d'une meilleure stratégie de relations publiques, mais vous seriez loin de votre profit : vous voulez qu'elle gère vos demandes comme un de ses projets, avec budget et échéances. Sans la haute direction, il n'y a pas de vrai changement.
Nous avons mis en œuvre diverses stratégies pour capter l'attention de la haute direction. Nous ne pouvions pas faire parvenir nos courriers électroniques, nos fax et nos lettres à la haute direction de Limited Brands et de Victoria's Secret, parce que des cerbères s'interposaient. À la Saint-Valentin, nous avons donc fait livrer des roses biologiques à tous les membres de la haute direction : qui refuserait de recevoir des fleurs?

2. Trouver des champions.

Je ne crois pas que nous aurions avancé beaucoup chez Victoria's Secret sans le concours de Tom. Il faut trouver quelqu'un avec qui vous aurez de vrais rapports, quelqu'un qui, sur le plan personnel, veut responsabiliser son entreprise, comme Linda Coady et Bill Cafferata chez MacBlo.

Une fois qu'on a trouvé son champion, il est essentiel de bâtir une relation avec lui. Tom et moi n'avons pas seulement eu des rencontres : nous sommes sortis ensemble, nous avons mangé ensemble, parlé beaucoup, et nous étions on ne peut plus francs dans nos conversations. Dès le départ, j'ai fait savoir à Tom que notre campagne continuerait tant et aussi longtemps que des changements importants n'auraient pas vu le jour, parce que notre force se situait précisément là. On fait peut-être des choses qui déplaisent à son interlocuteur privilégié, mais il faut conserver ses atouts quand on est en négociation. J'ai vu des ONG échouer lors de négociations parce qu'elles avaient renoncé à leur position de force trop tôt et ne l'avaient pas conservée pendant tout le processus.

Tom m'a dit certaines choses que je ne savais pas… Par exemple, que son entreprise avait recruté une firme de relations publiques spécialisée en gestion de crises pour nous régler notre compte, et qu'elle avait engagé une autre firme-conseil pour faire en sorte que la valeur des actions ne dégringole pas à cause des protestations.

Il m'a aussi expliqué comment l'expérience avait influencé à d'autres égards les politiques de la compagnie. Limited Brands se spécialise dans les cosmétiques et l'hygiène corporelle, et bon nombre de ses produits étaient emballés dans des bouteilles de verre ou de plastique fabriquées outre-mer. Elle était entrée en pourparlers avec le gouvernement de l'État de l'Ohio, où se trouve son siège social, pour trouver des embouteilleurs locaux et raccourcir la chaîne d'approvisionnement. Il a admis que même nos revendications les plus outrancières avaient eu un écho dans l'entreprise. « Nous commençons à comprendre que le catalogue est peut-être un modèle d'affaires révolu. Peut-être. Nous en sommes là. Parce que notre entreprise prend le virage Internet. Soixante pour cent de nos recettes, 1,4 milliard de dollars, nous viennent maintenant d'Internet. Il y a donc tout un changement dynamique en cours. Les gens peuvent commander certains de nos produits en quelques clics sur leur téléphone portable. Nous faisons l'essai de toute une nouvelle gamme de techniques… La campagne a changé notre manière de penser. »

J'ai une anecdote à propos de l'influence de Tom, et de son engagement. Il devait rencontrer le ministre des Forêts de la Colombie-Britannique, Pat Bell, et notre militante responsable de la campagne pour la forêt pluviale tempérée de l'intérieur, Candace Batycki. J'ai téléphoné à Candace avant la rencontre, et elle était nerveuse. Je lui faisais mon topo sur ce qui s'était passé à Toronto quand elle a dit : « Il y a une énorme voiture noire qui arrive. Ah, mon Dieu, je pense que c'est lui. Il faut que j'y aille. » Sur quoi elle a raccroché.

Elle n'avait jamais vu Tom de sa vie et ne savait pas à quoi s'attendre. Nous en étions à un moment crucial dans nos négociations concernant la protection du caribou en Colombie-Britannique, et la situation était tendue au maximum. Après la rencontre, Candace m'a rappelée. Sa voix tremblait, elle semblait sur le bord des larmes. J'ai paniqué. Tom avait pourtant été admirable à Toronto. « Qu'est-ce qui s'est passé ? »

Candace a répondu : « Il a dit les choses mieux que je n'aurais su les dire dans mes rêves les plus fous. Le sous-ministre adjoint a failli s'évanouir, puis nous avons quitté la réunion, et il est tout simplement remonté dans son énorme voiture noire et il a disparu. Je suis plantée ici, sur la pelouse de l'Assemblée législative, à me demander : comment s'appelle mon sauveur ? »

Étant donné la réussite qu'a connue ForestEthics avec Staples, Office Depot et Limited Brands, chaque fois que j'entre dans la salle d'un conseil d'administration, tout le monde me regarde comme si j'étais Michael Moore ou un reporter de l'émission *60 Minutes*. Les cadres sont inquiets parce qu'ils savent que le public veut des entreprises écoresponsables, et ils sont donc disposés à évoluer plus vite maintenant. Les gens votent avec leurs dollars. Si prendre le virage vert ou non a un effet direct sur les profits des entreprises, elles sont obligées d'être à l'écoute. Bien sûr, il ne suffit pas d'avoir des entrepreneurs intelligents aux commandes. Il nous faut plus que des catalogues mieux conçus : il nous faut encore des lois mieux faites.

CHAPITRE 12

Le vert est le nouveau noir
Faire campagne à Hollywood

In the 'hood we say ride that shit till the wheels fall off.

Van Jones

« Ah, chérie, le vert est le nouveau noir. » La voix cristalline à l'autre bout du fil était celle de Nicole Landers, une relationniste championne de Los Angeles.

Landers et d'autres de Warner Brothers étaient en appel conférence et parlaient de me faire venir par avion à Hollywood pour la première d'un documentaire, *The 11th Hour* [La onzième heure], produit et narré par Leonardo DiCaprio. « Il y a tout plein de stylistes à Los Angeles qui se meurent de vous habiller pour le tapis rouge », a gloussé Landers.

J'étais sur mon Blackberry, au volant d'une Prius louée au nord de San Francisco, en chemin pour une retraite réservée à la direction de ForestEthics. C'était en 2007, la campagne pour sauver la forêt boréale battait son plein. Nous venions de remporter la bataille autour de Victoria's Secret, et quelques minutes avant de recevoir cet appel, je me demandais comment hausser notre jeu d'un cran pour sauver l'habitat du caribou de montagne en Colombie-Britannique, dans la forêt pluviale tempérée de l'intérieur. Je me trouvais désormais dans le rôle de Cendrillon qu'on habille pour le bal, et la petite fille en moi pensait : *Je m'en vais à Los Angeles, je vais être habillée par un styliste de Hollywood, je vais défiler sur le tapis rouge et faire la connaissance de Leonardo DiCaprio !*

Puis Nicole a dit : « Ah oui, vos mesures. Vous portez du combien ? »

J'ai répondu : « Du douze. »

Silence glacial au bout du fil.

Ce sont normalement des gens qui parlent si vite qu'on peut à peine placer un mot. Mais là, ils étaient tous muets comme des carpes… jusqu'à ce que diverses voix se mettent toutes à parler en même temps.

« Ah, on savait pas, nous… », a dit une femme au ton mortifié.

« Pourtant, on a vu votre photo, et vous aviez l'air bien », a bégayé une autre, qui ne voulait pas dire qu'elle me trouvait difforme, mais qui manquait son coup royalement.

« On n'avait aucune idée, nous… », a murmuré une troisième, comme si je venais de révéler que je n'avais plus que quelques jours à vivre.

Landers a fini par m'expliquer le problème aussi délicatement que possible. « Chérie — et elle a marqué une pause avant de prononcer sa sentence de mort — les stylistes de Los Angeles n'habillent personne au-dessus de la taille six. »

Pendant un moment, tous les problèmes que j'avais déjà eus avec l'image de mon corps sont revenus me hanter : mon insécurité, le souvenir de mon bref flirt avec la boulimie. Tout à coup, je me suis dit : non, je n'irai pas. Jamais. Je n'ai pas d'affaire à aller me balader à Los Angeles et à déambuler sur le tapis rouge, je suis trop grosse. Je me suis sentie alors comme Cendrillon à minuit passé, avec ma citrouille à la place de mon carrosse, ma robe longue disparaissant pour faire place à une veste de Gore-Tex trop grande et à une paire de sabots.

Puis je me suis souvenue que, juste avant de me faire dire que j'étais trop grosse pour être montrée en public, je me triturais les méninges pour hausser la visibilité d'un habitat essentiel à la faune, et je me suis rendu compte que tout ce cirque de Hollywood pourrait être un moyen fantastique de faire connaître notre cause. Je n'atteindrais pas la célébrité pour ma silhouette frappante sur le tapis rouge, mais je serais connue pour mon travail. Rien au-dessus de six?

« Eh bien, ma bonne amie, ai-je dit, les filles du nord prennent de la place. Il faudra alors me trouver deux stylistes parce que moi, je vais être de la fête, et je porte du douze, qu'on se le dise! »

Elles ont toutes éclaté de rire.

« Je suis sûre qu'on va te trouver quelque chose, a dit Nicole. Tu es tellement adorable. On va te trouver une robe, t'inquiète pas. »

Douze ou pas : Hollywood, à nous deux!

La route de Hollywood s'est ouverte en 2006 avec la conférence Bioneers dans le comté de Marin, en Californie. Cette rencontre annuelle rassemblait des éléments hétéroclites : scientifiques, journalistes, militants, philanthropes et certains des plus grands visionnaires du mouvement écologiste. C'est là que j'ai rencontré Van Jones, un militant des droits civiques; Janine Benyus, l'auteure de *Biomimicry*; Lois Gibbs, que le canal Love a rendue célèbre; et deux des plus grands penseurs écologistes du monde, Paul Hawken, entrepreneur et auteur de *The Ecology of Commerce, Natural Capitalism* et *Blessed Unrest,* et Bill McKibben, l'auteur de *The End of Nature* et *Eaarth.*

C'est un lieu où des idées nouvelles germent, où des stratégies prennent racine, où des marchés sont conclus et des projets lancés. En 2006, j'ai pris la parole devant cinq mille personnes, le plus grand groupe que j'avais jamais eu devant moi, et mon discours était retransmis sur le web en direct à vingt mille autres personnes. Je m'étais torturée à composer mon texte, à me demander ce que je dirais et comment, et quand j'en ai eu assez de me tourmenter, j'ai trouvé quelque chose d'entièrement nouveau. Au lieu d'analyser simplement les enjeux à voix haute et d'inonder mon auditoire de statistiques-chocs, j'ai mis en pratique ma formation en communications et situé mon propos dans le réel. C'est la première fois que j'ai raconté le périple qui m'a conduite de la campagne pour la baie Clayoquot à mon combat pour la forêt boréale. Des barricades aux conseils d'administration. En rédigeant mon texte, j'ai récapitulé les leçons que j'avais tirées de chaque affrontement et les ai mises en relation. En fait, je me suis mise à imaginer le livre que vous lisez aujourd'hui.

La conférence venait de commencer, et j'étais à l'un des cocktails réservés aux orateurs invités. Je suis sortie et j'ai surpris la conversation d'une demi-douzaine de personnes qui discutaient énergiquement.

« Suzuki dit ceci, Gorbatchev dit cela, Hawken dit encore ceci et cela, mais personne ne parle de l'état des forêts du monde. »

Peu timide de nature, j'ai plongé et leur ai dit : « Si vous voulez vraiment connaître l'état des forêts du monde, consultez les données du World Resources Institute, qui démontrent que 80 pour çent des forêts du monde ont déjà disparu. Il n'en reste que 20 pour cent, et le gros d'entre elles sont situées au Canada, en Russie et au Brésil. Et dans ces trois pays, les forêts disparaissent à un rythme affolant. Soixante-douze pays ont perdu toutes leurs forêts vierges, des secteurs suffisamment grands pour maintenir des services d'écosystème et la biodiversité. Les États-

Unis ont déjà perdu 95 pour cent de leurs forêts anciennes, et c'est pourquoi ils se tournent vers le Canada, et que la majorité des forêts anciennes du Canada sont passées à la coupe pour fabriquer les journaux et les revues que lisent les Américains. »

Ils se sont retournés vers moi au ralenti : « Qui êtes-*vous* ? »

L'instant d'après, Leila et Nadia Conners — les réalisatrices et productrices du film *The 11th Hour* — m'avaient convaincue de leur accorder une entrevue à Hollywood.

Deux semaines plus tard, je débarquais de l'avion pour me heurter à un mur de chaleur.

Un chauffeur m'attendait avec une pancarte qui avait mon nom dessus, et il m'a emmenée dans une grosse voiture noire. C'était tout à fait comme je l'avais imaginé, sauf que nous ne sommes pas allés vers un studio, puisqu'ils filmaient dans un hôtel. À l'hôtel, l'ambiance était surréaliste. Je suis passée devant une pièce où l'archevêque Desmond Tutu se faisait maquiller. Puis une petite dame dynamique est venue à moi et m'a invitée à déjeuner. C'est ainsi j'ai mangé une salade en compagnie d'Irmelin DiCaprio. Une femme intelligente, qui connaît bien les enjeux et conseille fort bien son fils, qui n'était pas encore sur le plateau. Après le déjeuner avec Irmelin, je me suis rendue à la suite où l'on filmait ; on m'a invitée à m'asseoir, et pendant deux heures, j'ai été interviewée sur les forêts du monde : leur état, la menace que la coupe industrialisée fait peser sur elles. J'ai aussi parlé du Canada, de la manière dont l'abattage et le déboisement contribuent au réchauffement de la planète. Puis la limousine m'a reconduite à l'aéroport et j'ai repris l'avion pour le Canada. Un an plus tard, j'ai reçu un appel de Nadia, qui m'a dit qu'ils avaient interviewé plus de trois cents personnes, qu'ils en avaient retenu soixante-douze, et que mon entrevue était de celles-là. J'étais l'une des seules femmes dans le film, une des trois représentantes du Canada (avec David Suzuki et Wade Davis) et l'une des plus jeunes personnes à y participer.

Je suis allée à Los Angeles, j'ai visionné le film et en ai été vivement impressionnée. Un mois plus tard, j'ai appris que Warner Brothers avait acheté le film et qu'ils allaient organiser une première avec tapis rouge à Los Angeles. On voulait me ramener là-bas pour cet événement. Je me rappelle avoir pensé : *Combien de carbone ai-je dépensé à faire l'aller-retour pour ça ? C'est un bon film, mais on ne m'y voit que quatorze secondes. Est-ce que ça vaut vraiment la peine de m'éloigner encore de mes fils, d'aller jusqu'à Los Angeles…*

Deux conversations m'ont convaincue d'y aller en courant. J'ai appelé ma sœur Corinne, une de mes plus fidèles conseillères, et elle a presque hurlé : « Quoi ? ! Mais t'es folle ! On t'offre d'aller à Los Angeles, tu vas défiler sur le tapis rouge, rencontrer Leonardo DiCaprio, et ils vont t'habiller des pieds à la tête ? Quand auras-tu la chance de vivre une expérience pareille ? Tu y vas, à Hollywood, et j'y vais avec toi ! » J'en avais aussi parlé sur ma page Facebook : « Je suis dans le film de DiCaprio, *The 11th Hour*. Je ne sais pas trop si je devrais aller à la première à Los Angeles, avec tapis rouge et tout le tralala. »

Van Jones m'a écrit : « Dans le quartier, chez nous, on dit qu'il faut foncer jusqu'au bout. » En lisant le message de Van, j'ai pensé : « Il a raison. Je suis une militante et c'est là un nouvel outil qui me tombe providentiellement entre les mains. Je peux faire la fine bouche ou me botter le derrière et y aller. »

Donc, après en avoir causé encore avec Kristi Chester Vance, notre directrice des communications à ForestEthics, nous avons décidé d'engager une relationniste à Los Angeles qui tâcherait d'attirer l'attention sur notre campagne pour sauver les caribous en péril. Notre relationniste nous a dit que la chose la plus habile à faire serait d'organiser notre propre première parce que le tout-Los Angeles voulait voir le dernier film de DiCaprio mais qu'il n'y avait que trois cent places à la première avec tapis rouge. Tout à coup, nous avions loué notre propre amphithéâtre, planifié notre visionnement à nous, et les relationnistes se sont mis au boulot.

Je suis arrivée avec Corinne le lendemain, et dès que nous sommes descendues de l'avion, j'ai été prise en charge par une armée de dames qui m'ont fait enfiler les rendez-vous : maquillage, coiffure, manucure, essayages et entrevues. Et, oui, on m'a trouvé une robe taille douze. Ils s'étaient adressés à l'écostyliste Linda Loudermilk, qui fait des robes pour de vraies femmes avec de vrais corps. La tunique était faite de fibre de bois certifiée FSC avec dans le dos la forme d'un arbre coupé tissé de dentelle. Le pantalon était fait de bambou bio. Mes cheveux avaient l'air laqués.

Le jour de la première, je suis passée à CTV National News, à CNN et même à *Entertainment Tonight*. J'ai été conduite, en voiture électrique Zenn, aux Arclight Cinemas de Hollywood, où j'ai enfin mis le pied sur le tapis rouge.

J'avais déjà été entourée de journalistes auparavant, mais rien comme ça. Il y avait des rangées de journalistes qui grimpaient littéralement les uns sur les autres, qui nous lançaient des questions et me mitraillaient de leurs flashes. « Tzeporah ! Regarde par ici ! Par ici ! Par ici ! » Je ne savais plus où regarder, je me sentais complètement maladroite. Après la séance photo, ils sont passés aux questions.

Je me suis tournée vers le premier reporter, qui m'a demandé : « Qui vous habille ? » J'ai alors parlé de ma robe. Puis ç'a été : « Qui vous a coiffée ? » et « D'où sortent vos chaussures ? » Enfin, je me suis trouvée à la hauteur d'un gars du *Chicago Tribune* qui m'a posé une question sérieuse et intelligente sur ce qui adviendrait de l'économie canadienne si les États-Unis achetaient moins de bois du Canada. Pendant un moment, j'étais sûre qu'il parlait une langue étrangère. Puis je me suis rendu compte qu'il était le seul être dans cette salle qui parlait ma langue à moi. Je me suis avancée vers lui, et nous avons eu une vraie conversation jusqu'à ce que le chorégraphe du tapis rouge m'arrache à lui. J'ai remis ma carte au reporter et lui ai demandé de m'appeler pour que nous fassions une vraie entrevue. Ce qu'il a fait d'ailleurs. J'ai bien vu alors que dans une situation comme celle-là, on n'a que quinze secondes, et on peut en profiter pour parler de sa robe et de sa coiffure, ou alors saisir l'occasion pour aborder les enjeux qui comptent.

Puis je suis entrée et j'ai vu le film. Quand je suis apparue à l'écran, mes quatorze secondes avaient été réduites à neuf, et je ne parlais que de l'état des forêts du monde. Ils avaient coupé la partie sur le Canada, dont il était fait état dans mon communiqué de presse. J'ai texté Kristi pendant le visionnement, puis j'ai couru hors du cinéma et lui ai téléphoné, toute paniquée.

Elle m'a dit de ne pas m'en faire. « Tu parles du Canada maintenant. Tu viens de parler du Canada à *ET*. Personne ne va se souvenir de ce que tu as dit exactement dans le film. »

Donc j'ai continué de parler du Canada, et elle avait raison. Personne n'est allé vérifier dans le film pour savoir ce que j'avais vraiment dit, et si quelqu'un l'a fait, il a oublié d'en parler. J'avais parlé des forêts dans le film et je parlais encore des forêts. Quand on fait ce genre de travail, on se demande tout le temps si on a dit la bonne chose ou si on a été précis dans la livraison du message, mais la plupart des gens ne se souviennent que des grandes lignes : le Canada, la forêt, la controverse. J'étais très inquiète de ma capsule à moi, mais cela importait peu vu que mon message avait passé.

Après la première, nous sommes allés à la fête qui suivait, et il y avait là toutes sortes de personnes absolument ravissantes. Corinne et moi nous contentions d'observer, de rire et de déguster des martinis. Puis quelqu'un est venu et nous a fait passer dans un secteur réservé aux invités de marque, qui n'est qu'un secteur du bar fermé au grand public, et j'ai réalisé que je faisais la queue pour rencontrer Leonardo DiCaprio. Il était assis à une table avec des amis, et on faisait la file pour lui serrer la main. Il y avait des gardes de sécurité partout. Je me sentais un peu sotte, mais bon… Mon tour est venu. Je lui ai serré la main, et il a dit : « Merci beaucoup d'avoir pris part au tournage. » Beaucoup de gens que j'avais rencontrés à Hollywood ne comprenaient rien aux questions environnementales. Leur intérêt était sincère mais très superficiel, et je ne savais pas à quoi m'attendre quand je les rencontrais. Lui, il m'a regardée droit dans les yeux, contrairement à la plupart des gens que j'ai croisés ce soir-là qui se détournaient vite de moi pour se porter à la rencontre de plus intéressant que moi. DiCaprio était très présent, et il a demandé : « Croyez-vous qu'on a une chance ? »

J'ai éclaté de rire : « Oh ! Nous allons avoir une vraie conversation. »

Il a ri.

J'ai dit : « Je crois que oui. Mais je pense que la question est de savoir comment nous allons exploiter l'intérêt du grand public pour ces enjeux et même pour ce film afin d'effectuer un changement politique. »

Et il a dit : « Je ne sais pas, c'est vous qui savez. »

Puis, à mon grand étonnement, nous avons réussi à avoir une vraie conversation, sur le plafonnement du carbone et la question de savoir si les États-Unis allaient un jour tarifer le carbone, avant que ses gorilles ne m'éloignent. Il fallait bien ménager les autres fans qui attendaient.

J'ai sorti mon Blackberry pour parler aux enfants parce que je venais de voir Tobey Maguire en compagnie de DiCaprio, et Val Kilmer était à côté de moi. Forrest a répondu, et j'ai dit : « Maman est entre Spiderman et Batman. Est-ce que je devrais aller leur parler ? Lequel en premier ? »

La soirée a fini par finir, et nous sommes rentrées à notre

hôtel, sûrement le moins cher de Hollywood sans être trop miteux. J'étais tellement claquée que je ne me suis même pas lavé le visage, même si j'étais tartinée de maquillage. J'ai enfilé mon pyjama et me suis jetée sur le lit. Le lendemain, j'avais une entrevue à *Canada AM,* émission à forte cote d'écoute, et comme j'étais à Los Angeles et que l'émission est transmise en direct de Toronto, je devais être debout à cinq heures du matin pour l'enregistrement. Ils ont envoyé une voiture me chercher, mais le chauffeur ignorait le numéro de ma chambre et il n'y avait pas un chat à la réception. Dans mon rêve, j'ai entendu un bip. Puis mon Blackberry s'est mis à sonner. J'ai fini par me lever péniblement et j'ai pris le Blackberry. C'était Nicole Landers au bout du fil. Le chauffeur montait et descendait la rue en klaxonnant depuis quarante-cinq minutes. J'allais passer en ondes dans dix-huit minutes.

Le studio était à l'autre bout de la ville, j'étais encore en pyjama et je ne m'étais toujours pas lavé le visage. Mais c'est l'avantage d'avoir les cheveux et le visage laqués. J'ai filé à la salle de bains, je me suis regardée dans le miroir et j'ai vu que je ressemblais encore pas mal à la fille de la veille. J'ai effacé les coulisses de maquillage et je suis sortie en pyjama avec mes souliers et mon costume dans les mains. J'ai sauté dans la limousine et hurlé : « Filons ! » J'ai passé mon costume, et lorsque nous sommes arrivés au studio, j'ai ouvert la porte en vitesse avec mes souliers à talons hauts encore à la main. Un garde m'attendait : « Êtes-vous la Canadienne qui est censée être dans cette émission canadienne ? Vous êtes en ondes dans 90 secondes ! » Nous avons couru à l'ascenseur, ils m'ont jetée dans le studio, ils m'ont enfoncé l'écouteur dans l'oreille, et j'ai entendu : « En direct dans dix, neuf, huit… »

Je n'avais pas eu le temps de mettre mes souliers, je les ai donc glissés sous la table. J'étais totalement étourdie. J'avais dormi trois heures, et je n'avais pas pris une goutte de café. Je n'avais pas la moindre idée de ce que j'allais dire quand la caméra m'a fixée. Puis une femme s'est mise à me parler dans le tuyau de l'oreille.

Des gens de partout au Canada ont vu cette entrevue, et on m'a dit plus tard que ç'avait été formidable. L'intervieweur a demandé : « Alors, il est comment, Leo ? » et le pilote automatique s'est enclenché. Je me rappelais clairement la leçon du tapis rouge, cependant, parce que j'ai dit quelque chose comme : « Il est vraiment super. Et vous savez, il a vraiment l'environnement à cœur. » Puis je me suis mise à parler des menaces qui pèsent sur les forêts, du réchauffement climatique, du courrier-déchet. Je sais ce que j'ai dit seulement parce qu'une professeure d'université m'a envoyé le texte de l'émission, dont elle se servait dans son cours comme exemple de « gestion des médias ».

Quand les lumières se sont éteintes, la femme qui filmait est entrée dans la pièce avec le garde et m'a dirigée vers la machine à café.

Ce soir-là, lors de notre visionnement à nous, j'ai donné un bref exposé après le film, et tout s'est vraiment bien passé, au point où j'ai eu droit à une ovation. Nicole m'a dit que les gens ne s'excitent pas comme ça d'habitude à Los Angeles, à moins d'avoir affaire à une super vedette ; elle était donc ravie. Cisco Furniture avait offert d'organiser gratuitement la fête qui allait suivre notre visionnement, voyant là une occasion de faire visiter sa salle de montre. Puis des acrobates formés au Cirque du Soleil ont monté un petit spectacle.

Tout à coup, notre petit visionnement s'est mué en événement sélect couru par plein de monde que je ne connaissais pas. Ils étaient venus voir *The 11th Hour*, mais le prix d'entrée était un petit laïus sur ForestEthics.

Nous avions planifié notre propre petit « tapis vert » pour les célébrités qui voudraient bien s'y présenter. Sharon Lawrence, une grande actrice qui connaît très bien le dossier environnemental, avait accepté d'animer la soirée avec moi. Quelques autres acteurs allaient venir aussi, donc nous nous attendions à une certaine couverture médiatique. Nous nous sommes mis à accueillir nos invités sur le tapis, et il y avait là quatre ou cinq journalistes. Puis Adrian Grenier de *Entourage* est arrivé. Il m'a dit qu'il bâtissait une maison écologique à New York. Le plus drôle était que j'avais tout le mal du monde à me retenir de rire parce qu'il était debout à côté de moi, avec sa main dans mon dos, et nous étions là, tout sourire, fixant la caméra, pendant que tous mes amis derrière les caméras se pâmaient et me faisaient des mines envieuses.

Alors que le film allait commencer, deux femmes sont entrées. J'ai regardé l'une des deux en me disant : *Qui est-ce ? Elle ressemble beaucoup à…* Il m'a fallu une minute pour la replacer, et je me suis rendu compte que c'était parce que j'avais vu son visage un million de fois au moins, mais en personne, Paris Hilton est toute petite, presque éthérée, comme si un coup de vent allait l'emporter. Elle était debout à côté de la porte, l'air un peu gêné et mal à son aise. Une femme de sa suite est venue me voir et m'a dit : « Il nous reste environ quarante-cinq secondes avant que les portes s'ouvrent et que s'enfoncent les médias et la sécurité. Paris veut savoir si vous voulez être prise en photo avec elle, et si vous pouvez vous approcher d'elle et lui faire un petit topo. » Ça m'est revenu avec la vitesse de l'éclair. Paris Hilton. Elle sortait de prison. Voulais-je vraiment associer ma cause à sa personne ? Que diable pouvait-elle savoir de la forêt canadienne ? Quand quelque chose de gros comme ça se produit, il y a toujours une petite voix intérieure qui dit : *ça pourrait foirer misérablement…*

Puis je me suis souvenue de Van Jones et j'ai pensé : *voici l'une des femmes les plus célèbres du monde, alors je fonce, je vais jusqu'au bout, et tant pis !*

Je suis allée la trouver et nous avons bavardé un peu. Elle a dit : « Je tiens à aider le mouvement écologiste, et j'ai appris que votre groupe faisait de belles choses. Expliquez-moi ce que vous faites. »

Je lui ai parlé de notre victoire dans le dossier de la forêt pluviale, et de la campagne que ForestEthics essayait de lancer pour sauver la forêt boréale. Nous avons causé trente secondes avant qu'une centaine de personnes avec des caméras n'enfoncent les portes et n'affluent vers nous. Puis un mur de gardes nous a poussées et a cordonné le tapis. Des milliers de flashes nous mitraillaient. Les gens hurlaient : « Dites-nous ce que vous portez » et « Que faites-vous ici ? »

Hilton a continué de me parler comme si de rien n'était alors que les paparazzis réclamaient son attention. Environ deux minutes plus tard, son assistante lui a tiré sur la manche et dit : « Je pense qu'on est prêts. » Hilton a dit : « Bien, Tzeporah, ravie de vous avoir rencontrée. On fait une petite photo ? » Elle s'est retournée et s'est courbée à moitié pour regarder par terre, et elle a déplacé son épaule, puis elle a ployé les genoux, et j'ai pensé *nom de Dieu, elle va faire pipi par terre,* parce qu'en personne, sa pose avait l'air un peu tordue. Quand on voit les photos, je fais face à la caméra comme le chevreuil qui fixe les phares de la voiture approchant, ce qui est exactement la pose à éviter si on ne veut pas avoir l'air de peser trois cents livres. Elle s'est placée de profil et s'est inclinée légèrement en baissant une épaule. On m'a dit plus tard que c'est exactement comme ça qu'il faut faire. Elle avait donc l'air toute petite et élégante, tandis que moi à côté, j'avais l'air d'un orignal qui débarque en ville.

Les photographes et les reporters criaient son nom, mais elle continuait de me parler comme si nous étions seules dans la pièce, et elle a dit : « Heureuse d'avoir fait votre connaissance. J'aimerais avoir un exemplaire du film. Si vous pouvez me raccompagner d'un pas naturel vers le petit foyer, je vais essayer de me sauver par la porte de service. » Elle est donc entrée dans le petit foyer, suivie des gardes, elle a dit au revoir et est disparue par la porte de service. Dès que les journalistes se sont aperçus qu'elle avait filé, ils se sont tous précipités dehors pour la suivre jusque chez elle. Les voitures viraient en tous sens et les pneus crissaient.

Après la fête, vers une heure du matin, j'ai réuni les bénévoles de ForestEthics sur place. Tous les cinq, dans notre chambre d'hôtel minable, nous avons mangé des burgers végé et bu de la bière en vidant nos poches et nos sacs de toutes les cartes de visites qu'ils renfermaient.

Plus tard ce matin-là, je me suis levée pour interroger mon répondeur. Il était plein. Alors j'ai téléphoné à mon autre répondeur. Plein lui aussi. Le téléphone a sonné, et c'était quelqu'un du bureau de ForestEthics à San Francisco qui disait : « C'est la folie ici, le téléphone ne dérougit pas. Allez voir en ligne. »

Ce que j'ai fait, et j'ai vu que tous les journaux avaient repris la photo de Paris Hilton avec moi. Elle était partout ! Des gens de Greenpeace Royaume-Uni à qui je n'avais pas parlé depuis des lustres me téléphonaient ou m'écrivaient pour me dire qu'ils avaient vu la photo. Cela m'a valu aussi une vague d'enthousiasme et d'intérêt sur ma page Facebook et partout ailleurs de la part de fillettes de quatorze ans.

Ma nièce était tout énervée. Elle voulait désormais tout savoir des enjeux qui préoccupaient « ma tante Tzeporah » parce que ses amies et elle m'avaient vue en photo avec Paris Hilton. La nouvelle de cette rencontre de deux minutes était en première page de presque tous les journaux du Canada, en couleurs, sur la moitié supérieure. La photo a circulé dans douze pays et fait l'objet de centaines d'articles. Pendant trois jours, mon téléphone n'a pas cessé de sonner. J'ai enchaîné les entrevues, qui commençaient toutes de la même façon : « Comment elle est, Paris ? » et « Avez-vous vraiment rencontré Leo ? » Et de là je dirigeais gentiment la conversation vers les vrais enjeux.

Une quinzaine plus tard, Hilton a été photographiée déambulant rue Queen à Toronto en t-shirt qui disait : « Et si c'était le dernier des arbres ? » Tout de suite, l'histoire de notre entretien a rebondi dans la presse. Paris Hilton était passée au vert.

J'ai été aussi âprement critiquée pour ce « moment avec Paris ». C'était un coup publicitaire sans précédent. On disait que ces vedettes de Hollywood profitaient de causes écologistes pour se donner de la profondeur, que j'exploitais leur célébrité pour faire l'article. Bon, d'accord, il y avait un peu de vrai dans ces reproches. Mais avais-je mal agi ? L'intervention des stars nous permet d'atteindre des auditoires qui ne seraient pas normalement exposés aux questions environnementales. Des auditoires énormes. Étant donné l'urgence de la cause, je me disais que plus on faisait parler de nous, mieux c'était.

Je suis rentrée à Vancouver complètement épuisée. J'ai tout de suite fait un topo au personnel canadien, qui voulait savoir si nous pouvions organiser une première pour le film sur notre propre territoire. Nous en étions à un moment critique dans notre campagne visant à protéger l'habitat du caribou de montagne dans la forêt pluviale tempérée de l'intérieur. Le gouvernement de la Colombie-Britannique se montrait intransigeant, même si nous avions la recherche et la science de notre côté. L'habitat du caribou était dévasté par la coupe, et les hardes diminuaient sans cesse. Comme c'est souvent le cas avec les espèces qui ont besoin d'un grand espace pour vivre, le sort du caribou des montagnes constituait un signal d'alarme. Historiquement, le caribou de montagne circulait dans le sud de la Colombie-Britannique, jusque dans le centre de l'Idaho au sud. Les hardes étaient interreliées, ce qui favorisait l'échange génétique. En ce moment, le caribou de montagne se regroupe en treize hardes isolées. Celle qui est la plus au sud, appelée la harde

Sud-Selkirk, chevauche la frontière canado-américaine dans la chaîne de montagnes Selkirk, au sud de Nelson, en Colombie-Britannique, et au nord de Spokane, dans l'État de Washington. Le caribou de montagne est passé de 2 450 individus à 1900 de 1997 à aujourd'hui. De nombreuses hardes ont été réduites de moitié, et certaines ne comptent plus qu'une cinquantaine d'individus. Au cours de la même période, l'industrie forestière a abattu plus de la moitié des arbres les plus anciens de la région.

Nous tentions, depuis quelques années, de sensibiliser les gens à l'avenir de ces forêts, mais nous étions en quelque sorte victimes de notre succès. Étant donné que la bataille pour la forêt du Grand Ours s'était soldée par une victoire éclatante, tout le monde — le grand public, la presse, les entreprises acheteuses de matière ligneuse — s'était imaginé que le Canada était désormais écologiste, que la coupe était durable. Mener une nouvelle campagne pour la forêt boréale, c'était comme remonter une pente. Je me suis dit que nous tenions peut-être là notre chance. Pourrions-nous rééditer notre exploit de Los Angeles? Des millions de Canadiens étaient au courant du film de DiCaprio, et la première canadienne n'avait même pas encore eu lieu.

Voici l'un des principes fondamentaux de toute bonne campagne : répéter, répéter, répéter. Les gens doivent entendre la même chose plusieurs fois avant d'y croire. La tâche du militant est de saisir toute occasion pour mettre sa cause à l'avant-scène. J'ai téléphoné à Warner Brothers et j'ai demandé si nous pouvions organiser une première à Vancouver. Nous avons choisi une date, réservé un auditorium, envoyé un avis à toutes les émissions de télévision et à tous les plateaux de tournage en ville et invité les gens à venir déambuler sur notre tapis vert.

Nous menions une campagne de cartes postales où nous demandions aux Canadiens de signer une carte géante adressée au premier ministre de la province, et nous avions recueilli ainsi plusieurs milliers de signatures. Cela était resté sans effet sur le gouvernement. Notre travail est parfois ingrat. Nous parlons à des milliers de gens, et cela nous vaut peut-être un entrefilet dans un seul journal. Je crois que c'est Candace Batycki, qui dirigeait la campagne pour la forêt pluviale intérieure chez ForestEthics, qui a eu cette idée : « Est-ce qu'on ne pourrait pas demander aux stars du cinéma de la signer ? »

Le soir de la première, la relationniste m'a dit d'inviter les vedettes à signer la carte postale et à se laisser prendre en photo. Je passe presque tout mon temps au travail ou avec mes enfants. Demandez-moi quelles sont les vedettes que regardent mes enfants à la télé, et je peux vous les nommer. Mais les émissions pour adultes, pas la moindre idée. La relationniste m'a répondu : « Oh, pour l'amour ! S'ils sont beaux à tout casser, bien arrangés, bien coiffés, amenez-les-moi ! »

Ça a marché. Trois cents personnes ont envahi l'auditorium. De temps en temps, j'entrevoyais quelqu'un qui avait l'air de sortir tout droit d'un catalogue, et je m'écriais : « Elle ! Amenez-nous-la ! » Je me plaçais sur le tapis vert et invitais la vedette à signer la carte.

Pendant le film, j'ai saisi l'occasion de parler avec Gregor Robertson, alors coprésident du caucus néo-démocrate sur les changements climatiques et qui a été plus tard élu maire de Vancouver grâce à la promesse d'en faire « la ville la plus verte du monde ». Un autre bon coup. En fin de soirée, alors que la fête d'après-visionnement avait à peine commencé, un reporter du *Vancouver Sun* est entré et m'a remis un exemplaire du journal du lendemain qui sortait tout juste des presses. Sur la page couverture, dans la première moitié, il y avait une photo en couleurs de moi et Marlee Matlin qui signait la carte postale adressée au premier ministre provincial, l'invitant à protéger le caribou des montagnes. Première page, première moitié, en couleurs. Un militant ne peut pas demander plus. Je suis montée sur une table, l'ai annoncé à la foule et nous avons eu une fête formidable.

Deux jours plus tard, un fonctionnaire du gouvernement m'a téléphoné et a dit : « Nom de Dieu ! D'abord, c'est la lingerie féminine, ensuite, c'est le gars de *Titanic*, et maintenant, vous êtes sur la première page du journal avec l'étoile de *The L Word*. Ça suffit ! Il faut qu'on se parle. »

Je savais depuis toujours qu'il n'y a que deux choses qui comptent aux yeux des décideurs : le pouvoir et l'argent. C'était justement l'objet de nos campagnes commerciales. Puis je me suis aperçue qu'en faisant appel aux vedettes, nous avions la capacité de dépasser le milieu des convertis et d'atteindre un auditoire plus vaste, assez en tout cas pour foutre la trouille aux politiciens.

On ne peut attribuer la victoire d'une campagne à un seul élément. Les études scientifiques, qui demandent des mois de recherches fastidieuses, les rencontres sans fin avec les représentants de l'industrie, les fonctionnaires et les gouvernements, et la mobilisation du public : tout cela s'additionne et a un effet colossal. Dans le cas du caribou de montagne, par exemple, ForestEthics a fait appel à plusieurs organisations pour faire campagne. Et un certain nombre d'êtres extraordinaires, tant dans les gouvernements que dans les ONG, ont contribué à la conclusion heureuse de l'entente.

Néanmoins, il ne fait aucun doute que la publicité que nous a valu l'article sur Marlee Matlin a joué un rôle décisif. Moins de deux mois après la parution de sa photo en première page, le gouvernement a annoncé qu'il allait protéger 2,2 millions d'hectares pour l'habitat du caribou dans les forêts pluviales tempérées de l'intérieur, c'est-à-dire tout le territoire de mise bas hivernale de cet animal, ce qui lui donnait — ainsi qu'à nos forêts — une chance de survie[1].

Tout cela m'a fait comprendre que l'influence des célébrités est non seulement accessible et efficace mais qu'un grand nombre de vedettes veulent faire leur part. Elles n'ont pas nécessairement une bonne compréhension des enjeux, ou n'ont pas les moyens pour s'engager ; ce sont seulement des personnes qui ont du cœur. Depuis lors, j'organise des ateliers sur la mobilisation des vedettes pour d'autres militants. Je leur dis qu'il ne s'agit pas seulement de faire venir des stars et de se faire photographier avec elles ; il faut leur demander de dire quelques mots, leur faire un topo sur l'enjeu du jour, leur faire signer une carte postale ou une lettre ouverte. Non seulement les vedettes se sentiront-elles plus engagées, on aura aussi mieux à offrir qu'un beau sourire pour faire les nouvelles.

Je propose aussi de dresser une liste de vœux en fonction de l'auditoire ciblé. Beaucoup trop souvent, dans le mouvement écologiste, j'entends des gens dire : « Il faut lancer une campagne publique. Il faut faire appel au public. » C'est gros, le public, et nous n'avons pas les moyens financiers de mener une grande campagne de communication qui va atteindre tout le monde et son frère. Nous ne sommes pas Coca-Cola, ou Walmart. Et même ces grandes entreprises ciblent un créneau précis.

Donc voici mes questions : qui voulez-vous atteindre ? Et qu'est-ce qui préoccupe *ce public-là* ?

Si les votes qui comptent sont ceux des femmes de plus de cinquante ans, Lady Gaga n'est peut-être pas votre célébrité

---

1. John Bermingham, « B.C. to Protect Caribou Habitat », *The Province*, Vancouver, 17 octobre 2007, cité sur le site web du Sierra Club : www.sierra club.bc.ca/quick-links/media-centre/media-clips/b-c-to-protect-caribou-habitat

fétiche, mais Céline Dion fera sûrement l'affaire. Ce n'est pas parce que vous préférez Lady Gaga qu'elle vous permettra d'atteindre votre auditoire.

Moi je dis que les éditions vertes de *Vanity Fair* et de *Rolling Stone* ou le t-shirt de Paris Hilton avec l'arbre dessus nous donnent des raisons d'espérer. Autrefois, le travail des écologistes consistait à enfoncer des portes à coups de pied pour se faire entendre. Ce n'est plus que rarement le cas étant donné que les questions environnementales sont mieux connues du public. Nous pouvons maintenant faire porter notre effort sur la recherche de solutions et la collaboration avec les décideurs pour faire adopter les lois qu'il nous faut.

Ironiquement, je connaissais le potentiel médiatique des stars depuis l'expérience que j'avais vécue avec Midnight Oil à la baie Clayoquot, mais c'était Greenpeace qui avait organisé le concert, et il ne m'est tout simplement pas venu à l'idée que les autres organisations avec lesquelles j'ai travaillé pouvaient avoir son influence. Pourquoi ForestEthics n'a-t-elle pas fait appel aux célébrités plus tôt? Nous n'avions même pas essayé de les pressentir. Les vedettes nous paraissaient appartenir à un autre monde, inaccessible aux gens ordinaires. Peut-être que Greenpeace ou la World Wildlife Federation pouvaient mobiliser des vedettes pour faire avancer leur cause, mais nous, non. Je ne l'avais même jamais imaginé.

Donc dressez votre liste de vœux, et ne craignez pas de faire appel à ces personnalités, qui, dans le réseau élargi de nos connaissances, ne sont jamais bien loin de nous — même Paris Hilton. Et si elles le sont, ne craignez pas de leur téléphoner tout simplement : on ne sait jamais qui pourrait vouloir aider une bonne cause.

IV

L'HEURE DES COMPTES

CHAPITRE 13

L'atmosphère ne négocie pas
Comment je suis passée au défi clé de notre ère

> *Les changements climatiques brusques et catastrophiques sont non seulement possibles mais probables. Le monde est au seuil d'un changement climatique brutal : un changement qui sera si soudain que les systèmes humains et naturels auront du mal à s'y adapter.*
>
> Le Conseil national de recherche des États-Unis

La veille de mon départ pour Bali en 2007, où l'on allait négocier la Convention cadre des Nations Unies sur les changements climatiques (CCNUCC), j'ai entendu mes deux fils parler dans leurs lits superposés. « J'aime pas quand maman part », a dit Quinn, qui avait cinq ans.

« Je sais bien, mais maman va sauver le climat », lui a répondu Forrest, neuf ans. La confiance que Forrest avait en moi était aussi émouvante qu'écrasante.

J'étais mûre pour un congé sabbatique. Lorsque nous avions créé ForestEthics, nous avions convenu collectivement que nous aurions tous droit à un congé payé de trois mois après sept ans en fonction. J'avais l'intention d'en profiter pour me la couler douce et recharger mes piles, et je savais que j'en avais besoin parce que j'aimais moins mon travail. Nous avions connu des succès immenses comme la campagne entourant Victoria's Secret, mais je me sentais souvent impatiente, frustrée, irritée. J'avais le sentiment que personne ne se remuait assez. Nos idées n'allaient nulle part. Les choses n'avançaient jamais assez vite à mon goût.

J'avais commencé à prendre connaissance des effets des changements climatiques : feux accrus dans la forêt boréale, infestations du dendrochtone du pin en Colombie-Britannique et désertification de l'Amazonie. J'entendais dans ma tête une petite voix qui disait : *Tu t'es embarquée là-dedans parce que tu voulais préserver les forêts, et il est maintenant évident que ce n'est pas la coupe industrielle qui cause le plus grand tort de nos jours.*

Une voix plus forte commençait à dire : *Dieu merci, il y a quelqu'un qui y voit.* J'aimais entendre cette voix parce que je ne savais pas comment m'y prendre avec les changements climatiques. Moi, mon rayon, c'était la préservation des forêts. Mais la voix persistait, et cette année-là, je me suis mise à faire des recherches sur les questions climatiques en relation avec les forêts. Quel est l'effet de l'abattage industriel sur le réchauffement planétaire ? Dans quelle mesure le réchauffement affecte-t-il la santé de nos forêts ?

De fil en aiguille, j'ai été invitée par des groupes écologistes à prononcer une conférence à Bali sur les effets de la coupe sur le réchauffement climatique, l'incidence du réchauffement sur la forêt boréale et l'importance de celle-ci comme lieu de stockage du carbone. Dans l'énervement qui a précédé mon départ, je me suis demandé : « Comment puis-je contribuer aux travaux de Bali ? Et de quoi devons-nous discuter là-bas ? »

Les forêts étaient au cœur de mes préoccupations, mais je m'inquiétais aussi des sables bitumineux du Canada parce que je venais de lire *Stupid to the Last Drop: How Alberta Is Bringing Environmental Armageddon to Canada (and Doesn't Seem to Care)* de William Marsden et j'avais adoré. J'ai donc téléphoné à son éditrice, Louise Dennys, vice-présidente de Random House Canada, et lui ai dit combien j'avais aimé le livre, que c'était un ouvrage important pour moi et que j'allais assister à la Conférence sur les changements climatiques des Nations Unies. Je lui ai demandé si sa maison pouvait me faire don de quelques exemplaires du bouquin. Elle a accepté volontiers. J'ai donc atterri à Bali avec deux sacs de hockey pleins d'exemplaires de ce livre.

Les conversations intenses ont débuté dès que j'ai mis le pied là-bas, et mes interlocuteurs étaient des délégués à la conférence qui faisaient la queue comme moi pour réclamer leurs bagages et faire valider leur visa. Avant même de récupérer mes valises, j'avais déjà distribué les quelques exemplaires du bouquin qui étaient dans mon porte-documents. J'ai fini par en remettre un au ministre de l'Énergie de l'Alberta, et j'en ai distribué lors de toutes les réunions préparatoires et conférences du gouvernement canadien. Ce qui avait pour résultat d'affoler mes collègues canadiens, en grande partie parce que le Canada, comme tant d'autres pays à Bali, essayait de se poser en chef de file dans le dossier climatique tout en taisant l'exploitation croissante de son pétrole.

Dans la navette de l'hôtel, j'ai manqué de mots lorsque j'ai tenté d'expliquer à des universitaires de France et d'Allemagne pourquoi si peu de gens savaient que le Canada avait ouvert le chantier d'extraction de carburants fossiles le plus imposant et le plus destructeur du monde et était devenu le plus grand fournisseur de pétrole des États-Unis.

Étant du Canada, je savais que le gouvernement Harper avait fait avorter un accord important au sein du Commonwealth cette année-là à New York qui aurait obligé un grand nombre de pays à réduire considérablement leurs émissions de carburants fossiles. Je ne savais que trop aussi que nous étions l'un des seuls pays du monde à avoir tourné le dos à nos obligations en vertu du protocole de Kyoto et que nous refusions de prendre le moindre engagement.

Si l'on en croit certains classements internationaux réalisés par des instances indépendantes, le Canada est avant-dernier parmi les pays industrialisés et émergents au titre de la politique énergétique de son gouvernement national, et cinquante-septième sur soixante grands pays au chapitre des changements climatiques. En fait, le Canada se classe juste derrière la Chine et ne devance que l'Australie, le Kazakhstan et l'Arabie Saoudite[1].

Ce que j'ai découvert dans mes recherches, c'est que les Canadiens eux-mêmes veulent qu'on fasse quelque chose. Partout au pays, les gens s'arrangent pour consommer moins de carbone dans leur quotidien — ils s'alimentent localement, prennent les transports en commun, passent aux ampoules efficientes. Pourtant, nos émissions ne font qu'augmenter au lieu de diminuer, essentiellement à cause de l'industrie lourde. On n'a pas encore vu émerger de politicien assez courageux pour proposer des correctifs et réclamer — on ne parle même pas de mise en œuvre encore — les lois sévères qu'il faut pour réguler l'industrie, et ce, parce que les mandats politiques sont courts, et la classe politique n'en a que pour la prochaine échéance électorale. L'argent du pétrole est devenu un élément important de notre économie[2], et jusqu'à présent, seuls les politiciens les plus

---

1.   Germanwatch, 2011. Cimate Change Performance Index, 2011, en ligne : www.germanwatch.org/ccpi

2.   De 2000 à 2020, les sables bitumineux vont ajouter près de 800 milliards de dollars à l'économie canadienne et 123 milliards dans les coffres des gouvernements par le jeu des redevances et des taxes. Les sables bitumineux vont

courageux sont prêts à dire : « Un instant ! On se trompe de trajectoire ! » L'année avant Bali, le chef libéral, Stéphane Dion, a proposé de tarifer la pollution, ce qui aurait été un excellent début. Malheureusement, il a tenu à faire de sa taxe sur le carbone un enjeu électoral au lieu de définir le but ultime ou la vision que ce changement créerait. Ses adversaires lui ont tout de suite sauté à la gorge, et en agitant l'épouvantail de l'inflation, ils ont eu vite fait de stopper sa course au poste de premier ministre en 2008.

Dans les files d'attente à l'aéroport, beaucoup étaient d'accord pour dire qu'en dépit des nouvelles toutes déprimantes provenant de bon nombre de nos pays (l'exception la plus heureuse cette année-là était l'Australie, où le premier ministre avait été élu grâce à un programme climatique défendu par une campagne particulièrement intelligente qui était axée sur l'édification d'un avenir sûr pour les enfants), Bali offrait une nouvelle occasion de tonifier un accord global sur les changements climatiques.

Il faisait bon d'être entourée de milliers de personnes discutant de solutions, et j'étais heureuse de faire quelque chose de tangible et de m'immerger dans le dialogue sur l'avenir du climat. Ma bulle a éclaté quand le gouvernement canadien de Stephen Harper s'est opposé aux objectifs de réduction des émissions internationales. Son attitude consistait plutôt, semblait-il, à bloquer ou à retarder les négociations. Je n'en revenais pas de voir les scientifiques, les responsables des Nations Unies et tous mes collègues condamner le Canada, l'un après l'autre.

---

créer aussi 240 000 emplois directs et indirects. Lire Barbara Yaffe, « Oilsands' Dirty Secret: They Add Billions of Dollars to Our Economy », *The Vancouver Sun,* 21 octobre 2010.

Par la suite, je me suis levée à cinq heures du matin tous les jours pour aller au principal bureau de coordination afin de vérifier l'horaire, qui avait la taille d'une encyclopédie. Je le compulsais et encerclais les séances auxquelles je me ferais un devoir d'assister. Je suis allée d'un panel international à l'autre et en ai appris plus que j'en demandais sur les impacts à venir des changements climatiques. Ce qui m'a estomaquée, ce n'est pas les statistiques mais le fait que tant de scientifiques ne pouvaient retenir leurs larmes.

À mon deuxième jour à Bali, le Canada a eu le triste honneur de recevoir le prix Fossile du jour pour une note de service coulée à la presse selon laquelle les délégués canadiens avaient reçu pour instruction de n'admettre que les objectifs contraignants pour tous les pays. La note proposait aussi que le Canada exige un addenda faisant état de « circonstances particulières ». Ces positions devaient avoir pour effet de faire dérailler les négociations. Le gouvernement Harper savait parfaitement bien que la Chine n'accepterait jamais d'être traitée comme l'un de ces « pays développés » qui nous avaient mis dans ce pétrin au départ, et qu'elle accepterait encore moins des circonstances particulières pour le Canada et d'autres pays producteurs de pétrole. Ainsi, le Canada pouvait se cacher derrière la Chine, et le gouvernement Harper aurait ainsi une excuse très commode pour ne rien faire[3].

J'ai prononcé mon discours, et ce ne fut pas chose facile, car jamais auparavant je ne m'étais sentie aussi peu fière d'être canadienne. Ce fut donc le sujet de mon exposé.

« Me voici devant vous aujourd'hui, honteuse d'être canadienne. J'ai honte parce qu'à l'heure où le monde s'efforce de contrer les changements climatiques, le Canada est à mettre en

---

3. Richard Littlemore, « Bali: Leaked Canadian Documents Show Same Old Spin », Desmoblog.com, 12 décembre 2007.

œuvre le plus grand projet d'extraction de carburants fossiles sur terre, les sables bitumineux de l'Alberta. J'ai honte parce que mon gouvernement a tourné le dos aux engagements pris à Kyoto. J'ai honte parce qu'il refuse d'adhérer à des objectifs absolus relativement à la réduction des émissions et, ce n'est pas tout, j'ai honte parce qu'il fait obstacle à la négociation d'accords internationaux qui traceraient la voie de l'avenir. »

Puis j'ai fait peur aux gens en leur expliquant comment les changements climatiques avaient défiguré les forêts cana-diennes. Dix millions d'hectares de forêts ont été assassinés par les infestations du dendrochtone du pin. Le dendrochtone du pin est un petit insecte inoffensif qui mourait autrefois avec la venue de l'hiver quand le thermomètre descendait au-dessous de quarante degrés. Le problème, c'est que l'élimination saison-nière du dendrochtone par le froid ne s'opère plus parce qu'il ne fait pas assez froid. Résultat : le dendrochtone du pin dévore aujourd'hui les forêts anciennes de la Colombie-Britannique.

Il y avait plus de mille écologistes venus parler climat à Bali. À la fin de chaque journée, des centaines d'entre eux se réunis-saient et votaient pour savoir quels pays retardaient le plus la lutte contre les changements climatiques. Le Canada s'est classé ainsi premier, deuxième et troisième. Le troisième jour, le ministre de l'Environnement du Canada, John Baird, est enfin arrivé, juste à temps pour recevoir les trois prix Fossile.

Ce qui force l'admiration chez Baird, c'est son culot. Même s'il savait parfaitement que son attitude dégoûtait certaines per-sonnes présentes qui comptaient parmi les plus engagées et les mieux informées du monde, il s'est présenté comme si de rien n'était à la réception des groupes non gouvernementaux et s'est fait servir une bière.

Je ne pouvais pas laisser passer cette occasion. Après avoir débattu des enjeux avec lui pendant une demi-heure, je peux affirmer que cet homme n'a pour lui que son culot. Parler au ministre Baird, c'est un peu comme débattre avec Bill O'Reilly. Il est intelligent mais n'écoute jamais. Le ministre s'est longuement attardé au fait que les libéraux avant lui avaient fait bien pire. Quand j'ai réussi à l'arracher à sa diatribe partisane pour parler plutôt de l'art du possible, il s'est mis à blâmer l'inefficacité des écologistes pour la hausse des émissions au Canada.

Je lui ai rappelé que le ministre de l'Environnement, c'était lui, et que son gouvernement avait tout de même l'obligation de voir à ce que le Canada fasse sa part et établisse des objectifs crédibles pour la réduction des émissions absolues, pour ainsi protéger sa réputation à l'étranger.

Il a fait valoir que des réductions de 20 pour cent d'ici 2050 était un objectif crédible. Peut-être, à la limite, était-ce exact, s'il avait eu à l'esprit une réduction de 20 pour cent par rapport aux niveaux de 1990, mais il a confirmé qu'il s'agissait de 20 pour cent par rapport à l'année de référence 2006. Autant plaquer un pansement sur une lésion thoracique aspirante. Je lui ai répondu qu'il sous-estimait le savoir, la résolution et le courage des Canadiens.

Ce qui me choquait peut-être encore plus que les gesticulations de Baird et l'inanité de son programme climatique, c'était la réaction des hordes d'écologistes sur place qui les maudissaient à distance, lui et le gouvernement canadien, mais qui refusaient de discuter avec lui et son entourage.

Alors que je me démenais pour lui opposer des gens qui s'y connaissaient, comme Steve Kretzmann, de l'organisation Oil Change, et Dale Marshall, de la Fondation David Suzuki, j'ai été réprimandée par des collègues qui pensaient qu'il fallait réserver le débat et les pressions au programme du jour et ne pas harceler le ministre avec ces questions pendant la soirée. Je n'en revenais pas. Dans mon esprit, il ne fait aucun doute qu'il faut profiter de toutes les occasions pour interpeller les décideurs, encourager le débat, exiger des comptes de ceux qui sont en mesure d'effectuer des changements. Le ministre de l'Environnement assistait à cette conférence sur les changements climatiques, et, nom de Dieu, j'étais respectueuse ! Après tout, je m'étais retenue pour ne pas le balancer dans la piscine.

Je lisais depuis des années des statistiques effrayantes et des prédictions apocalyptiques. Mais là, entourée de vingt mille personnes provenant de plus de deux cents pays et constatant l'échec complet des gouvernements à s'entendre sur un plan solide qui réglerait nos problèmes, mon moral a piqué du nez.

J'ai repris l'avion pour la Colombie-Britannique en proie à un désespoir et à une angoisse tels que j'en avais du mal à respirer. Je ne cessais de songer à mes deux petits gars dans leurs lits superposés, avec Forrest qui rassurait son frère en disant que « maman allait sauver le climat ».

Soyons clairs, je suis une optimiste. J'ai été aux prises avec des défis de taille dans mon travail et j'ai toujours pu aller de l'avant, rallier mon monde et penser qu'il n'y avait pas de défi insurmontable pour moi.

Mais là, c'en était trop. C'était trop effrayant. Tout allait trop vite. Nous étions censés régler ce problème d'ici 2020 ? Nous avions moins de deux décennies devant nous pour faire en sorte que notre économie consomme moins de carbone. Pour transformer nos réseaux énergétiques, nos systèmes de transport et nos systèmes d'approvisionnement alimentaire, protéger ce qui restait de nos forêts, mettre fin à l'exploitation des sables bitumineux au Canada, ne pas ouvrir de nouvelles centrales au charbon, mettre les centrales désuètes hors service…

Quand je suis rentrée chez moi ce soir-là, Quinn, qui venait de s'initier aux jeux informatiques, m'a demandé si j'avais gagné à Bali.

Les larmes aux yeux, je lui ai répondu que non.

Sa réponse m'a vissée au mur : « Est-ce que tu as égalisé au moins, maman ? »

Quand l'Évaluation écosystémique du millénaire des Nations Unies nous dit qu'« on ne peut plus tenir pour acquis que les écosystèmes de la planète pourront soutenir les générations futures[4] », que veut dire « égaliser » ?

Dans les semaines qui ont suivi Bali, j'étais à plat. Je passais toutes mes journées sur le plancher, en pyjama, à jouer aux Lego avec mes fils. Je passais mes soirées sur le divan avec un sac de chips et *Battlestar Galactica* rien que pour m'évader. C'était ma stratégie pour maîtriser cette nouvelle crise parce que je savais qu'elle me forcerait à m'interroger sur tout ce que je faisais. À quoi servait mon travail dans le monde ? À quoi est-ce que tout cela servait, point ?

C'est en entendant l'auteure Barbara Kingsolver à la radio de la CBC un après-midi que je suis sortie de ma torpeur. Elle disait que, devant les défis pressants de l'environnement, « l'optimisme est le seul choix moral valable ».

Je me suis enfin posé les vraies questions, les questions difficiles. Si en effet nous n'avons pas beaucoup de temps devant nous, que devrions-nous faire ? Devrions-nous apprendre à cultiver nous-mêmes nos propres aliments ? Devrions-nous simplement nous contenter de bien protéger nos familles, compte tenu de l'augmentation de 50 pour cent dans la gravité et la fréquence des tempêtes violentes ? Étais-je prête à renoncer à tout espoir d'atténuer, de ralentir ou de mettre fin au réchauffement climatique, et à me contenter d'adapter notre mode de vie à une planète très différente ?

Pour être franche, l'idée de m'en tenir strictement à une modification de notre mode de vie me déprimait encore plus. Je trouvais ça défaitiste. Égoïste aussi. Petit. Et qu'en était-il de

---

4. Nations Unies, Groupe de travail sur le cadre conceptuel de l'Évaluation des écosystèmes pour le millénaire, *Les Écosystèmes et le bien-être de l'Homme. Un cadre d'évaluation*, en ligne : www.maweb.org/en/Framework.aspx

mon propre travail? Comment pouvais-je me dire écologiste et parler de crise aux autres si moi-même je refusais de repenser mon travail et mes objectifs?

Du désespoir où je baignais, je me suis mise à me demander comment les autres vivaient avec ce drame. Quelles stratégies employaient-ils pour contrer les changements climatiques? Ma curiosité et ma recherche de solutions m'ont fait quitter mon divan et m'ont remise en marche, mais il m'a fallu des mois pour retrouver ma raison d'être profonde et dissiper mon découragement.

Ma prostration avait duré deux mois. Quand j'en suis sortie, j'avais le feu au derrière. J'avais deux diplômes universitaires, j'avais donné quinze ans de ma vie au mouvement environnemental, j'avais combattu de grandes entreprises, parmi les plus grandes du monde, qui m'avaient plus tard recrutée pour les conseiller, et je n'arrivais pas à savoir comment prendre une part active au débat sur les changements climatiques ou même définir les objectifs immédiats qui devaient retenir mon attention. Si moi je n'arrivais pas à penser à des solutions, comment pouvait-on s'attendre à ce qu'une maman bien intentionnée, qui a peut-être quinze minutes de liberté le jour entre son travail et les soins à donner à ses enfants, y réfléchisse et agisse?

Tous les sites web des groupes écologistes que j'ai consultés présentaient des plateformes d'idées complexes réclamant diverses réductions des pourcentages d'émissions d'ici certaines dates, en fonction de différentes années repères. Les recommandations pour abaisser les émissions étaient encore plus compliquées. J'ai passé des semaines à angoisser à propos de la taxe sur le carbone, du plafonnement des émissions, de la bourse du carbone, jusqu'à ce que je croie comprendre. Je me suis mise ensuite à étudier ce que ces groupes proposaient pour que je fasse ma part. En gros, après m'avoir fait savoir que la vie sur terre était condamnée, on me disait de manger des produits locaux et de changer d'ampoules. Les actions qu'on proposait pour prendre part à ce combat étaient d'un simplisme risible au vu de l'ampleur du problème.

Le réchauffement climatique menaçant de plus en plus le mode de vie, pour ne pas dire la vie même, des humains sur la planète, le carbone va départager de plus en plus le « bien » et le « mal ».

En 2005, les Nations Unies ont publié l'Évaluation des écosystèmes pour le millénaire, soit la première analyse exhaustive de l'état du monde dans l'optique des changements climatiques. Le rapport était l'œuvre collective de 1 300 experts provenant de 95 pays et prouvait l'existence de changements climatiques accélérés. On nous avertissait que « l'activité humaine ponctionne les fonctions naturelles de la terre à un tel point qu'on ne peut plus tenir pour acquis que les écosystèmes de la planète pourront soutenir les générations futures ». Le rapport nous rappelait que deux tiers des services que la nature dispense aux humains sont en déclin à l'échelle mondiale, et que les changements climatiques sont la plus grande menace à l'humanité. Plus de gens sont aujourd'hui contraints de quitter leur foyer à cause d'une catastrophe environnementale qu'à cause de la guerre.

Ce qui donne froid dans le dos dans ce texte, c'est qu'il s'agit d'une évaluation prudente, et la plupart des scientifiques à qui j'ai parlé me disent qu'on y minimise les dangers auxquels nous faisons face[5].

---

5. Évaluation des écosystèmes pour le millénaire, en ligne : http://www.maweb.org/fr/index.aspx

Dans *The Future of Life* [L'avenir de la vie], Edward O. Wilson a écrit : « Les dernières frontières du monde ne sont plus. Des espèces végétales et animales disparaissent cent fois plus vite qu'avant l'avènement de l'humanité, et près de la moitié d'entre elles auront peut-être disparu d'ici la fin du siècle[6]. » Les scientifiques estiment qu'il existe entre dix et cent millions d'espèces sur la planète. Nous en avons nommé environ deux millions, mais nous n'avons qu'une faible idée de la manière dont la vaste majorité d'entre elles fonctionnent et interagissent, ou des rôles qu'elles jouent à titre individuel et collectif dans le maintien de la biosphère.

En fait, c'est comme si nous brûlions la bibliothèque avant d'avoir lu tous les livres qu'elle contient. Nous savons maintenant que le taxol, qui est extrait de l'écorce de l'if, peut combattre le cancer utérin. Avant cette découverte, on brûlait les ifs en Colombie-Britannique dans les coupes à blanc parce qu'on ne les considérait pas comme des espèces commercialement viables. Tous les jours, de nouvelles espèces disparaissent, pas seulement à cause des coupes à blanc et d'autres exploitations industrielles, mais à cause des mutations des habitats résultant des changements climatiques.

L'année 2010 a été, avec 2005, l'année la plus chaude dans les annales du monde. Les dix journées les plus chaudes de l'histoire ont toutes été enregistrées depuis 1998[7]. Les glaciers reculent et les calottes glaciaires fondent. D'après les projections du Groupe d'experts intergouvernemental sur l'évolution du climat (GIEC), d'ici 2020, entre 75 et 250 millions d'Africains vont

---

6. Edward O. Wilson, *The Future of Life*, New York, Vintage, 2003, prologue.

7. Organisation météorologique mondiale, www.wmo.int/pages/publications/showcase/documents/1074_en.pdf
www.sciencedaily.com/releases/2007/12/07123101419.htm

manquer d'eau à cause des changements climatiques. Dans certains pays, les cultures pluviales pourraient être réduites de 50 pour cent[8]. Le prix pour l'humanité dépasse l'entendement : Christian Aid estime qu'un milliard d'êtres humains seront déplacés à l'échelle du globe d'ici 2050[9]. Telles sont quelques-unes des raisons pour lesquelles le ministère américain de la Défense signale que les changements climatiques sont désormais l'une des plus grandes menaces à la sécurité internationale[10]. L'Agence de protection environnementale des États-Unis (EPA) a commencé à réguler les émissions de dioxyde de carbone parce qu'elles menacent la vie humaine[11].

La triste vérité, c'est que même si nous faisons des changements climatiques notre priorité absolue, nous ne pourrons pas stopper le réchauffement climatique aux niveaux d'aujourd'hui : nous avons émis assez de gaz piégeant la chaleur (carbone, méthane) pour que ceux-ci continuent de réchauffer la planète dans les années à venir. L'écrivain écologiste Bill McKibben fait valoir que nous avons déjà créé « une nouvelle planète dans la mesure où sa composition est totalement différente de celle que nous avons connue par le passé ». McKibben admet

---

8. IPCC AR4. Le rapport de synthèse sur les changements climatiques de 2007, qui était le quatrième rapport d'évaluation du GIEC, dont les auteurs ont reçu le prix Nobel de la paix de 2007.

9. Christian Aid, « Human Tide: The Real Migration Crisis », 2007, en ligne : www.christianaid.org.uk/Images/human-tide.pdf

10. Department of Defense, Quadrennial Defense Review, février 2010, en ligne : www.defense.gov/QDR/QDR%20as%20of%2029JAN10%201600. pdf

11. EPA, « Endangerment and Cause or Contribute Findings for Greenhouse Gases under Section 202(a) of the Clean Air Act », 7 décembre 2009, en ligne : www.epa.gov/climatechange/endangerment.html

que les effets extrêmes sur la vie sur notre planète sont inévitables[12].

Nous avons encore une chance — ainsi que la responsabilité — d'atténuer la catastrophe. La question, c'est : comment ?

Les gens me disent parfois : « Un ou deux degrés, c'est rien. » La différence entre la moyenne des températures du globe aujourd'hui et celle de la dernière grande période glaciaire est de cinq degrés.

Les scientifiques ont identifié un point tournant dans l'accumulation des gaz à effet de serre dans l'atmosphère, au-delà duquel il s'ensuit un effet de dominos qui échappe à tout contrôle. L'atmosphère ne négocie pas. Augmentez la quantité de dioxyde de carbone et d'autres gaz qui piègent la chaleur dans l'atmosphère, et la température de la terre augmente aussitôt. La glace des mers fond et ne peut plus réfléchir les rayons du soleil. Les océans absorbent davantage de carbone et leur acidité augmente d'autant. Ces effets se conjuguent les uns avec les autres et s'amplifient.

Lorsque je suis allée à Bali, j'étais encore à l'emploi de ForestEthics et je me penchais de plus en plus sur le dossier des changements climatiques par le biais des questions forestières. Bali m'a ouvert les yeux et m'a donné les ressources nécessaires pour expliquer les changements climatiques à mes contemporains. Il fallait trouver un moyen de rendre le problème intelligible. Chose plus importante, il fallait trouver un moyen de communiquer des solutions et de mobiliser assez de gens pour faire bouger les politiques. J'en étais sûre.

---

12. Bill McKibben, *Eaarth: Making a Life on a Tough New Planet,* Toronto, Knopf Canada, 2010.

Par un jour pluvieux de janvier 2008, j'ai pris une décision difficile : j'ai quitté un emploi assuré ainsi qu'un milieu que je connaissais fort bien pour m'engager à fond dans le dossier des changements climatiques. J'allais créer un groupe qui s'intéresserait à la politique énergétique du Canada et serait à même de vulgariser de tels enjeux. Je savais que le gouvernement Harper ne voterait jamais les lois dont nous avions besoin pour freiner l'exploitation pétrolière et exiger des comptes de l'industrie à moins que davantage de Canadiens se mobilisent. J'aime ForestEthics, qui continue de faire un beau travail, mais sensibiliser les masses à l'énergie propre et aux changements climatiques ne fait pas partie de son mandat. Je ne pouvais pas trouver d'organisation dont la vocation serait de rendre ces enjeux accessibles — c'est-à-dire traduire des idées complexes en langage de tous les jours — et d'offrir aux gens de tous les milieux les informations dont ils ont besoin pour se mobiliser efficacement. Je voulais faire partie d'une organisation consciente des ramifications politiques de l'inaction et capable de réclamer les changements massifs qui dépassent les choix de vie : de nouvelles lois, quoi, pas seulement de nouvelles ampoules.

En février, à Vancouver, Chris et moi avons rencontré un groupe d'amis et de collègues. Nous avons discuté du fait que nous avions tous ce genre de conversation avec nos familles et nos amis, que la société semblait plus sensible à ces enjeux, mais que les gens se sentaient seuls et démunis devant ces problèmes. Nous nous sommes mis d'accord pour lancer une campagne et une stratégie basées sur les préoccupations des Canadiens. Nous mobiliserions ainsi une force politique qui exigerait des lois plus fermes pour contrer le réchauffement climatique.

L'épiphanie de Bali m'avait mise K.-O. pendant des mois. Désormais, avec cette coalition qui chercherait des solutions et répondrait aux soucis des Canadiens, j'étais passée du désespoir à l'action.

En septembre 2008, nous avons fondé PowerUp Canada et recueilli aussitôt des dons de fondations philanthropiques qui partageaient nos buts. Notre première initiative a été de commander un sondage, qui a dévoré le gros de notre budget, pour déterminer ce que les Canadiens savaient du réchauffement climatique et ce qui les inquiétait le plus à cet égard. Les résultats nous ont atterrés. La majorité des gens croyaient que le Canada était un pays exemplaire en matière de protection environnementale et que notre pays était l'un des plus responsables du monde sur ce point. Mais quand nous leur avons dit que nos lois étaient plus anémiques que celles de presque tous les autres pays industrialisés, et que le Canada est un des dix grands pollueurs du globe, ils ont été horrifiés[13].

D'après les sondages, les Canadiens, presque plus que les autres nations, considèrent que le réchauffement climatique est une question des plus importantes, et pourtant, nos politiques comptent parmi les plus rétrogrades et ont pour effet d'augmenter nos émissions.

Œuvrant de concert avec une petite coalition, Chris et moi avons conçu un plan stratégique basé sur une cartographie du pouvoir et partant de l'hypothèse que cet enjeu, comme tous ceux que nous avions déjà traités jusqu'alors, n'était pour le gouvernement qu'une question d'argent et de votes. Le gouvernement Harper, tout particulièrement, s'inquiétait de la tournure du vote en Colombie-Britannique, en Ontario et au Québec, car il avait besoin de ces provinces pour former un gouvernement majoritaire. Nous devions trouver des leviers de pouvoir et mobiliser une clientèle politisée et informée, ce qui nous obligerait à faire appel à des alliés improbables. Nous ne pourrions effectuer des changements que si nous avions l'appui

---

13. Sondage d'opinion McAllister, 2008, en ligne : www.pembina.org/pub/1735

des Canadiens, car ceux-ci sont préoccupés par cette question. Les politiciens ne feront le bien que si les électeurs les y contraignent.

Le sondage a également révélé, et ma propre expérience le confirmait, que si la majorité des Canadiens se souciaient du réchauffement climatique, ils ne le comprenaient pas très bien non plus, en partie parce que le débat avait été trop technique jusqu'alors. En conséquence, ils étaient peu enclins à agir. Lorsque nous avons demandé aux Canadiens d'identifier la cause du réchauffement planétaire, au lieu de blâmer les sables bitumineux, ils préféraient dire : « J'utilise trop de sacs de plastique. » Cela nous a ouvert les yeux. Quand nous demandions ce que peuvent les Canadiens pour freiner les changements climatiques, ils disaient : « Je devrais employer moins de sacs de plastique » ou « Je devrais marcher plus souvent au pour me rendre au travail ». L'environnementalisme semblait être strictement une question de culpabilité.

Il était évident que lorsqu'il s'agissait de climat et de carbone, trop souvent, les écologistes communiquaient les détails complexes de leurs priorités d'action, alors qu'il faut nous en tenir à la situation globale et accroître la compréhension du public. Il faut développer une trame que la majorité peut suivre. Il faut absolument nous assurer que le public ait accès à nos données et aux résultats de nos recherches, mais, pour l'essentiel, nous devons discuter de nos recommandations détaillées avec les décideurs et faire connaître au plus grand nombre la vision du monde futur que nous voulons. Si nous réussissons à établir un lien entre l'absence de lois et la hausse des émissions, nous pourrons mieux faire comprendre la nécessité de lois plus fermes et faire en sorte que la population délaisse la culpabilité pour passer à l'action.

Depuis l'arrivée au pouvoir de Stephen Harper, le gouvernement fédéral n'a presque rien fait pour créer une nouvelle économie à énergie propre. D'après une autre étude mondiale, nous étions trente-cinquièmes au chapitre de l'énergie et de la technologie propres en 2009[14]. Illustration : nous nous classions tout juste derrière ces superpuissances mondiales que sont le Kirghizistan et la Slovaquie… Non seulement le Canada perd la course, il n'était même pas au fil de départ.

J'ai rencontré une connaissance qui travaille au cabinet du premier ministre et lui ai demandé de m'aider à comprendre. Je lui ai expliqué ce que j'avais entrevu dans les sondages. Les Canadiens se soucient de l'environnement. En revanche, nous avons parmi les pires lois et politiques environnementales au monde, nous arrivons même derrière la Chine. Le Royaume-Uni s'est engagé à bâtir des maisons carboneutres. Le président Obama dépense six fois plus par personne que nous pour créer des emplois verts, passer aux énergies renouvelables et faire des États-Unis une économie décarbonée. Pourquoi ne faisons-nous rien de la sorte au Canada ?

Elle a dit : « Ce sont là des changements difficiles, et il est vrai que les Canadiens s'en préoccupent. Le fait est qu'ils ne comprennent tout simplement pas ces réalités et qu'ils ne sont pas organisés. »

De manière générale, le public canadien ne s'y retrouve pas. Il est préoccupé mais perplexe.

Il ne fait aucun doute que les questions énergétiques sont complexes, mais il n'y a rien ici qui dépasse notre compréhension. Il existe tout plein d'ouvrages savants qui analysent les systèmes énergétiques qu'il nous faudrait, le genre de cadre politique dont nous avons besoin, et qui nous disent si un accord mondial est réalisable ou même désirable. Comme je l'ai dit

---

14. Roland Berger Strategy Consultants, *Clean Economy, Living Planet: Building Strong Clean Energy Technology Industries*, sondage commandé par WWF-Pays-Bas, novembre 2009.

dans mon introduction, mon propos n'est pas de remâcher les données qui existent : ce n'est pas mon genre, et vous péririez d'ennui en plus.

Je parle souvent à des membres de ma famille et à des amis qui se soucient de l'environnement, qui ont sur DVD le film de l'ancien vice-président Al Gore, *Une vérité qui dérange,* mais à part changer d'ampoules, marcher pour se rendre au travail et peut-être faire un petit don à quelque groupe écologiste, ils ne savent tout simplement pas quoi faire ou comment faire pour concilier leur vie remplie et les scénarios apocalyptiques qu'on lit dans le journal. « Chérie, les Nations Unies disent que les services écosystémiques nécessaires au bien-être de l'humanité sont en déclin. Mais n'oublie pas de prendre du lait, hein ? »

En Europe, ces jours-ci, le public semble être au moins une décennie en avance sur les Nord-Américains sur le plan de la sensibilité environnementale, qu'il s'agisse de recyclage, de conservation ou de foresterie. La coupe sélective a fait son apparition en Scandinavie il y a des décennies de cela, bien avant que nous entamions les grands débats sur la coupe à blanc chez nous, dans les années 1990. J'imagine qu'il en est ainsi parce que l'Europe a tout simplement moins d'espaces boisés. On leurre les Canadiens à penser que nous sommes écoresponsables parce que notre pays est si vert. Nous avons plus de forêts intactes que presque tout autre pays dans le monde. Nous avons plus d'espaces verts parce nous vivons dans un immense pays peu peuplé. Nous grandissons avec l'idée que la forêt vierge et la nature font partie de notre âme nationale, de notre culture. Nous avons un caribou sur notre pièce de vingt-cinq cents, un castor sur celle de cinq cents et un ours polaire sur celle de deux dollars. Sans oublier le huard.

Avoir beaucoup d'espaces verts ne veut pas dire que nous avons la conscience verte pour autant. Loin de là. Nous comptons parmi les dix plus grands pollueurs du monde. Nous gaspillons plus d'énergie que presque tous les autres pays du monde. Nous produisons plus d'ordures par personne que presque tous les autres pays du monde[15].

Nombreux sont ceux qui croient que nous ne ferons rien de sérieux pour contrer les changements climatiques en Amérique du Nord tant et aussi longtemps que nous n'en verrons pas les effets de nos yeux vus. Les Européens en ont ressenti les effets déjà. Il y a eu des inondations dans les grandes villes, et des vagues de chaleur ont tué des gens dans les rues en Angleterre et en France. Il ne fait aucun doute que l'Europe doit en faire davantage, mais de nombreux pays là-bas devancent de loin les États-Unis et le Canada dans la création d'une économie décarbonée et la maîtrise du réchauffement climatique.

Je pense que nous commençons à comprendre que nous pouvons harnacher la puissance du vent, du soleil, de l'eau et d'autres ressources renouvelables pour allumer la lumière et nous rendre du point A au point B. Mais que faudra-t-il faire pour opérer le passage en grand vers l'énergie propre pendant que nous avons encore des forêts et pouvons maintenir un climat raisonnablement stable ? Pour nous doter d'une économie telle que les futures générations auront des emplois intéressants et rémunérateurs ?

Ça me semble clair : nous devons limiter la pollution. Il faut que les pollueurs payent pour leurs émissions et leur gaspillage, et nous devons utiliser cet argent pour financer les réhabilitations thermiques et l'énergie propre. Il faut cesser de traiter l'atmosphère comme un cendrier. Cela signifie qu'il faut créer un plafonnement sévère et généralisé de la pollution, et je parle entre autres des sables bitumineux. Nous devons, autant que

---

15. David Boyd, *Canada vs. The OECD: An Environmental Comparison*, 2001, en ligne : www.environmentalindicators.com/htdocs/PDF/CanadavsOECD.pdf

possible, réduire notre dépendance à l'égard du pétrole et des autres carburants fossiles. Nous devons augmenter la conservation et l'efficience au maximum de nos capacités et élire les leaders qui adhèrent à ces objectifs. Nous devons augmenter radicalement nos sources d'énergie renouvelables et passer à une économie décarbonée. Une telle avancée requiert la participation de tous les paliers des gouvernements et de l'industrie, et cela, je l'espère, nous conduira à un accord global nous obligeant à prendre des mesures équitables, décisives et exécutoires pour contrer les changements climatiques.

Comment, à titre individuel et collectif, pouvons-nous faire en sorte que cela se produise? Nous devons nous engager à parler de ces questions, en parler à nos enfants et leur dire ce qu'ils doivent savoir, et remettre en question nos actes quotidiens. Modifier son mode de vie, ce n'est pas seulement acheter de bons produits; il s'agit plutôt de s'investir dans la société civile, d'écrire aux élus ou de se joindre à une ou à quelques-unes de ces organisations formidables qui font passer de l'idée à l'action, par exemple le Sierra Club, Environmental Defence, la Fondation David Suzuki, l'Institut Pembina et Greenpeace.

Nous vivons dans une société bizarre dont le muscle de consommation est surdéveloppé et dont le muscle d'engagement est atrophié. Le moment est venu de s'engager, de faire du bénévolat, de prendre des risques. Il n'existe pas de baguette magique qui va faire disparaître tous nos problèmes. La situation exige une action immédiate, mais le changement rapide cause des remous. Nous ne serons pas toujours d'accord sur la voie à suivre, et c'est important d'en débattre, tant que c'est dans l'intention de trouver ensemble des solutions.

Après Bali, j'ai entrevu ce fossé énorme entre ce que les groupes écologistes disaient et ce que les gens entendaient et devaient savoir. Je voulais travailler différemment dans la mesure où je pourrais aider une majorité de gens à s'engager dans le combat de notre temps. Je voulais articuler une vision et militer pour des solutions, mais je devais d'abord comprendre pourquoi le Canada n'a que mépris pour les politiques qui vont remédier aux changements climatiques. Et cela voulait dire que j'aurais de nouveau de la boue sur mes bottes, une boue vraiment visqueuse. Le moment était venu de visiter les sables bitumineux.

CHAPITRE 14

Le Mordor canadien
Visite aux sables bitumineux de l'Alberta

*C'est de la vraie folie. Mais vous savez, les drogués
se piquent dans les orteils. Ça leur semble normal,
parce qu'ils ont perdu de vue tout le reste.*

AL GORE dans une entrevue
sur les sables bitumineux du Canada, *Rolling Stone*

Par une froide journée d'automne 2008, je roulais sur l'autoroute menant de Fort McMurray à Calgary au soleil couchant.
J'étais accompagnée du photographe Colin Finlay, et nous
avons pris des photos tous les deux. Je me rappelle m'être émerveillée de la beauté de la région, avec la lumière du soleil décli-
nant qui se réfléchissait sur les lacs environnants. Puis j'ai vérifié
la carte pour trouver mes repères, et quelque chose m'a frappée :
ce n'était pas des lacs que j'avais devant moi mais des « étangs
toxiques ». Je savais que ces bassins de décantation existaient,
mais pour une raison ou une autre, je m'étais imaginé qu'ils
étaient situés derrière des fils barbelés ou qu'il y aurait au moins
des panneaux d'avertissement. Ces fosses ouvertes remplies
d'effluents toxiques bordent carrément l'autoroute. Je n'avais
jamais vu spectacle plus surréaliste.

En 2011, il y avait 130 kilomètres carrés d'étangs toxiques en Alberta[1]. Un des barrages qui empêche ces étangs de s'écouler dans la majestueuse rivière Athabasca est le deuxième plus imposant au monde, tout de suite après le barrage des Trois Gorges en Chine[2].

Les étangs sont si toxiques que les pétrolières sur place font tirer du canon toutes les quelques secondes pour en éloigner les oiseaux. Ceux d'entre eux qui franchissent cette barrière de bruit survolent de petits épouvantails flottant dans les étangs. Le pilote d'hélicoptère que j'ai rencontré au bar de notre hôtel à Fort McMurray m'a expliqué que les pétrolières emploient des gens qui sont affectés à temps plein au ramassage des oiseaux morts flottant sur les étangs. En 2008, les canons à l'étang d'Aurora de la Syncrude étaient en panne — la société a dit que c'était la faute d'une tempête printanière — et quelque 1 600 canards y ont atterri[3]. Ils se sont mis à mourir tout de suite. Ce drame est tout de suite devenu une nouvelle nationale qui s'est répandue dans le monde. En 2010, un juge de la cour provinciale de l'Alberta a reconnu la société coupable de la mort de ces oiseaux et l'a condamnée à une amende de 3 millions de dollars[4]. Ironiquement, ces mêmes étangs toxiques menacent les communautés humaines en aval, mais il a fallu la mort des canards pour saisir l'imaginaire collectif.

---

1. « Tailings », Gouvernement de l'Alberta, en ligne : www.environment.alberta.ca/02011.html

2. « What Is the Biggest Dam In the World? », US Department of the Interior, Bureau of Reclamation, 10 septembre 2004, en ligne : www.usbr.gov/lc/hooversdam/History/essays/biggest.html

3. Dawn Walton et Nathan Vanderklippe, « Syncrude Charged over Alberta Duck Deaths », *The Globe and Mail*, Toronto, 9 février 2009.

4. « Syncrude to Pay $3M Penalty for Duck Deaths », CBC News, 22 octobre 2010.

Autre triste ironie, le gouvernement de l'Alberta a réagi à l'affaire des canards morts en consacrant 25 millions de dollars à une campagne de relations publiques qui présentait le pétrole issu des sables bitumineux comme étant du « bon » pétrole sympathique ainsi que la solution des États-Unis à leurs problèmes de sécurité énergétique. Les sables bitumineux constituent la seconde réserve de pétrole en importance dans le monde après celle de l'Arabie saoudite, et contiennent 179 milliards de barils de pétrole. Mais si l'on brûle ce pétrole, ce sera l'équivalent de vingt-cinq fois les émissions annuelles de carbone du monde entier. Il n'y a rien de rassurant à contribuer aussi massivement au réchauffement de la planète ou à empoisonner Canadiens et Américains. Le gouvernement fédéral du Canada se fait maintenant l'écho de celui de l'Alberta avec la nouvelle bannière du « pétrole éthique ». Un George Orwell s'émerveillerait sûrement de l'audace qu'il faut pour qualifier d'« éthique » ce pétrole salissant et controversé.

Ce « pétrole éthique » empoisonne les gens. Le lendemain de ma découverte des étangs toxiques, Colin Findlay, Todd Paglia, l'actrice Neve Campbell (que j'avais emmenée aux sables bitumineux pour nous aider à sensibiliser la population à ces questions) et moi avons rencontré George Poitras, l'ancien chef de la Première Nation Mikisew Cree de l'Alberta. Il nous a parlé de membres de sa communauté qui se mouraient de cancers rares et d'autres maladies chroniques, et il nous a dit que le gouvernement et l'industrie avaient refusé de discuter de ces questions.

Les chefs voulaient nous rencontrer afin de parler d'une éventuelle coopération avec les organisations écologistes, mais je les soupçonnais vaguement aussi d'être excités à l'idée de faire la connaissance de Neve. Dès que la rencontre s'est achevée, ils ont demandé à se faire prendre en photo avec elle, et plus tard ce soir-là, ces chefs très médiatiques ont publié un communiqué de presse faisant allusion au célèbre film d'horreur dont Neve avait été la vedette : « La vedette de *Scream* horrifiée par les sables bitumineux » en était le titre. On en a parlé aux actualités nationales.

Mon ami Steve Kallick avait travaillé en Alaska à l'époque du déversement pétrolier de l'*Exxon Valdez*. Lorsque je lui ai téléphoné de Fort McMurray, il m'a dit qu'il venait de rencontrer des scientifiques qui avaient été avec lui en Alaska. Ils lui avaient dit que, d'après leurs analyses, l'eau des étangs albertains présentait un taux de toxicité trois mille fois supérieur à celui qu'on avait noté lors du déversement du *Valdez*, et si l'une des digues s'ouvrait malencontreusement, tout le bassin du fleuve MacKenzie, l'un des cours d'eau les plus imposants et les plus purs du monde, serait empoisonné[5].

Je voulais emmener Neve aux sables bitumineux et convaincre ForestEthics de faire campagne dans ce dossier parce que ce mégaprojet de l'Alberta est important à plusieurs égards. L'exemple des sables bitumineux montre à quel point nous

---

5. Selon un exposé de Richard Nelson à l'AERI, près de 650 000 mètres cubes de résidus fins mûrs ont été générés et sont stockés dans les étangs toxiques depuis 1968. Selon la figure 2 dans Maria V. Colavecchia, Peter V. Hodson et Joanne L. Parrott (« CYP1A Induction and Blue Sac Disease in Early Life Stages of White Suckers [Catostomus commersoni] Exposed to Oil Sands », *Journal of Toxicology and Environmental Health*, partie A, 69, 967-994, 2006, le PAH total (TPAH) dans l'un des étangs les plus grands forme un sédiment de 1,3 mg/g, qui est probablement du MFT. Si l'on estime que la densité du MFT est d'environ 2 g/cm^3 (2 000 kg/m^3), le produit de ces deux facteurs donne une charge TPAH de 1,7 x 10 ^ 12 g TPAH (par ex., 650 000 000 m^3 x 2 000 kg/m^3 x 1 000 g/kg x 0,0013 g TPAH/g MFT). En ce qui concerne l'*Exxon Valdez,* au moins 41 000 m^3 de pétrole se sont échappés du navire, avec une concentration TPAH d'environ 0,015 g/g de pétrole, et à une densité d'à peu près 0,9 g/cm^3. C'est l'équivalent de 41 000 m^3 x 900 kg/m^3 x 1 000 g/kg x 0,015 g TPAH/g de pétrole = 5,6 x 10 ^ 8 g TPAH. Le ratio des valeurs TPAH mentionné plus haut est de plus de 3 000.

sommes prêts à tout pour maintenir en vie une économie carbonée. L'empoisonnement des terres environnantes et les émissions de carbone sont un désastre, d'accord, mais ce ne sont là que les effets directs du projet. La croissance du chantier des sables bitumineux est aussi l'une des raisons pour lesquelles le gouvernement canadien refuse de légiférer le plafonnement des émissions de carbone du Canada. Contrairement à celles de la plupart des pays développés, les émissions canadiennes contribuant au réchauffement climatique continuent d'augmenter à un rythme foudroyant, et la moitié de cette croissance nous vient de l'Alberta[6]. Comme l'explique Rick Smith, directeur exécutif de Environmental Defence et coauteur de *Slow Death by Rubber Duck,* « la politique climatique du Canada est prisonnière des sables bitumineux[7] ».

Cette réalité canadienne a des répercussions effrayantes à l'échelle du globe. Le Canada a refusé systématiquement de respecter les engagements que nous avions pris en vertu du protocole de Kyoto. Non seulement nous sommes loin d'atteindre les objectifs, nous ne faisons même plus semblant d'essayer. Le Canada a gravement miné les efforts de la communauté internationale en matière de changements climatiques jusqu'à présent. Et à toutes les rencontres internationales sur la question, les initiés ont dit que le Canada avait manœuvré en coulisses pour faire dérailler tout progrès relativement aux engagements futurs[8]. Mais ce n'est là que la pointe de l'iceberg. Les sables

---

6. Gouvernement du Canada, 2010, Rapport d'inventaire national, en ligne : http://unfcc.int/national_reports/annex_i_gh_inventories/national_inventories_submissions/items/5270.php

7. Environmental Defence 2008, *Canada's Toxic Tar Sands: The Most Destructive Project on Earth,* en ligne : http://environmentaldefence.ca/reports/canadas-toxic-tar-sands-most-destructive-project-earth

8. Le Canada a « remporté » le prix Fossile colossal quatre ans de suite, dont

bitumineux sont le plus grand chantier d'exploitation de carburants fossiles de la planète, peut-être le plus grand projet
industriel de tous les pays tous genres confondus. Le Centre
d'analyse de l'information sur le dioxyde de carbone classe
207 pays selon leurs émissions de carbone. Les sables bitumineux en émettent plus que 145 d'entre eux[9].

Même ces données ne donnent pas une idée précise de
l'ampleur du problème parce que les sables bitumineux sont
aussi à l'avant-garde d'une toute nouvelle énergie frontière
qu'on appelle dans l'industrie les « non-conventionnels ». L'ap-
pellation, qui peut peut paraître anodine, signifie qu'à l'heure
où l'on commence à manquer de sources d'accès facile où le
pétrole jaillit tout simplement de la terre, l'industrie porte ses
regards sur l'exploitation de ressources moins accessibles. Le
forage pétrolier en eaux profondes dans des mers dangereuses
a déjà commencé, et certaines compagnies piaffent à l'idée de
s'aventurer dans les eaux dégelées de l'Arctique. Mais il y a
encore plus « non-conventionnel » que cela : l'extraction du
méthane des veines de charbon, le gaz naturel de schiste, le
pétrole de schiste, l'essence de charbon, la gazéification souter-
raine du charbon. Il y a même des projets en cours visant à
extraire les ressources faramineuses de méthane frigorifiées
sous les mers polaires, ce qu'on appelle les hydrates de méthane.

à Cancún en 2010. Le Fossile colossal de l'année est remis au pays qui en a fait
le plus pour perturber ou miner les pourparlers des Nations Unies sur le
climat. Le gagnant est choisi à l'issue d'un vote de plus cinq cents organisations internationales. Réseau action climat Canada, 2010, « Can'tnada Wins
Fourth Straight Colossal Fossil Award », en ligne : www.climateaction-
network.ca/e/news/2010/release/index.php?WEBYEP_DI=80

9.   UN Framework Convention on Climate Change, World Resources Institute, US Department of Energy's Carbon Dioxide Information Analysis
Center, 2007.

Personne ne connaît vraiment la taille de ces sources non conventionnelles, mais pour n'en citer qu'un exemple, le Relevé géologique américain a récemment refait ses calculs et déterminé que l'exploitation des sources non conventionnelles donnerait au Venezuela plus de réserves en pétrole lourd qu'il n'y a de bitume dans les sables de l'Alberta ou de pétrole brut en Arabie saoudite[10].

Nous savons déjà qu'il y a trop de carbone dans l'atmosphère. Nous ne pouvons pas nous permettre d'exploiter à fond des carburants fossiles qui sont de plus en plus polluants. Il faut exploiter une autre voie : l'énergie propre et renouvelable. Les sables bitumineux ont lancé le Canada et le monde à la poursuite des carburants non conventionnels. Il faut renoncer à cette voie.

Beaucoup s'imaginent que les sables bitumineux sont un désert et que le pétrole gît sous une immense couche de sable, mais il se situe en fait sous la forêt boréale, la deuxième plus grande forêt intacte du genre dans le monde et l'une des plus grandes sources d'eau douce de la planète. À l'heure où nous devrions nous entendre non seulement sur la manière de freiner le réchauffement climatique, mais sur celle de nous adapter à un climat en pleine évolution, nous détruisons les écosystèmes sains et fonctionnels qui sont nos systèmes naturels de filtrage de l'air et de l'eau. Ces forêts sont essentielles à la capacité que nous avons de fonctionner dans un monde au climat changeant. Et nous extrayons du pétrole à ciel ouvert dans le centre du Canada.

Les sables bitumineux se démarquent de la plupart des

---

10. « An Estimate of Recoverable Heavy Oil Resources of the Orinoco Oil Belt, Venezuela », USGS, 2010, en ligne : http://pubs.usgs.gov/fs/2009/3028/

chantiers pétroliers où il faut forer pour avoir accès au pétrole. En Alberta, on arrache la « couche de terre inutile », qui s'appelle aussi « forêt » en bon français. On scalpe la planète en déplaçant de la terre dans les plus gros camions du monde, chacun pouvant transporter quatre cents tonnes de sol. Ces camions se rendent ensuite vers d'immenses installations où l'on pompe de la vapeur dans la terre pour séparer le pétrole de l'argile et du sable. Ce procédé consomme des ressources gigantesques.

Chaque année, 394 millions de mètres cubes d'eau de la rivière Athabasca servent au traitement des sables bitumineux. Quatre-vingt dix pour cent de l'eau utilisée s'en trouve polluée. Chaque baril de bitume (« la sorte de pétrole la plus lourde et la plus épaisse », selon l'*Encyclopédie canadienne*) salit entre 2 et 4,5 barils d'eau douce. Cette eau est ensuite canalisée vers des cratères qui ne sont pas chemisés, et ces bassins de décantation ne sont entourés que de digues de terre. Tous les jours, le chantier des sables bitumineux déverse 1,8 milliard de litres d'eau toxique dans des lacs qui fuient[11].

La production d'un baril de pétrole des sables bitumineux crée plus d'émissions de gaz à effet de serre que celle d'un baril de pétrole ordinaire en raison de l'énergie qu'il faut mobiliser pour avoir accès à ce pétrole et le traiter. Chaque jour, plus de 91 millions de mètres cubes de gaz naturel sont utilisés pour extraire le pétrole que renferment les sables albertains. Ce qui suffirait à chauffer plus de 3 millions de foyers canadiens[12].

Utiliser tout ce gaz naturel pour produire du pétrole a toujours été une absurdité économique, mais depuis que le prix du

11. « Fact or Fiction? Oil Sands Reclamation », Institut Pembina, 26 mai 2008, en ligne : www.pembina.org/pub/1639

12. Institut Pembina, *Oil Sands Fever*, 2005, en ligne : http://pubs.pembina. org/reports/OSF_Fact72.pdf

pétrole a augmenté, l'exploitation des sables bitumineux a augmenté radicalement. Le Canada est maintenant la principale
source de pétrole étrangère des États-Unis, où nous exportons
environ 1,8 million de barils par jour. Aux États-Unis, des milliards de dollars sont investis dans l'expansion des raffineries du
Midwest afin d'y traiter le pétrole brut salissant et le bitume. La
toxicité de ces nouvelles raffineries sera dévastatrice parce qu'il
s'agit d'un pétrole extrêmement polluant.

Comme le Canada est devenu la principale source de pétrole
étrangère des États-Unis, point n'est besoin d'avoir l'imagination bien fertile pour prendre conscience du risque que cela
représente pour la sécurité de notre pays. Vous pouvez vous en
rendre compte vous-même en jouant à ce jeu vidéo basé sur le
roman de Tom Clancy, *EndWar,* où la Russie et l'Amérique
envahissent le Canada pour se saisir des sables bitumineux.

Quatorze organisations écologistes et cinq Premières
Nations des deux côtés de la frontière canado-américaine prennent part à la coalition la plus formidable que j'aie vue de ma
carrière pour faire connaître au monde l'histoire des sables bitumineux et accoler à leur pétrole l'épithète de « sale ». En conséquence, on voit maintenant des compagnies actives dans les
sables albertains se débattre pour faire en sorte que leurs opérations soient désormais plus propres. La minière française Total,
par exemple, a annoncé l'an dernier qu'elle allait ouvrir deux
chantiers sans étangs toxiques. Suncor a annoncé récemment
qu'elle peut « restaurer » les étangs toxiques. À lire ces communiqués de presse, je ne savais trop si je devais rire ou pleurer.
D'un côté, il est évident que la mauvaise publicité contraint ces
sociétés à assainir leurs opérations ; mais d'un autre côté, est-il
vraiment possible d'avoir des « sables bitumineux propres » ?
Même si leurs effets toxiques sont atténués, on encourage la

société à rester accro au pétrole et on ne s'attaque pas au problème des émissions émanant des carburants fossiles.

Ce qui choque aussi dans cette nouvelle course à la « propreté », c'est que *nous aurions pu mettre ces mesures en place depuis le tout début.* C'est ce que je retiens en tout cas de certaines annonces et de mes propres conversations avec des cadres de l'industrie pétrolière. Même s'il existe des technologies pour extraire le pétrole avec un impact toxique moindre, tant que la réglementation n'obligera pas l'industrie à changer, elle ne changera pas. Certaines entreprises voudraient faire des efforts en ce sens, mais sans une réglementation appropriée et obligatoire pour tous, elles n'ont pas, contre la concurrence, les moyens d'être propres.

L'autre raison pour laquelle nous n'avons pas vu émerger de pratiques plus écoresponsables tient à cette logique entièrement prévisible : pourquoi se soucier de toute cette eau qu'on pollue alors que l'eau ne coûte rien ? Toute cette eau que consomment les pétrolières, ces lacs qu'elles empoisonnent, combien pensez-vous que ça leur coûte ? Pas un sou.

Une des choses qui change aujourd'hui, et qui change si rapidement qu'on a du mal à suivre, c'est la manière dont on définit « l'environnement ». À l'heure actuelle, nos systèmes économiques traitent l'environnement comme s'il s'agissait de ce que les économistes appellent une « externalité », c'est-à-dire un élément qui n'est pas chiffré et qui n'est même pas pris en compte dans le processus décisionnel : comme si nous n'avions pas besoin de respirer de l'air pur et de boire de l'eau potable. Voilà pourquoi vous vous retrouvez avec un système dans lequel les entreprises peuvent prendre gratuitement de l'eau douce et en faire de la boue toxique qui empoisonnera notre eau potable. Il n'en coûte rien pour détruire les habitats et menacer la survie des espèces. Tous les manuels d'économie traitent des externalités comme d'un problème que l'État doit régler.

La seule façon d'« intégrer » les externalités, c'est par l'action gouvernementale. L'État a les moyens d'interdire certaines activités, d'en limiter d'autres et de faire en sorte que le vrai coût pour l'environnement soit intégré dans le calcul des frais d'exploitation. Rien ne nous empêche de mettre en place un régime de réglementation qui pénalisera les exploitants des sables bitumineux pour l'utilisation abusive des ressources hydriques. Souvent, cependant, les amendes sont si dérisoires qu'elles sont simplement intégrées dans le budget d'exploitation. C'est exactement ce qui se passe dans l'industrie forestière : « Oups, nous n'étions pas censés couper ce beau cèdre ? Désolé. Voici votre amende de cent cinquante dollars. » Mais ce cèdre, lui, vaut vingt mille dollars. Imaginez à quel point nos routes seraient sûres si les conducteurs ne payaient que le quart de chaque amende pour excès de vitesse.

L'exploitation des sables bitumineux emprisonne l'Amérique du Nord dans un avenir au carbone élevé, nourrit notre dépendance au pétrole, retarde la transition vers les sources d'énergie propres et menace de faire dérailler les efforts que nous déployons pour éviter un cycle de réchauffement climatique de nature catastrophique. Si l'Amérique du Nord doit jouer un rôle important dans l'arrêt du réchauffement climatique, il est essentiel qu'elle élimine graduellement l'exploitation des sables bitumineux.

Les sables albertains représenteront 44 pour cent de l'augmentation globale des émissions du Canada de 2006 à 2020. Au rythme actuel d'exploitation, les émissions des gaz à effet de serre provenant des sables bitumineux vont annuler tous les efforts que nous déployons à titre individuel et tout le beau travail des autres provinces.

Avec les « objectifs d'intensité » du gouvernement Harper

(c'est-à-dire l'engagement qu'il a pris de diminuer les émissions par baril de pétrole mais sans exiger de réduction globale), les sables bitumineux pourront continuer de produire du pétrole sale et augmenter les émissions de carbone à un rythme frénétique.

Le premier ministre Harper clame aussi que le captage et le stockage du carbone (CSC) sont la solution à l'augmentation de nos émissions, mais personne n'a encore prouvé que le CSC peut être réalisé en toute sécurité à l'échelle que le gouvernement propose. Le CSC obligerait essentiellement l'industrie à capter le carbone et à le stocker sous terre de manière permanente. Le CSC, c'est le monstre du Loch Ness de l'industrie des carburants fossiles : l'industrie jure qu'elle y croit mais semble incapable de prouver que la méthode est viable. En ce moment, c'est aussi un argument de relations publiques : l'Alberta et le gouvernement Harper se complaisent à dire qu'ils sont en train de mettre au point des technologies propres et qu'ils planchent sur le CSC, même s'ils n'ont aucune preuve qu'il s'agit d'une méthode efficace. À mon avis, les gouvernements se trompent s'ils investissent des fonds publics dans le CSC comme ils l'ont fait jusqu'à présent au lieu d'investir dans des technologies plus propres et des énergies renouvelables qui ont fait leurs preuves.

Les industries pétrolière et gazière disent depuis des années que le CSC est réalisable. On ne peut encourager l'innovation et obliger ces industries à mettre au point ces technologies d'avenir que si la réglementation les y contraint. « La nécessité est mère de l'invention », dit le proverbe. Au Royaume-Uni, Greenpeace et d'autres groupes ont pris au mot le gouvernement et les industries à propos du CSC en disant simplement : « Fort bien, si vous croyez que c'est possible, engagez-vous à ne pas bâtir de nouvelles centrales au charbon tant et aussi longtemps que vous n'aurez pas prouvé la faisabilité du CSC. Exigez que toute nouvelle opération fasse le CSC. » Étant donné qu'on n'a pas réussi là-bas non plus à prouver l'efficacité du CSC, il ne se bâtit plus de centrales au charbon au Royaume-Uni. Compte tenu de la nouvelle étude de Harvard qui vient de montrer que le CSC est si ridiculement cher qu'il en est prohibitif, et d'une autre étude contemporaine de l'Université Duke qui a démontré que les fuites de CO_2 ont pour effet de contaminer l'eau potable, le CSC ne s'est avéré être jusqu'à présent qu'une chimère hors de prix[13].

Ce qui est rassurant ici, c'est que si l'on en croit les sondages, les Albertains sont favorables à un moratoire sur le développement des sables bitumineux. Ils ont peur parce que la rapidité de leur exploitation influence toutes les facettes de leur vie : on songe ici à ces villes qui s'étendent sans infrastructure sociale, à la réduction de la qualité et de la quantité de l'eau, à la crainte de voir les eaux des étangs toxiques s'infiltrer dans les sols et les cours d'eau. Autre élément rassurant, les marchés changent, et les nouvelles normes relatives aux carburants décarbonés pourraient forcer l'Alberta à faire le ménage. Entre-temps, les énergies solaires et éoliennes ont dépassé le stade artisanal pour devenir les sources d'électricité dont la croissance est la plus rapide sur la planète.

La meilleure nouvelle de toutes, c'est qu'on traite régulièrement du problème dans les nouvelles. Les groupes écologistes et les Premières Nations font cause commune pour stopper la construction de nouvelles raffineries ou leur modernisation. ForestEthics mène des campagnes commerciales pour encourager les propriétaires de grands parcs automobiles à adopter

---

13. Joe Romm fait état de ces deux études dans *Climate Progress,* 2010, en ligne : http://climateprogress.org/2010/11/12/ccs-carbon-sequestration-study-leaks-contaminate-drinking-water/

des carburants à faible teneur en carbone et à refuser d'acheter le pétrole des sables bitumineux. L'ONG a pu savoir quelles raffineries en vendent et lesquelles n'en vendent pas. Elle collabore avec des groupes aux États-Unis pour faire adopter des résolutions municipales contre le pétrole des sables bitumineux; elle soutient des contestations judiciaires en lien avec des Premières Nations; elle fait des recherches sur la toxicité de l'eau et sa raréfaction et interpelle les investisseurs. Mais est-ce que ce sera suffisant pour contrer la demande incessante de pétrole et faire tenir la résolution des États-Unis de réduire leur dépendance à l'égard des réserves de pétrole du Moyen-Orient? Parce que, soyons réalistes, il est difficile pour les habitants du Nebraska ou de l'Idaho de s'inquiéter de la forêt boréale ou des impacts toxiques sur les Premières Nations dont ils n'ont jamais entendu parler si l'autre solution a pour effet d'envoyer à la boucherie les fils de l'Amérique pour de l'essence.

Récemment, lorsqu'elle a été confrontée à ces enjeux à cause d'une décision imminente sur la construction d'un pipeline controversé qui importera le pétrole canadien aux États-Unis, la secrétaire d'État Hillary Rodham Clinton a mentionné l'inquiétude croissante à l'égard de la sécurité énergétique (nombre de reporters ont noté que c'est maintenant le mot de code pour dire : « plus facile à obtenir du Canada que de l'Arabie saoudite et des autres »). Et elle a reconnu que, oui, le pétrole canadien est polluant, mais les États-Unis vont accepter le pipeline parce qu'ils n'ont « pas encore su faire le ménage chez eux et compris que l'énergie propre et renouvelable est conforme à leurs intérêts et à ceux de la planète[14] ».

---

14. Mitch Potter, « U.S. Opening Up to "Dirty Oil from Canada", Clinton Hints », *Toronto Star,* 20 octobre 2010.

Quelques années après mon séjour au pays des sables bitumineux, alors que j'attendais le traversier qui allait me ramener à l'île Cortes pour la dernière fois avant mon départ pour Amsterdam, j'ai repensé à ce voyage. Il était dix heures du matin. J'étais à Campbell River, et j'ai engagé la conversation avec un inconnu devant un café près du terminal. Le monsieur a tiré une flasque de sa poche revolver et s'est versé une goutte de whisky dans son café. J'ai dit : « Il n'est pas un peu tôt pour commencer à boire ? »

Il a répondu : « Ça dépend d'où vous arrivez ou bien où vous allez. »

« D'accord. D'où arrivez-vous et où allez-vous ? »

Il a dit : « J'arrive tout juste du Yukon, où j'avais pour job de détruire la terre, et je suis en route pour Fort McMurray où c'est l'enfer. Je suis ingénieur. Je travaille dans les champs pétrolifères, et comme la plupart de mes copains, je bois pour oublier ce que je fais. »

Je lui ai dit : « Vous aurez quelque chose à raconter à vos copains : je travaille pour Greenpeace International à la coordination de sa campagne contre les changements climatiques et pour les nouvelles énergies. »

Il s'est levé, m'a serré la main et a dit : « Ravi de faire votre connaissance. J'admire votre œuvre, et j'espère que vous ne nous en voulez pas trop, parce que si je pouvais trouver un autre boulot, je ficherais le camp demain matin. »

CHAPITRE 15

Le pacte de suicide
À la Conférence de Copenhague

> *Nous pouvons demeurer le premier importateur mondial de pétrole ou... devenir le premier exportateur mondial d'énergie renouvelable. Nous pouvons subir les désastres naturels déclenchés par les changements climatiques. Ou créer des emplois pour en prévenir les pires effets.*
>
> Barack Obama, président des États-Unis, 23 mars 2009[1]

J'avais, assis à côté de moi, un général à quatre étoiles, si près que nos genoux se frôlaient, et il avançait que les changements climatiques sont « une question de survie pour la civilisation humaine telle que nous la connaissons ». Ayant délaissé l'uniforme, le général américain Wesley Clark était vêtu d'un costume gris de belle coupe et d'une cravate bleu ciel. Il parlait de durabilité, de pragmatisme et de politique. Il ne portait pas ses médailles, mais il avait la posture, l'intensité et le sérieux d'un

---

1. *Climate Progress*, 23 mars 2009.

militaire de carrière. Ce qui n'est pas tout à fait l'image qu'on se fait d'un écolo, en tout cas pas moi.

Dix ans auparavant, le général Clark était le commandant suprême interallié de l'OTAN, ayant sous ses ordres environ 75 000 soldats provenant de près de 40 pays dans la guerre au Kosovo. J'étais de ses fans depuis qu'il avait rompu avec la gent soldatesque et qu'il avait non seulement reconnu que le réchauffement planétaire est causé par l'activité humaine mais aussi osé dire que ses effets faisaient peser une menace grave sur la sécurité humaine.

Le général et moi nous trouvions sur la place de la mairie historique de Copenhague, qui avait été temporairement rebaptisée Hopenhagen Square par la ville hôte. Un modèle réduit de la planète faisant près de vingt mètres de haut, tapissé de logos d'entreprises comme Coke et McDonald, dominait les présentoirs publicitaires vantant les technologies vertes, ou du moins un peu plus vertes. Nous occupions l'une des cinq ou six remorques en verre de style futuriste qui séparaient les présentoirs.

Nous avions été invités tous les deux par le Projet d'observatoire mondial, que le milliardaire philanthrope Richard Branson et ses amis célèbres comme l'archevêque Desmond Tutu avaient créé pour commenter les négociations sur le climat. Le titre de l'événement était « Des motifs pour agir », et nous discutions de la question de savoir s'il est possible de persuader les gens de modifier leur comportement en faisant appel à l'espoir au lieu de la peur. Ayant écouté le général expliquer depuis combien de temps les changements climatiques préoccupaient l'armée américaine, j'avais compris que la peur avait été jusqu'à présent inopérante.

« J'étudiais la question de la sécurité énergétique pour le compte de l'armée américaine au début des années 1970 déjà, lorsque nous nous étions enfin rendu compte que nous n'étions plus un pays exportateur de pétrole, mais un pays importateur, a dit Clark. Je me rappelle avoir applaudi lorsque nous avons fait l'essai de l'énergie solaire et éolienne dans les années 1970. Je me souviens des premières expériences avec l'éthanol : une par une, elles ont été freinées, retardées, puis écartées. Avec pour résultat que nous devons maintenant tout reprendre du début et regagner le terrain perdu. »

Il était désolant d'entendre le général relater comment des solutions avaient été proposées — puis rejetées — il y avait de cela déjà quarante ans. C'est la malédiction de l'énergie bon marché. Puisque le pétrole coûte encore moins cher que le charbon, les gens ont du mal à croire que nous allons en manquer un jour. J'étais assise à côté de lui, et quand on m'a demandé de parler des ramifications environnementales des changements climatiques, j'ai récité les statistiques cauchemardesques d'aujourd'hui : statistiques qui n'existeraient pas si la dernière génération avait été à l'écoute, si le président Jimmy Carter n'avait pas pratiquement été chassé du pouvoir sous les ricanements parce qu'il avait fait recouvrir la Maison-Blanche de panneaux capteurs d'énergie solaire, qui ont d'ailleurs été arrachés dès que le président Reagan est entré en fonction[2].

Le général a marqué son accord par un grognement, puis il a rappelé le coût de l'inaction pour l'humanité. « Quand nous disions au début des années 1970 qu'un jour, nous aurions à envoyer des troupes américaines dans le golfe Persique pour conserver notre accès aux ressources énergétiques, on ne nous croyait pas. C'est maintenant chose faite. Nous avons dépensé des billions de dollars, nous avons perdu des milliers de vies, nous avons saccagé tout l'écosystème régional, et la fin de cette histoire n'est même pas en vue. »

---

2. En 2010, Bill McKibben et son groupe, 350.org, ont prié le président Obama de les réinstaller, et le président a donné son accord.

Il nous a averti qu'étant donné la progression des économies chinoise et indienne il est essentiel que chacun passe aux sources d'énergie renouvelables avant que la consommation de ces pays n'atteigne le niveau de celle de l'Amérique du Nord. « Réchauffement planétaire ou non, on ne peut tout simplement pas avoir 7 milliards d'humains vivant comme les 300 millions d'Américains. Les ressources de la planète n'y suffiraient pas. » Nous avons parlé des conflits croissants autour des ressources dans de nombreux pays, des guerres civiles qui résultent de la rareté de l'eau et des exodes massifs que causent les tempêtes violentes.

Après le débat, le général m'a serré la main et m'a remis sa carte pour que nous gardions contact. La pensée que nous étions, lui et moi, du même côté m'a réconfortée.

George Monbiot, le journaliste-vedette des changements climatiques et l'auteur du best-seller *Heat: How to Stop the Planet from Burning* (entre autres livres), était à Toronto quelque temps avant le sommet de Copenhague pour comprendre comment le Canada était devenu un « État pétrolier véreux ».

Le 30 novembre 2009, il écrivait dans *The Guardian* : « Quand vous pensez au Canada, quelles sont les qualités qui vous viennent à l'esprit ? Le casque bleu du monde, le pays ami, le contrepoids humaniste aux convictions plus musclées de son voisin du sud, une nation au grand cœur, civilisée, équitable, bien gouvernée ? Repensez-y. Le gouvernement de ce pays se conduit maintenant avec toute la délicatesse d'un marin en goguette. » Il a ensuite parlé de son voyage au Canada où il avait vu le « spectacle étonnant d'une nation magnifique, cultivée, se muant en un État pétrolier véreux ». Dans sa conclusion, il a pavé la voie aux négociations climatiques qui allaient s'engager : « J'avais cru jusqu'à présent que le pays qui en avait fait le plus pour saboter un nouvel accord sur les changements climatiques était les États-Unis. Je me trompais. Le vrai salaud, c'est le Canada. Si nous ne l'arrêtons pas, le tort causé par le Canada en décembre 2009 va annuler un siècle de bienfaits. »

Juste avant de partir pour Copenhague, j'ai rencontré Steve Kelly, le chef de cabinet du ministre de l'Environnement. J'étais optimiste, puisqu'il avait accepté de nous rencontrer, quelques autres militants écologistes et moi. Mais il ne voulait pas discuter, il voulait seulement nous faire la leçon. Il a dit : « Si vous croyez que vous pouvez limiter l'exploitation des sables bitumineux, limiter l'industrie, freiner l'utilisation des carburants fossiles et rationner rigoureusement le carbone, et ce, sans anéantir notre économie, vous ne vivez pas dans le vrai monde. »

Je lui ai dit : « La Californie fait partie du vrai monde. Et cet État réduit déjà les émissions et s'emploie à exploiter les énergies renouvelables. »

Il a répondu : « Vous vous imaginez que la Californie, c'est comme le Canada ? »

J'ai dit : « Son économie et sa population sont de la même taille. »

Il a levé les yeux au ciel, s'est calé dans son fauteuil et a grogné : « Elle est pas mal, celle-là. La Californie, c'est comme le Canada. »

« Je n'ai pas dit que les deux étaient identiques. J'ai dit que la Californie a une économie d'une taille équivalente à la nôtre et qu'elle réussit à réduire ses émissions et à limiter la pollution. »

Ma rencontre avec Kelly m'a ouvert les yeux. Avec PowerUp Canada, j'avais travaillé avec des politiciens de tout le pays et d'ailleurs dans le monde. J'avais l'habitude de discuter des obstacles sociaux, économiques et politiques au changement, mais c'était la première fois que j'étais obligée de débattre de la question de savoir si les solutions étatiques qui fonctionnaient déjà

dans d'autres pays étaient nécessaires ou réalisables. Non seulement je n'en revenais pas de voir devant moi le chef de cabinet
du ministre de l'Environnement se moquer éperdument de
l'environnement, mais jamais en vingt ans de démarchage
auprès des gouvernements je n'avais rencontré homme aussi
impoli et brutal et qui, en plus, n'avait manifestement qu'une
faible idée de l'environnement et des changements climatiques.
Devant ce que les Nations Unies considèrent comme la plus
grande crise à laquelle nous ayons jamais fait face, alors que
presque tous les scientifiques du monde nous avertissent qu'il
nous faut réduire nos émissions de gaz à effet de serre au plus
vite et passer à une économie décarbonée, Kelly disait essentiellement : ne nous pressons surtout pas, je n'en vois pas le besoin,
et pour tout vous dire, je m'en fous.

Modifiant ma tactique, j'ai décidé d'avoir au moins une idée
claire des intentions du gouvernement dans le dossier des sables
bitumineux. J'ai essayé d'amorcer un dialogue sur les politiques
qu'il envisageait. « Je crois savoir qu'à l'intérieur de l'appareil
gouvernemental vous vous employez maintenant, à la veille du
sommet de Copenhague, à mettre au point le programme de
plafonnement du carbone qui aura pour effet de limiter la pollution. Ce que j'aimerais aujourd'hui, ce serait avoir une idée de
la forme que ce programme va prendre. Nos émissions ont
beaucoup augmenté à cause de l'exploitation des sables bitumineux. C'est la question essentielle pour le Canada, alors par-
lons-en. Comment envisagez-vous de mettre au point ce système de plafonnement et d'échanges pour remédier à ce
problème ? »

Il s'est tourné vers moi et a dit : « Le gouvernement compte
mettre en place un système de plafonnement et d'échanges qui
englobera les sables bitumineux. »

Je savais déjà cela parce que je l'avais lu dans le *Globe and
Mail*. Je n'avais pas fait tout le chemin jusqu'à Ottawa pour l'en-

tendre du chef de cabinet du ministre de l'Environnement. Serrant les dents, j'ai répondu : « Oui, je sais. Ce que je vous demande, c'est ce que vous envisagez de faire pour abaisser vos émissions. Songez-vous à mettre les permis aux enchères ? Y aura-t-il un plafond ferme pour les sables pétrolifères ou allez-vous conserver vos cibles d'intensité ? Pourrions-nous en débattre ? »

Il a répété sa réponse : « Le gouvernement compte mettre en place un système de plafonnement et d'échanges qui englobera les sables bitumineux. »

« Si je vous comprends bien, vous ne voulez pas en débattre avec nous ? »

« Je dis que vous êtes dure d'oreille. »

Je n'en revenais pas. Il ne voulait même pas aborder les questions difficiles.

Lorsque j'ai quitté son bureau, je voyais rouge et je marchais d'un pas si furieux que j'ai trébuché et me suis étalée sur la chaussée de béton devant les édifices parlementaires, me blessant à la tête dans ma chute. J'étais là, étendue en plein devant le Parlement, avec tous ces députés qui circulaient autour de moi. J'avais perdu mes chaussures, et j'étais couchée là sur le ciment, les quatre fers en l'air. Une fin misérable digne de cette journée.

Le plus irritant dans ma rencontre avec Kelly, c'était que j'avais convaincu au préalable tous les groupes avec lesquels nous collaborions de donner aux conservateurs le bénéfice du doute parce que la dimension politique des changements climatiques dépasse le clivage gauche-droite. Qui aurait imaginé un jour que cette icône de la droite, Arnold Schwarzenegger, deviendrait un héros du climat ? Qui aurait pensé que la chancelière allemande Angela Merkel se soucierait autant des enjeux climatiques ?

Il y a beaucoup d'exemples où la droite a assumé ses responsabilités et adopté des mesures admirables relativement au climat. J'en avais parlé dans toutes nos réunions stratégiques, en disant qu'il fallait donner au gouvernement la chance de faire des choix intelligents. Point n'est besoin d'être de droite ou de gauche pour s'inquiéter des changements climatiques, parce que c'est désormais une question de sécurité énergétique, et c'est aussi une question économique. J'avais eu des entretiens à ce sujet avec Preston Manning — un des champions de la droite canadienne — et nous avions trouvé un vaste terrain d'entente. J'étais donc allée à Ottawa résolue à trouver un moyen de coopérer avec la droite. J'avais échoué pitoyablement.

Au moment où j'écris ces lignes, les résultats des élections fédérales de 2011 viennent de me parvenir, et les conservateurs de Harper disposent dorénavant d'une majorité parlementaire. Le Parti libéral, qui avait dans sa plateforme électorale un programme de plafonnement et d'échanges, a été décimé, et jamais sa députation aux Communes n'a été aussi faible. Les néodémocrates, qui n'ont presque pas abordé l'environnement au cours de la campagne, ont fait une percée historique et supplanté les libéraux en s'emparant de l'opposition officielle. La seule lueur d'espoir sur le front environnemental a été l'élection d'un premier député vert dans l'histoire du Canada, Elizabeth May. Elizabeth est une force avec laquelle compter, et il ne fait aucun doute dans mon esprit qu'elle va tout faire en son pouvoir pour dénoncer l'inaction du gouvernement Harper en matière de changements climatiques et d'énergies propres. Cela dit, étant donné les antécédents de Harper sur ce point, les résultats de ces élections augurent mal.

Dans le vol Londres-Copenhague, je me suis trouvée assise à côté du négociateur en chef du Liberia. Je lui ai tout bonnement demandé comment ça allait.

Il m'a regardée comme si j'étais folle. « Eh bien, il y a des gens qui meurent aujourd'hui chez nous, et d'autres mourront demain, et nous n'avons rien fait jusqu'à présent pour les aider. »

Qu'est-ce qu'on répond à ça ? « Un bretzel, peut-être ? »

Je me rendais à la plus grande conférence du monde sur les changements climatiques parce que je m'inquiétais de l'avenir de mes enfants, de ma famille, de mon pays. Lui, il s'y rendait parce qu'il y avait des gens dans son pays qui mouraient tous les jours. On manque d'eau là-bas. On manque de nourriture aussi. Ce pays n'a pas les infrastructures voulues pour contrer les tempêtes violentes qui augmentent. Il semblait si abattu, on aurait dit que toute colère l'avait quitté, qu'il était plus d'humeur à porter le deuil qu'à négocier.

Je me suis mise à réfléchir au-delà de mon propre intérêt national et à songer à l'importance qu'aurait la conclusion d'une entente mondiale à Copenhague pour les autres pays. Les préparatifs de la conférence avaient déjà fait connaître les problèmes que posent les changements climatiques : il fallait donc désormais accoucher de résolutions qui nous donneraient à tous des motifs d'espérer.

Mon voisin et moi avons causé de nouveau lorsque nous sommes passés prendre nos bagages, et je lui ai parlé de nos débats au Canada sur les sables bitumineux (dont il était au courant) mais aussi de l'opposition aux parcs éoliens et aux barrages hydroélectriques au fil de l'eau. Il s'étonnait de l'attitude rétrograde du Canada dans les négociations et de notre opposition aux projets d'énergie renouvelable. D'un air las, il a dit : « C'est bien que vous ayez encore le temps de discuter de parcs éoliens, car ce qui nous préoccupe, nous, c'est de savoir combien de personnes vont encore mourir cette année à cause de la sécheresse. »

C'est dire que je ne suis pas arrivée à Copenhague débordante d'optimisme. J'étais déjà déprimée par mes rencontres à Ottawa et je me remettais mal des rapports que je lisais sur les effets actuels des changements climatiques et des nombreuses analyses pessimistes quant à la possibilité d'une entente mondiale. Outre la résistance du Canada, il fallait que le Congrès américain vote des lois pour que le président Obama aie l'autorité voulue pour s'engager sincèrement à réduire les émissions américaines. La Chine et l'Inde jouaient serré. De nombreux pays développés gesticulaient toujours et affirmaient qu'ils ne signeraient pas d'entente visant à réduire sérieusement le réchauffement planétaire tant que les pays en développement ne s'engageraient pas à atteindre certaines cibles, en dépit du fait que le gâchis où nous nous trouvons a été causé essentiellement par les pays riches en carbone qui crachent du poison dans l'atmosphère depuis cinquante ans. Tout cela étant dit, je dois admettre que j'attendais encore un miracle. Je m'accrochais aux signes d'espoir que recelaient les discours d'Obama. Il était après tout le président qui avait dit : « Notre avenir sur cette planète dépend de la volonté que nous avons de relever le défi que pose la pollution au carbone. Et notre avenir à titre de nation dépend de la volonté que nous avons de saisir ce défi comme une occasion de guider le monde dans sa recherche de nouvelles découvertes[3]. » En ce mois de novembre 2009, j'avais de l'espoir aussi parce que la Chine et d'autres pays investissaient massivement dans les énergies renouvelables, et que le mois précédent, le monde avait été témoin des plus grandes manifestations et des plus grands rassemblements de l'histoire[4].

Copenhague était la troisième grande négociation mon-

---

3. Barack Obama, discours à l'Académie nationale des sciences, 29 avril 2009.

4. Les manifestations autour du monde avaient été organisées par 350.org et consistaient en plus de 4 000 événements dans 170 pays du monde pendant un seul week-end de 2009. Voir www.guardian.co.uk/environment/gallery/2009/oct/27/350-campaign-climate-change-protest

diale sur les changements climatiques. La première avait eu lieu à Kyoto en 1997, la seconde à Bali dix ans plus tard. Deux questions essentielles allaient être négociées à Copenhague sous l'égide de la Convention cadre des Nations Unies sur les changements climatiques, qu'on appelle aussi COP15 : dans quelle proportion les pays allaient-ils réduire leurs émissions de gaz à effet de serre (le critère scientifique qu'on avait employé dans les accords précédents était de 40 pour cent des niveaux de 1990 d'ici 2020) et combien de ressources seraient allouées aux pays en développement.

Au bout du compte, le COP15 ne servait qu'à négocier l'espace qui subsistait dans l'atmosphère et à en nommer les payeurs. La négociation devait aboutir à ce qu'on appelait la « justice climatique ». Les grandes questions, qui sont malheureusement encore les mêmes aujourd'hui, étaient celles-ci : Pouvons-nous vraiment œuvrer de concert, à l'échelle mondiale, pour découvrir les nouvelles technologies qui nous aideront à produire de l'énergie à partir du soleil, du vent et de l'océan ? Pouvons-nous échanger des technologies entre pays et cesser de les considérer comme des secrets d'État ? Comment composer avec cette réalité qui veut que la majorité de la population mondiale ne consomme pas la majorité des ressources de la terre ? Les pays développés peuvent-ils aider financièrement les pays en développement à contourner la vague d'industrialisation qui encourage la dépendance à l'égard des carburants fossiles ?

Les pourparlers devaient aussi avoir pour objectif de réduire le déboisement tropical étant donné que 22 pour cent des émissions de gaz à effet de serre proviennent de l'abattage et de la destruction de forêts qui sont surtout tropicales.

Je ne sais pas trop à quoi je m'attendais de Copenhague. J'imagine que, comme la plupart des délégués, je caressais l'espoir qu'un miracle s'accomplisse, comme lors de l'adoption du Protocole de Montréal, qui avait banni les CFC et produit un traité mondial qui avait eu pour effet de réduire la taille des trous dans la couche d'ozone. Cette entente, conclue en 1987 est « peut-être l'accord international le plus fructueux à ce jour », selon l'ancien secrétaire général des Nations Unies, Kofi Annan[5]. Et son effet sur le climat persiste, car elle contraint en premier lieu les pays développés à éliminer graduellement l'emploi de CFC et autres produits chimiques qui érodent la couche d'ozone, les pays en développement devant ensuite emboîter le pas.

Avec le souvenir de cette réussite à l'esprit, j'espérais que peut-être, et je dis bien peut-être, les leaders du monde auraient le courage de s'entendre. Ayant été à Bali, connaissant la passe difficile où se trouvait Obama (qui ne pouvait tout de même pas devancer la loi sur les changements climatiques qui restait encore bloquée au Congrès), et ayant goûté à l'intransigeance du gouvernement canadien dans ces dossiers, je me doutais que l'on accomplirait bien peu. Tout de même, je suivais les pour-parlers sans cesser d'espérer parce que j'ai toujours cru que deux courants animent le COP15 : les négociations et les accords qui contraignent la planète à agir, d'une part, et d'autre part, la mobilisation publique accrue dans les pays du monde, qui constitue une réussite d'autant plus que les négociations échouent. Copenhague a galvanisé un mouvement citoyen cen-tré sur la nécessité d'agir le plus vite possible pour protéger nos enfants et créer des économies nouvelles.

Le premier jour des négociations, les leaders du monde en développement, dirigés par l'Afrique, ont quitté la table, en grande partie parce que le Canada, les États-Unis et d'autres pays voulaient abroger le Protocole de Kyoto, dont le Canada se moquait déjà, et recommencer à zéro. Ils sont revenus le lende-

---

5. Citation : « The Montreal Protocol on Substances That Deplete the Ozone Layer », en ligne : www.theozonehole.com/montreal.htm

main, une fois la motion contre Kyoto écartée, mais le ton avait été donné.

On m'a quelquefois reproché d'avoir la tête dans les nuages. Si c'est vrai, George Monbiot, lui, a la tête dans la stratosphère. Un après-midi, à Copenhague, nous avons pris le café dans le hall du Forum du peuple et discuté de ce que l'on pourrait faire. Ses statistiques et ses projections étaient encore plus pessimistes que les miennes. Il a cité un article récent sur les données scientifiques relatives aux changements climatiques qui disait que si on veut limiter le réchauffement de la terre à deux degrés, le maximum qu'on peut employer, à jamais, c'est 60 pour cent des stocks existants de carburants fossiles. Donc, si telle est la limite de notre système énergétique, la question que notre société doit se poser, ou que nous, êtres humains, quelles que soient nos allégeances politiques, devons nous poser est celle-ci : Quel est le meilleur usage que nous puissions faire de ces 60 pour cent au cours du prochain millénaire ? On ne dit pas de tout couper. Ne serait-ce que pour alimenter en énergie une économie renouvelable, les technologies actuelles requièrent des carburants fossiles. Monbiot a mis le doigt sur le débat essentiel que notre société doit avoir. À la fin de notre conversation, il m'a donné quelques conseils qui influencent encore ma réflexion sur notre action future : « Si vous voulez vraiment freiner les changements climatiques, vous devez militer à l'échelle mondiale pour laisser ces carburants fossiles sous terre. C'est la seule chose à faire si nous voulons sauver les humains et la majorité des systèmes vivants sur la planète. C'est tout ce que nous avons le temps de faire. Il faut tout laisser sous terre. »

Je suis repartie en songeant à mon petit bout de terre, le Canada. C'est le seul pays qui a tourné le dos à Kyoto. Et je savais que nous n'obéirions pas à une telle prescription. Pas avec le gouvernement en place. Pas à moins que les Canadiens ne l'exigent.

Nous extrayons à la dure 1,9 million de barils de pétrole sale des sables bitumineux tous les jours. La réalité des changements climatiques est telle que nous devons bien sûr laisser les carburants fossiles sous terre. Nous ne pouvons plus nous permettre d'extraire et de brûler les dernières grandes réserves de carbone du monde sans déstabiliser le climat. Cela étant dit, j'ai également assisté à des rencontres avec le gouvernement et l'industrie et entendu les statistiques sur combien de milliards ce pétrole sale rapporte à notre économie, sur combien d'hôpitaux sont financés grâce à la transformation de l'eau douce en boue toxique. J'ai écouté les responsables du gouvernement et de l'industrie qui disaient : « Il faut instaurer un équilibre. Il faut un équilibre. »

Eh bien, je me suis donné beaucoup de mal au cours des dernières décennies pour rechercher cet équilibre, pour trouver un terrain d'entente, mais dans ce cas-ci, je suis vraiment démunie. Comment définir « l'équilibre » en une époque de dévastation écologique ? Autrefois, on mesurait l'effet d'une entreprise sur l'environnement au vu des bienfaits économiques. À l'heure des changements climatiques, comment définir les « bienfaits économiques » ? Dans dix ans, il en coûtera très cher du fait de la dislocation des sociétés, des sécheresses et des famines, donc que sont ici « l'équilibre » et « les bienfaits » ? Sir Nicholas Stern, l'ancien économiste en chef de la Banque mondiale, a estimé que le coût de l'inaction en matière climatique pourrait être de 9,6 billions de dollars par an[6].

---

6. Le Rapport Stern sur le coût économique des changements climatiques est un texte de sept cents pages publié par le gouvernement britannique le 30 octobre 2006.

L'espoir, à cette conférence baptisée Hopenhagen par les services de marketing, venait souvent de sources inattendues.

Le gouverneur Schwarzenegger a galvanisé les délégués avec son discours où il en a appelé à une « transformation planétaire » et proposé un sommet de l'ONU réunissant les provinces, les territoires, les États et les villes. Un matin, je me suis levée enthousiasmée par la nouvelle affirmant que le Canada avait débloqué 13 milliards de dollars pour contrer le réchauffement planétaire, avait accepté de réduire les gaz à effet de serre de 40 pour cent par rapport aux niveaux de 1990 d'ici 2020, et de 80 pour cent d'ici 2050, et offrait 1 pour cent du PIB canadien pour aider l'Afrique. Pendant une petite seconde, j'ai eu le bonheur de croire que les esprits sains avaient triomphé… puis je me suis souvenue de ma rencontre avec le chef de cabinet du ministre de l'Environnement, et la réalité m'a rattrapée avant même que j'aie pu prendre mon premier café. Il y avait encore plus déprimant : ces objectifs, par ailleurs peu plausibles, étaient inférieurs aux niveaux que les pays en développement exigeaient du Canada. J'avais discuté assez longtemps avec les représentants canadiens pour savoir qu'il n'y avait que deux explications possibles à cette nouvelle déclaration audacieuse du gouvernement Harper : c'était une mystification, ou je dormais encore.

Or, j'avais les yeux grands ouverts.

C'était une blague. Des plaisantins appelés les Yes Men [les bénis-oui-oui] s'étaient servi d'un communiqué de presse bien fait et de deux sites web conçus par des experts pour forcer le gouvernement canadien à admettre que notre pays n'avait pas de vision inspirante pour contrer le réchauffement climatique[7]. La blague ne s'est pas arrêtée là : elle comprenait un faux com-

---

7.   Jane Taber, « Yes Men Pull "Very Good" Prank on Stephen Harper », *The Globe and Mail*, Toronto, 28 janvier 2010.

muniqué émanant de la délégation ougandaise et félicitant le
Canada et un lien vers une fausse conférence de presse. La plai-
santerie avait rendu la réalité encore plus gênante. La manchette
du *Guardian* titrait : « Copenhagen's Spoof Shames Canada on
the Truth about Its Emissions » [« Le canular de Copenhague
révèle le secret honteux du Canada sur ses émissions »]. Le
Maclean's, le grand hebdomadaire canadien, a publié un article
intitulé : « Suddenly, the World Hates Canada » [« Tout à coup,
le monde n'aime plus le Canada »].

German Watch (une ONG qui se consacre à l'étude des programmes politiques, économiques et environnementaux de
l'Europe) a publié son Indice de performance au regard des
changements climatiques[8], dans lequel elle classe cinquante-
sept pays selon leurs lois, leurs politiques et leur rendement sur
le climat. Le Canada arrivait cinquante-sixième sur cinquante-
sept, précédant seulement l'Arabie saoudite. Il y était écrit :
« L'actuel gouvernement du Canada ne reconnaît toujours pas
la nécessité fondamentale de prendre au sérieux la politique
climatique, sur le plan intérieur et international. »

Ce jour-là, agissant pour le compte de PowerUp Canada, j'ai
publié un rapport intitulé *Falling Behind: Canada and US
Efforts on Clean Energy and Global Warming* [*En régression : les
efforts du Canada et des États-Unis au regard de l'énergie propre
et du réchauffement planétaire*], qui signalait que la déclaration
de l'émissaire du Canada à Copenhague, selon laquelle l'effort
canadien valait celui des Américains, était pur mensonge. Car,
alors que les émissions américaines déclinaient, les émissions
canadiennes étaient en hausse. Les émissions de CO_2 des États-
Unis semblent avoir plafonné alors que la trajectoire du Canada
sur le long terme est toujours en hausse, largement à cause de la

---

8.   Climate Change Performance Index 2011, en ligne : www.germanwatch.
org/ccpi

production gazière et pétrolière. De son côté, Obama s'était engagé à investir quatorze fois plus par personne dans l'énergie propre que Harper.

Nous avons découvert pourquoi le monde avait raison de détester le Canada après que les journalistes ont publié un document coulé qui analysait la politique climatique du Canada. Et nous étions là, à ce sommet des Nations Unies, attendant que notre gouvernement nous donne quelque chose, je ne sais pas, moi, des lois qui allaient réduire nos émissions, ou des politiques indiquant que nous allions prendre les devants dans le dossier climatique. Et ce que nous avions au lieu de cela, c'était un document gouvernemental secret révélant que le gouvernement du Canada proposait de revoir les exigences pour abaisser les objectifs de réduction des émissions émanant de l'industrie minière, de l'industrie lourde et de l'industrie pétrolière et gazière au tiers de ce qui était planifié en 2008[9]. Tous les autres pays parlaient de réduire la pollution alors que le Canada se prononçait officiellement en faveur de la croissance de nos émissions.

Savoir que la Chine a des lois plus rigoureuses que le Canada au titre des émissions des véhicules a de quoi gêner tous les Canadiens. De même, savoir que le Japon produit plus de véhicules électriques que le Canada et les États-Unis devrait nous faire grimacer. Mais tant et aussi longtemps que les sables bitumineux produiront du pétrole sale, le gouvernement canadien préférera passer pour un paria, peu importe le coût ultime pour

---

9. « Secret Cap-and-Trade Proposal Confirms That Canada Has No Intention of Meeting its 2020 Greenhouse Gas Target: Leaked Cabinet Documents Show Government Plan for Massive Increase in Oil and Gas Emissions by 2020 », Climate Action Network Canada, 15 décembre 2009, en ligne : www.climateactionnetwork.ca/e/news/2009/release/index.php?WEBYEP_DI=44

notre pays et la planète. L'attitude envers le Canada a été parfaitement résumée le dernier jour des négociations de Copenhague par un acte de protestation : trois militants ont gravi les murs de notre haut-commissariat à Londres, ont descendu le drapeau canadien et l'ont trempé dans du pétrole brut.

Le jour où le pétrole dégoulinait de l'unifolié, j'ai remis un prix à Gordon Campbell, qui était alors premier ministre de la Colombie-Britannique, pour le compte d'une dizaine de groupes écologistes parmi les plus connus du Canada, dont la Fondation David Suzuki, TckTckTck, WWF Canada, ForestEthics et PowerUp Canada. Il avait mérité cet honneur pour avoir décidé d'imposer la première taxe sur le carbone en Amérique du Nord, décision qui tenait du suicide politique. Nous avons également remis des prix aux gouvernements de la Nouvelle-Écosse, de l'Ontario et du Québec et à plusieurs maires canadiens pour leurs initiatives dans la lutte contre les changements climatiques afin de prouver au reste du monde et au gouvernement fédéral qu'il y en a qui se battent contre le réchauffement planétaire dans notre pays.

Pour inciter le Parlement fédéral à agir, PowerUp Canada et la Croix-Verte internationale ont adressé une lettre publique au premier ministre lui demandant de rompre avec son défaitisme coutumier et de vouer son énergie à la création d'une économie verte. L'ancienne première ministre Kim Campbell l'a signée, ainsi que l'ex-président soviétique Mikhaïl Gorbatchev et l'ancienne première ministre britannique Margaret Thatcher. Les écologistes canadiens ont également recueilli plus de 125 000 signatures de Canadiens priant le premier ministre d'exiger un accord viable à Copenhague. Les sondages au Canada démontraient que la majorité des Canadiens voulaient des initiatives résolues en matière de changements climatiques. Les Canadiens attendent toujours. Le reste du monde aussi.

Le président américain, qui avait été élu sur la foi d'un message d'espoir, a fait à Copenhague des propositions si vagues que c'en était à pleurer. Des centaines de personnes se sont réunies en ville pour une veille à la chandelle. Bill McKibben et bien d'autres ont jeûné pour dénoncer le piétinement des négociations. On aurait dit que toute la ville retenait son souffle. Je suis restée debout le plus longtemps que j'ai pu, assise à mon bureau dans ma chambre minuscule, dans un hôtel où les militants discutaient, faisaient des calculs et parlaient dans tous les couloirs, à coucher sur papier mes réflexions sur l'avenir.

Je me suis rendu compte alors que l'essentiel était de bâtir une base. Nous devions nous entendre sur la manière de sensibiliser la société civile, les groupes de citoyens et tous les alliés éventuels. Tel est le travail de sape qui conduit au changement social. Constituer des listes, recruter des clientèles et militer sans cesse parce que, tant que nous n'aurons pas de mouvement vraiment populaire, et tant que ces enjeux ne figureront pas sur les bulletins de vote, nos élus n'opéreront pas les changements ardus qui s'imposent.

Il ne s'agissait pas seulement de faire signer des pétitions, comme je commençais à le comprendre. Il s'agissait d'éduquer d'abord les communautés. De les aider à développer les moyens qui leur permettraient de se mobiliser. Il ne s'agit pas de dire aux gens ce qu'ils doivent savoir. Il s'agit de les aider à se battre pour leur propre cause.

Pour y parvenir, il nous faut sortir de notre bulle et parler un langage accessible. Il ne faut pas se contenter d'un seul message, il faut plutôt articuler divers messages ciblés. Ce qui touche la communauté indo-canadienne de Burnaby ne touche pas nécessairement la communauté juive de North York, à Toronto.

J'ai vu aussi qu'il fallait encore prendre les rues d'assaut et profiter du travail formidable de 350.org, une coalition mili-

tante qui fait partie d'un mouvement mondial réclamant des
limites sécuritaires au dioxyde de carbone dans l'atmosphère,
et de l'œuvre de Bill McKibben. Nous devons faire savoir sans
ambages aux superpuissances que ces enjeux comptent pour
l'électorat. Et pour y arriver, il faut se retrousser les manches et
s'attaquer au pétrole et au charbon. Comme l'a dit Monbiot, le
combat consiste maintenant à laisser les carburants fossiles sous
terre. Les centrales au charbon, les sables bitumineux et l'invasion actuelle de l'écosystème fragile de l'Arctique témoignent
de notre impuissance à maîtriser cette crise.

Il faut également cesser de s'en prendre aux nôtres. Nous
n'avons pas de temps à perdre à combattre ceux qui sont de
notre côté. Cela ne veut pas dire qu'il n'y a pas de place pour
le dialogue constructif et critique, mais si nous voulons donner
le coup de barre qui s'impose, nous devons porter notre attention sur les objectifs qui nous unissent. Inutile de rechercher le
consensus à toutes les étapes. Tout progrès est ardu. Il n'existe
pas de solution simple, unique, parfaite. Il nous faut agir sur
tous les fronts : il faut des actions radicales, oui, mais nous
avons également besoin de l'appui du grand public. Ceux qui
militent pour stopper immédiatement l'exploitation des sables
bitumineux et des mines de charbon ont raison. Tout comme
ont raison ceux qui veulent faire en sorte que les marchés
tarifent le carbone et que l'on vote des lois en ce sens ; ceux
qui reconnaissent la nécessité d'un mécanisme commercial et
même, osons le dire, d'un capitalisme vert, qui réduira la
consommation de carbone et stimulera les placements dans les
énergies vertes.

Enfin, cessons de parler de cibles et de faire pression uniquement sur le gouvernement central sans nous préoccuper des
petites instances locales dans nos pays. Nous devons focaliser
notre action sur les villes, les États, les territoires et les provinces,
car c'est là que les vrais changements s'effectuent, et parce que

c'est là que nous voyons les choses bouger et avancer. Rien ne bouge à Ottawa et à Washington, mais ça grouille en Colombie-Britannique et en Californie.

Je ne sais trop comment, mais dans le brouillard de la déception et du chagrin à Copenhague, une voie d'avenir m'apparaissait dans toute sa netteté. J'ai cessé d'écrire et j'ai dormi pendant trois heures. À mon réveil, l'Accord de Copenhague avait été conclu : un texte sans ambition, non contraignant, avec plusieurs pages blanches dans lesquelles les pays pourraient indiquer leurs propres objectifs quant à leurs émissions, et la plénière se poursuivait toujours. Divers pays se prononçaient sur le nouvel accord, mais les États-Unis, la Chine et l'Inde s'étaient déclarés satisfaits et leurs délégués avaient plié bagage.

Assise sur le lit dans ma chambre d'hôtel, j'ai pris mon ordinateur portable et fait apparaître la transcription des délibérations que j'avais manquées pendant les trois heures où j'avais sommeillé. J'ai lu que de nombreux pays en développement cherchaient des termes diplomatiques pour demander : C'est quoi, ça ? Ce n'est pas l'accord que nous attendions. Il n'est même pas juridiquement contraignant. Ce n'est pas du tout ce dont nous avions parlé, et maintenant tout est fini ? Mais ce n'est pas ça, la démocratie. Ce n'est pas ça, les Nations Unies.

Puis j'ai lu la déclaration du Soudan, et je n'oublierai jamais les paroles de son délégué : « C'est un texte homicide. Qui condamne l'Afrique à mort. On nous demande de signer un pacte de suicide. » Parce que du point de vue de ce qu'on appelle désormais les « pays vulnérables » — ces pays qui commencent déjà à ressentir les effets du réchauffement planétaire — c'était bien ce que c'était : un pacte de suicide.

Le négociateur soudanais, Lumumba Di-Aping, président

du G77[10], qui réunit 130 pays, a comparé l'adoption de ce texte à l'Holocauste. « Si vous laissez les émissions augmenter à compter de maintenant, et concluez un accord qui ne contraint juridiquement aucun pays à agir, ce qui signifie qu'il ne faut attendre aucune action critique, il y a des gens qui vont mourir. Cet accord condamne des êtres humains à mort. »

« Ce texte menace la vie, le gagne-pain, de millions de gens dans les pays en développement, ainsi que l'existence du continent africain, a poursuivi Di-Aping. Il condamne l'Afrique, qui deviendra une fournaise. Parce que 2 degrés Celsius, c'est 3,5 degrés chez nous, selon le Rapport régional d'évaluation RSSE, groupe de travail 2. Le L.9 demande à l'Afrique de signer un pacte de suicide. Un pacte d'incinération. Et ce, afin de maintenir la domination économique d'une poignée de pays. Le L.9 est dénué de tout principe de responsabilité, de moralité, et c'est une solution fondée sur des valeurs : les mêmes valeurs, à notre avis, qui ont condamné six millions d'êtres humains aux fours crématoires. Monsieur le Premier Ministre, personne, ni Obama, ni vous-même, ne peut forcer l'Afrique à se supprimer elle-même. Et je tiens à le dire pour mémoire. Personne — aucun président ou premier ministre africain — n'a reçu pour mandat de détruire l'Afrique ou de se faire complice de sa destruction. »

Les autres délégués hurlaient et tapaient du maillet. L'Allemagne a exigé que ces propos soient radiés du procès-verbal de l'ONU. Ce qui fut fait. Mais avant de disparaître du procès-verbal de la plénière, ils avaient été diffusés largement dans les médias[11].

---

10. Le G77 est une instance qui vient en aide aux pays en développement qui poursuivent des buts communs et cherchent à accroître leur influence dans les délibérations des Nations Unies.

11. *Review of Policy Research*, 27, n° 6, novembre 2010, p. 795-821 ; publié

J'ai lu beaucoup sur ce qui a été dit là-bas, j'ai rencontré des experts des changements climatiques, j'ai visionné l'un des films nous avertissant que la fin est proche, mais c'est vraiment à ce moment-là que j'ai tout compris. On peut dire tant qu'on veut que les changements climatiques sont les grands défis moraux de notre époque, ce ne sont là que des mots tant qu'on n'a pas vu un homme comme Di-Aping, ou l'ambassadeur que j'ai rencontré à bord de l'avion, qui ont le malheur de leur nation gravé sur le visage.

Et ce ne sont pas seulement les pays en développement qui souffrent. Alors que je me trouvais dans le hall après qu'il eut prononcé son discours, le maire de Melbourne m'a dit : « L'an dernier, il a fait plus de quarante degrés Celsius sept jours de suite, et 173 personnes sont mortes dans les feux de brousse. Il faisait si chaud que notre système de transports en commun est tout simplement tombé en panne. Notre réseau électrique s'est effondré et s'est mis à fondre. C'est toute la ville, en fait, qui s'est effondrée. » À l'heure où j'écris ces lignes, un an plus tard, des inondations dans le Queensland, en Australie, ont ravagé un espace qui correspond à la taille de la France et de l'Allemagne réunies ; plus de 340 personnes ont perdu la vie dans le sud-est du Brésil, et un million de personnes sont sans abri à cause des inondations au Sri Lanka. Combien d'autres catastrophes de ce genre faudra-t-il pour que les leaders de nos pays ressentent l'urgence d'agir ?

Avant de rentrer, j'ai eu la chance de rencontrer les trente membres de la Délégation de la jeunesse canadienne. Nous sommes tous allés dans une pizzeria, et l'on m'a rappelé alors

---

d'abord le 20 octobre 2010, en ligne : http://onlinelibrary.wily.com/doi/10.1111/j.1541-1338.2010.00472.x/full

pourquoi il faut espérer, pourquoi il y a des raisons d'espérer, pourquoi nous devons continuer de nous battre.

Ces jeunes partaient tous du principe que « tout est foutu ». On n'a pas besoin de les convaincre que les changements climatiques sont une réalité ; mais il faut les convaincre qu'ils peuvent changer les choses, qu'il n'est pas déjà trop tard. Et ce sont là des jeunes qui se démènent déjà, qui sont suffisamment conscientisés pour s'être rendus à Copenhague. Nous nous sommes réunis pour discuter de stratégies et de campagnes, mais les deux questions les plus fréquentes qu'on m'a posées dans nos entretiens individuels étaient : Comment puis-je éviter la dépression et l'épuisement ? et Est-ce que ce combat vaut la peine d'être mené ou est-il déjà trop tard ?

Ce sont là des questions que les jeunes ne devraient jamais se poser. Personne d'autre d'ailleurs.

J'ai interviewé la présidente de la délégation jeunesse, Jasmeet Sidhu, 21 ans, pour mon blog vidéo, et elle a dit : « Nous sommes ici parce que nous pensons que c'est notre avenir que l'on négocie. En 2050, bon nombre de ces négociateurs ne seront plus de ce monde, mais nous, si. Nous aurons des enfants, nous aurons des emplois, et nous estimons en ce moment que nos voix ne se font pas entendre dans ces pourparlers. Nous sommes ici pour faire savoir à notre gouvernement que nous représentons des milliers de jeunes et de gens partout au Canada, et que nous voulons un avenir où il y aura des emplois propres, sans sables bitumineux, et un avenir où les Canadiens seront fiers du rôle que joue ici leur gouvernement. »

L'échec des négociations de Copenhague a laissé un arrière-goût amer à tous, mais pour moi, le sentiment de désespoir était tempéré par le contraste entre ce qui se passait à huis clos et la vue du rivage qui donnait sur les rangées infinies d'éoliennes :

la preuve tangible qu'un autre scénario est envisageable. Le Danemark produit 20 pour cent de son énergie en exploitant le vent, alors que le Canada n'en produit que 1 pour cent. Aux États-Unis, c'est seulement 2 pour cent.

Qu'Obama ait autorisé l'Agence américaine de protection environnementale à contester devant les tribunaux les améliorations aux raffineries chargées de traiter le pétrole issu des sables bitumineux ainsi que l'ouverture de centrales au charbon, et qu'il soit allé personnellement à Copenhague, montre bien l'impact important des mesures environnementales sur les aspects culturels et économiques de l'industrie.

J'admets que la fraîcheur n'y est plus. J'ai été peinée à certains égards de voir l'administration Obama s'attaquer à la réforme du système de santé avant de s'occuper du climat dans son premier mandat, même si je savais qu'il ne pourrait jongler avec ces deux charbons ardents en même temps. Cela dit, je reconnais tout à fait que j'ai le luxe de dire cela parce que je vis dans un pays qui croit que l'État doit protéger la santé de ses citoyens peu importe l'état de leurs revenus. Si je demeure déçue qu'il n'y ait pas de lois globales aux États-Unis traitant des changements climatiques, je pense qu'on ne reconnaît pas suffisamment le courage qu'a eu Obama d'autoriser les contestations judiciaires de son agence de protection environnementale et de soutenir l'expansion des énergies renouvelables.

Copenhague a invité à la table pour la première fois l'Inde et la Chine. Ce sommet a transformé la géopolitique dans la mesure où il a donné naissance à une coalition nouvelle unissant le Brésil, l'Afrique du Sud, l'Asie, l'Inde et la Chine. Il a aussi galvanisé un mouvement mondial qui, quoique las de combattre, semble plus mûr et mieux équipé, moins enclin à s'en remettre aux grandes négociations officielles. Copenhague nous a forcés à comprendre qu'ultimement, tout changement doit commencer chez soi, et que nous devons obliger nos propres pays à modifier leur politique énergétique et galvaniser l'opinion publique de telle sorte que nos leaders parleront en notre nom quand ils iront négocier pour nous.

Il subsiste d'immenses interrogations dans mon esprit aujourd'hui quant au rôle des communautés locales dans la prise de décisions et quant à la manière dont les décisions gouvernementales et la réglementation prennent en compte les perspectives locales, et ce, tout en conservant des perspectives sociales et écologiques plus larges. À Clayoquot, la communauté était déchirée parce que les gens avaient désespérément besoin de travail et devaient remédier aux injustices du passé et du présent. Ces déchirements étaient accentués par le fait que notre industrie forestière, à l'échelle provinciale aussi bien que nationale, était fondée sur un modèle d'exploitation des ressources naturelles dont la seule raison d'être était de satisfaire aussi vite que possible la demande mondiale.

Ces enjeux demeurent les mêmes partout dans le monde. Aujourd'hui, nous voyons la Chine installer des systèmes d'énergie propre plus rapidement que tout autre pays du monde. Greenpeace Chine signale qu'une nouvelle éolienne entre en production dans ce pays toutes les deux heures. Beaucoup disent que tels sont l'échelle et le rythme de développement que nous devons tous atteindre si nous voulons remplacer le charbon et le pétrole à temps pour éviter des changements climatiques débridés.

Quand je vois les gens protester contre les parcs d'éoliennes partout dans le monde, de Cape Wind aux États-Unis à l'Angleterre rurale, et le long des Grands Lacs en Ontario, je me demande parfois si la Chine ne nous devance pas parce que sa société n'est pas démocratique. En Chine, les communautés locales n'ont pas leur mot à dire si des éoliennes apparaissent dans les villages ou à Shanghai. Quand les problèmes sont de nature mondiale, et quand on sait que nombreux sont les gens qui n'en ont que pour la valeur de leurs biens immobiliers, la vue dont ils jouissent ou la situation locale de l'emploi, quel est le rôle des communautés locales dans l'aménagement du territoire et le processus décisionnel régissant le développement? Dans quelle mesure l'avis des résidants et les préoccupations locales doivent-ils être pris en compte? Parfois, le syndrome du « pas-dans-ma-cour » paralyse le processus démocratique avec autant d'efficacité que les gouvernements ou les entreprises corrompus.

Je me rappelle une conférence à laquelle j'ai assisté il y a quelques années lors de laquelle le premier ministre du Danemark parlait de la tarification élevée du carbone dans son pays, du fait qu'on y avait diminué les émissions, augmentant ainsi la qualité de vie et la mobilisation communautaire. Les gens là-bas prennent part avec enthousiasme à l'écologisation de leur milieu. Ils ont aujourd'hui davantage d'emplois et une économie plus forte qu'à leurs débuts. Lors d'une pause, je lui ai demandé : « Comment faites-vous? Qu'avez-vous fait pour que toute la société avalise votre action? »

Il a répondu : « En ma qualité de premier ministre, je n'avais guère le choix. La société civile l'exigeait. »

Malheureusement, la conférence sur le climat de Copenhague a eu sur la société civile ailleurs l'effet contraire. Sondage après sondage, dans la dernière année, on nous a montré des gens démobilisés. Dans certains cas, on doute même davantage de la réalité des changements climatiques à cause des controverses scientifiques (fabriquées par des entreprises comme Koch Industries, ExxonMobil et d'autres[12]) ou parce que les gens ne peuvent simplement pas croire que des données scien-

---

12. « Koch Industries Still Fueling Climate Denial », www.greenpeace.org/usa/en/campaigns/global-warming-and-energy/polluterwatch/koch-industries/

tifiques aux ramifications si graves peuvent être vraies si nos gouvernements refusent d'agir. Même au lendemain du déversement pétrolier du *Deepwater Horizon* dans le golfe du Mexique en 2010, on a peu parlé des enjeux climatiques, la société civile ne s'est guère émue et les sondages n'ont pas fait état d'un sentiment d'urgence. Ces constats suffiraient à me replonger dans l'état dépressif où je me trouvais après les négociations de Bali si je n'étais pas en mesure de voir des campagnes aussi fascinantes se dérouler partout dans le monde et si nous n'avions pas réussi une percée, si l'on peut dire, à la conférence suivante de la CCNUCC, à Cancún.

Je n'étais pas à Cancún : je ne vous imposerai donc pas le récit déprimant d'une autre conférence sur les changements climatiques. À dire vrai, je n'étais pas sûre de pouvoir en vivre une troisième, après les deux précédentes qui avaient été assez éprouvantes, merci. J'étais également très sceptique quant à ce qu'on pouvait en attendre et quant à l'impact que les écologistes pouvaient avoir sur place. D'autres chez Greenpeace disaient qu'il fallait y envoyer une délégation pour influencer les délibérations, organiser des protestations et des actions photogéniques pour attirer l'attention des médias. Dans le cadre de mon nouvel emploi, j'ai aidé à trouver des fonds et à organiser notre plan, et je suis heureuse de l'avoir fait. Notre équipe a envoyé une montgolfière traînant un message d'espoir au-dessus des pyramides mayas et immergé des modèles réduits de structures iconiques comme la statue de la Liberté. De concert avec l'alliance globale TckTckTck, nous avons créé une image magnifique où l'on voit des centaines de personnes sur le sable formant le mot « Hope ? » vu des airs. Les médias du monde entier ont rediffusé ces images, ce qui a nous a donné la couverture que nous espérions pour relancer les débats.

Je crois que les résultats de la conférence de Cancún nous ont tous surpris. Les délégués ont réussi à forger un consensus et à mettre de l'avant certains éléments essentiels d'un accord mondial, par exemple sur les règles de financement de l'adaptation, sur le partage des responsabilités et sur la transition vers une économie décarbonée dans les pays en développement. Beaucoup semblent croire que, grâce à ce dernier cycle de négociations, l'on peut espérer de nouveau un accord mondial sur les changements climatiques.

CHAPITRE 16

Nuances de vert

En quête du pragmatisme radical

> *Si vous refusez de négocier avec les gens de pouvoir*
> *pour trouver des solutions, vous cessez de militer ;*
> *vous vous lamentez, c'est tout.*
>
> Tzeporah Berman à la radio de CBC,
> avril 2010, à propos de la campagne visant
> à « sauver Greenpeace... d'elle »

En 2009, le gouvernement de l'Ontario a décrété qu'il allait remplacer tout son parc automobile par des véhicules électriques. Geste audacieux ainsi qu'une première au Canada. En ma qualité de responsable de PowerUp Canada, j'ai félicité le gouvernement dans un communiqué de presse. Plus tard, je me suis connectée à un forum de discussion écologique dont je suis membre depuis qu'on a inventé les forums de discussion et j'ai découvert que j'étais la cible d'un tir groupé en règle. Comment avais-je osé faire l'éloge de la voiture électrique ? Est-ce que j'ignorais qu'en applaudissant le gouvernement pour son passage à la voiture électrique, je ne faisais qu'encourager la construction et l'achat de véhicules ? J'ai répondu qu'à mon avis, l'encouragement aux transports en commun et au cyclisme demeurait essentiel, mais qu'entre-temps, notre société n'était pas prête à renoncer à la voiture de sitôt. Étant donné que le transport est un élément colossal du problème que posent les changements climatiques, le plan de l'Ontario était un excellent exemple d'un gouvernement prêt à réduire sa dépendance à l'égard des carburants fossiles.

Les attaques contre moi n'ont fait que s'accentuer. Comment osais-je me déclarer écologiste si j'étais pour la voiture ? Le gouvernement devait renoncer totalement à la voiture, point. Nous tous !

Finalement, dans un moment d'exaspération pure, j'ai écrit : « Combien d'entre vous avez mis votre voiture au rancart et cessé de conduire ? »

Pour la première fois, de mémoire, je me suis trouvée devant un forum muet.

Cette attaque n'est malheureusement qu'un exemple parmi d'autres des nombreux débats éprouvants sur les stratégies et les « positions » auxquels j'ai été mêlée ces dernières années. Comprenez-moi bien : un débat sur le pourquoi et le comment de toute action est indispensable si l'on veut engager la société dans la voie de la durabilité, et il est essentiel que les campagnes environnementales suscitent et encouragent cette discussion. Hélas, trop souvent, les groupes écologistes prennent des positions qui interdisent le débat ou semblent si éloignées des réalités économiques et sociales qu'elles ferment la porte à toute solution ; elles ne font que vous plonger dans un vain combat. Les décideurs n'admettront jamais une solution irréaliste ou ruineuse. Il faut donc trouver comment pratiquer l'art du possible, comme nous l'avons fait dans le cas de la forêt pluviale du Grand Ours, tout en adoptant une position qui soit politiquement viable sans être complètement illuminée.

Dans mon travail, je me suis toujours efforcée de réclamer

prudemment des changements radicaux qui inaugureraient une nouvelle façon de faire les choses et atténueraient les pires conséquences environnementales de l'activité industrielle, et ce, tout en notant les étapes évidentes qui nous permettront d'aller de l'avant, du point A (le statu quo) au point B (une nouvelle vision de la durabilité). J'appelle cela le pragmatisme radical. La solution doit être suffisamment radicale pour opérer un vrai changement de cap, mais assez pragmatique pour passer à une prochaine étape qui sera réalisable sur le plan politique et économique. Comme d'habitude, il n'y a pas de réponse facile ici, et je dois vous prévenir : quand on s'avance sur cette piste, on ne fait pas que des heureux. D'ailleurs, dès qu'on s'engage dans ce processus, il n'est pas rare qu'on mécontente tout le monde à un moment ou à un autre.

Lorsque nous avons lancé la campagne pour sauver la forêt pluviale du Grand Ours, nous avons été attaqués de tous côtés. L'industrie, le gouvernement et même certains groupes écologistes estimaient que nous en demandions trop en exigeant la protection viagère de toutes les vallées vierges qui restaient. L'industrie nous accusait de mettre en péril des emplois et l'économie. Certains groupes écologistes disaient que la campagne allait handicaper l'industrie. Le gouvernement maintenait que la coupe se faisait « dans des conditions idéales » et que toute nouvelle mesure de protection était superflue. Les Premières Nations ne pipaient mot pour la plupart, et plusieurs d'entre elles nous priaient de ne pas les mêler à ce contentieux et de nous entendre avec l'industrie et le gouvernement sans les inquiéter. En privé, plusieurs écologistes nous critiquaient parce que nous étions trop gourmands. Ils sapaient notre crédit auprès de nos bailleurs de fonds mais s'abstenaient de nous contester publiquement. Cinq ans plus tard, lorsque nous avons

fini par conclure un premier accord fragile avec l'industrie
— qui acceptait de différer la coupe dans les secteurs vierges, en
échange de quoi nous allions suspendre notre campagne —, des
Premières Nations s'en sont prises à nous parce que, entre-
temps, leurs dirigeants avaient changé, et plusieurs nouveaux
chefs estimaient qu'ils auraient dû être consultés dès le départ.

Cinq autres années après, nous montions sur scène avec le
gouvernement, l'industrie et les Premières Nations pour
annoncer un accord commun qui contentait tout le monde,
protégeait toutes les vallées intactes et définissaient de nouvelles règles de coupe. Mais ce ne fut pas le plus beau : après
tout ce brouhaha, certains groupes écologistes parmi les purs
et durs nous ont traités de « vendus » parce qu'il fallait à leur
avis interdire tout bonnement toute coupe dans les forêts
anciennes. Il est sûr que, sur le plan strictement écologique,
j'étais d'accord avec eux. En cette époque de notre histoire où
il subsiste très peu de forêts anciennes sur le globe, et où l'activité industrielle accrue dans ces derniers espaces sauvages
menace les écosystèmes mêmes qui assurent notre existence
— sans parler du fait que ces vestiges fragiles sont doublement
menacés aujourd'hui par les feux de forêt et les infestations
d'insectes ravageurs qui surviennent à cause du réchauffement
de la planète —, je ne puis qu'être d'accord. Cela dit, si nous
avions revendiqué en 1996 l'interdiction de la coupe sur toute
la côte ouest du Canada, jamais nous ne serions parvenus à une
entente avec l'industrie, et celle-ci aurait dépêché ses bulldozers
dans les derniers espaces vierges.

Dans la campagne autour de la forêt pluviale du Grand Ours,
nous avons essayé d'articuler une série de revendications qui
étaient radicales (la protection intégrale de toutes les vallées
vierges subsistantes) mais également pragmatiques (autoriser
certaines coupes dans les secteurs déjà fragmentés des forêts).
Pour faire en sorte que notre campagne nous place tous sur une

voie nouvelle, nous avons intégré dans l'accord un engagement relatif à la diversification économique fondée sur la conservation.

Dans l'entente sur la forêt du Grand Ours (et aujourd'hui sur la forêt boréale), les hautes directions de certaines forestières parmi les plus imposantes du monde ont accepté de mettre de côté d'immenses secteurs qu'elles comptaient raser, et elles collaborent désormais avec des scientifiques, les Premières Nations et les groupes écologistes pour mettre au point des pratiques de coupe sélective et analyser scientifiquement les secteurs où la conservation est nécessaire à la protection des espèces en danger et des services écosystémiques. Cela n'est pas seulement un résultat radical, car dix ans auparavant c'était simplement inimaginable. La coupe à blanc tous azimuts, sans le moindre souci de conservation, était alors la norme. C'est également un résultat pragmatique dans la mesure où nous ne nous tapons plus la tête contre le mur en réclamant l'interdiction de toute forme d'abattage et en refusant tout dialogue avec l'industrie tant que celle-ci n'aura pas offert de fermer ses scieries et de recycler ses tronçonneuses.

La résistance outrancière ne sauvera pas nos forêts, ni la planète.

Nos détracteurs au sein du mouvement écologiste ont avancé que si nous poursuivions simplement notre campagne, sans jamais négocier avec l'industrie, nous pourrions protéger toute la forêt. Je crois pour ma part que le mouvement écologiste n'a pas les moyens d'exercer des pressions financières suffisantes pour fermer assez de débouchés et d'acculer ainsi toutes les forestières à la faillite. J'ai essayé, croyez-moi. Il y aura toujours des débouchés pour les produits de la forêt.

On peut faire tout le tintouin qu'on veut en Europe et aux États-Unis. On peut faire en sorte que IKEA, Home Depot et Staples s'engagent publiquement à ne pas acheter de bois issu des forêts anciennes, à annuler des contrats et à préférer du papier recyclé ou des produits certifiés par le Forest Stewardship Council. Mais alors les forestières qui veulent piller les forêts anciennes n'auront qu'à se trouver de nouveaux débouchés en Asie. Et c'était justement ce qu'elles faisaient lors de nos premières campagnes.

Notre mouvement n'est pas encore assez imposant pour exercer ce genre d'influence à l'échelle mondiale. Nous avons donc dû avoir recours à ces moyens de pression pour faire entendre notre voix et préserver autant de forêts que possible.

Certains considèrent que toute coopération avec les secteurs public et privé est une trahison. On dira que je défonce une porte ouverte, mais le vrai pouvoir, c'est eux qui l'ont, pas nous. Penser qu'on peut tout simplement les contraindre à fermer leurs portes ou faire assez de bruit pour que le gouvernement adopte des lois environnementales plus sévères, c'est rêver en couleurs. Même lorsque nous avons la science pour nous, comme c'était le cas quand j'étais étudiante sur l'île de Vancouver et que je pouvais prouver que le guillemot marbré ne pouvait survivre hors de la forêt ancienne, c'est rarement suffisant. Et même quand il nous arrive d'avoir gain de cause grâce à une campagne de protestation fortement médiatisée, les résultats sont toujours lents à venir. Si vous privez un fumeur de son paquet de cigarettes, il ne fumera pas ce jour-là, mais il ne tardera pas à se réapprovisionner au premier dépanneur sur sa route. Il y a tout plein d'exemples de parcs qui ont été rouverts à la coupe ou à l'extraction minière après avoir été protégés à l'origine. À la baie Clayoquot, nous reprenons notre lutte contre la coupe dans les espaces vierges tous les trois ou quatre ans parce que, même si nous avons fait assez de boucan pour mettre fin à la majorité des opérations de coupe, nous n'avions pas, dans le temps, le savoir ou l'expertise qu'il fallait pour négocier un accord qui aurait créé une collaboration à long terme axée sur de nouvelles avenues économiques. Si l'on veut opérer des mutations durables et gagner de nouvelles adhésions aux valeurs que nous chérissons dans l'espace de temps nécessaire au changement, il ne suffit pas de dire non et de protester : il faut être disposé à dialoguer constructivement et à mettre au point des procédés qui feront l'unanimité dans tous les camps et jetteront la base de solutions alternatives aux grands problèmes névralgiques.

Notre mouvement ne doit pas que pointer des problèmes, il doit proposer des solutions. Les campagnes ne sont qu'un moyen, et non une fin en soi.

Mon travail dans les dossiers climatique et énergétique s'est avéré beaucoup plus ardu et controversé que les campagnes pour la forêt du Grand Ours et la boréale. Je vois maintenant, de la perspective privilégiée que me donne mon emploi à l'échelle internationale, que ce que j'ai vécu en 2009 et en 2010 chez moi, en Colombie-Britannique, se vérifie aussi partout dans le monde (mais heureusement, les attaques sont, règle générale, moins personnelles et agressives que ce à quoi j'ai eu droit). Les groupes écologistes et civiques comprennent que nous ne pouvons pas nécessairement compter sur la gauche politique pour prendre la tête du mouvement de lutte contre les changements climatiques. En outre, les « solutions » que nous défendons depuis des années sont beaucoup plus compliquées en réalité que ces panneaux solaires et ces éoliennes qui apparaissent sur la couverture de *Mother Earth News*.

Le ressac contre l'énergie renouvelable en Colombie-Britannique est un cas classique des campagnes contre les solutions aux changements climatiques. Des gens de partout dans le monde m'ont demandé : « Comment la Colombie-Britannique est-elle passée aussi rapidement de championne de la lutte contre les changements climatiques en Amérique du

Nord à démontrer une telle hostilité ? » L'autre question qu'on me pose est une variante quelconque de celle-ci : « Est-ce que c'est l'industrie des carburants fossiles qui est derrière tout ça ? »

J'aimerais bien répondre que oui. En fait, l'industrie des carburants fossiles n'en revient pas de la chance qu'elle a puisque c'est une coalition de politiciens, de syndicats, de défenseurs du terroir et de champions de la nature qui fait le sale travail pour son compte. Ce sont eux qui s'opposent à l'édification d'une nouvelle infrastructure vouée à l'énergie renouvelable et vitupèrent contre ceux d'entre nous qui y sont favorables parce que nous y voyons un remède à l'extraction du pétrole, du charbon et du gaz. Un ami à moi a appelé cette coalition fortuite la « campagne des purs et durs pour les carburants fossiles », et le mot est juste.

Le ressac en Colombie-Britannique a pris diverses formes : ici, on se bat pour conserver des usines désuètes qui marchent aux carburants fossiles, là on veut éliminer des mesures de conservation d'énergie comme la double structure tarifaire ; ou alors on fait campagne pour abolir la première taxe sur le carbone en Amérique du Nord ; ou encore, on proteste contre l'utilisation des compteurs intelligents ou la construction d'un réseau énergétique intelligent. Il y a eu aussi ces « campagnes pour la défense de la nature » — c'est à dessein que je mets des guillemets parce que certaines de ces campagnes ne font pas la distinction entre les zones intactes et celles qui sont déjà industrialisées — pour contrer les projets d'énergie hydraulique au fil de l'eau, les parcs d'éoliennes, l'exploitation de la biomasse et autres options d'énergie renouvelable.

La Colombie-Britannique est tristement célèbre au Canada pour la bizarrerie de sa classe politique et la cruauté du jeu politique. À cet égard, le débat entourant la taxe sur le carbone était de la politique provinciale dans son expression la plus provinciale qui fût. Les politiciens ont un faible pour ces plateformes

populistes où l'on promet de l'énergie à bon marché ; les syndicats font passer leur idéologie avant la création d'emplois ; et les
défenseurs de la nature cherchent à « protéger » des secteurs déjà
déboisés contre les chantiers d'énergie hydroélectrique au fil de
l'eau sans se préoccuper du fait que l'intégrité écologique qui
subsiste dans ces mêmes vallées est sûrement condamnée par
notre dépendance perpétuelle aux carburants fossiles. Et tout
cela se passe comme si la Colombie-Britannique était une île
coupée du reste du monde, indifférente aux changements climatiques qu'on observe ailleurs sur la planète et à la course du
monde vers l'économie verte.

Tout ce tumulte est d'autant plus bizarre si l'on considère
qu'il a commencé à peine quelques années après que les clima-
tologues ont averti l'ancien premier ministre Gordon Campbell
(un politicien de centre-droite) que la catastrophe était imminente. Après un premier mandat résolument anti-écologique,
au cours duquel la Colombie-Britannique est devenue le seul
État au monde à ne pas avoir de ministère de l'Environnement,
Campbell a mis fin d'un seul coup à l'intransigeance de l'Amérique du Nord envers le réchauffement climatique en adoptant
la toute première taxe sur le carbone qui tariferait la pollution
dans tous les secteurs. Il a conclu aussi un partenariat avec le
gouverneur de la Californie, Arnold Schwarzenegger, pour
mettre à l'essai des technologies propres conjointement et créer
un système régional de plafonnement et d'échanges visant à
contrôler les émissions de gaz à effet de serre dangereuses (l'Initiative de l'Ouest sur le climat).

Mais l'administration Obama avait tout juste commencé à
étudier et à adopter le modèle Campbell-Schwarzenegger que
les ondes et les assemblées publiques en Colombie-Britannique
retentissaient d'appels au renversement des mesures de conservation, à l'abolition de la taxe sur le carbone et au gel des projets
d'énergie renouvelable. L'un des enjeux les plus âprement

débattus était la question de savoir si la Colombie-Britannique devait jouer un rôle de chef de file dans la lutte contre le réchauffement climatique. Sur les conseils de ses stratèges, le Nouveau Parti démocratique, qui est de centre-gauche, s'est positionné de telle manière à gagner le vote des cols bleus. Il a décidé de faire campagne contre la taxe sur le carbone et les compteurs intelligents dans les maisons au motif que ces mesures allaient hausser le prix du gaz et de l'électricité[1]. Il réclamait en outre un moratoire sur les projets d'énergie renouvelable proposés par des producteurs d'électricité indépendants (qui sont des entrepreneurs privés) en faveur du service appartenant à l'État.

La question se pose : si la Colombie-Britannique, « la super naturelle » (selon son ancienne devise) — qui est aussi le berceau de Greenpeace —, ne peut pas ajouter quelques cents à la taxe sur le litre d'essence ou au prix de l'électricité, si la Colombie-Britannique ne peut pas adopter le compteur intelligent, ou si elle impose un moratoire sur l'énergie renouvelable, peut-on alors sérieusement s'attendre à ce que les nations privilégiées (je préfère dire « gâtées ») et industrialisées prennent les devants pour sauver le monde en développement de la sécheresse, de la famine et des inondations ? Le facteur le plus inexcusable dans le ressac contre l'économie verte en Colombie-Britannique tient au fait que les stratèges de ces campagnes lisent les mêmes rapports que nous. Ils savent compter, eux aussi. Ils savent parfaitement bien que nous sommes engagés dans une course frénétique contre la montre, qu'il nous faut trouver des substituts aux carburants fossiles, lesquels comblent pour les trois quarts les besoins énergétiques de la Colombie-Britannique (moins du

---

1. Dans de nombreux pays, les compteurs intelligents se sont révélés l'un des moyens les plus simples d'encourager la conservation d'énergie. Ils vous disent combien d'énergie vous consommez et combien il vous en coûtera en temps réel.

quart du total de l'énergie consommée — pas seulement l'électricité mais toutes les énergies confondues — provient en ce moment de l'hydroélectricité et d'autres sources libres d'émissions), que l'omission d'agir est un crime moral contre l'ensemble de l'humanité et la moitié des espèces de la planète. Ils savent que si l'on met en œuvre toutes les mesures de conservation proposées, les restrictions sur le carbone et les projets d'énergie renouvelable, on commencera tout juste à relever le défi qui nous attend. Ce défi est si grand et la demande prévue en électricité si astronomique que même si l'on donne suite à tous les projets d'énergie renouvelable dont on discute dans la région, même si l'on redistribue l'énergie de toutes les sources renouvelables et que l'on met en œuvre des mesures de conservation rigoureuses, on alimentera tout juste les voitures électriques, les foyers et les industries propres de demain.

C'est ce que révèle l'arithmétique la plus élémentaire. Voter contre le plafonnement et les échanges ou les taxes sur le carbone, ou militer contre les entreprises fabricantes d'énergie renouvelable qu'on admet dans le réseau énergétique ou contre la conservation d'énergie, c'est nier les rapports des lauréats du prix Nobel sur la climatologie et la politique relative aux changements climatiques.

Fidèle à moi-même, j'ai sauté à pieds joints dans le débat local sur l'électricité verte un jour où j'étais interviewée à une émission-débat radiophonique à forte cote d'écoute. Il y était question des recommandations que faisait PowerUp Canada au gouvernement fédéral pour développer une économie verte. J'avais entendu dire que des groupes s'organisaient pour bloquer des projets d'énergie hydroélectrique au fil de l'eau en Colombie-Britannique. Quand l'animateur m'a demandé ce qu'il fallait faire pour créer une économie verte chez nous, j'ai répondu qu'il était essentiel de bâtir de nouvelles installations productrices d'énergie renouvelable, et que cette opposition aux centrales au fil de l'eau m'inquiétait. J'ai ajouté que si nous étions sérieux dans notre volonté de passer à une économie décarbonée, il faudrait en finir avec cette hostilité viscérale à tout nouveau chantier, particulièrement en ce qui touchait ces centrales au fil de l'eau.

Vous auriez pensé que j'avais appris ma leçon et que je n'avais plus l'âge de gambader dans un champ de tir avec une cible dans le dos, eh bien, non! Mon téléphone s'est mis à sonner sans arrêt : des écologistes en colère et des idéalistes de gauche qui s'opposaient à toute production d'énergie privée. Pour beaucoup, la question n'était pas de savoir dans quelle mesure l'électricité était verte, mais qui étaient les bailleurs de fonds et qui profiterait de cette production. D'autres faisaient valoir que l'énergie hydroélectrique n'est jamais « verte », et que ces centrales au fil de l'eau détruisent les rivières et l'habitat du saumon.

L'heure était revenue de me salir les bottes.

Heureusement, le chef Ken Brown de la Première Nation Klahoose de Colombie-Britannique a entendu l'entrevue et m'a téléphoné quelques jours plus tard pour m'inviter à me rendre en hélicoptère au bras de mer Toba, un coin d'une beauté saisissante sur la côte. Il voulait me montrer un projet de centrale hydroélectrique au fil de l'eau que sa communauté édifiait avec le concours d'une entreprise privée. Je savais que de tels projets étaient controversés du fait qu'ils risquaient d'encourager la percée de nouvelles routes dans la forêt vierge et d'avoir des effets nocifs sur l'habitat du saumon, et j'étais pas mal nerveuse à l'idée de voir le projet d'aussi près. Jusqu'à ce moment, j'avais consacré presque toute ma vie d'adulte à *combattre* le développement dans ces vallées boisées encore intactes. Mais je savais aussi que l'hydroélectricité est l'une des meilleures sources de production d'énergie à faible teneur en carbone, et à l'heure des changements climatiques, c'est mieux que le charbon.

En dépit de mes réserves, j'ai été impressionnée par ce que j'ai vu ce jour-là à Toba. Les Premières Nations étaient d'accord avec le projet. La compagnie avait fait les efforts voulus pour minimiser son impact sur la faune locale. On employait les vieilles routes forestières existantes sans en percer de nouvelles. Il n'y avait pas de forêt ancienne dans le secteur. On harnachait le courant des cascades en amont qui naissaient à l'endroit où le glacier fondait et l'on rendait l'eau aux chutes loin au-dessus de l'habitat du saumon. Contrairement aux barrages hydroélectriques, cette opération ne nécessitait aucune inondation, ou alors très peu. Le projet semblait avoir peu d'impact sur la nature et pouvait générer une électricité propre dans une région dont l'alimentation énergétique provenait largement des carburants fossiles.

Je me suis mise à me prononcer avec plus de vigueur en faveur de ces projets, au grand désarroi de plusieurs de mes collègues du mouvement écologiste. J'ai reçu à ce propos un appel d'une militante, quelqu'un qui avait livré bon nombre des mêmes combats que moi, une femme qui avait déjà été de mon côté. Elle ne décolérait pas. Elle me donnait vingt-quatre heures pour me « dédire », sans quoi elle me « mettrait en pièces » : elle irait raconter aux bailleurs de fonds de PowerUp Canada que j'avais trahi la cause et que j'avais cessé d'être « une écologiste authentique ».

J'ai parlé de cet appel avec Chris. J'étais ébranlée. Cela me rappelait les menaces de mort que j'avais reçues dix ans plus tôt.

Il s'est mis à rire : « Est-ce qu'elle t'a demandé aussi de te ceindre les reins d'un sac de cendres ? »

Je ne le lui avais pas demandé, mais je suis sûre qu'elle aurait dit oui.

Dans le courant de l'année suivante, j'ai continué de

prendre la parole en Colombie-Britannique en faveur des projets d'énergie renouvelable, dont les centrales hydrauliques au fil de l'eau qui étaient écoresponsables. J'ai appris que l'opposition locale à ces chantiers se fondait sur quelques préoccupations essentielles et tout à fait légitimes d'ordre environnemental, mais aussi sur des positions idéologiques intransigeantes. Sur le plan écologique, on s'inquiétait de voir le gouvernement aller de l'avant avec de tels projets sans préciser au préalable les pratiques exemplaires essentielles (s'assurer, par exemple, que le nouveau développement hydroélectrique ne compromettrait pas des habitats fauniques névralgiques, ne favoriserait pas la percée de nouvelles routes dans des forêts intactes et ne nuirait pas à des ruisseaux de fraie). L'opposition de nature idéologique faisait fond sur le vieux clivage public-privé. Plusieurs groupes soutenaient que le gouvernement devait être seul à développer et à posséder toute la production énergétique et qu'il ne fallait en aucun cas partager ce monopole avec « la grande entreprise ». Étant donné l'urgence qu'il y avait à faire le saut vers une économie décarbonée et le fait que les grandes sociétés d'électricité étatiques n'ont tout simplement pas été conçues pour mettre en chantier des projets divers et à petite échelle d'énergie renouvelable, je trouvais ces deux arguments insuffisants.

Dans presque chaque discours du Jour de la Terre depuis les années 1970, on exalte le rêve d'un avenir où notre énergie proviendra des parcs d'éoliennes, où l'électricité propre d'origine solaire impulsera une nouvelle économie mettant en vedette la voiture électrique et un mode de vie non polluant. Maintenant que l'avenir est arrivé, le secteur de la technologie propre est en ébullition, et les écologistes comme moi en sont à l'heure de vérité.

Les Canadiens disent admirer, mais de loin, la réussite qu'a connue l'Allemagne dans la création de centaines de milliers d'emplois dans les domaines de l'énergie éolienne et solaire, ou le tonus écologique que suscitent les dépenses de l'administration Obama. Nous prétendons vouloir éliminer les carburants fossiles qui alimentent plus de 80 pour cent de notre consommation énergétique[2]. Mais lorsque les solutions apparaissent dans notre propre cour et cessent d'être hypothétiques, certains écologistes prennent peur parce que ces solutions ne sont pas parfaites. En Ontario, des gens ont protesté contre la construction de parcs d'éoliennes parce qu'ils — et l'on rirait si ce n'était pas si triste — n'en aimaient pas l'apparence. En Colombie-Britannique, certains écologistes préfèrent leur rhétorique de gauche à l'environnement lorsqu'ils militent contre l'énergie hydroélectrique au fil de l'eau.

On ne peut pas s'opposer à l'énergie propre du simple fait qu'elle est produite par de grandes entreprises, ou parce qu'elle nécessite du « développement ».

Étant donné l'urgence qu'il y a à réduire les émissions de carbone, il ne faut surtout pas ralentir l'avènement de la taxe sur le carbone et des mesures de conservation, ou encore imposer un moratoire sur les projets d'énergie renouvelable. On ne connaît pas exactement la corrélation exacte entre les émissions de carbone et la mort humaine ou l'extinction d'espèces (Jim Hansen, de la NASA, a estimé qu'une seule nouvelle centrale au charbon serait responsable de la destruction de quatre cents espèces), mais nous savons que corrélation il y a. Nous savons que nous avons attendu trop longtemps pour connaître une

---

2. « Même au Canada, où l'on fait grande consommation d'hydroélectricité, presque 80 pour cent de notre énergie provient encore des carburants fossiles. Transformer notre système, avec des proportions pareilles, exigerait une tâche colossale. Et cela doit être fait à une vitesse sans précédent. » « L'avenir des énergies fossiles au Canada : la voie à suivre pour le captage et le stockage du carbone », Ressources naturelles Canada, 2008, en ligne : http://www.rncan.gc.ca/publications/avenir-energies-fossiles/781

transitioii aisée. Et nous savons que nous, pays privilégiés, nous devons y aller au pas de charge, sans quoi nous condamnons à mort nos semblables.

Quiconque doute de la faisabilité de ces projets devrait visiter les sites où ils sont mis en branle et peser les risques par rapport au réchauffement cataclysmique de la planète. À quoi pensent les écologistes quand ils se lancent dans leurs généralisations venimeuses sur l'énergie à faible teneur en carbone pour la simple raison qu'ils n'aiment pas les entreprises qui les financent ? Ou parce qu'ils s'opposent au « développement » strictement par principe ?

Nous devons trouver un moyen de créer un écologisme nouveau et ouvert sur l'avenir si nous voulons trouver rapidement des sources énergétiques décarbonées tout en éliminant les projets qui ne méritent aucun appui. Nos voitures électriques auront besoin de s'alimenter en courant quelque part. Ce ne sera pas tâche facile, mais ça vaudra mieux que de se draper dans une indignation de commande, car, à ce moment crucial de notre histoire, l'autre option, c'est l'échec.

Trop souvent, et c'est trop facile, nous étiquetons les gens et leur action. « C'est un laquais de l'industrie », « Ce n'est qu'une fonctionnaire », « Ce sont tous des hippies ». Ces stéréotypes handicapent notre interaction avec les gens et les braquent contre nous. Nous nous privons souvent de trouver des solutions quand nous nous limitons aux injures et départageons le monde entre « bons » et « méchants ».

J'ai moi-même porté quelques étiquettes dans ma vie : mère, étudiante, écologiste. Le monde étroit de la politique identitaire est un cul-de-sac. Si les entreprises agissent mal, tous leurs employés sont des vendus.

Je me suis efforcée au fil des ans d'éviter l'invective afin de ne pas sombrer dans la folie. Lorsque nous avons lancé la croisade pour la forêt pluviale du Grand Ours et mis en marche nos campagnes commerciales au milieu des années 1990, le premier ministre de la Colombie-Britannique Glen Clark nous a qualifiés un jour d'« ennemis de l'État ». En 2009, quand bien des compagnons à gauche et dans le milieu écologiste m'ont traitée de traîtresse, ou bien pire (« éco-Judas », par exemple), pour avoir offert mon appui aux entreprises productrices d'énergie renouvelable, des collègues qui étaient d'accord avec moi m'ont fait savoir en privé qu'ils avaient décidé de ne pas prendre part au débat parce qu'ils craignaient d'être qualifiés de vendus et de perdre leurs soutiens, leurs appuis financiers ou leurs amis. Je me rappelle ce moment cocasse (si l'on veut…) où un reporter m'a dit au téléphone : « Ah, si vous saviez le mal qu'il faut se donner pour trouver un écologiste qui approuve l'énergie renouvelable. » Comparez cette approche à celle de Bill McKibben dans une de ses récentes chroniques : « Le mouvement écologiste se heurte maintenant à une dissension majeure entre ceux qui ont vraiment compris le réchauffement planétaire et ceux qui ne le comprennent pas. […] Nous n'éviterons la hausse catastrophique des températures que si nous faisons tout ce que l'imagination commande, tout de suite : voitures hybrides, reboisement, éoliennes, conservation d'énergie, taxes sur le carbone, plafonnements d'émissions, fermeture des centrales au charbon et pressions sur nos leaders[3]. » Ou écoutons le visionnaire allemand Hermann Scheer : « Ils s'opposent aux parcs d'éoliennes et aux petites centrales hydroélectriques comme s'il s'agissait du charbon ou du nucléaire. Or, les glaciers fondent, il n'y a pas un mètre carré sur la planète qui ne soit menacé, et il faut de toute urgence se défaire du charbon et du nucléaire.

---

3. Bill McKibben, « The Fierce Urgency of Now », *Toronto Star*, 29 mars 2009.

Quand les gens s'opposent aux parcs d'éoliennes, ils aggravent le problème au lieu de le résoudre[4]. »

Disons-le franchement : à l'ère des changements climatiques, on ne saurait s'opposer tous azimuts à l'énergie renouvelable juste parce qu'elle nécessite un certain développement, qu'elle débarque dans notre cour ou qu'elle provient d'entreprises privées. Oui, il faut des lois pour s'assurer que le développement ait lieu au bon endroit et avec un impact minimum, mais même cela n'est qu'un petit élément de tout ce qu'il y a à faire.

Dans un monde utopique, ce qu'on fait n'a pas d'impact, mais dans le vrai monde, tout ce qu'on fait en a un. C'est une question de physique élémentaire : tout a un impact. Il faut faire des choix et il y a toujours des conséquences.

J'ai entendu un jour une mairesse de la région du Pacifique Nord-Ouest qui décrivait comment sa ville s'autodévorait. C'était vers la fin des années 1980, quand le débat sur la coupe à blanc dans l'habitat de la chouette tachetée divisait les communautés. Elle disait : « Ça m'a pris du temps, mais j'ai convaincu tout le monde que si nous nous braquons tous, nous allons nous entre-tuer, et nos adversaires vont gagner. Mais si nous nous serrons les coudes, alors nous deviendrons une force avec laquelle compter. »

C'est une leçon que nous n'avons pas encore apprise dans le mouvement écologiste. Nous nous querellons entre nous encore trop souvent. Notre mouvement traverse une sorte de crise identitaire, et il faut faire quelque chose à ce propos. Que notre principal intérêt soit la nature ou la politique, nous devons admettre que la lutte contre les émissions de carbone doit être notre priorité, et nous devons favoriser les solutions de la même façon que nous luttons contre le développement qui n'est pas durable ou qui endommage l'environnement.

---

4. Cité dans *Recharge,* 12 juin 2009.

J'ai la conviction qu'il y a des marchands de carburants fossiles qui observent ces déchirements internes avec ravissement. Si nous pouvions en finir avec les étiquettes et l'invective et nous souvenir que ce sont des gens que nous avons en face de nous, nous pourrions entrevoir la nécessité de solutions diverses. Nous devons rester solidaires et créer une atmosphère où nous pourrons contester ensemble les stratégies. Il est possible d'avoir des débats sains sur les cibles, les revendications et les façons de travailler sans recourir aux attaques personnelles et aux insinuations mesquines suggérant la collusion avec l'ennemi. Il n'existe pas de stratégie unique pour survivre à ce défi. Nous devons tous mettre la main à la pâte et même plus.

Quand j'ai fait mes débuts, les écologistes se donnaient pour mission de lever le voile sur un enjeu quelconque et de sonner le tocsin. Rachel Carson nous a sensibilisés aux effets des pesticides sur les oiseaux chanteurs dans les années 1960 ; Lois Gibbs s'est rendue célèbre dans l'affaire du canal Love dans les années 1980 et par son refus que l'on empoisonne les cours d'eau et les sols des communautés ; Sheila Watt-Cloutier, dans les années 1990, a ouvert les yeux du monde sur les vrais effets des changements climatiques, que les autochtones de l'Arctique ont été les premiers à ressentir. Chaque fois, nous avons donné l'alarme et nous nous sommes unis pour nous opposer au développement destructeur. À mes débuts chez Greenpeace, on appelait ça les campagnes « stop ». C'était notre spécialité. Certaines campagnes environnementales avaient le « changement » pour objectif, et quelques visionnaires parlaient déjà de solutions, mais le souvenir que j'ai de notre rôle dominant était l'image de quelques jeunes gens se précipitant sur le parcours des bulldozers pour les arrêter.

Aujourd'hui, le monde entier sait que nous faisons face à

une crise écologique aux proportions autrefois inimaginables. Sondage après sondage, on a démontré que, partout dans le monde, les gens sont d'accord pour dire que les enjeux environnementaux sont devenus prioritaires.

Ma propre transition des barricades aux conseils d'administration résume commodément l'évolution récente de l'environnementalisme. Il est vrai que mes tactiques ont évolué avec le temps, mais je ne crois pas pour autant que la protestation n'a plus d'avenir et que nous avons acquis une telle conscience écologique qu'il suffit aujourd'hui de prendre rendez-vous avec quelque pdg dans la salle d'un conseil d'administration pour régler le problème autour d'un déjeuner. La décision d'aller à la rencontre de l'adversaire et de négocier plutôt que de protester me cause encore des angoisses sans fin.

Lorsque, en 2003, la Colombie-Britannique a été désignée hôte des Jeux olympiques d'hiver de 2010, j'ai voulu saisir l'occasion pour organiser de grandes protestations. Les regards du monde entier se porteraient sur le Canada, et nous pourrions profiter de cette attention pour dénoncer la faiblesse des lois environnementales de notre gouvernement. Mais nous nous sommes bientôt rendu compte que les protestataires s'exposeraient à des représailles de la part des agents de sécurité, et que des protestations autour d'un événement qui a la faveur des gens pourraient avoir l'effet contraire à celui que nous recherchions. Des amis à moi qui voulaient mettre fin à la coupe en Californie ont un jour déroulé une immense bannière sur le Golden Gate qui a immobilisé la circulation sur le pont pendant une demi-journée. La réaction? Tous ceux qui s'en sont plaints sur les ondes de la radio ou dans les journaux ont dénoncé « les fous qui avaient bloqué le pont ». Personne n'avait retenu le message des protestataires. Je pressentais que nous aurions la même réaction si nous tentions la moindre action contre les Jeux olympiques. Quelques années après que la Colombie-

Britannique a remporté le concours, j'ai reçu une invitation pour transporter la flamme olympique. Je me joindrais à la course à relais à Squamish, près de la fin du trajet transcanadien, le jour de mon quarante et unième anniversaire de naissance. Moi qui voulais hier troubler le déroulement des Jeux, j'irais demain y participer ouvertement ? Avec ma famille, le soir, j'ai fait état de mes doutes. Je déplorais que l'on engloutisse une telle fortune dans les Jeux parce que cela en disait long sur les priorités de mon pays, quand Forrest m'a interrompue : « T'es pas fière d'être canadienne ? »

Oui, je lui ai répondu, et avant même que je puisse dire « mais », Forrest m'a demandé : « T'es pas fatiguée de protester tout le temps ? »

Ce qui m'a ramenée à ma question première : qu'est-ce que je représente ? Est-ce que je pouvais être de la fête tout en agissant positivement et en faisant connaître la crise du carbone ?

J'ai accepté l'invitation avec une réserve : je porterais le flambeau en conduisant un scooter à émission zéro et profiterais du moment pour illustrer une option de transport plus propre.

Peu après est apparu un groupe sur Facebook appelé « Dénonçons Tzeporah, l'écologiste traîtresse qui va porter la flamme olympique ». Les organisateurs du relais m'ont appelée pour me faire savoir qu'ils avaient rehaussé le dispositif de sécurité sur mon parcours. Les médias se sont mis à me téléphoner, et je me suis servie des entrevues pour dire pourquoi j'allais porter le flambeau olympique sur un véhicule électrique. Je me suis mise alors à recevoir des appels et des courriels de leaders des Premières Nations me remerciant de prendre part à cette fête olympique dont ils étaient les co-hôtes. J'ai reçu des centaines de courriels de gens qui me remerciaient et disaient : « vous avez vraiment inspiré mes enfants », ou encore « moi qui suis une maman, j'ai bien aimé ce que vous avez dit à propos de vos enfants qui voulaient vous voir faire quelque chose de constructif », et enfin « m'étant toujours intéressé aux véhicules électriques, j'ai été fasciné d'en voir un qui marchait vraiment ».

La veille de la course, un vieil ami à moi qui collabore avec certains groupes radicaux dans le dossier des sables bitumineux m'a appelée et a dit : « Le mot "tarte" circule. »

J'ai répliqué : « Dis à tes copains, un, que je fais ça pour sensibiliser les gens aux changements climatiques, deux, que je vais parler aux journaux de mes réserves concernant les Jeux et les dépenses olympiques, et trois, que je serai sur un scooter électrique. S'ils m'entartent, ça pourrait être dangereux : je pourrais tomber. Enfin, dis-leur que j'adore la crème à la banane. »

Le jour J, j'étais entourée de mes proches. Mes sœurs étaient venues de Toronto. J'ai revêtu la combinaison officielle des Jeux (Note aux organisateurs : était-ce bien nécessaire ? Le monde entier avait les yeux rivés sur nous et nous avions l'air d'une bande de détenus vêtus de blanc ?) et je suis montée sur mon scooter. Quand le flambeau m'a été remis, tout s'est déroulé selon le plan prévu. J'ai aperçu quelques manifestants sur mon parcours qui brandissaient des pancartes disant : « Pas de sables bitumineux. Pas de Jeux olympiques. » J'ai essayé de leur faire un signe amical sans délaisser le guidon. Ils ne m'ont pas entartée.

Pendant ce temps, mes proches et mes amis couraient à côté du scooter en riant, jusqu'au moment où j'ai passé le flambeau à un autre coureur.

J'ai sauté dans l'autocar avec les autres porteurs de flambeau. Tout le monde dansait dans l'autocar en route, et on voyait des foules de jeunes gens de l'âge de mon Forrest et de mon Quinn qui agitaient leurs unifoliés avec enthousiasme. Nous sommes parvenus au point où le dernier porteur de flambeau est monté à bord. Tous les participants ont alors raconté leur histoire et dit comment ils en étaient venus à vivre cette aventure et d'où ils étaient.

Il y avait cette dame qui avait fait tout le voyage depuis l'Espagne parce qu'elle avait contribué à constituer le dossier de candidature de Vancouver pour les Jeux. Il y avait cette étudiante du secondaire de Port Coquitlam qui était entrée dans un concours de promotion de la santé. Elle était si nerveuse qu'elle tremblait. Le gars devant moi, celui qui m'avait transmis le flambeau, était un haut cadre de Rio Tinto Alcan — l'une des plus grandes minières du monde —, et celui qui était assis à mes côtés était ingénieur pétrolier en Alaska.

J'ai raconté l'échange que j'avais eu avec Forrest et dit comment j'avais décidé d'être la première personne à porter le flambeau sur un véhicule électrique. Les deux hommes qui m'entouraient se sont mis immédiatement à dire tout ce que leurs entreprises faisaient pour contrer les changements climatiques et comment ils s'inquiétaient des émissions de gaz à effet de serre. « Je sais bien qu'on extrait du charbon, mais… » Tous les passagers se sont mis à parler d'environnement, chacun avait sa petite histoire, et je me suis rendu compte alors de la raison pour laquelle j'avais fait ça : pour lancer le dialogue. J'étais là, assise entre un gars qui exploitait du charbon et un autre qui bâtissait des pipelines, et ils étaient fascinés de voir que j'avais porté le flambeau montée sur un véhicule électrique.

Si nous pouvons aborder certaines questions litigieuses et avoir une conversation rassembleuse avec les gens, si nous pouvons faire preuve de souplesse et d'ouverture au lieu de jouer sur la colère et la peur, nous allons créer un dialogue plus fédérateur ainsi qu'un mouvement plus fort. Si ce que nous faisons et comment nous le faisons ne touche qu'une partie infime de la population, nous ne dialoguons qu'avec nous-mêmes.

Pourtant, avec l'acuité croissante des enjeux et la raréfaction des carburants fossiles et de l'eau douce, on voit se cristalliser l'opposition à l'énergie propre et à des lois environnementales plus rigoureuses. BP a annoncé récemment ses plans pour forer l'Arctique fragile, en dépit des dévastations causées par le déversement pétrolier dans le golfe du Mexique et d'un rapport du gouvernement américain qui a constaté des lacunes systémiques dans la manière dont l'industrie réagit à un déversement de ce genre. La compagnie ne tient bien sûr aucun compte du rapport de la National Oceanic and Atmospheric Administration (NOAA) [Administration nationale océanique et atmosphérique], qui disait que 2010 avait été l'année la plus chaude de notre histoire, « comme un point d'exclamation après plusieurs décennies de réchauffement ». Derek Arndt, chef de l'Observatoire climatique de la NOAA au Centre national de données climatiques du ministère américain du commerce, organisation qui observe les désastres comme les inondations au Brésil et en Australie, a dit : « Nous mesurons certains types d'événements extrêmes auxquels il faut s'attendre plus souvent dans un monde en réchauffement, et ceux-ci augmentent en effet[5]. » Quand je lis ce genre de propos, je n'ai qu'une envie, c'est de m'enchaîner à une plateforme de forage de BP pour l'arrêter. Il n'est pas facile de redéfinir le rôle de l'écologisme à une époque où tout le monde veut passer pour vert et où les enjeux sont pressants, mais je sais pour ma part que je me vois mal protestant contre les éoliennes au lieu de m'attaquer aux plateformes de forage marin.

Ce qui est inquiétant, maintenant que nous voulons tous être verts, c'est qu'il est beaucoup plus difficile de séparer le bon grain de l'ivraie. Cela fait peut-être donc partie de notre rôle : montrer la voie de l'avenir, faire la distinction entre le vrai et le faux vert et gagner des appuis en faveur de lois environnemen-

---

5.   Linsey Davis et Jennifer Metz, « Raging Waters in Australia and Brazil Product of Global Warming », 3 janvier 2011, en ligne : http://abcnews. go.com/International/extreme-flooding-world-caused-climate-change-scientists/story?id=12610066&page=2

tales bien pensées, de politiques dans le même sens et de leaders qui ont le courage de les défendre. Cela exigera l'emploi de tous les outils dont nous disposons, qu'il s'agisse de négocier habilement dans le calme d'un conseil d'administration ou de descendre dans la rue au moment opportun.

Il est difficile de ne pas verser dans le cynisme. Quand Coca-Cola s'est engagée à utiliser des glacières et des distributrices écoénergétiques aux Jeux olympiques de 2008 à Beijing, Greenpeace lui a remis une « médaille verte ». Depuis qu'elle a reçu ce message de félicitations, Coca-Cola a mis au point une méthode pour fabriquer des bouteilles faites en partie de fibres végétales au lieu de plastique pétrochimique, innovation extraordinaire qui pourrait avoir un effet bienfaisant sur l'environnement. Greenpeace a été blâmée pour avoir remis ce prix à Coca-Cola. Je comprends parfaitement ce reproche. Coca-Cola est une entreprise qui se sert des ressources épuisables de la terre pour transporter de l'eau sucrée. Nous n'en avons pas besoin. Elle transforme des quantités énormes d'eau douce en une boisson qui n'est pas saine, puis elle utilise des carburants fossiles pour l'exporter partout sur la planète. Mais est-ce un bon coup que d'utiliser des glacières respectueuses du climat dans le monde entier ? Évidemment que oui.

Quand Walmart a annoncé qu'elle allait vendre des produits biologiques, l'agriculture industrielle et le monde des aliments naturels ont changé soudainement. Walmart met des aliments naturels à la disposition de gens qui n'iraient pas dans un magasin d'aliments naturels, ou qui n'ont pas les moyens de s'approvisionner dans un tel commerce. Mais est-ce que cela veut dire que Walmart a mis fin à ses pratiques de travail immondes et n'encourage pas la consommation massive de biens en plastique ?

Comment opérer des changements si l'on aliène constamment la majorité de la population en lui disant de ne pas aller acheter là où elle va toujours et de ne pas acheter ce qu'elle achète toujours de toute façon? Il s'agit seulement de savoir où se situent nos limites. Si vous estimez que la raison d'être d'une entreprise est répréhensible, il n'y a pas de limite. Chose certaine, je me débats avec cette question lorsqu'il s'agit des pétrolières et des compagnies qui exploitent les sables bitumineux.

Lors des élections de 2009 en Colombie-Britannique, j'ai dû essuyer la colère de nombre de mes amis et collègues quand la chef provinciale du NPD a repris le slogan « abolissons la taxe », que le NPD fédéral avait lancé pour attaquer la taxe sur le carbone proposée par le chef libéral Stéphane Dion, pour dénoncer la même taxe que proposait le premier ministre libéral Gordon Campbell. Ce que je trouvais des plus malséants dans cette dénonciation publique, c'était le fait qu'à peine une année plus tôt le NPD provincial avait inscrit une taxe sur le carbone dans sa propre plateforme environnementale. Quand ce parti a décidé de réduire le débat sur la crise du carbone à un slogan minable, il a aussi répudié son programme environnemental, qui était pourtant bien pensé, pour jouer sur la peur des gens et ranimer cet argument grotesque selon lequel la responsabilité écologique tue l'économie.

J'ai envoyé un courriel privé à la chef du parti, Carol James.

Je lui ai dit que je me sentais trahie par le programme électoral du NPD. Qu'elle se permettait des jeux partisans avec l'avenir de nos enfants. Que son opposition à la politique de conservation énergétique, qui prévoyait par exemple l'installation de compteurs intelligents dans les maisons, avait davantage en commun avec le plan de match républicain de George W. Bush qu'avec celui des écologistes qui l'avaient soutenue en 2005.

Comme elle ne m'a jamais répondu, j'ai décidé de prendre position publiquement. De concert avec plusieurs autres groupes écologistes, dont la Fondation David Suzuki, j'ai condamné haut et fort la plateforme électorale du NPD.

Je peux vous réciter sans peine la liste des péchés du gouvernement libéral de Gordon Campbell contre l'écologie, mais je pense que l'hypocrisie du NPD face à la taxe sur le carbone les dépasse tous. Le carbone est l'enjeu sur lequel nous devons voter, et rester muette sur cette question dans l'espoir que le NPD y remédierait une fois élu aurait été une lâcheté.

Je sais bien que le réchauffement planétaire n'est pas le seul problème que nous ayons, mais si nous ne pouvons le résoudre, et vite, avec ses ramifications sur l'alimentation, l'eau et la sécurité, rien d'autre ne comptera. Je n'ai pas appuyé non plus le parti libéral provincial — même si j'ai lu dans toutes sortes de blogues et de publications en ligne que c'était le cas —, mais j'étais favorable à sa taxe sur le carbone. Après que j'ai présenté un prix à Gordon Campbell lors du sommet de Copenhague, la photo qui nous montrait ensemble et qu'on voyait partout est devenue la preuve pour certains que j'étais à la solde du gouvernement libéral.

C'est une des raisons pour lesquelles j'ai hésité lorsque le ministre libéral de l'Environnement m'a invitée à siéger à son nouveau groupe de travail sur l'énergie verte. Ce groupe a été créé pour étudier les lignes directrices et les règles devant régir l'énergie verte et pour faire des recommandations sur l'expansion de cette énergie écologique dans la province, afin de faire en sorte qu'elle soit aussi écoresponsable que possible. Cette offre m'a conduite à m'interroger avec angoisse sur mon rôle de championne de la protection de l'environnement, et sur la manière dont je pourrais assurer, avec le plus d'efficacité possible, l'adoption de lignes directrices fortes en la matière. J'ai décidé que je pourrais jouer un rôle dans le renforcement de ces projets en acceptant de siéger au groupe de travail et de faire des recommandations directement au cabinet et au gouvernement.

J'ai bien vu que je ne ferais que m'attirer de nouveaux reproches de la part de l'extrême-gauche, qui dirait que ce n'était là qu'un exemple de plus de ma collusion avec le gouvernement libéral. Toujours est-il que si un gouvernement, quelles que soient les personnalités au pouvoir, me demande de lui faire des recommandations qui pourraient se muer en lois, je ne puis qu'accepter.

L'une des conditions que j'ai imposées lorsque j'ai été nommée au groupe de travail, c'était qu'il y eût au moins un autre écologiste avec moi. Le gouvernement avait déjà invité Matt Horne, de l'Institut Pembina, à travailler avec nous. Juste avant d'accepter la nomination, je lui ai parlé au téléphone pour m'assurer qu'il avait bel et bien accepté d'y siéger aussi, et il m'a priée instamment d'accepter moi aussi. Il a dit : « Tu peux nous aider parce que tu sauras les persuader d'approuver nos recommandations et aussi, si l'on critique le groupe, tu nous serviras de paratonnerre, et moi, je pourrai tenir mon bout. »

Les gens me demandent souvent : « Pour qui dois-je voter ? »

Ma réponse est toujours la même : « Votez pour le parti qui prendra la tête de la lutte contre les changements climatiques. » Nous n'avons pas le temps de jouer à des jeux partisans. Nous devons voter pour quiconque favorisera la transformation de notre économie consommatrice de carburants fossiles polluants et protégera ainsi nos enfants. C'est fondamental.

Lors de la campagne électorale fédérale de 2008, le chef libéral Stéphane Dion a dévoilé la plateforme la plus écologique que les Canadiens verront de leur vie. Dion est un ancien ministre fédéral de l'Environnement qui a pris le réchauffement tellement au sérieux qu'il a baptisé son chien Kyoto et fait de la taxe sur le carbone l'un des éléments clés de sa plateforme électorale. Dès qu'il a dévoilé son programme, il a été mitraillé de tous côtés.

Il y a deux questions à prendre en compte quand un gouvernement dit vouloir relever le défi du carbone. Premièrement, à quelle vitesse va-t-il réduire la pollution qui réchauffe la planète, et quels mécanismes va-t-il mettre en place pour y remédier? Deuxièmement, à quel rythme va-t-il encourager les solutions de l'énergie propre? Au Canada, depuis qu'il a pris le pouvoir, le gouvernement fédéral de Stephen Harper n'a pas proposé une seule politique visant à réduire la pollution qui réchauffe le globe. Il a parlé de plafonnement et d'échanges, mais nous ne disposons d'aucune loi sur la question. Le Canada a déjà le pire dossier du G-8 au titre de l'augmentation de la pollution réchauffante. Certaines personnes que j'admire énormément, qui s'illustrent sur le plan des changements climatiques, appartiennent à la droite politique : ce n'est pas une question qui relève de la droite ou de la gauche. Historiquement, le leadership environnemental au Canada, plus souvent qu'autrement, n'est pas venu de la gauche. Je trouve cela surprenant, je ne suis pas sûre de comprendre pourquoi la gauche ne pilote pas ce dossier et n'en a pas fait le corollaire de sa lutte pour la justice sociale. La fausse idée que la droite a toujours mise de l'avant depuis le tout début était qu'on avait le choix entre l'emploi et l'environnement. Et la droite a réussi brillamment à polariser notre société sur ce point, mais l'étude de presque chaque enjeu me prouve que l'un n'empêche pas l'autre. Nous pouvons créer davantage d'emplois avec une foresterie durable parce que nous profiterons de la fabrication à valeur ajoutée et créerons plus d'emplois par arbre que nous couperons. Nous pouvons créer plus d'emplois au Canada avec l'énergie renouvelable que nous en donnent les industries du pétrole et du charbon combinées. Selon les sondages de l'Organisation internationale du travail (OIT) et du Programme des Nations Unies pour l'environnement (PNUE), « les programmes d'énergie renouvelable en Allemagne et en Espagne n'ont que dix ans, mais ils ont déjà créé plusieurs centaines de milliers d'emplois [...] D'ici 2020, l'Allemagne aura plus d'emplois dans le domaine des technologies environnementales que dans toute son industrie automobile[6]. »

Au bout du compte, il est difficile de distinguer les diverses nuances de vert : du « vert vif » (positions, politiques ou initiatives environnementales claires), au « vert pâle » (favorable au changement graduel), jusqu'au « vert purée de pois » (charbon « propre », sables bitumineux « éthiques » et autres plaisanteries de ce genre). Pour les démêler, il faut prioriser les enjeux et analyser soigneusement les positions tout en écoutant son instinct propre.

Ces règles de conduite que je m'étais fixées et les rencontres dont j'ai parlé ont fait que 2010 a été pour moi une année difficile : j'étais aux prises avec ceux qui m'en voulaient de m'être opposée publiquement à l'abolition de la taxe, que le NPD préconisait pendant la campagne électorale, et avec ceux qui m'en voulaient pour mon soutien aux centrales hydroélectriques au fil de l'eau ; à ceux-là s'ajoutaient les gens qui me reprochaient d'avoir pris part au relais de la flamme olympique et qui m'en voulaient encore pour l'entente sur la forêt du Grand Ours. Tout cela a donné naissance à cette coalition cauchemar : « À bas Tzeporah ! » Il s'avérait que je m'en étais prise à une vache sacrée de la gauche écolo une fois de trop. Des amis me téléphonaient pour me prévenir de la formation bien réelle de cette coalition, dont les tenants faisaient déjà des conférences téléphoniques stratégiques. Quand Greenpeace International m'a offert de diriger son programme climatique et énergétique, la coalition anti-Tzeporah a pris son envol. Mon retour à Greenpeace après

---

6. « Les emplois verts face au changement climatique », Programme des Nations Unies pour l'environnement, 6 décembre 2007, disponible sur www.unep.org

un hiatus de dix ans ne correspondait pas bien à l'image que la coalition véhiculait, celle de la traîtresse qui a vendu son âme à l'entreprise. Mes détracteurs ont écrit au conseil d'administration de Greenpeace et aux directeurs exécutifs de partout dans le monde, alléguant que j'étais le « cheval de Troie des méga-entreprises de la planète », qu'ayant été vue entrant à une réception sur l'énergie propre parrainée par General Electric, j'étais en fait à la solde de GE, et que j'allais « détruire Greenpeace de l'intérieur ». La coalition a même lancé un site web appelé save-greenpeace.org. Ce n'est pas la manière idéale de faire bonne impression sur son nouveau patron et d'entrer en fonction dans un poste de haut niveau, avec tout le stress qui vient avec. Heureusement pour moi, je jouissais du soutien de ceux qui, dans Greenpeace, se souvenaient de mon travail pour les forêts dans les années 1990, et de bien d'autres qui étaient à l'extérieur de Greenpeace et qui ont lancé une campagne d'appui épistolaire de leur côté. Je me suis donc accrochée à mon nouvel emploi, et je dois avouer que je n'ai pas versé de larmes à l'idée de quitter de nouveau mon patelin.

Pour bien d'autres raisons, cependant, j'étais triste de quitter mon foyer. Il m'a été pénible de fermer notre organisation débutante, PowerUp Canada, alors que j'estimais que notre travail était très prometteur. Nous avions eu du mal à trouver du financement ; il semble que, trop souvent, les subventionnaires s'intéressent davantage au financement des études et des recherches qu'à l'action organisationnelle sérieuse ou au militantisme de base. Quand nous disions que nous voulions serrer de plus près les échéances électorales pour prouver à la classe politique que les changements climatiques pouvaient être un enjeu décisif dans le vote, les subventionnaires hésitaient encore plus à nous aider étant donné que les règles relatives aux dons caritatifs excluent les activités liées au militantisme politique. Au bout du compte, ce n'est pas le manque de fonds ou les luttes en Colombie Britannique qui m'ont conduite à m'absenter pour quelque temps : c'est la chance qui m'était offerte d'apprendre des autres militants du monde et de contribuer à des campagnes dans les pays aux émissions galopantes : les États-Unis, l'Inde et la Chine.

J'étais triste de partir aussi parce que, après des années de rêve et de préparation, Chris et moi avions enfin planifié la construction d'une maison authentiquement écologique pour notre famille.

CHAPITRE 17

Vivre vert
Concilier le sort du monde et le quotidien

Il est tout à fait possible de bien vivre en cette époque critique pour notre planète, mais seulement si l'on mesure bien la portée de ses choix individuels. [...] Notre sentiment d'impuissance croissant nous vient non seulement des lois de la cité, mais des normes que génèrent nos actes quotidiens. Acheter des aliments pesticidés, c'est absoudre d'avance l'industrie alimentaire. Acheter biologique à la place, c'est stimuler la production d'aliments sains (pourquoi pensez-vous que McDonald sert du lait biologique en Suède et pas ici?).

FRANCES MOORE LAPPE[1]

Les gens me demandent souvent comment je fais pour « vivre vert ». Je pense que les choix que nous faisons quand nous militons ou votons sont plus importants, cela dit, je crois que nos

---

1. Frances Moore Lappe, « Every Day We Choose », dans *Hope Beneath Our Feet: Restoring Our Place in the Natural World,* Martin Keogh éditeur, Berkeley (Californie), North Atlantic Books, 2010.

habitudes ont un impact sur la qualité de notre vie aussi bien que sur l'orientation de notre société.

On me demande ce que je mange, ce que je refuse de manger, quand et comment je voyage et comment je me débrouille dans la profusion de compromis et de contradictions qu'entraîne le maintien d'un mode de vie écologique.

Je crains bien qu'encore une fois je vais être obligée de dire qu'il n'y a pas de réponse facile.

Cela dit, il y a des pistes faciles à suivre qui vous aideront à trouver vos réponses à vous. Devant un produit, je me décide en répondant à ces questions : Est-ce que je peux m'en passer ? Est-ce que je peux le trouver fait ici, usagé ou bio ? D'où vient-il ? Il a voyagé comment ? Et, le plus important, pourrais-je expliquer à mes enfants sans rougir pourquoi j'ai fait ce choix ?

J'ai grandi avec la conviction que les œufs venaient dans des cartons, que les légumes sortaient d'un sac de plastique, tout comme le lait d'ailleurs. De même, j'étais sûre que les animaux sortaient des zoos et que les Indiens gambadaient encore dans les prairies de l'Ouest. Lors de mes premières études en environnement à l'Université de Toronto, notre professeur nous a invités à demander à nos amis et à nos parents s'ils pouvaient nommer des plantes indigènes. Quand j'ai posé la question à mon frère de seize ans, il m'a considérée un instant, a réfléchi un peu et a répondu : « Stelco[2] ? »

Une usine ! Non, ce n'était pas le genre de plante que mon professeur avait à l'esprit.

La plupart des Nord-Américains ne savent pas d'où vient leur eau potable. Et vous, le savez-vous ? Voilà pourquoi nous permettons à l'industrie de dépouiller nos bassins hydriques de leur flore, de les asphalter ou de les empoisonner.

---

2. Jeu de mots en anglais : le mot « plante » se dit « plant » en anglais, mot qui désigne aussi une usine.

Je suis heureuse de dire que la décision que Chris et moi avons prise d'aller vivre sur l'île Cortes a fait en sorte que Forrest et Quinn savent ce qu'on a le droit de jeter dans l'évier. Ils sont au courant de l'existence de la nappe phréatique, ils savent d'où vient l'eau et où vont les eaux usées. Quand Forrest avait huit ans, nous sommes allés dans un restaurant hors de l'île, et il a tenu à commander un hamburger. Quand le serveur est arrivé, il lui a demandé si c'était du bœuf biologique et s'il savait de quelle ferme venait la vache. Il a été choqué d'apprendre que la plupart du temps, les gens ne savent pas d'où proviennent leurs aliments ni comment ils ont été traités.

À l'âge de cinq ans, Quinn a fait avec nous son premier long séjour en ville ; il a alors découvert que la pizza pouvait être livrée à la porte. Non seulement il a voulu savoir d'où venaient les ingrédients, mais il m'a regardée comme si je l'avais trahi, et il s'est indigné : « Quoi ?! On peut faire livrer la pizza ? Et on n'a même pas besoin d'attendre que la pâte lève ? Pourquoi tu m'as caché ça ?. »

J'ai grandi dans une maison où l'on mangeait casher, et les plats étaient tout ce qu'il y avait de plus traditionnel : challah (pain aux œufs), soupe au poulet avec matzos et poitrine de bœuf. Quand j'étais petite, un repas se composait nécessairement d'une généreuse portion de viande flanquée de pommes de terre et d'un légume. J'ignorais l'existence des aliments biologiques, et n'aurais pu en deviner l'intérêt, puisque je ne savais pas que tout ce que je mangeais était régulièrement aspergé de pesticides. À dix-huit ans, quand je suis allée faire mes études universitaires à Toronto, j'ai été initiée à d'autres cultures et à d'autres mets. C'est là que je suis entrée dans un restaurant indien pour la première fois de ma vie, et quand j'ai entrepris mes études en sciences de l'environnement, je me suis fait un tas d'amis qui étaient végétariens. Je me suis vite convertie au végétarisme, me faisant même plus tard végétalienne (ce qui veut dire que je ne consommais aucun produit d'origine animale, dont la crème glacée et le fromage ; cette phase n'a pas duré longtemps). Quand j'ai vu que je ne savais pas cuisiner végétarien, je me suis décroché un boulot dans un restaurant végétarien.

Je voulais être végétarienne à cause de l'impact environnemental de l'industrie agricole d'une longue chaîne alimentaire : il faut plus de ressources pour produire la même quantité de protéines et de vitamines en viande qu'en aliments végétariens. Conversion avantageuse à l'époque parce que l'alimentation biologique coûtait très cher ; or, les lentilles sont bien meilleur marché que le poisson et la viande.

Pendant toutes les années où j'ai travaillé avec les Premières Nations dans le dossier de la forêt pluviale du Grand Ours, celles que j'ai passées à la baie Clayoquot et lors de mes voyages au Japon quand j'aidais Greenpeace dans sa campagne pour les forêts japonaises, j'étais une végétarienne orthodoxe. Quand je me rappelle aujourd'hui toutes ces fois où j'ai offensé des autochtones lors des potlatchs parce que je refusais de manger du saumon, j'ai un peu honte de mon dogmatisme d'alors.

Quand j'étais enceinte de Forrest, à sept mois de grossesse, j'ai rêvé toutes les nuits pendant un mois que je mangeais de la soupe au poulet avec des matzos et des sandwichs au pastrami. Au début, j'ai attribué ce rêve à mon nouvel état et au fait que j'étais nostalgique des plats de mon enfance. Puis je me suis mise à penser : *Mais je suis en train de fabriquer un petit être qui aura des os. Il y a un bébé qui grandit en moi. Peut-être que mon corps ne reçoit pas ce dont il a besoin. Peut-être qu'il me faut plus de protéines et de fer.* Chris a pris les choses en mains et s'est mis à faire cuire davantage de tofu, de lentilles et d'épinards. Nous nous efforcions de préparer des plats faits d'aliments dont mon corps avait besoin, croyions-nous, mais toutes les nuits, je ne rêvais que pastrami sur pain de seigle, soupe au poulet et matzos. Après huit mois de grossesse, j'ai craqué. Chris m'a alors emmenée dans un restaurant juif de San Francisco, où j'ai dévoré quatre bols de soupe au poulet avec matzos et un sandwich au pastrami. J'étais au paradis. Mais la végétarienne en moi s'accusait d'avoir fait une rechute.

Nous avons continué de manger essentiellement végétarien après cet épisode, mais quelques mois après notre installation à l'île Cortes, j'ai eu une révélation lorsque j'ai acheté des paquets de tofu ridiculement prohibitifs à la coopérative alimentaire locale. Tout ce qu'on achetait à Cortes nous venait par bateau. Le tofu avait peut-être voyagé par avion aussi, les fèves de soja dans un conteneur sur un train ou un camion, peut-être les trois. Je me suis mise à me demander : combien de kilomètres cet aliment a-t-il parcouru ? Où ont poussé ces fèves de soja ? Où ont-elles été traitées ? Où s'est fait l'emballage ? Quelle est l'empreinte de carbone de ce paquet de tofu ? Avec mon paquet de tofu à la main, dans le magasin, j'ai levé la tête et lu sur le babillard : « Mon bateau accostera au quai samedi à quatre heures : crevettes et flétan. »

J'ai constaté alors que je ne contribuais guère à l'économie locale. Nous produisions sur l'île des aliments sains et succulents ; des gens de partout sur la planète auraient tué juste pour aller au quai, et moi je n'en mangeais même pas. J'ai décidé sur le coup que nous allions voir combien d'aliments locaux nous pourrions faire pousser, acheter ou obtenir par troc.

Nous avons commencé à nous procurer un agneau d'un voisin une fois par an, et du bœuf d'un autre voisin. Nous achetions des crevettes du crevettier lorsqu'il accostait au quai et du saumon quand le pêcheur de saumon arrivait aussi. Après avoir été végétarienne presque toute ma vie adulte, il m'a fallu du temps pour m'habituer et profiter des conseils des gens sur place pour apprendre à cuisiner tout ça. Nous avions aussi nos moments de doute, comme ce jour mémorable où j'assistais à une rencontre à San Francisco et que Chris m'a téléphoné sur mon portable et a dit sur un ton étrange : « Heu… Ton agneau est arrivé. »

« Bien, lui ai-je répondu. J'ai demandé à Joy de nous en réserver, et j'ai pensé que ce serait bien d'en avoir quand tes parents viendront nous voir. »

« D'accord, a-t-il dit, avec encore une trace de doute dans sa voix. L'agneau s'appelait Henri. C'est ce qui est écrit sur la boîte. Heu… il est là au complet. »

J'avais beaucoup à apprendre sur l'art de commander de la viande à nos voisins.

Quand nous vivions à Cortes, nous avons également tenté de faire pousser une partie de nos aliments et d'acheter des légumes bio de nos voisins. Je trouvais le jardinage propre à la méditation et j'adorais voir mes fils trouver du plaisir et de la fierté à faire pousser ce qu'ils mangeaient. Quinn était si entiché des courges qu'il avait cultivées (qui étaient pourtant de taille très moyenne) qu'il les a présentées au festival local de la moisson. Je demeurerai éternellement reconnaissante à la dame du jury qui a spontanément créé une nouvelle catégorie (le légume le plus mignon) et lui a décerné un ruban bleu qu'il arborait fièrement et qu'il montrait à tout le monde.

Je mettais en conserve les fruits de notre verger. Tous les ans, je faisais au moins soixante pots de compote de pommes et quarante pots de chutney aux prunes. J'achetais au moins soixante livres de bleuets des producteurs bio de la place tous les étés et les faisais congeler pour l'hiver.

Nous avons passé des hivers entiers à Cortes, tous les quatre, sans presque jamais acheter de fruits parce que nous en avions assez de mis en conserves, de surgelés et d'entreposés dans le caveau. Nos réserves nous procuraient de grands plaisirs, mais nous savions que, d'un point de vue extérieur, c'était une situation d'abondance rare et privilégiée.

Manger à bon prix, c'est bien, mais il faut aussi manger juste. C'est un luxe incroyable que de vivre sur une île comme Cortes où les pêcheurs et les agriculteurs sont prêts à faire du troc, où chacun peut donc manger comme un roi même avec peu d'argent. Les gens troquent aussi le travail ou l'artisanat. Il m'est arrivé ainsi d'échanger du pain aux bananes maison pour des crevettes. J'ai échangé de la focaccia pour du thon. J'admets qu'un tel système ne fonctionnerait pas partout dans le monde. Mais je crois que nous devons tous rechercher l'équilibre qui nous convient en achetant localement, afin d'encourager l'activité économique autour de nous et de réduire notre empreinte de carbone.

La Colombie-Britannique est célèbre pour ses vergers. Donc pourquoi diable acheter des pommes qui viennent de Nouvelle-Zélande ? Parce qu'elles sont bon marché et que quelque marchand a eu la main heureuse. Mais expédier des aliments et employer des engrais pétrochimiques et des pesticides est un autre gaspillage de carburants fossiles. Se nourrir localement et bio autant que possible est impératif.

Depuis que nous vivons à Amsterdam, nous sommes revenus à une diète essentiellement végétarienne parce qu'il en coûte moins cher de manger végétarien ici, et que c'est plus accessible pour notre famille. À Amsterdam, nous ne savons pas de quelle plage viennent les huîtres, et l'agneau ne vient sûrement pas de l'élevage de Joy. Idéalement, il faut adapter son mode de vie à l'environnement où l'on est et tenir compte de la provenance des aliments et des autres produits.

L'idée de vivre à Cortes a germé dans nos esprits presque dix ans avant que nous nous y installions.

La plupart des militants de la jeune génération ayant boudé Hollyhock, les fondateurs avaient repensé leur formule en fonction de nos besoins. La nouvelle invitation se lisait ainsi : « Venez profiter de notre espace. Nous nous engageons à financer le voyage de votre groupe et à recruter un facilitateur professionnel qui animera la réunion stratégique préalable à votre campagne pour la forêt pluviale. »

L'idée avait l'air bonne. C'est ainsi qu'une bande de militants écologistes sont débarqués à Cortes, et ce fut la meilleure rencontre stratégique qu'on avait jamais eue. Il y avait beaucoup de dissensions autour des positions et des stratégies des divers groupes qui y étaient représentés, mais les discussions faisaient moins mal étant donné que nous respirions de l'air pur, que nous mangions sainement et que nous avions une nouvelle routine qui nous initiait au yoga et à la méditation. Il était également inspirant de vivre dans le cadre naturel que nous nous efforcions justement de protéger. Hollyhock est un lieu où l'on voit plus souvent des cerfs sur les routes que des véhicules. Rapidement, tous s'étaient calmés et s'étaient mis à s'écouter, à se parler les uns aux autres.

Puis l'un des fondateurs du centre Hollyhock, qui en est aujourd'hui le président, Joel Solomon, et quelques autres ont vu qu'il nous fallait non seulement du temps et de l'espace, nous devions aussi acquérir des compétences. La plupart d'entre nous avions été attirés dans le mouvement écologiste par amour pour la cause, et nous avions souvent une connaissance solide de nos dossiers, mais on n'apprend pas à l'université comment se mène une campagne environnementale. Nous n'avions aucune formation en communication, en démarchage, en développement organisationnel et en leadership. Hollyhock a alors fait venir Robert Gass, qui enseigne l'art du leadership aux entreprises. Nous avons commencé à appliquer ses conseils au sujet du leadership à notre action. Grâce à Robert, j'ai appris à maîtriser les situations tendues et à devenir une négociatrice plus efficace.

Un jour, j'étais sur la terrasse de Hollyhock avec un groupe de personnes et un troupeau de douze orques a fait surface devant la plage, en plein sous nos yeux. Je me suis dit : *Ce lieu est magique. Si je pouvais seulement rester reliée à cet endroit, je trouverais l'énergie dont j'ai besoin pour demeurer dans ce métier.*

Six ans plus tard, Chris et moi nous trouvions à San Francisco (il était à l'emploi du RAN et moi j'étais avec ForestEthics), et j'étais enceinte de Quinn. J'avais beaucoup voyagé dans les six dernières années : j'avais vécu en Europe et à San Francisco, et j'avais le mal du pays. Je m'ennuyais de la forêt et de l'océan, et je me sentais tout à coup épuisée à l'os. Je me suis dit : *Nos enfants grandissent en ville et ne connaissent rien de ce que nous jugeons si important.* Chris et moi nous sommes donc mis à discuter d'un retour en Colombie-Britannique. Je savais que j'aurais du mal à conserver mon emploi, mais à ce moment-là, nous avions du personnel partout en Amérique du Nord, et je consacrais 70 pour cent de mon temps à lire des courriels et à participer à des conférences téléphoniques. J'ai fait un tableau démontrant à quoi j'employais mon temps, et j'ai proposé au directeur exécutif qu'il me renvoie en Colombie-Britannique en lui promettant de consacrer au moins un quart de mon temps à ces rencontres où l'on aurait besoin de me voir en personne. ForestEthics a donné son accord.

Nous nous sommes mis en quête d'un lieu où vivre, et Cortes était le moins indiqué de tous. Comparativement aux autres endroits que nous envisagions, il était de loin le plus difficile d'accès. Si vous arrivez de Vancouver, il faut prendre d'abord le traversier pour Nanaimo ; puis il faut faire deux heures de voiture jusqu'à Campbell River, prendre le traversier pour l'île Quadra et ensuite un autre pour Cortes. Il n'y a pas beaucoup de traversiers qui vont à Cortes, et par mauvais temps, ils ne font pas toujours le voyage. Vers Noël 1999, nous sommes allés en Colombie-Britannique et avons visité l'île Bowen, l'île

Saltspring et Vancouver à la recherche d'un lieu qui conviendrait à notre famille grandissante. Nous avons alors décidé d'aller faire un tour à Cortes, même si nous ne pensions jamais vivre aussi loin. Mais à notre arrivée là-bas, j'ai eu le sentiment que je pouvais respirer librement pour la première fois depuis des siècles. Le lieu était magnifique, et l'immobilier encore fort abordable.

Je siégeais au conseil d'administration de Hollyhock parce qu'on m'avait demandé d'écologiser son programme. J'y avais fait la connaissance d'un couple formidable, qui nous a invités à dîner. Leur maison avait vue sur le lac, et leurs enfants étaient exquis : intéressants, allumés, présents. Je me rappelle avoir dit à la maman : « Il faudra que tu me montres comment tu élèves tes enfants. Ils sont proprement étonnants. »

Elle m'a répondu : « Ouais, mais c'est aussi grâce à l'école. »

Elle m'a dit que, juste au bout du chemin, il y avait une école située sur une ferme bio qui n'accueillait que soixante élèves et dont le programme était axé sur les valeurs environnementales et communautaires.

Forrest était presque mûr pour la maternelle, et nous nous demandions à quelle école l'envoyer, si nous pouvions nous permettre les frais de scolarité et s'il existait une institution qui partageait nos valeurs. Le lendemain, nous avons visité l'école, Linnea. Tous les matins, les soixante élèves s'assoyaient en cercle et parlaient de leur journée. Je me rappelle m'être introduite dans le cercle et avoir vu des garçons de septième et huitième qui tenaient des enfants de maternelle sur leurs genoux. Par choix. Ils causaient en attendant que le cercle commence. Et je me suis dit : *Quand moi j'étais en maternelle, j'avais peur des grands de huitième. Nous ne leur adressions pas la parole, et il n'était surtout pas question d'aller à eux et de nous asseoir sur leurs genoux.* Il y avait quelque chose de si émouvant dans la façon dont les grands s'occupaient des petits que j'ai eu le coup de foudre.

Nous avons commencé à chercher un endroit où vivre, et la maison en face de l'école était à vendre. Le terrain s'étendait sur près de trois hectares, surplombait un lac d'eau douce et comportait un verger d'arbres mûrs. Des aigles à tête blanche et des hérons nichaient dans les arbres. Nous avons acheté la maison moins d'une semaine plus tard et y avons emménagé quelques mois après.

Je savais que nous avions bien fait pour deux raisons.

Le jour où nous sommes arrivés avec le camion de déménagement, Forrest (qui avait quatre ans) est allé sur la terrasse et a demandé : « Est-ce que c'est un parc, ici, ou est-ce que c'est ma cour ? Est-ce que je peux venir jouer là sans que je reste dans ton champ de vision ? » Tel avait toujours été notre règlement en ville.

Le lendemain de notre arrivée à Cortes, Forrest est entré dans la cuisine et m'a dit : « Maman, j'aime ça, ici. » Quand je lui ai demandé pourquoi, il a répondu : « Je peux boire l'eau du robinet. Et je suis sûr qu'il n'y a pas de méchants, ici. »

« Pourquoi tu penses qu'il n'y a pas de méchants ici ? »

« Parce que personne ne verrouille sa porte, et tout le monde laisse ses clés dans l'auto. Ça veut dire que tout le monde s'aime et se fait confiance. »

C'est là que je me suis dit : *Mon Dieu, nous avons fait le bon choix.* Être parents dans un lieu comme Cortes est un don du ciel parce que les enfants passent 80 pour cent de leur temps dehors. Dès que Quinn a su marcher, il était dehors avec son frère. Nous n'avions qu'à faire sonner le gong quand nous les cherchions, et ils criaient pour nous faire savoir où ils étaient. Ces petits garçons en savent plus que moi sur la nature, les cycles naturels, le passage des saisons et les écosystèmes dynamiques. Grâce aux enseignants de Linnea, quand nous marchons dans la forêt, ils m'apprennent toujours des choses. Ils comprennent l'agriculture et savent d'où viennent leurs aliments.

Le seul problème, quand on vit à Cortes, c'est qu'à moins de pouvoir faire la classe aux enfants à la maison, on ne peut pas y rester toujours parce qu'il n'y a pas d'école secondaire. Après sept belles années, avec Forrest qui allait avoir l'âge d'entrer au secondaire, nous savions qu'il faudrait repartir bientôt.

Chris et moi avions toujours voulu vivre à Vancouver quand nos enfants seraient grands, mais les coins les plus intéressants — où l'on a accès aux plages et à la forêt, où les écoles sont excellentes — coûtent les yeux de la tête. Heureusement, les parents de Chris avaient acheté un petit bungalow à Kitsilano quarante ans auparavant, à titre de placement, et ils le louaient depuis. Chris et moi nous sommes dit qu'il y avait quelque chose à faire avec cette propriété, en conformité avec nos valeurs.

De concert avec le frère de Chris et ses parents, nous avons décidé de démolir le bungalow unifamilial et de bâtir un triplex à écodensité. La maison est un duplex dans la mesure où il y a deux unifamiliales côte à côte, mais techniquement, c'est un triplex parce que le sous-sol des deux maisons constitue un appartement d'une chambre à coucher : le tout sur le même terrain où se trouvait le petit bungalow. Maximiser la densité de la construction est une des mesures à privilégier dans les villes si nous voulons contenir l'étalement urbain et augmenter le potentiel des services communs écoresponsables comme les systèmes de chauffage par îlots.

Pendant quelques années, nous nous étions interrogés sur la manière de bâtir une maison « écologique » et sur le sens même d'« écologique ». Notre réflexion s'appuyait sur quelques principes de base. Nous voulions consommer le moins d'énergie possible, et nous voulions que cette énergie qui allait entrer chez nous fût libre de tout carburant fossile. Pour avoir la maison la plus écoénergétique possible, nous avons dépensé la part du lion de notre budget sur des fenêtres à triple vitrage, l'isolation extra-extra et la conception en tant que telle. Même à Vancouver, ville pluvieuse pourtant, vous pouvez compter sur l'énergie solaire si l'enveloppe du bâtiment est étanche et si elle est conçue pour capter le maximum de lumière (le solaire passif).

Depuis que notre projet a commencé, j'ai parlé à des gens vivant à Hambourg, à Washington, à Ottawa, qui ont tous bâti des maisons semblables, chauffées entièrement par le soleil, avec un budget serré, dans des climats encore plus froids. Nous avons un petit système de ventilation intégré dans les murs et des conduits qui font en sorte que l'air chaud au haut de la maison, près des puits de lumière, descend dans les murs et ressort par des évents situés dans la cuisine et le salon. Les planchers, surtout dans les pièces munies de grandes fenêtres, sont faits de béton parce qu'il s'agit d'un matériau qui retient la chaleur. Le mur central de la maison est de roc naturel parce que celui-ci capte la chaleur et la libère lentement. Dans les jours les plus froids de l'hiver, il peut arriver que nous ayons besoin d'un peu de chaleur supplémentaire, et pour cela, nous avons des plinthes chauffantes connectées au réseau électrique. Étant donné que la Colombie-Britannique produit surtout de l'hydroélectricité, notre consommation électrique laisse une empreinte de carbone minime.

Nous avons bâti cette maison avec un budget serré parce que nous y étions contraints (on ne fait pas fortune dans notre métier), mais aussi parce que nous voulions prouver qu'on peut construire une maison de ce genre à un coût abordable.

Le plus compliqué, c'était de choisir le bois et les matériaux de finition. La majorité des produits authentiquement écologiques et attrayants demeurent des articles spécialisés qui coûtent un œil et les lunettes. Les comptoirs en quartz recyclé qui sont jolis ou les carreaux de verre recyclé vous demanderont les deux yeux. La pierre locale ou les carreaux produits sur place coûtent souvent vingt fois plus que les superbes carreaux de céramique ou d'ardoise faits en Chine.

Nous étions prudents dans tous nos achats et nous demandions chaque fois : est-ce qu'on a ici l'impact écologique minimum, l'empreinte de carbone la plus faible, d'où est-ce que ça vient, combien va-t-il nous en falloir ?

Je peux comprendre maintenant pourquoi les gens finissent par tourner le dos à leurs valeurs pour que le travail se fasse. Jamais je n'aurais imaginé que j'angoisserais pendant des jours sur des armoires de cuisine. Les options vertes, soit des planches faites de résidus de paille de blé, soit des boîtes de contreplaqué qui ne contient aucun produit chimique toxique comme le formaldéhyde, coûtent 5 000 $ de plus que les armoires habituelles. Le budget de la cuisine y passait. Nous avons fini par prendre le taureau par les cornes et acheter du contreplaqué certifié FSC et des armoires laminées, ce qui nous a contraints de renoncer aux planchers de bois franc et aux moquettes en laine. Nous allions nous contenter des planchers de béton et des carpettes.

J'ai appris qu'il faut connaître les produits. J'ai été choquée de voir comment tous les fournisseurs et les entrepreneurs que j'ai rencontrés disaient : « Oui, oui, nous sommes écolos, et voici l'option la plus écologique qui soit… », alors qu'il était évident qu'ils ne savaient pas de quoi ils parlaient ou qu'ils mentaient. Presque tous les produits qu'ils cherchaient à me vendre avaient une empreinte de carbone horrible, parce qu'ils provenaient de l'étranger ou contenaient des colles toxiques, ou les deux. Ils disaient aussi : « Ouais, c'est du bois durable, il est certifié. » Puis, vérification faite, j'apprenais que c'était certifié par le parent pauvre de l'industrie, l'Initiative de foresterie durable, et non par le Forest Stewardship Council, dont le système est plus rigoureux sur le plan social et écologique.

J'adore faire la cuisine, et je voulais une cuisine tout équipée. Mais je n'ai pas été longue à voir que si nous consacrions le gros de notre budget aux fenêtres à triple vitrage ou au chauffage solaire de l'eau, nous ne pourrions nous permettre des tonnes de tiroirs avec du matériel raffiné. J'ai eu la chance de trouver une conceptrice de cuisines qui partageait mes intérêts et mes convictions. Elle m'a aidée à régler le problème du coût en construisant une dépense dans la cuisine (les plaques de plâtre et les charpentes coûtent bien moins cher que les armoires). Elle y a ajouté une porte faite d'écales de graines de tournesol recyclées.

Mais pour l'îlot de la cuisine, nous ne pouvions nous permettre un bloc de boucher en bois certifié FSC, et nous ne pouvions en trouver un en bois récupéré. Partant de l'idée que tout ce qui est local est préférable, Chris a parlé avec plusieurs personnes qui travaillent le bois, dont un artisan de Cortes qui avait trouvé un érable ancien ayant dérivé sur la plage. Cet érable a servi à la fabrication de notre îlot de cuisine et fourni des heures d'emploi à des travailleurs d'une communauté rurale qui en avaient grand besoin.

La cuisinière posait un vrai problème. Je voulais la commodité et l'efficience d'une gazinière dernier cri, mais nous nous étions engagés à bâtir une maison libre de tout carburant fossile. Après quelques recherches, je me suis rendu compte qu'on ne peut plus croire comme avant que la cuisine au gaz, c'est bien mieux qu'à l'électricité. Les cuisinières électriques modernes se réchauffent en quelques secondes et les brûleurs réagissent rapidement aux changements de température, tout comme le fait une gazinière. La cuisinière qui a emporté mon choix est également d'une efficience sans pareille, et mes lecteurs et lectrices qui font la cuisine apprécieront le fait qu'elle compte cinq brûleurs et un tiroir réchauffant !

Parce que je connais ce langage, j'étais à même de traduire le jargon vert parfois trompeur, mais la construction de cette maison m'a fait comprendre à quel point il est difficile pour la plupart des gens de comprendre les options et de faire pour le mieux en songeant à leur budget, à leur famille et à la planète. Il faut se questionner constamment, affronter des regards d'incompréhension, puis poser d'autres questions. Exigez du bois certifié FSC ou du bois récupéré. N'acceptez pas les armoires ou les moquettes toxiques. Lisez les petits caractères. Demandez d'où vient chaque produit et calculez les distances de transport.

Nous voulons tous être fiers des choix que nous faisons au quotidien, mais il y a une raison pour laquelle je parle de cet aspect de mon périple personnel : c'est que j'ai souvent constaté que le marché est plus réactif et adaptable que les gouvernements. Si nous exigeons franchement des armoires de bois certifié FSC et demandons aux gérants d'épicerie pourquoi il n'y a pas de lait biologique sur les rayons, et que nous parlons aussi à nos amis et à nos familles des choix que nous faisons, nous allons contribuer à la vague de durabilité que nous avons lancée de notre vivant.

Quand j'avais dix-huit ans, j'ai dû devenir membre d'une obscure coopérative pour avoir le droit d'acheter des aliments bio. Le bois certifié FSC n'existait pas, et vous ne pouviez pas acheter de papier recyclé chez Staples. Je crois sincèrement que notre rôle à titre de citoyens actifs — nous qui militons avec des groupes sans but lucratif, prenons part à des manifestations et écrivons à nos dirigeants politiques — est le plus important. Mais cela ne veut pas dire que si nous faisons tout bien, nous avons le droit de nous endormir sur nos lauriers et d'aller manger chez McDonald ou d'acheter un mobilier de salle à dîner en acajou, et au diable les conséquences. J'espère un jour vivre dans notre nouvelle maison à passif solaire de Vancouver, qui a maintenant en son cœur, grâce à nos amis, dont un brillant artiste, un cèdre de huit mètres de haut. L'arbre, trouvé sur une plage de Cortes, traverse les trois étages au centre de la maison pour la joie de nos locataires. En attendant, nous avons repris notre alimentation essentiellement végétarienne et vivons sans voiture à Amsterdam.

On ne peut pas parler de mode de vie écologique sans mentionner les voyages par avion. Vous pouvez vivre tant que vous voulez dans une maison à chauffage solaire passif, marcher tous les jours pour vous rendre au travail et manger local et bio, tout cela sera annulé par un seul vol pour Hawaï. Voyager par avion est de loin l'activité la plus polluante de notre époque. Un seul vol pour des vacances à l'autre bout du monde a pour effet de décharger de dix à vingt tonnes de gaz à effet de serre par personne[3]. C'est presque autant, pour un Européen moyen, que le total des émissions de tous ses autres moyens de transport personnels pendant une décennie[4]. Dix années de carbone en un seul vol ! Si nous prévoyons réduire les émissions de carburants fossiles de 80 pour cent d'ici 2050, ce qui, selon plusieurs scientifiques, dont ceux du Groupe d'experts intergouvernemental sur l'évolution du climat et ceux de la NASA, sera néces-

---

3. « The Emissions Calculator », avec pour base Seattle-Londres-New Delhi : 10 tonnes = classe économique ; 20 tonnes = première classe. Notez que vous pouvez consommer beaucoup plus que 20 tonnes pendant ce voyage, selon le type d'avion que vous prendrez. Une personne peut décharger 50 tonnes ou davantage de CO_2 en faisant la moitié du tour du monde, aller-retour, dans un Cessna Citation 3. Voir www.atmosfair.de/index.php?id=5&L=3

4. La moyenne par personne de l'UE est de 1,9 t CO_2 pour tous les moyens de transport, selon la base de données CAIT du World Resources Institute, qui se sert de la dernière année, 2007, avec le choix « transport » et UE27 ; voir http://cait.wri.org. Seulement 60 pour cent du transport avec gaz à effet de serre est du « transport personnel », avec 40 pour cent pour le fret et autres transports (formule : 1,9 t CO_2 60 % = 1,14 t CO_2 pour le transport personnel en UE). Voir aussi www.internationaltransportforum.org/Pub/pdf/10GHGTrends.pef. La formule pour « presque une décennie de dommages au climat » : 10 t CO_2 du vol divisées par 1,14 t CO_2/année = 9 ans.

saire pour stabiliser le climat, alors ce seul vol vaut, en dommages climatiques, plus de quarante ans de transport personnel par d'autres moyens[5]. Un voyageur fréquent qui parcourt un peu plus de 80 000 kilomètres par an aura déchargé entre vingt-deux et vingt-quatre tonnes de gaz à effet de serre annuellement dans l'atmosphère[6]. C'est donc très sérieux.

Il y a environ huit ans, inspirée par deux de nos amis proches qui se sont engagés à ne plus jamais prendre l'avion, Chris et moi avons décidé de limiter l'avion à notre travail (et même pour le travail, je voyage beaucoup moins par avion qu'autrefois, en privilégiant par exemple les conférences vidéo aux rencontres face à face). Prendre l'avion moins souvent est un des choix les plus difficiles que j'aie eu à faire dans ma vie personnelle. Cela voulait dire la fin des migrations hivernales où nous quittions la pluvieuse Colombie-Britannique pour aller au soleil. Oui, vous pouvez prendre le train ou l'autocar

---

5.   Si l'on part de 1,14 t CO_2 par personne en transport personnel aujourd'hui en UE et qu'il faut une réduction de 80 pour cent d'ici 2050 pour atteindre nos objectifs climatiques (il en faudra peut-être davantage) : 1,14 t CO_2 20 % = 0,23 t CO_2 par personne par année en 2050 : 10 t CO_2 du vol divisées par 0,23 t CO_2/année = 44 ans = « plus de 40 ans d'émissions ».

6.   Voir www.atmosfair.de/index.php?id=5&L=3. Ce calcul est basé sur un bassin important de vols aller-retour totalisant chacun 3 600 km (2 237 milles). La moyenne calculée donne environ 1 t CO_2 pour la classe économique, 1,5 t CO_2 pour la classe affaires et 2,0 t CO_2 pour la première classe. La formule, en classe économique, est la suivante : 50 000 milles (1 t CO_2/2 237 milles) = 22,4 t CO_2. C'est le double pour la première classe. Pour info : en outre, Atmosfair vous permet de choisir divers types d'aéronefs pour voir les divers profils d'émissions de gaz à effet de serre pour le même vol. Dans mon exemple, les gaz à effet de serre produits dans un vol de 3 600 km peuvent se situer entre 0,8 t CO_2 et 4,3 t CO_2, selon le modèle de l'aéronef. Si l'on part de 1,14 t CO_2 par année aujourd'hui pour l'Européen moyen avec tous les moyens de transport : 22,4 t CO_2 = 20 ans en classe économique = deux décennies ou davantage.

pour aller en Californie et même jusqu'au Mexique, mais nous avons rarement assez de temps libre pour nous permettre ce genre de voyage. Il est triste aussi de ne plus voir nos amis en Californie et ailleurs dans le monde. Un des grands avantages de la vie en Europe est cette possibilité que nous avons de sauter dans le train pour montrer divers pays et diverses villes à nos garçons et à nos amis. Nous avons enfreint à quelques reprises notre pacte contre l'avion pour assister à la *bat mitzvah* de ma nièce et à la *bar mitzvah* de mon neveu, et Chris est allé une fois à un mariage à Washington. George Monbiot, dans son livre *Heat,* donne un nom à ces exceptions : les « kilomètres amour ».

Le fait est que nous devons simplement limiter nos voyages par avion, et ce ne sera pas facile pour ceux et celles d'entre nous qui ont de la famille éloignée et qui se sont habitués à parcourir le globe. Beaucoup de gens me posent des questions sur l'achat de crédits carbone pour prendre l'avion. Il y a des milliers de compagnies qui sont prêtes à accepter votre argent pour soulager votre conscience et l'investir dans des projets qui réduisent les émissions de carburants fossiles, comme bâtir un parc d'éoliennes pour remplacer le charbon ou le diesel. La réponse la plus facile à cette question est que vous devez vous assurer que la compagnie est certifiée or, et vérifier l'emploi de telles recettes. L'échange de carbone, c'est encore un peu le Far West : sans registres nationaux et internationaux, il est difficile de savoir si un projet est compté plus d'une fois ou même s'il s'agit d'un bon projet.

CHAPITRE 18

Retour au bercail
Greenpeace International

*Les grandes sociétés acceptent de prendre place à
la même table que nous pour la bonne et simple
raison qu'elles craignent d'être mangées tout rond.*

KUMI NADOO, directeur exécutif
de Greenpeace International

La décision de déménager à Amsterdam pour regagner Greenpeace n'a pas été prise à la légère. J'ai dû longuement peser le
pour et le contre : je voulais que ma contribution porte fruit au
maximum, et j'ai eu de longues conversations à cœur ouvert
avec ma famille sur l'effet que cet exode aurait sur nous. L'idée
a germé en moi la veille de mon départ de Copenhague pour
Cortes, lorsque j'ai revu dans un bar un vieil ami, Steve Kretzmann, fondateur et directeur d'Oil Change International. Nous
étions là à noyer notre chagrin dans la bière danoise et à parler
de l'avenir quand, légèrement euphorisée par la fatigue et l'effet
de la bière sur un estomac creux, je lui ai dit : « Tu sais, j'ai rencontré par hasard de vieux copains de Greenpeace qui m'ont dit
que la maison cherchait un nouveau directeur pour son programme climatique. Tu devrais postuler. »

Steve a d'abord feint bruyamment l'hilarité, puis, s'étant assuré que personne ne nous écoutait, il m'a soufflé : « J'y ai pensé, figure-toi. C'est un poste névralgique car l'heure est grave. »

« Je sais, ai-je répondu. Greenpeace a fait son nom, l'organisation est présente partout dans le monde, elle a des moyens énormes, des outils, et on me dit que la branche chinoise est en plein essor. En plus, nous savons toi et moi qu'en effet le temps presse. L'heure est venue de jouer le tout pour le tout. »

J'ai mobilisé tout mon arsenal argumentaire pour le persuader parce que Steve est un excellent militant qui aurait été fantastique dans ce rôle. Mais il a fini par admettre que c'était tout simplement impossible étant donné que son coparent n'accepterait jamais de s'installer en Europe. Celui-ci venait d'obtenir un poste très intéressant à Washington, et en plus, son organisation à lui venait de prendre son envol.

À notre seconde bière, Steve a renversé les rôles. « Un instant ! Pourquoi tu ne postules pas, toi ? Tu as l'expérience qu'il faut. Ils t'engageraient sur-le-champ. Tu pourrais jouer un grand rôle. *En plus, nous savons toi et moi qu'en effet, le temps presse. L'heure est venue de jouer le tout pour le tout.* »

En retournant chez Greenpeace, j'ai découvert entre autres qu'il y a tout plein de Canadiens dans l'organisation. Ce qui se tient, j'imagine, vu que Greenpeace est née à Vancouver. Le directeur de la campagne des forêts, l'ancien patron de la campagne climatique, le directeur des communications de Greenpeace Royaume-Uni et l'ancien directeur exécutif de Greenpeace Australie sont tous du Canada. La plupart d'entre nous sommes ici parce que nous avons fait nos premières armes à la baie Clayoquot. Nous avons appris par tâtonnements dans les campagnes frénétiques que nous avons menées pour sauver la nature dans les années 1990, après quoi l'action internationale nous a donné le savoir et la capacité qu'il fallait pour passer à d'autres fonctions au niveau international chez Greenpeace.

Mais il n'y a pas que des expatriés canadiens. Greenpeace International a aujourd'hui vingt-huit bureaux nationaux ou régionaux dans plus de quarante pays en Europe, dans les Amériques, en Afrique, en Asie et dans le Pacifique.

C'est une galerie de personnages fascinants. Comme Paul Johnston, le Britannique de l'unité scientifique d'Exeter, qui baigne dans l'étude scientifique des changements climatiques depuis l'époque où la question n'était qu'affaire de savants.

Il y a Zeina Al-Hajj, cette femme de feu venue du Moyen-Orient qui est décidée à effacer l'empreinte de carbone toxique de l'industrie.

Il y a Anna Keenan, cette jeune et joviale Australienne dont la stature elfique dément la force de caractère. Elle a les mots *justice climatique* littéralement tatoués sur le corps — sur la nuque, précisément — et avant et pendant le sommet de Copenhague, elle a jeûné plus de quarante jours. Chose difficile à croire étant donné sa taille minuscule.

Je songe aussi à Joris Thijssen, militant hollandais aux cheveux bouclés qui sait tout de l'argent à l'origine du charbon et ne vit que pour dénoncer l'influence de la grande entreprise sur la politique climatique.

La personne avec qui je passe sans doute le plus de temps à planifier et à articuler des stratégies est mon codirecteur (et patron) Stefan Flothmann. C'est un stratège brillant, un perfectionniste inlassable, nanti d'une conscience professionnelle à toute épreuve. Il tolère mal l'imbécillité, et l'anglais étant sa langue seconde (il est allemand), ses paroles froissent parfois certaines susceptibilités. Au début, je craignais que nos méthodes n'entrent en conflit, mais plus je travaille avec lui, plus je me rends compte que notre expérience et nos styles de gestion sont complémentaires. Stefan a occupé des postes supérieurs au sein de Greenpeace dans divers pays à divers moments pendant presque vingt ans. Il comprend le fonctionnement du système et connaît la plupart des acteurs dans ce domaine. En fait, sa réflexion tient de ce qu'il faut appeler « la théorie des systèmes ». Qu'il s'agisse de proposer de nouvelles stratégies ou politiques à l'organisation ou d'influencer le climat d'investissement pour les carburants fossiles, il voit tous les éléments et les acteurs comme s'ils formaient un seul organisme. Contrairement à de nombreux militants, Stefan ne se laisse pas distraire par la couverture médiatique ou la participation des grands décideurs. Il nous force, moi et les autres, à évaluer constamment l'impact tangible que nous avons dans le monde et à nous demander comment un événement, une action ou une tactique que nous proposons s'insère dans une théorie globale du changement. Étant donné que j'incline naturellement à débattre concrètement de ce que nous allons faire ou de la façon dont nous allons nous y prendre, j'ai eu plus d'une fois le sentiment que notre action est plus forte du fait que nous agissons en tandem.

J'apprends beaucoup de mes collègues et du personnel présents ici. Quand je suis entrée en fonction, mes responsabilités incluaient la supervision des travaux sur les solutions énergétiques. Le maître d'œuvre ici a pour nom Sven Teske, un ingénieur allemand brillant et pas du tout comme les autres qui travaille à partir d'un cubicule de Greenpeace Allemagne, à Hambourg. Il a passé les quinze dernières années à analyser le potentiel de déploiement global de l'énergie renouvelable ; il a fondé Greenpeace Énergie, la première coopérative de services publics en Allemagne, et lancé la série [R] *évolution énergétique*. L'impression que j'avais de Sven au téléphone était celle d'un ingénieur à l'intellect puissant, très porté sur le détail.

Nous avions convenu de passer une journée ensemble pour que je puisse mieux comprendre son travail. C'était lui qui ferait le voyage à Amsterdam. Je l'attendais, assise dans un café, quand j'ai vu s'approcher un homme au pas nonchalant, vêtu d'un t-shirt noir délavé genre rock-and-roll et d'un jean déchiré. Il avait les cheveux coiffés en pétard et faisait penser à un Mick Jagger allemand. C'était Sven. Moi qui attendais un monsieur portant une chemise blanche bien repassée et armé d'une calculette... Nous avons passé la journée ensemble, et j'ai appris énormément sur la consommation actuelle de carburants fossile du globe et sur la manière dont nous pouvons les remplacer par des énergies renouvelables.

Une des choses qui m'excitaient le plus dans mon retour à Greenpeace International, c'était de découvrir les résultats de ces années de recherche et de faire la connaissance de tous ces ingénieurs, scientifiques et experts qu'elle emploie pour analyser l'art du possible. Les documents et scénarios de la [R]évolution énergétique que Greenpeace a produits démontrent qu'il est parfaitement possible pour le monde de se sevrer des carburants fossiles polluants et d'alimenter nos vies avec des technologies écoefficientes et intelligentes s'approvisionnant à même le soleil, le vent et l'eau.

Il y a des décennies, on parlait du jour où l'énergie de nos villes nous viendrait des éoliennes. Mais nous ne savions pas vraiment comment cela fonctionnerait sur une grande échelle. Aujourd'hui, grâce aux études de Greenpeace, nous savons. Ces études ont été examinées par des scientifiques et des ingénieurs du monde entier et avalisées par l'Association internationale pour l'énergie renouvelable (IRENA). Voilà pourquoi le Groupe d'experts intergouvernemental sur l'évolution du climat a décidé de publier les scénarios de la [R]évolution énergétique de Greenpeace dans son prochain rapport. Ce document se penche sur toutes les régions du monde et tous les moyens de production énergétique, et il analyse la manière dont on peut remplacer l'énergie tributaire des carburants fossiles par les énergies renouvelables de tous les coins du monde. Le rapport traite aussi du nombre d'emplois que l'on pourrait créer en produisant de l'énergie renouvelable, comparativement au nombre d'emplois qui viennent des énergies traditionnelles. Les données du rapport [R] *évolution énergétique* prouvent que l'on créerait plus d'emplois et de développement économique avec des sources renouvelables[1].

Sven et moi nous étions vus pour déterminer comment nous pourrions expliquer au monde les ramifications de ce document de trois cents pages et faire en sorte que les médias en parlent. C'est une analyse par modélisation très dense, et je pourrais sans doute compter sur les doigts d'une main le nombre de personnes au sein de Greenpeace — et je ne parle même pas des gens qui ne sont pas chez Greenpeace — qui l'ont lue intégralement. Nous avons essayé de voir comment l'on pourrait utiliser les conclusions du rapport pour inspirer les gens et prouver aux décideurs que ce qu'ils doivent faire est possible sur le plan technologique, réalisable sur le plan économique, et même créateur d'emplois et de revenus. Avec l'appui des autres membres de l'équipe, nous en avons tiré un résumé de seize pages, après quoi nous avons rédigé un sommaire d'une page pour les médias. Nous avons également produit une application iPhone gratuite sur la [R] évolution énergétique, et Anna a réalisé un diaporama formidable à la manière d'Al Gore avec des notes explicatives que les gens peuvent télécharger et diffuser dans leur milieu.

Nous avons eu beau faire, nous n'avons toujours pas réussi à faire passer ce message optimiste et à susciter un intérêt général. C'est triste, mais le fait est que ce sont les conflits, les controverses et les scandales ainsi que le culte de la célébrité qui font

---

1. Greenpeace, *The Energy* [R] *evolution,* en ligne : www.greenpeace.org/energyrevolution

vibrer les médias (et qui font des malheurs sur Twitter et dans la blogosphère), davantage que les solutions concrètes. Il faudrait peut-être que Brad et Angelina se querellent à propos du nombre de panneaux solaires à poser sur le toit de leur maison pour qu'on en parle. Il nous faut donc poursuivre notre tâche et faire en sorte qu'un jour l'idée de la [R]évolution énergétique s'installe et que les gouvernements adoptent des politiques qui en feront une réalité. Quand on prend connaissance de la recherche, on comprend mal parfois pourquoi les mouvements de masse se font attendre.

Le scénario de la [R]évolution énergétique montre comment créer environ 12 millions d'emplois (8,5 millions rien que dans le secteur des énergies renouvelables) d'ici 2030 et 33 pour cent plus d'emplois mondialement dans le secteur électrique, ce qui dément puissamment les jérémiades constantes de l'industrie selon lesquelles la responsabilité environnementale tue l'emploi. Notre recherche prouve que l'avenir durable de la planète réside dans les investissements qu'on fait dans les communautés qui peuvent installer et maintenir des sources d'énergie renouvelable, et non dans les subventions aux carburants fossiles qui sont polluants et épuisables. De tels investissements créent non seulement des emplois mais font aussi en sorte que les sources énergétiques sont répandues et diversifiées : ultimement, des millions de personnes qui n'ont pas l'électricité en ce moment y auront accès. Le rapport [R]évolution énergétique de 2010 explique comment le monde peut se doter d'un approvisionnement en énergie qui sera à 100 pour cent renouvelable, équitable, sécuritaire et propre.

Une autre raison d'espérer. Et une autre raison d'être heureuse de retrouver l'organisation que des amis à moi appellent le « navire-mère » et que d'autres ont baptisé « Hôtel California », parce qu'on n'en sort jamais vraiment.

Lors de notre première rencontre, Sven m'a rappelé qu'au

cours des quatre dernières années, Greenpeace a été la seule
organisation au monde qui ne s'est pas trompée dans ses prédictions sur la vitesse de croissance de l'énergie renouvelable et
sur l'évolution technologique de chacune de ces sources d'énergie. Manifestement, c'est devenu une organisation beaucoup
plus pointue que celle que j'avais délaissée dix années auparavant ; elle a acquis l'expertise voulue dans l'analyse de données
et la capacité de prouver que des solutions sont possibles, et ce,
sans jamais avoir cessé de botter le derrière des entrepreneurs et
des politiques. Elle utilise la stratégie intérieur-extérieur qui
est à mon avis le seul moyen d'effectuer des changements, et
comme ses représentants portent un regard novateur sur les
problèmes environnementaux et négocient dans les coulisses
du pouvoir, ils sont à l'aise aussi bien lorsqu'il faut revêtir un
costume d'homme d'affaires que lorsqu'il faut brandir des pancartes et joindre les bras pour bloquer des camions et des
navires-citernes.

Même si la plupart des gens connaissent Greenpeace en
Amérique du Nord, sa réputation est mieux assise et plus
impressionnante ailleurs dans le monde. On dit qu'une famille
sur cinq aux Pays-Bas est membre de Greenpeace. En Allemagne, on a effectué un sondage dans les années 1990 pour
demander à la population ce à quoi elle tenait le plus : l'or s'est
classé premier et Greenpeace deuxième. Dans de nombreux
pays européens, Greenpeace dicte le programme d'action environnementale.

Quand je dis à des Canadiens que j'ai décroché un emploi à
Greenpeace International, ils me disent : « Comme c'est intéressant ! » Mais en Europe, quand les gens apprennent où je travaille, ils me remercient, du directeur de banque à la vendeuse
de la pâtisserie. À mon premier jour à Amsterdam, j'ai mentionné ce que je faisais au propriétaire d'un café, qui a alors
refusé que je paye mon déjeuner. Mon permis de travail m'a été

accordé sans difficulté parce que je suis à l'emploi de Greenpeace. À l'inverse, j'ai encore du mal à entrer aux États-Unis parce que je travaillais pour cet organisme il y a dix ans.

Le visage changeant de Greenpeace reflète manifestement des réalités géopolitiques plus vastes. Après seulement une année en poste, je vois déjà certains débats qui sont les microcosmes des débats mondiaux sur la question de l'équité, et la question de savoir qui va payer pour le changement. Chose certaine, les pays qui ont les bureaux de Greenpeace les mieux nantis ne sont pas nécessairement ceux dont le paysage naturel a le plus besoin de protection, et ce ne sont pas non plus les pays qui doivent opérer les plus grands changements le plus tôt possible.

Le bureau de Greenpeace Chine est celui qui connaît l'expansion la plus rapide. La Chine et l'Inde sont les économies qui se développent le plus vite dans le monde entier. J'ai déjà dit que la Chine se dote de capacités énergétiques renouvelables plus rapidement que tout autre pays dans le monde, mais ce pays construit aussi une nouvelle centrale au charbon toutes les deux ou trois semaines. Ce qu'il faut trouver, c'est la façon dont ce pays pourrait contourner l'ère du carburant fossile, et cela va nécessiter l'aide financière et technique des pays développés; ce sont eux qui doivent mettre la main au portefeuille parce que le gâchis environnemental où nous nous trouvons est le résultat de la pollution qu'ils recrachent dans l'atmosphère depuis cent ans.

Le travail chez Greenpeace a aujourd'hui ceci de fascinant que les bureaux nationaux et régionaux, dirigés par le nouveau directeur exécutif, Kumi Naidoo, un Sud-Africain, ont accepté un « transfert de pouvoir » (des millions de dollars sont transférés par les bureaux plus riches aux bureaux de Greenpeace en Afrique du Sud, en Chine, en Inde et aux États-Unis). On s'assure ainsi que les bureaux situés dans les pays ayant une économie émergente ont les moyens de peser sur les grands enjeux.

Ajoutez à cela la capacité que nous avons de relier causes et effets : par exemple, cibler une compagnie en Suisse (comme Nestlé) pour son effet nocif sur l'habitat de l'orang-outan en Indonésie étant donné sa consommation d'huile de palme (ce qui nous permet de mener des campagnes dans les deux pays), ou s'opposer à la construction d'une centrale au charbon en Inde et découvrir qu'elle est financée par une banque du Royaume-Uni.

Il y a eu de nombreux moments au cours de la dernière année où j'ai remercié Greenpeace pour l'expérience que j'y ai acquise et la capacité qu'elle me donne d'agir à l'échelle mondiale. Je suis également ravie de collaborer avec une équipe internationale qui se penche sur l'interaction entre le carbone et la finance et étudie dans quelle mesure ce rapport est influencé par la politique et influence la politique. Nous avons fait des recherches sur les subventions gouvernementales octroyées aux grands producteurs de charbon et de pétrole avec l'argent des contribuables pour voir comment celles-ci retardent l'expansion de l'énergie propre ; d'ailleurs, Bloomberg rapporte que les subventions faites aux entreprises qui exploitent des carburants fossiles sont douze fois supérieures à celles que reçoit l'industrie de l'énergie renouvelable dans le monde entier[2].

Un mois après mon entrée en fonction chez Greenpeace International, le bouchon sur un puits de pétrole de BP a sauté dans le golfe du Mexique, déversant dans l'océan 100 000 barils

---

2. Alex Morales, « Fossil Fuel Subsidies Are Twelve Times Renewables Support », Bloomberg New Energy Finance, Energy Subsidies Report, 29 juillet 2010, en ligne : www.bloomberg.com/news/2010-07-29/fossil-fuel-subsidies-are-12-times-support-for-renewables-study-shows.html

de pétrole par jour, selon certaines estimations[3]. La situation était catastrophique, mais je me suis rendu compte que, grâce à l'expérience que j'avais dans la coordination d'interventions par navire, mon nouveau poste à Greenpeace me plaçait au bon endroit au bon moment. Dans les jours qui ont suivi, Chris et moi avons discuté de la meilleure manière pour Greenpeace de mener une campagne coordonnée pour faire de ce moment un tournant dans la prise de conscience à l'échelle mondiale. Notre société reconnaîtrait enfin les dangers de l'extraction des carburants fossiles et cela faciliterait la transition vers l'énergie propre. Chris a dit alors : « Est-ce que Greenpeace n'a pas des gens qui s'occupent de ça ? » Ça m'a frappée, ça nous a même frappés tous les deux, et j'ai dit : « Mais c'est moi qui m'occupe de ça ! »

Au début, Greenpeace a réagi très vite. Comme d'habitude, nous avons tout de suite cherché à voir et à montrer. Nous avions des gens sur les berges et dans nos zodiacs pour explorer la mer polluée. Nous trouvions du pétrole sur les plages et emmenions des journalistes voir le lieu du déversement. Ce sont des photographes de Greenpeace qui ont pris les photos les plus parlantes et les plus troublantes du déversement.

Une trentaine de jours plus tard, après que tous les plans pour stopper le déversement eurent échoué, je me suis mise à adresser des courriels à mes collègues, leur disant : « Il faut intervenir plus massivement. C'est un moment capital. Nous devons trouver le moyen de capter l'indignation, l'horreur et l'inquiétude qui s'expriment dans le monde et les exploiter pour impulser le changement, pour se sevrer du pétrole. »

Et c'est là que je me suis heurtée au désavantage qu'il y a à faire affaire avec une organisation imposante : la bureaucratie.

L'avantage de travailler avec Greenpeace, c'est, bien sûr, sa

---

3. Ernest Scheyder, « BP Estimates Oil Spill Up to 100,000 Barrels Per Day in Document », Reuters, 20 juin 2010.

marque de commerce — et le fait que si l'on a besoin d'un navire dans le golfe du Mexique tout de suite, on en trouve un sans attendre. Il y a des moments où Greenpeace se conduit presque comme un pays indépendant. Le désavantage, c'est que si l'on veut bouger, on n'a pas toujours la souplesse voulue. Il y a eu des interventions immédiates. Ainsi, Greenpeace Amérique a envoyé son équipe d'intervention rapide dans le golfe. Greenpeace Chine a aussi réagi rapidement cette année-là au déversement pétrolier de Dalian.

Mais Greenpeace International est, bien sûr, une organisation mondiale, et en ma qualité de coordonnatrice internationale, j'ai le devoir d'écouter les nombreuses voix qui exigent des actions diverses autour du globe et de trouver un terrain d'entente commun. Greenpeace Autriche réclamait le boycott de BP. De son côté, Greenpeace Royaume-Uni — n'oublions pas que BP est britannique — disait : « Non, non. Il ne faut pas s'attarder à BP. Ce n'est qu'une pétrolière comme les autres, et le problème les dépasse toutes. » J'étais d'accord. Si nous demandions à nos membres de boycotter BP, est-ce qu'on les autorisait de ce fait à aller faire le plein chez Exxon ou chez Shell ? Je croyais pour ma part qu'il fallait profiter du moment pour dire comment nos leaders avaient été impuissants à nous protéger de catastrophes comme celle-là parce que leurs politiques encouragent la dépendance aux carburants fossiles. Mais de nombreux pays, s'inspirant de l'indignation de leurs citoyens devant ce déversement et de leur désir d'une action immédiate, voulaient harnacher cette colère en boycottant BP. Si BP était responsable de l'accident, pourquoi ne pas s'en prendre à elle et faire campagne contre elle ?

Mais dans quel but ?

« BP doit nettoyer les dégâts. » D'accord, mais elle a déjà commencé.

« BP doit renoncer au pétrole. » Bien, mais qu'est-ce que ça

signifie ? BP a déjà essayé de se redéfinir en se faisant appeler
« Beyond Petroleum » [*Une entreprise postpétrole*] parce qu'elle
investit un peu dans le solaire, mais elle fait cela tout en investis-
sant partout ailleurs, comme dans les sables bitumineux ou
dans le forage marin dans le golfe du Mexique, causant au passage certains des pires déversements pétroliers et des pires catastrophes environnementales dans l'histoire de l'humanité.

Le problème, c'est qu'il faut un méchant dans toute campagne. En plaçant BP dans ce rôle, nous nous serions attiré des
appuis énormes, mais aussi, à mon avis, d'âpres reproches.
L'inévitable analyse du *New York Times* aurait été dévastatrice
pour nous, et le journal aurait eu raison de dénoncer notre boycott. Il n'y avait rien à gagner à s'en prendre à BP. Nous devions
plutôt instrumentaliser la crise afin d'obtenir des pays qu'ils
légifèrent pour réglementer par exemple l'éco-efficience des
véhicules et le développement d'énergies propres dans le but de
réduire notre dépendance aux carburants fossiles polluants.
Nous devions dénoncer les projets en cours de l'industrie pétrolière et l'insuffisance de ses plans d'intervention en cas d'accident. Mais comment ?

Ces débats à l'interne ont duré des semaines. Il y a des
moments où modifier le cours d'une action ou d'une politique,
c'est comme faire virer de bord un navire-citerne : ça prend un
temps fou. Pendant plus d'un mois, j'étais debout à quatre
heures et demie du matin pour palabrer avec des collègues du
monde entier pour que nous puissions nous mettre d'accord
sur le meilleur moyen de maîtriser le déversement. Entre-temps,
le pétrole polluait la mer. Au bout d'un mois, on m'a enfin autorisée à mettre en place une stratégie d'intervention collective
qui, de l'avis général, nous ferait profiter de l'indignation contre
BP pour élargir le débat et exiger des lois meilleures. Nous avons
mobilisé un de nos plus grands navires, un hélicoptère et une
équipe bien formée ayant une stratégie médiatique complète,

qui est arrivée dans le golfe du Mexique… le jour où BP a rebouché le puits.

Je sais que j'ai tort de dire cela, mais est-ce que BP n'aurait pas pu y mettre quelques jours de plus ? Nous pouvions (et nous l'avons fait d'ailleurs) utiliser nos moyens dans la région pour emmener des reporters dans les secteurs auxquels ils n'avaient pas accès normalement, collaborer avec les scientifiques afin de mesurer l'impact du déversement et de tabler sur l'inquiétude ambiante pour exiger un train complet de mesures législatives, mais BP semblait avoir neutralisé l'urgence et l'intérêt pour cet enjeu.

Le déversement nous a rappelé à quel point notre soif de pétrole est insatiable : nous allons de plus en plus vers des endroits de moins en moins accessibles pour en trouver. Le plus dégoûtant ici, c'est de voir que notre société industrielle en est là : nous manquons de carburants fossiles aisément accessibles, alors nous creusons dans les endroits difficiles d'accès avec des méthodes très dangereuses. Le déversement nous a rappelé aussi le penchant nord-américain pour la pensée magique lorsqu'il s'agit de problèmes environnementaux. Dès qu'on a bouché le puits, les médias se sont tus. Dans quelques reportages, le gouvernement américain et BP ont même dit que l'océan se portait mieux désormais parce qu'on avait dispersé le pétrole. Bien sûr qu'on l'a dispersé : BP a jeté des tonnes de dispersants chimiques dans l'océan, des produits qui sont tout aussi toxiques, sinon davantage, que le pétrole. De plus, personne ne connaît les effets à long terme de la présence de telles quantités de pétrole et de dispersants dans l'océan, pour la vie marine et l'eau potable.

Une partie de mes fonctions à Greenpeace est d'assurer le suivi de la situation après que le gouvernement a approuvé des lois et que les médias sont passés au mélodrame télégénique suivant. Nous avons donc envoyé une équipe scientifique pour analyser les effets du déversement sur les écosystèmes. Une fois que nous avons commencé à enquêter sur le déversement de BP et à débattre des interventions qui s'imposent dans ce genre d'accident, Greenpeace s'est intéressée aux autres projets de forage en eaux profondes ailleurs dans le monde et a examiné les dispositifs de sécurité en vigueur. Nous avons constaté que, dans certains des écosystèmes les plus fragiles de la planète — par exemple, au large des côtes du Groenland —, il y a d'énormes machines de forage flottantes. Ces équipements sans ancre, instables, font la taille d'un pâté de maisons, et ils forent à des centaines et parfois à des milliers de mètres sous la surface. Non seulement l'on risque de causer d'autres déversements comme celui de BP d'un jour à l'autre, mais le fait est que ces accidents se produisent déjà et qu'on n'en entend pas parler parce qu'ils surviennent dans des lieux éloignés, et non au large de la Nouvelle-Orléans. Nous commençons donc à réunir des données sur ces lieux de forage et à faire l'inventaire de tous les déversements, peu importe où ils ont lieu.

Nous avons découvert que, dès qu'Obama a décrété un moratoire sur l'exploration pétrolière dans le golfe, bon nombre de plateformes de forage sont entrées en activité ailleurs dans le monde. Nous nous sommes mis à planifier une offensive sur la côte du Brésil et une autre au large de Malte. Nous avons lancé une offensive internationale contre les grandes pétrolières, une aventure fascinante et satisfaisante qui… valait bien quelques nuits blanches.

Notre équipe d'intervention a pris du muscle. Elle se compose maintenant de militants dans dix pays, de deux navires, de plusieurs équipes d'action, de scientifiques, de photographes, de vidéastes et de chercheurs. Elle s'emploie à dénoncer les dangers du forage en mer profonde, à révéler les dommages considérables du déversement du golfe du Mexique et à profiter de l'élan pour exiger des lois qui vont réduire notre dépendance à l'égard du pétrole. Partout dans le monde, de la Turquie à la Nouvelle-Zélande, de l'Autriche au Canada, nous avons mis en scène des protestations devant des édifices gouvernementaux avec des manifestants couverts de pétrole (il s'est avéré que la mélasse ressemble exactement au pétrole et fait parfaitement l'affaire, sauf que ça attire les abeilles…). Nos chercheurs ont découvert une compagnie au large du Groenland qui planifie l'une des opérations de forage les plus profondes de l'histoire dans l'un des écosystèmes les plus délicats de l'Arctique. Nous avons déployé une carte énorme couvrant tout le mur de notre bureau et placé un petit navire aimanté ainsi qu'une punaise rouge à l'endroit où avait lieu le forage, puis nous avons décidé : « Allons occuper cette plateforme de forage et arrêtons-les. » Nous avons dépêché le navire *Esperanza* avec un équipage de vingt grimpeurs formés, des porte-parole et l'équipement de télécommunication le plus pointu qui fût à un endroit situé à deux cents milles marins au large de la côte du Groenland, là où les grandes pétrolières s'imaginent pouvoir agir en toute impunité, ni vu ni connu. Nous avons réussi à occuper une plateforme sous le nez de la marine danoise et avons pu ainsi faire connaître le problème du forage dans l'Arctique dans le monde entier et également ralentir l'action de la compagnie sur place. Nous avons aussi appris énormément de choses. Je n'oublierai jamais le jour où nous avons reçu le film montrant les employés de la pétrolière debout sur le pont des navires de soutien, se frayant un chemin vers leurs plateformes en actionnant d'énormes boyaux d'arrosage crachant de l'eau chaude, afin de faire fondre les icebergs. Malheureusement, notre équipe a dû lever le siège à cause du mauvais temps et de la menace d'une injonction de la compagnie suivie d'une poursuite judiciaire qui aurait pu nous être coûteuse.

Pour ne pas être en reste, moins de deux semaines plus tard, l'équipe intrépide « Go Beyond Oil » a arrêté un navire foreur de Chevron dans la mer du Nord en attachant une tente de survie sur le flanc du bateau, avec nos militants à l'intérieur qui donnaient des entrevues aux médias sur leurs téléphones portables. Lorsqu'il a fallu retirer la tente parce que Chevron prétendait qu'elle n'était pas sécuritaire à cause des vents forts, les militants se sont mis à nager à tour de rôle devant le colossal navire de forage pour l'empêcher de gagner le site d'extraction. Le visionnement de la vidéo a été un moment mémorable : on y voyait le responsable de la campagne et porte-parole auprès des médias, l'impertinent mais éloquent Ben Stewart, qui se maintenait à la surface, un point minuscule dans la glaciale mer du Nord. Puis on le voyait expliquer calmement pourquoi Greenpeace était là et pourquoi notre société doit en finir avec sa dépendance dangereuse au pétrole et développer des énergies propres, avec le navire de forage le surplombant, bloquant la vue du ciel. Plus l'affrontement durait, plus les médias s'y intéressaient. Entre-temps, nous faisions en sorte que la *fenêtre d'opportunité* pour le forage diminuait.

Au début de 2011, la commission nationale instituée par le président Obama a rendu public son rapport sur le déversement pétrolier dans le golfe du Mexique. On y concluait que le forage en haute mer est intrinsèquement dangereux et l'on reprenait avec force tout ce que nous avions dit sur l'insuffisance de la réglementation régissant le forage pétrolier, les risques associés au déversement et le manque de surveillance, de formation et de respect des lois. L'ancien sénateur démocrate Bob Graham, l'un des coprésidents de la commission, a déclaré que l'accident du *Deepwater Horizon* était « prévisible et aurait pu être prévenu ». Ce drame révélait également des omissions de la part des trois pétrolières et du gouvernement fédéral[4]. Le rap-

---

4. Rapport final de la Commission nationale sur le déversement pétrolier du *Deepwater Horizon* et le forage en haute mer, 11 janvier 2011, en ligne :

port recommandait des changements importants dans la planification, le processus d'approbation et les interventions à prévoir. En dépit de ce rapport, Obama a récemment levé le moratoire et donné le feu vert à de nouveaux projets de forage en eaux profondes dans le golfe.

Les auteurs du rapport confirment également que le forage dans l'Arctique est encore plus dangereux et risqué, et exige une planification encore plus minutieuse, et qu'il n'existe pas en ce moment de scénarios d'intervention et de prévention.

On croirait qu'un tel rapport, combiné avec la dévastation causée par le déversement dans le golfe, suffirait à ralentir le forage, surtout dans l'océan Arctique. Il semble qu'il ait peut-être réussi à ralentir BP et Shell dans cette région sensible, car elles ont annoncé un report d'activité d'un an ou deux. Mais Cairn Energy et d'autres compagnies vont de l'avant avec le forage arctique, et BP a annoncé qu'elle s'installerait en Russie et dans la mer Noire, où l'attention médiatique, l'indignation publique et la controverse sont moins à craindre. Ce qui est bien, cependant, quand on travaille avec une organisation mondiale, c'est que ces entreprises peuvent bien se sauver mais elles ne peuvent pas vraiment se cacher. Nous continuons de les suivre à la trace partout dans le monde et mettons au point des plans d'action, des recherches et des campagnes qui, nous l'espérons, vont et les ralentir et faire réfléchir les investisseurs à deux fois avant d'y placer leur argent, ainsi que pousser les politiciens à bien y penser avant d'approuver les permis controversés. Les déversements pétroliers sont encore tristement fréquents. À l'heure où j'écris ces lignes, mon équipe de l'Arctique en expédition sur la côte russe signale qu'elle a découvert des milliers de fuites de pétrole et des déversements qui, pensons-nous, n'ont jamais été déclarés. Au Canada, notre personnel sur

---

www.oilspillcommission.gov/final-report

le terrain me dit que des femmes enceintes et des enfants sont évacués d'une communauté crie lubicon à cause du plus grand accident de pipeline dans l'histoire de l'Alberta. Ici, aux Pays-Bas, le photographe de Greenpeace Lu Guang vient de recevoir un prix pour ses photos captant la mort du pompier Zhang Liang dans les eaux polluées du Dalian, en Chine, à cause du déversement pétrolier qui a eu lieu là-bas l'an dernier. Plus je lis de tels rapports, plus je suis convaincue que, à moins que nous nous sevrions au plus vite de ces carburants dangereux, notre empressement à les extraire jusqu'à la dernière goutte va nous rendre toujours plus vulnérables aux catastrophes.

Conclusion
Le bout du bout

Convaincre par l'espoir et non le désespoir : tel est le but de toute action radicale.

RAYMOND WILLIAMS

La question qui me fend le cœur, et je l'entends tous les jours à la fin de mes discours ou après mes entrevues à la radio, est celle-ci : « Est-ce qu'on a encore une chance ? »

Parfois, on pose la question autrement.

« Est-ce qu'on peut vraiment freiner le réchauffement climatique ? »

« Croyez-vous qu'on peut vraiment se sevrer des carburants fossiles ? »

Et enfin : « Est-il trop tard ? »

Je donne toujours la réponse qui suscite le plus l'incrédulité, mais je la donne quand même. Oui, je pense que nous avons encore une chance. C'est une bataille que nous pouvons gagner. Mais il y a une condition : il faut que chacun de nos actes soit motivé. Et nous devons nous organiser.

Il faut mobiliser nos amis, nos familles et les communautés

qui animent nos synagogues, nos églises et nos écoles. Nous devons reconnaître que nous avons la capacité et le droit d'exiger des actes de nos dirigeants politiques, tout en trouvant le moyen d'aller au travail tous les jours. Cela va nécessiter une action généralisée et la mobilisation de tous les citoyens. Ensemble, nous aurons plus d'impact que si chacun agit isolément. Mais ensemble pour quoi? Qu'allons-nous vraiment faire? Qu'est-ce qu'on veut vraiment, là, tout de suite?

Il y a plusieurs années, lors d'une réunion stratégique, Chris nous a renvoyé au but final de notre campagne, et à ce besoin de concentrer et de diriger nos efforts, en utilisant l'expression « le bout du bout ». L'expression conserve encore tout son sens chez moi parce que l'organisation d'un mouvement et les campagnes doivent servir d'entonnoir, et toute cette action doit se canaliser vers quelque chose à un moment quelconque. Si ce n'est pas le cas, on reste pris avec tout plein de bonnes intentions mais aucun résultat tangible. Bien focaliser son action, avoir un but clair en vue, c'est cela, « le bout du bout ». Autrement, tout n'est que gesticulations platoniques.

Souvent, quand on parle des changements climatiques ou de réchauffement planétaire, la réaction par défaut est la culpabilité. Cela se tient parce que, au bout du compte, c'est notre mode de vie et notre dépendance à l'égard des carburants fossiles qui ont créé le problème au départ. D'où ces gens qui disent spontanément : « Ah, mon Dieu, il faut que je change d'ampoules électriques, il faut que je marche pour me rendre au travail dorénavant, il faut que j'économise pour m'acheter une voiture hybride. C'est ma faute, c'est ma faute. »

Ce qu'on voit dans la théorie du mouvement social et dans les études psychologiques, c'est que si un problème est si vaste qu'il ne peut être aisément compris, ou si les risques sont effarants, les gens vont apporter des changements à leur mode de vie mais essayer d'oublier le problème comme tel. Vous allez marcher pour vous rendre au boulot une fois par semaine, vous allez faire votre marché avec vos sacs de toile, mais le problème ne va que s'aggraver. Vous délaisserez bientôt tout ce prêchi-prêcha et retournerez à une vie « normale ».

Il y a un million de choses que vous pouvez faire, et oui, vous devez tout faire pour changer votre mode de vie. Oui, si vous en avez les moyens, vous pourriez vous procurer une Prius, mais ce serait bien mieux si vous alliez au travail à vélo, preniez les transports en commun ou, au minimum, conduisiez le véhicule que vous avez déjà jusqu'à ce qu'il cesse d'être écoefficient, parce que la construction de cette Prius flambant neuve va produire beaucoup de carbone. Oui, nous devons changer d'ampoules. Oui, il faut marcher pour aller travailler. Tous ces conseils qui ont pour effet d'économiser l'énergie sont valables.

Mais il reste que le gros des émissions de l'Amérique du Nord et du reste du globe provient de l'industrie lourde. Ainsi, même si nous pouvons et devons modifier un tas d'aspects essentiels de notre vie, ces changements individuels ne suffiront pas à corriger le tir.

Une des grandes faussetés de notre époque consiste à penser que nous sommes assiégés de « problèmes environnementaux », qui sont écrasants et irrémédiables. Poser le problème ainsi, c'est nier le pouvoir de l'action humaine et s'aliéner de toute responsabilité individuelle et collective. C'est isoler aussi les problèmes environnementaux des problèmes sociaux dans notre esprit, dans notre langue et dans la faculté que nous avons d'articuler des politiques nouvelles. J'en suis venue à penser pour ma part que nous n'avons pas de problèmes environne-mentaux, mais bien des *problèmes humains*. Ce sont les pro-blèmes humains qui causent les désastres écologiques.

J'ai entendu des forestiers et des cadres industriels parler de

« défaillance de pente » et discuter de technologies et de restauration pour faire pièce à l'érosion massive des sols. J'ai entendu divers ministres canadiens de l'Environnement faire état de « graves problèmes environnementaux » comme si c'était l'environnement lui-même qui était à blâmer. Mais les sols ne s'érodent pas d'eux-mêmes ; ils glissent le long des pentes vers les ruisseaux à saumon parce que des humains ont abattu les arbres et dépouillé les flancs de montagne de toute végétation. Il ne faut donc pas parler de défaillance de pente mais de défaillance de l'homme. Oui, remédier au réchauffement planétaire nécessitera des changements, mais ces changements sont possibles. Si le problème résulte de quelque mauvaise décision de l'homme, il est permis de penser que de bonnes décisions de sa part pourraient le régler. Un problème insoluble est une tragédie. Un problème qui peut être réglé et qui ne l'est pas, c'est un scandale.

Une fois qu'on a constaté l'ampleur des problèmes, il faut passer par ces étapes que sont le désespoir et le déni : trajectoire émotive et intellectuelle classique. Après ma propre épiphanie climatique, j'ai eu pour réflexe de me dire : si je dois choisir entre la déprime ou la négation, aussi bien commencer tout de suite à vivre normalement parce je ne vais pas me désâmer à m'interroger tout le temps sur ce que je fais ou devrais faire. Puis j'ai eu ma phase chips et *Battlestar Galactica,* quand je me suis coupée du reste du monde, à regarder des DVD avachie sur mon divan et à jouer aux Lego avec les petits.

Après, j'ai essayé de me situer dans ce problème, de voir ce que je pourrais faire, comment je pourrais sensibiliser les gens, et de trouver un milieu où en discuter. J'ai des amis qui passaient par la même phase, et ils étaient tous soulagés de voir qu'ils n'avaient pas perdu la boule eux non plus, mais ils étaient alarmés à la pensée qu'ils n'en faisaient pas assez. Nous avons trouvé ensemble des choses à faire qui nous réconfortaient, et nous étions tous inspirés régulièrement par les réussites d'autres organisations et d'autres groupes ailleurs dans le monde qui faisaient bouger des choses aussi. Un changement est en train de s'opérer, nous sommes-nous dit : dans nos maisons, nos écoles, notre lieu de travail et nos assemblées législatives.

En relatant mon cheminement, je me suis rappelé un discours que j'avais prononcé lors d'un rassemblement sur le perron du parlement de la Colombie-Britannique. On m'avait demandé d'« inspirer la foule », et juste avant de prendre la parole, je m'étais rendu compte que je n'avais plus rien à dire. Tout l'été, j'avais été horrifiée et déprimée par l'ampleur de la coupe à blanc dont j'avais été témoin et par notre impuissance apparente à même la ralentir.

Fermant les yeux devant ce millier de personnes assemblées sur les pelouses du parlement provincial, j'ai pris le microphone et j'y ai mis toute la gomme : j'ai déploré la disparition de ces arbres millénaires et majestueux et la destruction tragique de nos forêts anciennes dont on faisait des annuaires de téléphone et du papier de toilette. M'exprimant avec les mots du cœur, j'ai raconté comment, à vingt-cinq ans, j'avais peur d'avoir des enfants parce que je ne voulais pas les plonger dans un monde où de telles dévastations étaient non seulement possibles mais prévisibles et acceptables. J'ai parlé des gens formidables que j'avais rencontrés durant l'été et dit comment j'espérais, avec leur aide, changer le cours des choses. Puis j'ai ouvert les yeux et aperçu cette mer de monde dont la crainte, la colère et la solidarité étaient palpables. J'ai achevé mon discours en disant : « Je ne sais pas ce que l'avenir nous réserve, mais je sais qui en détient la clé. »

J'étais descendue de l'estrade en tremblant. Au pied de l'escalier, il y avait un couple âgé, manifestement ému. Les deux se sont avancés et m'ont dit qu'ils avaient connu mes parents dans le temps, et que ceux-ci auraient été très fiers de moi. Ce jour-là, j'ai vu qu'au-delà de la souffrance, de la peur et de la colère, il y avait une force qui brillait de conviction, de dignité et d'honneur.

Au cours de la décennie qui a suivi, j'allais me rappeler ce moment bien des fois. Je me souviendrais d'avoir su canaliser le désespoir et la colère vers des actions concrètes, et d'avoir ressenti un baume au cœur à l'idée que l'on fait partie d'une communauté puissante et que l'on contribue à une œuvre qui aura des suites au-delà de notre vie propre.

À Bali et à Copenhague, au Canada, aux États-Unis et à Amsterdam, on m'a rappelé que le désespoir conduit parfois aux grandes choses. Il y a des moments, c'est sûr, où l'on sent que c'est trop gros, trop écrasant, et l'on a alors l'impression d'être minuscule et insignifiant. Mais tous les jours, je regarde mes enfants et je sais que je dois trouver des moyens de contribuer à la conscientisation de mes semblables et à la recherche de solutions. Je dois sans cesse chercher ma voix et laisser de temps à autre le désespoir m'envahir afin de retremper la volonté que j'ai de m'engager et de trouver les voix qui appelleront au changement.

Décider de contrer les changements climatiques, c'est comme vouloir retrouver la forme : il nous faut insérer l'action dans la pratique quotidienne. Si je m'engage à faire de l'exercice tous les jours, du yoga ou de la marche, j'en fais un élément de mon quotidien ; sinon, je ne trouverai jamais le temps d'en faire. Si l'on est sérieux dans sa volonté de vraiment changer le monde, il faut de la même manière intégrer intentionnellement à sa routine des gestes concrets. Pendant un certain temps, je me disais que je n'avais qu'à écrire une lettre par jour ; et les jours où je n'en avais pas le temps, j'allais sur le site web d'un groupe environnemental appuyer ses démarches d'un simple clic. J'y trouvais d'immenses satisfactions, et c'était une contribution importante. Si nous prenions tous ce genre d'engagement, à savoir réserver quelques heures par semaine à un groupe de personnes motivées ou à une organisation, ou mieux encore, si nous en faisions une habitude quotidienne, une seconde nature, comme vérifier notre page Facebook ou faire le lunch de nos enfants, imaginez à quel point notre monde serait différent.

Il est plus important encore de vous joindre à un groupe écologiste — surtout un mouvement local où vous pouvez prendre part à des activités qui profitent à votre milieu — et d'interpeller vos décideurs élus. Faites un chèque à ce groupe. Soutenez-le dans ses moyens de pression : écrivez des lettres, saisissez-vous du téléphone. Ça ne prend que trente secondes pour cliquer sur « envoyer » chaque fois qu'un groupe écologiste œuvrant dans un dossier important lance une campagne en ligne.

Il y aura toujours des décisions à prendre concernant nos propres activités : acheter tel produit, rejeter tel autre, prendre l'avion pour le travail seulement, ou pas du tout. Ultimement, l'écologisme, c'est s'efforcer d'avoir un impact minimum sur l'environnement. Il est essentiel de faire tout en notre pouvoir pour manger local et bio, pour consommer moins et utiliser moins d'énergie.

Je sais que nous ne pouvons pas tous nous atteler à ces enjeux tous les jours, toute la journée. Nous menons des vies chargées, nous avons tous des factures à payer et des ennuis personnels à régler. Mais chacun de nous peut consacrer une part de son ingéniosité, de ses ressources et de son temps à une cause qu'il aime. Et il faut le faire. Parce qu'aujourd'hui, nous sommes tous responsables, non seulement de ce que nous faisons, mais de ce que nous ne faisons pas.

La moitié des personnes à qui je parle après mes discours sur le climat me disent : « J'ai l'impression de perdre la tête. Il a fallu que je cesse de lire là-dessus. »

J'ai rencontré des gens qui ont cessé de militer pour l'environnement à cause des changements climatiques. J'ai demandé à un ami pourquoi il s'était dissocié d'une certaine campagne, et il a dit : « Parce que j'ai trop mal à l'âme. » Dans quelques années, l'on va voir apparaître des groupes d'entraide pour les anxieux du climat. J'ai déjà entendu parler d'un conseiller au Canada qui travaille avec des couples en crise dans lesquels l'un des partenaires est plus préoccupé par les changements climatiques que l'autre.

Quand j'ai eu ma révélation, je me suis jetée dans les écrits d'experts comme Monbiot, et je suis devenue l'invitée chiante qu'on évite à une fête. Je me rappelle la veille du Nouvel An de 2008, quand quelqu'un m'a demandé ce que je faisais de bon dans la vie. Je me suis mise à expliquer les impacts dramatiques des changements climatiques qu'on voit déjà dans les pays vulnérables ainsi que mes craintes quant à l'avenir. Tout à coup, la fête s'est arrêtée ; les deux personnes à côté de moi pleuraient à chaudes larmes, et je me suis dit : *Nom de nom, j'ai gâché la fête. Je suis comme le poste de télé qu'on change parce qu'on n'en peut plus et qu'on a besoin de plus léger.*

C'est vrai : on ne peut pas remettre la pâte dentifrice dans le tube. Notre monde a changé pour toujours, et pour un grand nombre d'entre nous, notre vision du monde a changé pour toujours. Cependant, quand je songe à rendre mon tablier, je me rappelle que nous avons connu des réussites. Le Protocole de Montréal a donné les effets voulus. Aujourd'hui, les trous dans la couche d'ozone sont plus petits, et à certains endroits, il y a même eu cicatrisation. Je me rappelle combien de choses ont changé pour le mieux rien que dans les quelques dernières années, et je pense au fait que nous avons la technologie qu'il faut pour réaliser des solutions économiquement viables.

La revue *New Scientist* a calculé ce qu'il en coûterait aux consommateurs pour effectuer la transition vers les énergies propres et a projeté que des réductions profondes dans les émissions du Royaume-Uni ne causeraient que des augmentations minimes dans le prix de l'alimentation, des boissons et de la plupart des autres biens de consommation d'ici 2050. Les coûts de l'électricité et de l'essence augmenteraient de beaucoup, mais, selon les analystes, avec les bonnes politiques en place, ces augmentations ne bouleverseraient pas complètement notre mode de vie. « Les résultats démontrent que le projet mondial de lutte contre les changements climatiques est faisable, a dit Alex Bowen, climatologue à la London School of Economics. On n'en demande pas tant que ça aux gens[1]. »

Même si ces résultats ne traitent que des consommateurs du Royaume-Uni, des études antérieures sont parvenues à des conclusions semblables pour les Américains. L'une d'entre elles a démontré que si les Américains coupaient leurs émissions de 50 pour cent d'ici 2050, le prix de la plupart des biens de consommation augmenterait en conséquence de moins de 5 pour cent[2]. Ces constatations rejoignaient les analyses du Centre Pew pour les changements climatiques de Washington. « Même une réduction des émissions de 80 pour cent sur quatre décennies aurait un effet très minime sur les consommateurs dans la plupart des domaines », si l'on en croit Manik Roy du Centre Pew[3].

Comment allons-nous convaincre les gouvernements qu'il leur est permis d'agir socialement — c'est-à-dire que nous

---

1. Kenneth P. Green et Aparna Mathur, « A Green Future for Just Pennies a Day? », *The American*, 19 février 2010, en ligne : www.american.com

2. Richard J. Goettle et Allen A. Fawcett, « The Structural Effects of Cap and Trade Climate Policy », *Energy Economics*, vol. 31, n° 2, décembre 2009, p. 244-253. Cité dans Tzeporah Berman, « Cost of the Clean Transition? Barely Noticeable », *The Vancouver Sun*, 9 décembre 2009.

3. Green et Mathur, « Green Future ».

allons les soutenir s'ils opèrent ces changements ? Il faut commencer par avoir une vision.

Un sondeur bien connu m'a dit un jour que les agents de voyage ne parlent jamais du coût du voyage à Hawaï ou de la longueur du vol ; ils ne parlent que de la plage là-bas. Et l'un des orateurs les plus inspirants que j'ai entendus, Van Jones, aime à dire : « Il y a une raison pour laquelle Martin Luther King n'a jamais dit : "J'ai un problème." Le problème inspire rarement l'action et l'engagement : c'est le rêve qui y réussit. »

Et voilà pourquoi il faut parler du rêve.

Le choc et l'horreur suscitent rarement l'engagement. Ils font plutôt germer l'impuissance dans nos âmes. Il faut cesser de parler de réchauffement planétaire et de déboisement sans parler de responsabilité, d'engagement, sans nommer ce que nous pouvons faire pour créer le monde dans lequel nous voulons vivre.

L'un des éléments les plus importants de la théorie qui inspire mon action a été la « carte du mouvement » de Bill Moyers, qui marque les étapes des mouvements sociaux. Moyers dit que, pour faire avancer une cause, les buts doivent être définis au moyen de valeurs universelles. En évoquant les valeurs, on passe de la cause qui touche quelques quidams au mouvement qui touche beaucoup de monde. Ce qui m'a frappée, quand je me suis mise à m'intéresser au climat, c'est que le mouvement avait été jusqu'alors exclusif, complexe et basé sur des arguments scientifiques et gouvernementaux qui ne sauraient toucher le grand public. J'ai passé ma vie adulte à travailler dans des dossiers environnementaux, et il m'a fallu six mois de recherche intensive rien que pour savoir où me situer. Voilà pourquoi je me suis donné pour mission de parler des grands enjeux d'une manière qui touche les gens et les pousse à agir.

L'inaction politique est scandaleuse. Nous devons prouver que la plupart des gouvernements ne sont pas en contact avec ces valeurs que sont l'air pur, l'eau potable et la santé publique, qu'ils ne sont pas en contact avec les valeurs de notre société.

Nous avons des solutions à portée de la main. En 2009, pour la première fois dans l'histoire humaine, les nouveaux investissements dans les énergies renouvelables — éolienne, solaire et hydraulique — dépassaient les investissements dans les carburants polluants — pétrole, gaz et nucléaire confondus.

Je rêve d'un monde où tous ont accès à l'eau potable, à l'air pur et à une alimentation saine, d'un monde où les pays riches qui polluent l'atmosphère depuis des décennies assument enfin leurs responsabilités et aident les économies émergentes à contourner l'ère des carburants fossiles et à développer des systèmes d'énergie renouvelable. Je ne rêve pas d'un retour collectif « à la terre », où nous vivrions dans des cabanes sans eau courante et sans électricité. Et je sais que nous ne pouvons pas tous vivre dans un lieu comme l'île Cortes. Je rêve d'un monde de haute technologie avec des structures urbaines audacieuses, des réseaux électriques intelligents, des toits verts et des jardins collectifs, des pistes cyclables et des trains haute vitesse. Je rêve d'un monde où les gouvernements régulent et contrôlent la pollution, n'emploient jamais l'argent des contribuables pour subventionner les carburants fossiles sales et s'unissent, sur la scène internationale, pour signer de toute urgence un traité équitable, ambitieux et contraignant, et ce, afin de protéger ce qui reste de nos forêts intactes et de stopper les changements climatiques.

Il nous faut articuler une vision collective qui nous redonnera à tous de l'espoir et qui nous conduira à l'action. Il nous faut susciter le dialogue. Nous avons là des enjeux qui doivent sortir des mains des experts, qui ne peuvent être résolus à huis clos entre parties intéressées. Nous avons là des problèmes que ne peut régler à lui seul un parti, un gouvernement, un groupe écologiste ou un individu. Nous ne pouvons plus permettre aux

querelles partisanes d'entraver l'adoption de lois environnementales. Nous n'avons pas le luxe d'attendre que le gouvernement en place voie la lumière et fasse son devoir parce qu'aucun
dirigeant n'aura le courage politique voulu pour opérer les changements nécessaires sans avoir la certitude que nous l'y pressons.

Les changements requis ne seront pas toujours aisés et n'ob-
tiendront pas d'emblée la faveur populaire. Les gens n'aiment
pas payer davantage pour l'énergie, ils n'aiment pas être bous-
culés dans leurs certitudes, pas plus qu'ils n'aiment voir les
espaces naturels ouverts à la production d'énergies propres. Il
nous appartient de leur faire connaître les impératifs en jeu.
Voilà pourquoi il nous faut des objectifs audacieux que tous
peuvent comprendre et approuver. Il faut privilégier les énergies
renouvelables par des mesures fiscales et les rendre plus accessibles, et il faut imposer des limites sévères à la pollution, ce qui
veut dire tarifer le carbone de manière à faire réfléchir les pollueurs à deux fois. Il faut aussi établir des règlements plus
sévères pour les immeubles et les véhicules. Nous avons la technologie voulue pour fabriquer des véhicules qui ne polluent pas,
alors qu'attendons-nous? Pourquoi ne pas tout simplement
bannir ceux dont les émissions salissent l'atmosphère?

Le Japon a une loi inspirante qui devrait servir d'exemple, à
mon avis, à tous les pays :« la loi du plus efficient ». Le gouvernement japonais examine tous les appareils, les lave-vaisselle
aussi bien que les tracteurs, et tous les trois ans, il déclare hors-
la-loi les plus énergivores de chaque secteur. Il en a résulté une
concurrence dynamique ainsi qu'une industrie et un marché
qui se livrent une véritable course à l'efficience énergétique.
C'est la raison pour laquelle les appareils les plus écoefficients
nous viennent souvent du Japon.

Oui, il faut de l'entrepreneuriat, oui, il faut du financement,
oui, il faut des initiatives individuelles. Mais ce sont les lois qui
favorisent l'évolution bénéfique des appareils partout dans le

monde. Les lois pèsent lourd. Nous devons tous nous politiser et montrer à nos gouvernements que nous avons suffisamment à cœur l'avenir de la planète pour que cette question devienne un enjeu électoral. J'ai rencontré récemment un responsable canadien qui m'a confié que, s'il est vrai que les Canadiens se soucient de l'environnement, ils ne s'en soucient pas assez pour que cela compte au moment des élections. Le gouvernement Harper s'imagine donc qu'il en fait assez comme ça. Il faut que cette mentalité change, et pas seulement au Canada.

Les élections américaines ont tendance à tourner autour d'un enjeu déterminant. Le jour où l'environnement sera cet enjeu, vous allez voir toute la classe politique passer au vert.

S'il y a une chose à faire en priorité après avoir lu ce livre, c'est de voter pour ceux et celles qui veulent contrer les changements climatiques. Nous ne verrons aucune amélioration tant que les politiciens ne croiront pas avoir l'argent et les votes pour opérer les transformations difficiles qui s'imposent. Il tombe sous le sens de voter pour la personne qui s'engage à vous sauver la peau, non?

Et tout cela est à notre portée.

Le Royaume-Uni s'est engagé à faire en sorte que toutes les nouvelles maisons soient à émission zéro d'ici 2016. La Chine dispose d'une réglementation sur l'efficience des véhicules qui est plus sévère que celle du Canada. Les États-Unis vont lancer sur leurs routes un million de véhicules hybrides branchés d'ici 2015. Le Centre Pew sur les changements climatiques mondiaux a articulé trois scénarios qui permettront aux États-Unis de réduire de 65 pour cent leurs émissions de gaz à effet de serre dans le secteur des transports d'ici 2050[4]; toutefois, le gou-

---

4. Dawn Fenton, « U.S. Can Reduce Transportation GHG by 65%, Report Says », *Environmental Leader,* 13 janvier 2011, www.environmentalleader. com

vernement américain va devoir pour cela tenir tête au lobby de l'automobile, qui s'oppose aux normes relatives aux carburants. D'où l'importance, encore une fois, des lois et des législateurs. Israël, avec ses 7 millions d'habitants, s'est engagé à installer une infrastructure entièrement vouée à la voiture électrique. D'ici la fin de 2011, le pays produira des véhicules en masse et mettra en place un demi-million de stations de rechargement.

Plus de cent pays, villes et autres juridictions ont adhéré au Réseau pour un climat neutre des Nations Unies et mettent en œuvre des plans carbone zéro. Des pays aussi divers que la Norvège, la Nouvelle-Zélande et le Costa Rica ont résolu de passer au carbone neutre. La Suède a promis de bâtir une « société sans pétrole » et a déjà réduit de 70 pour cent, au cours des trente dernières années, le chauffage résidentiel et commercial au mazout.

Il est évident que pour nous affranchir du pétrole, nous devrons prouver aux décideurs que nous sommes à même de créer une économie capable de combler nos besoins avec une énergie à faible teneur en carbone, et ce, en utilisant des sources créatrices d'emplois. Nous devons prouver à nos gouvernements que cet objectif représente plus qu'un créneau, d'une manière concertée et efficace, sans plus attendre.

Certains de mes plus proches collaborateurs, avec qui j'ai fait mes meilleurs coups, sont à l'emploi d'entreprises forestières. À l'heure actuelle, les personnes qui se préoccupent le plus à mon avis du réchauffement climatique au Canada sont à l'emploi d'entreprises du secteur énergétique. Donc, oui, nous devons dénoncer les mauvaises décisions et citer des noms si nous voulons attirer l'attention du public sur un problème particulier ou quelque décideur intransigeant, mais nous devons aussi donner aux leaders industriels la chance d'innover et, de même, accorder aux fonctionnaires le bénéfice du doute. Il faut éviter d'étiqueter les gens trop vite et de limiter ainsi leur action et nos relations avec eux.

Cela étant dit, la collaboration et le réseautage ne portent fruit que si tous s'entendent pour admettre qu'il y a un problème à résoudre et que les vieilles méthodes sont inopérantes. De tout temps, les grands mouvements ont nécessité la participation et la mobilisation des citoyens. Tout le monde n'est pas obligé de descendre dans la rue avec une pancarte — cela dit, j'espère que certains d'entre vous oserez encore le faire —, mais chacun doit s'engager à sa manière. Il n'existe pas de stratégie ou de tactique uniques, et généralement, les meilleures campagnes sont, comme la nature, diverses. Il faut plus d'un fil pour tisser une toile résistante.

Il y a quelques années, à une conférence Bioneers, j'ai rencontré Diane Wilson, la femme qui a escaladé l'immeuble de la Dow Chemical et s'y est enchaînée, cadenas à la gorge, empêchant ainsi les gardes de sécurité ou la police de la sortir de là[5]. Du coup, elle a forcé un géant de la chimie industrielle à négocier autrement. Diane m'a rappelé deux choses : qu'il faut être audacieux, et que la désobéissance civile et la protestation ont leur importance dans toute campagne qui réussit. Elle m'a rappelé combien il est facile de s'égarer dans la participation inoffensive et la négociation, et comment la controverse, avec la volonté de mettre en péril sa liberté, et dans certains cas sa vie même, peut faire avancer le débat et décupler le pouvoir dont on dispose.

Oui, il faut négocier dans les officines du privé et être disposés à nous servir de notre pouvoir de consommateurs en recourant à des boycotts, mais nous aurons toujours besoin de gens prêts à risquer leur liberté et leur vie sur les barricades. Je suis

---

5. *Living on Earth*, 5 juin 1998, www.loe.org

persuadée que si nous n'avons pas eu le courage de manifester devant l'hôtel de ville, le Parlement ou la Maison-Blanche à un moment où des vies humaines et la vie de la planète elle-même étaient menacées, nous en éprouverons encore des regrets dans dix ans.

Nous ne pouvons plus rester assis et laisser d'autres dicter l'avenir de nos enfants. Si vous le pouviez, vous ne permettriez à personne de décider pour vous à quelle école iront vos enfants. Vous ne devriez pas non plus laisser à un tiers le soin de décider de la qualité de l'air qu'ils vont respirer. Le monde change. Et il va changer, soit par la force des choses soit par la force de notre volonté, pour passer à une économie postcarbone. Si nous le laissons changer par la force des choses, il y aura beaucoup plus de victimes.

Quand je me suis lancée dans ce domaine, je pensais que j'avais toutes les réponses. Je sais maintenant que ce n'est le cas pour personne. Le mieux que nous puissions faire, c'est d'écouter avec le cœur : soi-même et les autres. Puis nous devons faire des choix et agir, guidés par ce que nous avons appris, par nos capacités et nos ressources, ainsi que par nos principes. Il n'existe pas de recette miracle pour opérer un changement social, pas plus que de moyen unique de s'engager dans ces enjeux. Au bout du compte, c'est toujours une question de créativité, de résolution, de courage, à quoi il faut ajouter un peu de chance ou de magie.

Le réchauffement climatique est une réalité, ses agents sont invisibles, et sa progression n'obéit pas au temps humain. Dans un sens, nous sommes tous en déni, incapables de saisir l'énormité du problème et l'ampleur des changements qui s'imposent. Je suis sensible aux difficultés qu'il y a à former une nouvelle génération d'écologistes militants, et à négocier des compromis acceptables et leur opérationnalisation dans le temps. Les lois de la physique, par contre, sont indifférentes. Ou bien nous faisons les changements nécessaires, ou bien nous restons spectateurs alors que la moitié des espèces de la planète et un trop grand nombre de nos concitoyens seront condamnés à disparaître.

Après avoir assisté aux négociations des Nations Unies à Bali, j'ai passé une semaine avec ma grand-mère de 92 ans, quelque temps avant sa mort. Un jour que nous étions toutes les deux à l'hôpital, je lui ai fait part de mon angoisse, et elle a dit : « Je ne veux plus entendre que c'est énorme, que c'est difficile et que tu ne sais pas si ça va marcher ou non. Quand ta mère était petite, quand j'avais mes sept enfants, nous n'avions pas le téléphone, nous avions une ligne commune. Nous n'avions pas de voiture, personne n'avait de voiture. Nous venions d'avoir l'électricité. Nous n'avions pas d'ordinateurs. Nous n'avions pas de téléphone portable. Personne n'y avait même pensé, encore moins à ce machin que tu as toujours à la main », a-t-elle ajouté en regardant le Blackberry qui ne me quittait jamais.

« Je n'aurais jamais cru qu'un jour je discuterais avec ma petite-fille du monde dans lequel j'ai vécu, et que ce monde serait complètement révolu. On ne communique plus de la même façon, on ne se déplace plus de la même façon. Quand j'étais jeune maman, je n'avais encore jamais rencontré quelqu'un qui avait pris l'avion. N'oublie pas que le monde peut changer du tout au tout dans l'espace d'une vie. »

Donc, quand je fais mon travail aujourd'hui, je m'accroche à l'idée que je vais un jour raconter à mes petits-enfants que j'ai vécu dans une autre époque, pas si lointaine, dans des années folles où l'on détruisait les dernières forêts anciennes du globe pour fabriquer des catalogues et du papier de toilette, dans des années folles où l'on torturait la terre pour en extraire les dernières gouttes de pétrole, dans des années folles où l'on remplissait d'essence les réservoirs de nos voitures. Et ils auront du mal à me croire parce que le monde sera alors totalement différent de celui que j'aurai connu.

Remerciements

Tzeporah Berman

Je tiens, avant toute chose, à dire merci à ma famille, qui non seulement m'a toujours accompagnée beau temps mauvais temps, mais m'a renouvelé ses encouragements même dans les moments où elle estimait que ce projet d'écriture était pure folie. Mon indéfectible compagnon de vie, Chris Hatch, m'a été une source d'inspiration par son travail, sa patience, son analyse intelligente et la clarté de sa réflexion stratégique. Il m'a observée avec son sourire goguenard chaque fois que je me suis avancée imprudemment et s'est non seulement abstenu de toute réflexion paternaliste dans de tels cas mais a bien voulu me sortir du pétrin chaque fois que je m'y suis enlisée. Ô ravissement, cet homme est entré dans ma vie avec des beaux-parents dont une fille ne pouvait que rêver. J'ai cessé il y a longtemps de compter les fois où Ron et Veronica ont fait le souper, m'ont écoutée avec sympathie, ont pris soin des enfants et m'ont sortie d'un guêpier. Mes fils, Forrest et Quinn, m'ont gardée les deux pieds sur terre, m'ont rappelé toutes les petites joies qu'on peut trouver dans le quotidien et ont défini avec une clarté surprenante nombre d'enjeux avec lesquels je me débattais. Ils m'ont aussi inspirée à continuer et à donner le meilleur de moi-même. Depuis l'époque où ils ont dû traverser tout le pays pour me sortir de prison ou me rendre visite à Amsterdam, mes sœurs, Wendy et Corinne, ainsi que mon frère Steve, ont toujours été là. Je les aime, eux et leurs magnifiques familles, plus que je ne pourrais le dire en mots.

Si l'on en croit l'adage, ça prend un village pour élever un enfant. Dans mon expérience à moi, c'est vrai aussi de toute campagne que l'on met en marche… et d'un livre qu'on écrit. Je dois énormément à ces « villages » avec lesquels j'ai eu l'honneur de collaborer au fil des ans. Bruce Westwood et Carolyn Forde de l'agence Westwood Creative Artists savaient que j'y arriverais même avant que je sache, moi, de quoi il retournait. Les réviseures Louise Dennys et Amanda Lewis de chez Random House Canada ont été pour moi de formidables mentors de qui j'ai beaucoup appris. À la baie Clayoquot, j'ai reçu l'appui du chef Moses Martin, du chef Francis Frank et du conseiller en chef Nelson Keitlah, de Valerie Langer, Joe Foy, Adriane Carr, Vicky Husband, Elizabeth May, Liz Barratt-Brown, Norleen Lillico, Kevin Pegg, Maryjka Mychajlowycz, Garth Lenz, Warren Rudd et de bien d'autres de la nation nuu-chah-nulth, du Western Canada Wilderness Committee, du Natural Defense Council (NRDC), du Sierra Club, des Amis de la baie Clayoquot et de Greenpeace. Les campagnes entourant la forêt pluviale du Grand Ours et la forêt boréale ainsi que les campagnes commerciales pour la forêt en Europe, au Japon et aux États-Unis n'auraient jamais décollé sans la conviction de Patrick Anderson, Jim Ford, Bill Barclay, Christoph Thies, Phil Aikman, John Sauven, Michael Marx, Randy Hayes, Mike Brune, Marc Evans, Atossa Soltani, Karen Mahon, Tamara Stark, Ian McAllister, Wayne McCrory, Catherine Stewart, Steve Shallhorn, Merran Smith, Ross McMillan, Art Sterrit, Jody Holmes, Nicole Rycroft, Leah Henderson, Richard Brooks, Lorne Johnson, Steve Kallick,

Cathy Wilkinson, Aaron O'Carroll et de tant d'autres des Premières Nations côtières, du Réseau d'action pour la forêt pluviale, de la fondation Ivey, du Pew Charitable Trusts, de la fondation Tides, de la fondation Endswell, de Greenpeace, du NRDC et de la Société pour la nature et les parcs du Canada (SNAP). Je tiens à exprimer ma reconnaissance à Clayton Ruby pour toutes ces années de mentorat, d'amitié et de soutien. À Robert Gass également, qui m'a aidée à voir en moi-même et m'a ensuite montré à cesser de me nuire. À Daniel Johnston, qui m'a appris à écouter et à voir les personnes au-delà de leurs positions, et à Avrim Lazar, Linda Coady, Patrick Armstrong, Mark Hubert, Ken Higginbotham, Bill Dumont et Bill Cafferata : quel voyage avons-nous fait ensemble! Je dois des remerciements sentis à l'équipe de ForestEthics, nommément Todd Paglia, Liz Butler, Kristi Chester Vance, Candace Batycki, Lafcadio Cortesi et Aaron Sanger, pour leur amitié indéfectible, leur conviction tonique et leur créativité. Dans mon cheminement concernant les enjeux climatiques et énergétiques, il y a quelques personnes qui ont exercé une influence notable et ont été des plus patientes envers moi lorsque j'essayais de m'y retrouver : Gillian McEchern, Tim Gray, Guy Dauncey, Peter Ronald, Clare Demerse, Mathew Bramley, Marlo Reynolds, Rick Smith, Bruce Lourie, John Roy, Angus McAllister, le docteur Mark Jaccard, Neil Moncton, Natasha van Bentum, Steve Kretzmann, James Glave, Jim Hoggan, Kevin Grandia, Don Millar et Mike Wilson, et d'autres collaborateurs de l'Institut Pembina, du Fonds de défense environnemental du Canada et de FD Element. Ce fut un honneur que de collaborer avec vous tous. À Jenn Nelson, qui a organisé ma vie professionnelle pendant les sept années où j'ai milité depuis l'île Cortes, et à mes chers amis Sue Danne, Karen Mahon, Tom, Chloe, Ruben et Mia Cregg, Deena Chochinov, Eric Posen, Barry et Carrie Saxifrage, Mike Magee, Dana et Joel Solomon, je dis que personne n'aurait pu en demander autant. Enfin, je dois remercier Mark Leiren-Young et sa conjointe, Rayne, qui m'ont aidée à démêler et à comprendre les deux dernières décennies de ma vie et de mon action, sans jamais me faire perdre le goût de rire.

Mark Leiren-Young

« C'est un peu froid », nous avait avertis Tzeporah avant que nous mettions le pied dans l'eau.

Un peu ? Quand mon amie Rayne et moi avons plongé dans la baie de l'île Cortes, de battre mon cœur a cessé pendant un moment.

« Ne vous en faites pas, a dit Tzeporah, vous allez vous habituer. Mes enfants font ça tous les jours. »

Génial, me suis-je dit, *sauf que je n'ai pas l'endurance d'un enfant de cinq ans.*

Alors que nous étions debout dans l'eau, Tzeporah nous a raconté comment Quinn avait été piqué par une méduse le matin même. J'ignorais complètement que la méduse pouvait vivre dans des eaux aussi glaciales, j'étais même sûr que la méduse était une bestiole tropicale. Elle a ajouté qu'on n'en voyait jamais dans les eaux de l'île Cortes mais que maintenant… de temps en temps… on en voyait quelques-unes. Il n'y avait qu'un remède dont j'avais entendu parler pour les piqûres de méduse — et elle et Chris avaient entendu parler du même —, et c'était franchement dégoûtant. Tzeporah nous a expliqué que ni elle ni Chris n'avaient pu se résigner à uriner sur la morsure du petit Quinn pour soulager sa douleur, ils avaient donc sollicité le concours d'un ami. Apparemment, ça avait marché. Quinn était sur la plage, il s'amusait, bien content de ne pas se geler les orteils.

Puis Tzeporah nous a expliqué comment capter les courants. Elle a plongé et s'est mise à nager comme une petite fille dans une piscine à vagues. Rayne et moi l'avons suivie, et pendant cette joyeuse baignade dans la baie et les eaux de l'océan Pacifique, je me suis égaré dans la nature comme jamais je ne l'avais fait.

Quand j'ai vérifié mes courriels ce soir-là, j'ai découvert qu'Alternet — un service de nouvelles écologiques auquel je suis abonné — m'avait envoyé un texte où il était dit que, à cause des changements climatiques, la méduse migrait vers des régions où elle était inconnue jusqu'alors. J'ai envoyé un courriel à Tzeporah et lui ai dit que le livre devrait commencer avec une scène où elle essaierait d'uriner sur la blessure de Quinn. Et si elle n'avait pas été recrutée par Greenpeace pour sauver la planète d'une invasion de méduses détraquées, peut-être que nous l'aurions fait.

J'ai scénarisé et mis en scène le film *The Green Chain*, qui traite des batailles autour des forêts de la Colombie-Britannique, et lorsqu'il a été diffusé en 2007, j'ai lancé une série balado (for thetyce.ca) pour l'accompagner. Quand j'ai dressé la liste des personnes que je voulais interviewer sur les enjeux relatifs aux forêts, le nom de Tzeporah s'est imposé d'emblée. Dès que je l'ai vue pour notre entrevue au bureau de ForestEthics au centre-ville de Vancouver, j'ai eu l'impression que nous nous connaissions depuis des années. Et à maints égards, c'était en effet le cas.

J'ai entendu parler de Tzeporah pour la première fois au même moment que la plupart des Canadiens : lors de la « guerre dans les bois » de 1993. J'ai un vif souvenir d'avoir lu en première page du journal l'histoire de son arrestation, et de m'être demandé : mais que fait cette brave jeune Juive de Toronto sur la ligne de feu dans les forêts de la Colombie-Britannique ? Je me trouvais en face du Centre communautaire juif de Vancouver le jour où j'ai vu l'annonce dans le journal par laquelle de grands artistes et militants canadiens réclamaient l'abandon des accusations qui pesaient contre elle.

Après notre entrevue en balado, je lui ai dit que je m'imaginais bien scénarisant un film sur ses aventures. Elle m'a répondu qu'elle se voyait mal en personnage de fiction mais qu'elle avait été pressentie pour écrire un livre. Elle m'a demandé si ça m'intéresserait de l'y aider.

Je suis allé passer une journée avec Tzeporah à l'île Cortes — je ne m'étais jamais rendu compte auparavant à quel point l'endroit est isolé — pour voir si j'arriverais à m'entendre avec elle et sa famille et si nous aurions du plaisir à collaborer dès que nous entrerions officiellement dans la partie travail. Au moment où le traversier a quitté Campbell River pour l'île Quadra, j'ai su que je tenais là un beau sujet. Après que Chris, Forrest et Quinn ont approuvé ma candidature, j'ai su que c'était là un lieu où j'aurais plaisir à séjourner et que j'aimerais raconter cette histoire.

Une histoire qui ne faisait que s'améliorer... J'étais là avec elle lors de la première du film *The 11th Hour* à Vancouver. J'étais là le soir où elle angoissait à propos de sa décision de rendre publique son opposition à la campagne du NPD visant à abolir la taxe sur le carbone. J'étais avec elle à Cortes lorsqu'elle a accepté un poste au sein du comité consultatif du gouvernement et le jour où Forrest lui a ni plus ni moins donné l'ordre de relayer la flamme olympique.

Nous avons passé des heures à causer à Vancouver, à Cortes, dans des aéroports, dans des voitures, sur des plages et partout à Hollyhock. Nous discutions alors qu'elle se débattait avec des questions, des requêtes et les exigences de Forrest, de Quinn et de Greenpeace, et elle m'a raconté ses anecdotes favorites pendant qu'elle faisait la cuisine pour les petits. C'est un plaisir de partager enfin la plupart de ces récits avec vous.

Je dois des remerciements appuyés à plusieurs personnes,

dont Tav Rayne, Joan Watterson, Scott Hugh Garrioch, Julie Johannessen et Kennedy Goodkey, qui m'ont aidé pour la transcription, la recherche et la vérification des faits ; Warren Sheffer et Ian Ferguson pour leur aide et leurs conseils ; Bruce Westwood et Carolyn Forde, qui ont défendu le projet du livre auprès de Knopf Canada ; Louise Dennys, qui l'a orchestré chez Knopf Canada ; Amanda Lewis pour tout le temps, l'énergie et la patience qu'elle y a consacrés ; Chris, Forrest et Quinn, qui ont avalisé ma candidature ; et, par-dessus tout, à Tzeporah, qui m'a encouragé à plonger avec elle dans le cours d'eau en furie.

Tu avais raison, Tzeporah, on s'habitue…

Lectures choisies

Broeker, Wallace, et Robert Kunzig, *Fixing Climate: What Past Climate Changes Reveal About the Current Threat — And How to Counter It*, New York, Hill and Wang, 2009.

Dyer, Gwynne, *Climate Wars,* Toronto, Random House Canada, 2008.

Flannery, Tim, *The Weathermakers: The History and Future Impact of Climate Change,* Melbourne, Text Publishing, 2005.

Friedman, Tom, *Hot, Flat and Crowded: Why We Need a Green Revolution — And How It Can Renew America,* New York, Farrar, Straus & Giroux, 2008.

Hoggan, James, et Richard Littlemore, *Climate Cover-Up: The Crusade to Deny Global Warming,* Vancouver, Greystone Books, 2009.

Homer-Dixon, Thomas (dir.), *Carbon Shift: How the Twin Crises of Oil Depletion and Climate Change Will Define the Future,* Toronto, Random House Canada, 2009.

Jaccard, Mark, Nic Rivers et Jeffrey Simpson, *Hot Air: Meeting Canada's Climate Change Challenge,* New York, Random House, 2008.

Jones, Van, *The Green Collar Economy: How One Solution Can Fix Our Two Biggest Problems,* New York, Harper One, 2009.

Leonard, Annie, *The Story of Stuff: How Our Obsession with Stuff Is Trashing the Planet, Our Communities and Our Health — And a Vision for Change,* New York, Simon & Schuster, 2010.

Lovelock, James, *The Vanishing Face of Gaia: A Final Warning,* New York, Basic Books, 2009.

Marsden, William, *Stupid to the Last Drop: How Alberta Is Bringing Environmental Armageddon to Canada (and Doesn't Seem to Care)*, Toronto, Vintage Canada, 2008.

May, Elizabeth, *Global Warming for Dummies*, Hoboken, Wiley, 2008.

McKibben, Bill, *Eaarth: Making a Life on a Tough Planet*, Toronto, Knopf Canada, 2010.

Monbiot, George, *Heat: How to Stop the Planet from Burning*, New York, Penguin, 2007.

Patel, Raj, *Stuffed and Starved: The Hidden Battle for the World Food System*, Brooklyn, Melville House Publishing, 2008.

Pollan, Michael, *In Defense of Food: An Eater's Manifesto*, New York, Penguin, 2008.

Rand, Tom, *Kick the Fossil Fuel Habit: 10 Clean Technologies to Save Our World*, Austin, Greenleaf Book Group Press, 2010.

Rose, Chris, *How to Win Campaigns: 100 Steps to Success*, Londres, Earthscan, 2005.

Rubin, Jeff, *Why Your World Is About to Get a Whole Lot Smaller: Oil and the End of Globalization*, Toronto, Random House Canada, 2009.

Tertzakian, Peter, *The End of Energy Obesity: Breaking Today's Energy Addiction for a Prosperous and Secure Tomorrow*, Toronto, John Wiley & Co., 2009.

Turner, Chris, *The Geography of Hope: A Tour of the World We Need*, Toronto, Random House Canada, 2007.

Vasil, Adria, *Ecoholic: Your Guide to the Most Environmentally Friendly Information, Products and Services in Canada*, Toronto, Vintage Canada, 2007.

Weaver, Andrew, *Keeping Our Cool: Canada in a Warming World*, Toronto, Viking Canada, 2008.

350.org

www.350.org

350.org est à édifier un mouvement de masse mondial pour résoudre la crise climatique. Ses campagnes en ligne, son militantisme et ses actions publiques de masse sont dirigées de la base par des milliers d'organisateurs bénévoles dans plus de 188 pays. Pour préserver notre planète, nous disent les scientifiques, nous devons réduire la quantité de CO_2 dans l'atmosphère de son niveau actuel de 392 parties par million (ppm) à moins de 350 ppm. Donc, 350, c'est plus qu'un chiffre, c'est le symbole de la direction que doit prendre notre planète.

Bioneers

www.bioneers.org

Organisation à but non lucratif, Bioneers assure une éducation axée sur les solutions et une connectivité sociale par le biais de conférences nationales et locales et de programmes, dont une série radiophonique, une série de livres d'anthologie, des émissions de télévision et une communauté en ligne. Son matériel didactique est utilisé par des collèges, des écoles et des organisations.

Climate Feedback: The Climate Change Blog

http://blogs.nature.com/climatefeedback

Blogue du Nature Publishing Group. On y anime une discussion vivante et informative sur la climatologie et les ramifications du réchauffement climatique. Ce blogue se veut un forum réservé aux débats et aux commentaires sur la climatologie pour la revue *Nature Climate Change* et le monde en général.

Climate Progress

www.climateprogress.com

Blogue voué aux perspectives progressistes sur la climatologie, les solutions et l'aspect politique du problème.

The DeSmogBlog Project

www.desmogblog.com

Le projet DeSmogBlog a vu le jour en janvier 2006 et est vite devenu la source mondiale numéro un pour des informations exactes et factuelles concernant les campagnes de désinformation sur le réchauffement climatique.

The Dirty Energy Money Campaign

www.dirtyenergymoney.com

La campagne Dirty Energy Money vise à mettre fin à toutes les subventions gouvernementales aux entreprises productrices de pétrole, de charbon ou de gaz et à persuader nos élus de tourner le dos à tout don électoral provenant de ces industries.

Environmental Defence

www.environmentaldefence.com

L'une des organisations vouées à l'action environnementale les plus efficaces du Canada, Environmental Defence collabore avec les gouvernements, les entreprises et les simples citoyens pour assurer à tous une vie plus écologique, plus saine et plus prospère. Elle veut créer un monde que les Canadiens seront fiers de léguer à leurs enfants..

ForestEthics

www.forestethics.org

Fondée en 2000, ForestEthics est une organisation environnementale à but non lucratif comptant du personnel et des administrateurs au Canada et aux États-Unis. Elle a pour mission de protéger les forêts et les espaces vierges en péril. Les changements climatiques, qui menacent tous les efforts de conservation, sont aussi l'objet de son action. ForestEthics catalyse le leadership écologiste au sein de l'industrie, des gouvernements et des communautés en menant des campagnes percutantes et des plus efficaces qui tablent sur le dialogue public et les pressions pour réaliser ses objectifs.

Global Forest Watch

www.globalforestwatch.org

Global Forest Watch est une initiative du World Resources Institute (WRI). Le WRI est un institut de recherche créé en 1982 qui a pour mission d'amener la société humaine à vivre dans le respect de la terre et de sa capacité à pourvoir aux besoins des générations actuelles et futures. Le WRI diffuse de l'information objective et des recommandations en vue d'appuyer les politiques et les mesures institutionnelles qui défendent un développement écologique, durable et équitable.

Greenpeace

www.greenpeace.org

Fondée il y a quarante ans, Greenpeace est une organisation écologiste indépendante vouée à l'action mondiale. Elle s'emploie à protéger les océans et les forêts, à éliminer l'utilisation de produits chimiques dangereux et à faciliter la transition vers un monde qui s'alimentera à des sources d'énergie propres et illimitées comme le vent et le soleil.

How to Boil a Frog

www.howtoboilafrog.com

How to Boil a Frog est un documentaire comique sur Overshoot : trop de gens épuisent les ressources d'une trop petite planète beaucoup trop vite.

International Boreal Conservation Campaign

www.interboreal.org

La campagne internationale pour la conservation de la forêt boréale est une initiative des Pew Charitable Trusts (PCT) et profite du soutien important de la fondation William et Flora Hewlett et de la fondation Lenfest. Depuis plus de quinze ans, les PCT encouragent la conservation des forêts anciennes et des espaces fauniques en Amérique du Nord. Ce site web est une excellente ressource pour des rapports scientifiques sur la forêt boréale et les sables bitumineux.

Nature

www.nature.com

Le Nature Publishing Group (NPG) publie sur papier et en ligne des rapports scientifiques et médicaux à grand rayonnement. Le NPG publie des revues et gère des bases de données en ligne et des services qui recoupent les sciences de la vie, la physique, la chimie, les sciences appliquées et la médecine clinique.

The Price of Oil: Oil Change International

www.priceofoil.org

Les campagnes de Oil Change International visent à montrer les vrais coûts des carburants fossiles et à faciliter la transition à venir vers l'énergie propre. L'organisation s'emploie à cerner et à surmonter les obstacles à cette transition.

Rainforest Action Network

www.ran.org

Le Rainforest Action Network [Réseau d'action pour la forêt pluviale] nourrit la vision d'un monde où chaque génération préserve des forêts de plus en plus saines, où les droits de toutes les communautés sont respectés et où les profits des entreprises ne se font pas au détriment des gens ou de la planète.

The Sierra Club

www.sierraclub.org

Depuis 1892, le Sierra Club s'emploie à protéger les communautés, les espaces vierges et la planète elle-même. C'est l'organisation écologiste populaire la plus imposante et la plus influente des États-Unis. Elle se voue à la création d'une communauté sûre et saine, aux solutions énergétiques intelligentes et à la préservation d'un legs durable pour les espaces vierges.

TckTckTck

http://tcktcktck.org/

TckTckTck fait partie de la Campagne internationale Action Climat (CIAC), une alliance de plus de 270 organisations à but non lucratif du monde entier dont la mission commune est de mobiliser la société civile, de galvaniser l'opinion publique en faveur d'un climat sain pour les gens et la nature, d'encourager la transition vers une économie décarbonée et d'accélérer les efforts d'adaptation dans les communautés déjà frappées par les changements climatiques.

Table des matières

CRÉDITS ET REMERCIEMENTS

La traduction de cet ouvrage a été rendue possible grâce à une aide financière
du Conseil des Arts du Canada.

Nous remercions le gouvernement du Canada de son soutien financier
pour nos activités de traduction dans le cadre du Programme national
de traduction pour l'édition du livre.

Les Éditions du Boréal reconnaissent l'aide financière du gouvernement
du Canada par l'entremise du Fonds du livre du Canada (FLC).

Les Éditions du Boréal sont inscrites au Programme d'aide aux entreprises du livre
et de l'édition spécialisée de la SODEC et bénéficient du Programme
de crédit d'impôt pour l'édition de livres du gouvernement du Québec.

Ce livre a été imprimé sur du papier 100 % postconsommation,
traité sans chlore, certifié ÉcoLogo
et fabriqué dans une usine fonctionnant au biogaz.

MISE EN PAGES ET TYPOGRAPHIE :
LES ÉDITIONS DU BORÉAL

ACHEVÉ D'IMPRIMER EN AVRIL 2012
SUR LES PRESSES DE MARQUIS IMPRIMEUR
À CAP SAINT-IGNACE (QUÉBEC).